U0135011

# 聖經故事

張久宣　編著

書林出版有限公司

國立中央圖書館出版品預行編目資料

聖經故事／張久宣編著. ---一版. --臺北市
　：書林, 民 82
　716 面；21 公分
　ISBN 957-586-385-2(平裝)

　1.聖經
241　　　　　　　　　　　　82006822

# 聖經故事

定價：400元

編　　著／張久宣
校　　對／孫梅華・趙美倫・王添源・紀榮崧
出 版 者／書林出版有限公司
　　　　　台北市新生南路三段88號二樓之五
　　　　　電話：23687266　FAX：23636630
發 行 人／蘇正隆
郵　　撥／1574387-3・書林出版有限公司
印　　刷／國榮印刷廠
登 記 證／局版臺業字第一八三一號

　1994 年 10 月 一 版
　1999 年　8 月 三 刷

ISBN 957-586-385-2

亞當和夏娃　Lucas Cranach the Elder（1472-1553）

摩西摔碎法版　Rembrandt（1606-1669）

博士來朝　Pieter Bruegel the Elder（C.1525-1569）

希律屠殺嬰孩　The Master of Schloss
Lichtenstein（active Austria, C.1525-1550）

所羅門王的審判　William Dyce（1806-1864）

耶穌受洗　Joachim Patenier（C. 1480-1524）

最後的晚餐　William Blake（1757-1827）

耶穌被釘上十字架（局部）　Rubens（1577-1640）

兵丁以荆棘作冠冕戴在耶穌頭上　Jorg Breu（1475/6-1537）

最後的審判　Hans Memling（1430/40-1494）

# 編 者 的 話

《聖經》在世界上發行量相當大，影響又相當廣，尤其是中世紀以來，滲透到上層建築的各個領域，成爲西方精神文明的主要支柱。我們中國人要想研究歐美的文、史、哲、經、法，都不可避免地要遇到《聖經》。

既然如此，那麼把新舊約全書拿來讀一讀不就成了嗎？何必編這本《聖經故事》呢？在某些國家裏，編寫這類故事，往往是給兒童看的，文字淺顯易懂，成年人卻很少問津，因爲他們大多讀過《聖經》。中國則不同，絕大多數人没有接觸過基督教，不大可能有那麼高的熱情，把洋洋一百多萬字的《聖經》從頭至尾讀完。但是有些人，由於某種需要，又必須用最少的時間，掌握《聖經》的基本内容和有關典故，那麼我想，如有興趣，瀏覽一下這本《聖經故事》，對於積累知識，也許是稍有補益的。

作爲知識性的介紹，對於那些不具有故事性的重要章節，也必須適當選入幾篇，不過這樣的篇幅很少，還不到十分之一。例如：〈聖經梗概〉，是總體介紹《聖經》全書輪廓的；〈摩西十誡〉是談律法的。十分之九以上的篇幅，都有故事情節，並且彼此珠聯，俾使讀者在輕鬆愉快的閱讀中獲得美的享受。

這樣陸續編出一些小故事，請教於文學所的錢鍾書先生，錢老花了好幾天時間，仔細批改，原稿上多處留下了他工整的字跡。我請錢老直言不諱地談談總的印象，他鼓勵我繼續寫出

來，爭取出版。

　　本書在編寫過程中，曾經得到一些專家學者的指導與幫助，在此表示謝意。由於編者水平所限，對原文理解不深，缺點錯誤在所難免，歡迎廣大讀者批評指正。

# 前　言

　　書林版《聖經故事》依1982年大陸版修訂，原有故事内容全部保留，有些做了改寫，其中改動最大的要數〈約伯禍福〉，由散文改成詩劇，使其盡量符合原著的藝術形式。此外又從《舊約》和《後典》中增補了部分内容。〈夫唱婦隨〉亦即《舊約》中的〈雅歌〉，相傳爲所羅門所作，歌頌神與人之間的和諧情誼。但也有人異想天開地認爲，所羅門作此歌是爲著安慰自己的妻子埃及公主，因爲她膚色黑，在耶路撒冷不受尊重。據説敍利亞人至今還保持著新婚夫婦在春暖花開季節成羣結隊到野外郊遊跳舞唱歌的古老傳統。詩歌不是故事，因此没有多選，全書只這麼兩篇。從《後典》中編選的全是故事，有些情節還相當生動。例如〈猶滴救國〉，説的是一位女英雄，如何深入敵營，施展美人計，智取敵酋之首。故事發生的地點名叫伯夙利亞，它的確切地理位置至今還是個謎，學者們反覆考證，爭論到現在也没有得出一致的看法。

　　對於《後典》的看法，也因人而異。這部分作品共有十四卷，原是基督教《聖經》的組成部分。十六世紀宗教改革時，馬丁・路德博士不承認這些作品是《聖經》，而只把它們看成是「有益的讀物」。因此在他所翻譯的德文《聖經》裏，將這部分作品置於《舊約》和《新約》中間，並且標明是《後典》。當然也存在著普遍一致的看法，都認爲這些作品的重要性在於其生動地反映了紀元前數世紀裏猶太人的歷史、生活、思想、禮拜和宗教

習慣的極有價值的情況。循著這條途徑，人們才有可能對於耶穌生活並接受教育的那個時代的歷史與文化背景，有一個比較清晰的認識。

《聖經》對世界文學的發展有著深遠的影響，許許多多優秀的詩人、作家和藝術家，紛紛從《聖經》中汲取營養，創作出豐富多采的人間傑作。意大利詩人但丁的《神曲》，以夢幻的形式，述自己遊歷地獄、煉獄和天堂，長達百曲。英國戲劇家莎士比亞的《威尼斯商人》，塑造了一個狠毒貪婪的猶太人夏洛克。英國詩人彌爾頓的《失樂園》、《復樂園》和《力士參孫》，直接取材於《聖經》。德國作家歌德的《浮士德》，描寫魔鬼用魔法滿足書生浮士德的一切慾望，使他說出「你真美呀，請停留一下！」俄羅斯作家托爾斯泰的《復活》，其標題就是從《聖經》裏引來的。至於取材於《聖經》故事的繪畫和雕塑，也不乏傳世佳品。意大利文藝復興時期的三傑——達‧芬奇、拉斐爾和米開朗基羅，在這方面都有所建樹。達‧芬奇畫的「最後的晚餐」和拉斐爾畫的「西斯廷聖母」都取材於《新約》，米開朗基羅雕塑的「大衛」和「摩西」則把《舊約》人物的形象直接樹立在人間。

為了幫助青年讀者們學習歷史，本書後面附有〈歷史背景〉和〈聖經版本〉兩篇資料，概括地述了《聖經》走過的漫長道路，順便對猶太人的民族稱謂、希伯來語的演變過程以及《聖經》的幾種主要版本，作了簡單扼要的介紹。讀者還有什麼意見和要求，請繼續批評指正。

# 目　錄

編者的話 ……………………………………………… I

前言 …………………………………………………… III

## 舊約故事

一　聖經梗概 …………………………………… 1

二　開天闢地 …………………………………… 5

三　伊甸園裏 …………………………………… 7

四　始祖犯罪 …………………………………… 9

五　該隱誅弟 …………………………………… 12

六　挪亞方舟 …………………………………… 14

七　通天古塔 …………………………………… 19

八　委曲求全 …………………………………… 21

九　異象煙火 …………………………………… 24

十　亞伯拉罕 …………………………………… 26

十一　回首鹽柱 ………………………………… 31

十二　嚴峻考驗 ………………………………… 33

十三　以撒娶妻 ………………………………… 37

十四　孿生昆仲 ………………………………… 42

十五　雅各出逃 ………………………………… 47

十六　滿載而歸 ………………………………… 59

十七　割禮巧計 ………………………………… 63

十八　傳宗接代 ………………………………… 66

十九　約瑟述夢 ………………………………… 70

二十　位極人臣…………………………………………77

二一　埃及糴糧…………………………………………81

二二　父子重逢…………………………………………90

二三　公主垂青…………………………………………93

二四　災伐無道…………………………………………96

二五　紅海開路………………………………………103

二六　鵪鶉嗎哪………………………………………105

二七　摩西十誡………………………………………109

二八　放替罪羊………………………………………113

二九　杖花銅蛇………………………………………117

三十　巴蘭作歌………………………………………119

三一　約旦河水………………………………………124

三二　耶利哥城………………………………………128

三三　疆場晝長………………………………………131

三四　底波拉頓………………………………………136

三五　英豪烈女………………………………………142

三六　力士參孫………………………………………148

三七　舞場搶親………………………………………158

三八　阡陌姻緣………………………………………163

三九　林間蜂蜜………………………………………168

四十　牧童出戰………………………………………172

四一　逐鹿迦南………………………………………177

四二　慧眼識君………………………………………184

四三　大衛登基………………………………………187

四四　宮廷醜聞………………………………………193

四五　所羅門王⋯⋯⋯⋯⋯⋯⋯⋯⋯⋯ 202

四六　智斷疑案⋯⋯⋯⋯⋯⋯⋯⋯⋯⋯ 209

四七　南北分裂⋯⋯⋯⋯⋯⋯⋯⋯⋯⋯ 212

四八　神人遇獅⋯⋯⋯⋯⋯⋯⋯⋯⋯⋯ 215

四九　圖財害命⋯⋯⋯⋯⋯⋯⋯⋯⋯⋯ 218

五十　烏鴉送肉⋯⋯⋯⋯⋯⋯⋯⋯⋯⋯ 221

五一　有求必應⋯⋯⋯⋯⋯⋯⋯⋯⋯⋯ 228

五二　闕前喋血⋯⋯⋯⋯⋯⋯⋯⋯⋯⋯ 237

五三　亞述稱雄⋯⋯⋯⋯⋯⋯⋯⋯⋯⋯ 241

五四　力挽狂瀾⋯⋯⋯⋯⋯⋯⋯⋯⋯⋯ 242

五五　巴比倫囚⋯⋯⋯⋯⋯⋯⋯⋯⋯⋯ 245

五六　重建家園⋯⋯⋯⋯⋯⋯⋯⋯⋯⋯ 247

五七　聰明王后⋯⋯⋯⋯⋯⋯⋯⋯⋯⋯ 252

五八　約伯禍福⋯⋯⋯⋯⋯⋯⋯⋯⋯⋯ 268

五九　夫唱婦隨⋯⋯⋯⋯⋯⋯⋯⋯⋯⋯ 307

六十　以馬內利⋯⋯⋯⋯⋯⋯⋯⋯⋯⋯ 327

六一　圓夢解兆⋯⋯⋯⋯⋯⋯⋯⋯⋯⋯ 330

六二　魚腹三日⋯⋯⋯⋯⋯⋯⋯⋯⋯⋯ 338

### 後典故事

一　多比行善⋯⋯⋯⋯⋯⋯⋯⋯⋯⋯ 347

二　猶滴救國⋯⋯⋯⋯⋯⋯⋯⋯⋯⋯ 367

三　蹈火少年⋯⋯⋯⋯⋯⋯⋯⋯⋯⋯ 387

四　蘇撒拿傳⋯⋯⋯⋯⋯⋯⋯⋯⋯⋯ 390

五　彼勒大龍⋯⋯⋯⋯⋯⋯⋯⋯⋯⋯ 395

六　金甲騎士⋯⋯⋯⋯⋯⋯⋯⋯⋯⋯ 401

七　經師就義……………………………404

八　母子殉教……………………………406

九　猶太暴動……………………………409

十　首戰告捷……………………………412

十一　縱橫馳騁…………………………415

十二　昏君駕崩…………………………420

十三　勇士刺象…………………………423

十四　約帕沈船…………………………426

十五　梟首示衆…………………………428

十六　馬加比嘆…………………………434

十七　前仆後繼…………………………437

十八　爭相結盟…………………………440

十九　聯姻改嫁…………………………442

二〇　流芳百世…………………………445

二一　婿弒翁舅…………………………449

二二　故土佳音…………………………453

二三　御前辯論…………………………456

二四　追本溯源…………………………461

二五　泣婦幻影…………………………466

二六　奇鷹怪翼…………………………469

二七　榮耀冠冕…………………………474

## 新約故事

一　天使報信……………………………481

二　耶穌降生……………………………485

三　聖母尋子……………………………488

四　施洗約翰…………………………490

五　撒但試探…………………………495

六　初收門徒…………………………497

七　變水爲酒…………………………499

八　清潔聖殿…………………………501

九　尼哥底母…………………………503

十　敍加古井…………………………505

十一　舊地重遊………………………508

十二　在迦百農………………………510

十三　廊下患者………………………515

十四　登山寶訓………………………516

十五　玉瓶香膏………………………522

十六　羣豬跳崖………………………524

十七　少女還陽………………………526

十八　家鄉見棄………………………528

十九　羊入狼羣………………………530

二〇　五餅二魚………………………533

二一　湖上風波………………………536

二二　説我是誰………………………540

二三　瞽者得見………………………544

二四　引經據典………………………547

二五　寓言數則………………………553

二六　天國奧秘………………………566

二七　伯大尼村………………………576

二八　騎驢進京………………………581

二九　人子再來……………………………………584

三〇　最後晚餐……………………………………587

三一　叛徒賣主……………………………………592

三二　基督受難……………………………………595

三三　教主復活……………………………………603

三四　乾坤足跡……………………………………611

三五　門徒聚會……………………………………620

三六　彼得話靈……………………………………623

三七　挨打則喜……………………………………627

三八　殉道者說……………………………………629

三九　宣講福音……………………………………632

四〇　棄暗投明……………………………………635

四一　恩賜外邦……………………………………638

四二　保羅講道……………………………………643

四三　越獄潛蹤……………………………………647

四四　因地制宜……………………………………649

四五　牢房唱詩……………………………………652

四六　雅典偶像……………………………………655

四七　攆出公堂……………………………………658

四八　戲園騷亂……………………………………660

四九　凡事謙卑……………………………………662

五〇　知難而進……………………………………664

五一　有無鬼魂……………………………………668

五二　上告皇帝……………………………………671

五三　慷慨陳詞……………………………………674

五四　圖圖歷險 …………………………………………… 677
五五　羅馬傳教 …………………………………………… 681

歷史背景 ……………………………………………………685
聖經版本 ……………………………………………………689

# STORIES FROM THE BIBLE

## Contents

**Stories from the Old Testament**

1.  Introduction to the Bible (Holy Bible)

2.  The Story of Creation (Gen 1.1-2.7)

3.  The Garden of Eden (Gen 2.8-25)

4.  The Disobedience of Man (Gen 3.1-24)

5.  Cain and Abel (Gen 4.1-24)

6.  Noah's Ark (Gen 6.5-9.28)

7.  The Tower of Babel (Gen 11.1-9)

8.  Abram's Call and Migration (Gen 11.27-13.12)

9.  The Divine Promises (Gen 15.1-21)

10. The Covenant and Circumcision (Gen 16.1-18.33)

11. A Pillar of Salt (Gen 19.1-38)

12. The Testing of Abraham (Gen 21.1-23.20)

13. A Wife for Isaac (Gen 24.1-25.10)

14. Birth of Esau and Jacob (Gen 25.19-27.45)

15. A Stairway Reaching from Earth to Heaven (Gen 27.46-32.32)

16. Jacob Meets Esau (Gen 33.1-17)

17. The Rape of Dinah (Gen 33.18-34.31)

18. Judah and Tamar (Gen 38.1-30)

19. Joseph Sold by His Brothers (Gen 37.1-36, 39.1-40.23)

20. Governor over Egypt (Gen 41.1-57)

21.　Go to Egypt to Buy Corn (Gen 42.1-45.15)

22.　Like Ephraim and Manasseh (Gen 45.16-50.13)

23.　The Princess Adopted Baby Moses (Ex 1.8-4.17)

24.　Disasters Strike Pharaoh (Ex 5.1-12.42)

25.　Crossing the Sea of Reeds (Ex 13.17-15.21)

26.　The Manna and the Quails (Ex 15.22-17.16)

27.　The Ten Commandments (Ex 18.1-23.12; Deut 5.1-21)

28.　The Scapegoat of the Israelites (Leviticus)

29.　Aaron's Branch and the Bronze Snake (Num 17, 21.4-9)

30.　Balaam's Prophecies (Num 22.1-24.25)

31.　The Crossing of the Jordan (Josh 1.1-5.12)

32.　The Taking of Jericho (Josh 6.1-8.29)

33.　The Ruse of the Gibeonites (Josh 9.1-10.43)

34.　Deborah the Prophetess (Judg 3.15-5.31)

35.　On the Age of the Judges (Judg 6.1-11.40)

36.　Warrior Samson (Judg 13.1-16.31)

37.　A Levite and His Concubine (Judg 19.1-21.23)

38.　Ruth in the Fields of Boaz (Ruth)

39.　Samuel and Saul (1 Sam 8.4-15.35)

40.　David Defeats Goliath (1 Sam 16.1-18.9)

41.　Jealousy and Persecution (1 Sam 18.10-31.13)

42.　Nabal and Abigail (1 Sam 25)

43.　King David and Beauty Bathsheba (2 Sam 11.1-12.24)

44.　Absalom's Rebellion (2 Sam 13.1-19.39)

45.　Solomon in All His Glory (1 Kgs 1.1-2.46, 10.1-25)

46. A Case of Two Harlots (1 Kgs 3.4-28)

47. The Revolt of Jeroboam (1 Kgs 11.26-12.20)

48. The Man of God and the Prophet (1 Kgs 12.28-13.32)

49. Naboth's Vineyard (1 Kgs 21)

50. The Elijah Cycle (1 Kgs 17.1-18.46)

51. Some Miracles of Elisha (2 Kgs 2.19-7.20)

52. The Assassination of Queen Jezebel (2 Kgs 8.28-11.21)

53. The Assyrians Settle in Israel (2 Kgs 15.17-17.41)

54. Isaiah and Hezekiah (2 Kgs 18.1-19.36)

55. The Destruction of Jerusalem (2 Kgs 20.7-25.30)

56. The Return from Exile (Ezr 1.1-Neh 8.3)

57. Esther Becomes Queen (Esther)

58. Job's Suffering and Happiness (Job)

59. The Song of Solomon (The Song of Songs)

60. The Sign of Immanuel (Isaiah; Micah)

61. At the Court of Nebuchadnezzar (Dan 2.1-6.3)

62. Prophet Jonah (Jonah)

**Stories from Deuterocanonicals**

1. Tobit the Exile (Tobit)

2. Patriot Judith (Judith)

3. The Song of the Three Young Men (The Song of the Three Young Men)

4. Susanna's Virtue (Susanna)

5. Bel and the Dragon (Bel and the Dragon)

6. The Rider with Golden Armor (2 Mc 3.1-39, 5.1-4)

7. Martyrdom of Eleazar (2 Mc 5.21-6.31)

8. A Mother and Her sons (2 Mc 7.1-41)

9. Mattathias Unleashes the Holy War (1 Mc 2.1-69)

10. Leadership of Judas Maccabeus (1 Mc 3.1-4.25; 2 Mc 8.1-36)

11. Purification of the Temple (1 Mc 4.36-5.68)

12. Death of Antiochus Ⅳ (1 Mc 6.1-17; 2 Mc 9.1-29)

13. The Elephant Stabbed by Avaran (1 Mc 6.18-63)

14. The Shipwreck of Joppa (2 Mc 12.3-9)

15. Defeat of Nicanor (1 Mc 7.1-50)

16. Treaty with the Romans (1 Mc 8.1-9.22)

17. Jonathan Leads the Resistance (1 Mc 9.23-73)

18. Jonathan Supports Alexander (1 Mc 10.1-50)

19. Alexander's Marriage with Cleopatra (1 Mc 10.51-11.19)

20. High Priest and Ethnarch of the Jews (1 Mc 11.38-13.29)

21. Glory of Simon (1 Mc 13.31-15.24)

22. Letters to the Jews of Egypt (2 Mc 1.10-2.18)

23. Argument in the Palace (1 Ezr 3.1-4.61)

24. Complaint of Ezra (2 Ezr 3.1-5.15)

25. Vision of the Old Woman (2 Ezr 9.38-10.59)

26. An Eagle with Three Heads (2 Ezr 11.1-12.39)

27. The Splendid Crowns (2 Ezr 12.51-13.50, 2.42-48)

**Stories from the New Testament**

1. A Message for Mary (Lk 1.5-80)

2. The Birth of Jesus (Mt 1.18-2.23; Lk 2.1-40)

3. Among the Doctors of the Law (Lk 2.41-52)

4. John the Baptist (Mt 3.1-17, 14.1-12; Mk 6.14-29; Lk 3.1-22)

5. Temptation in the Wilderness (Mt 4.1-11; Lk 4.1-13)

6. The First Disciples (Jn 1.35-51)

7. The Wedding at Cana (Jn 2.1-12)

8. The Cleansing of the Temple (Mt 21.12-13; Jn 2.13-22)

9. The Conversation with Nicodemus (Jn 3.1-15)

10. The Samaritan Woman (Jn 4.1-43)

11. Back to Cana in Galilee (Jn 4.45-54; Mt 8.5-13)

12. The Town of Capernaum (Mk 1.21-2.17; Lk 4.31-5.32)

13. At the Pool of Bethzatha (Jn 5.1-30)

14. The Sermon on the Mount (Mt 5.1-8.1; Lk 6.12-49)

15. The Anointing at Bethany (Mt 26.6-13; Mk 14.3-9; Jn 12.1-8)

16. A Man with Demons (Mk 5.1-20; Lk 8.26-39)

17. Jairus' Daughter Raised to Life (Mt 9.18-26; Mk 5.21-43; Lk 8.40-56)

18. A Visit to Nazareth (Mt 13.53-58; Mk 6.1-6; Lk 4.16-30)

19. Like sheep Among Wolves (Mt 10.1-11.1; Mk 6.7-13; Lk 9.1-6)

20. Miracles of the Loaves (Mt 14.13-21, 15.32-38; Mk 6.30-44; Lk 9.10-17; Jn 6.1-14)

21. Walking on the Water (Mt 14.22-33; Mk 6.45-52; Jn 6.16-71)

22. Christ's Verdict (Mt 11.2-19, 16.13-17.13; Mk 8.27-9.13; Lk 7.18-35, 9.18-36)

23. A Man Born Blind (Jn 9.1-38)

24. Quotations from the Canon (Mt 12.1-8, 19.1-12, 22.15-46; Mk 7.1-23, 10.1-12; Jn 8.1-11)

25. The Parabolic Discourse (Mt 9.14-17; Mk 2.18-22; Lk 5.33-39, 10.25-37)

26. The Mystery of the Kingdom of Heaven (Mt 13.1-52, 19.13-15, 25.1-30; Lk 8.4-18)

27. Lazarus and His Sisters (Lk 10.38-42; Jn 11.1-12.8)

28. The Messiah Enters Jerusalem (Mt 21.1-27; Mk 11.1-33; Lk 19.28-40; Jn 12.12-36)

29. The Coming of the Son of Man (Mt 24.1-51; Mk 13.1-37; Lk 21.5-38)

30. The Lord's Supper (Mt 26.17-46; Mk 14.12-42; Lk 22.7-23; Jn 13.1-17.26)

31. Judas Betrays the Lord (Mt 26.47-27.8; Mk 14.43-72; Lk 22.47-62; Jn 18.3-18)

32. The Death of Jesus (Mt 27.1-56; Mk 15.1-41; Lk 22.63-23.49; Jn 18.28-19.37)

33. Appearances after the Resurrection (Mt 27.57-28.20; Mk 15.42-16.20; Lk 23.50-24.53; Jn 19.38-21.25)

34. The Son of the Living God (Mt. Mk. Lk. Jn.)

35. The Jerusalem Church (Acts 1.12-2.47)

36. Ananias and Sapphira (Acts 3.1-5.14)

37. Miracles and Wonders (Acts 5.15-42)

38. Stephen's Speech (Acts 6.1-7.60)

39. Philip Baptises a Eunuch (Acts 8.1-40)

40. The Conversion of Saul (Acts 7.58-8.3, 9.1-30)

41. The Gentiles Receive the Holy Spirt (Acts 9.31-11.18)

42. Foundation of the Church of Antioch (Acts 11.19-30, 12.25-14.26)

43. Peter's Arrest and Deliverance (Acts 12.1-24)

44. The Council of Jerusalem (Acts 15.1-41)

45. Imprisonment at Philippi (Acts 16.1-40)

46. The Idols Everywhere in Athens (Acts 17.1-34)

47. While Gallio Was Proconsul of Achaia (Acts 18.1-19.10)

48. The Riot in Ephesus (Acts 19.10-41)

49. With All Humility (Acts 20.1-38)

50. Discourse to the Crowd (Acts 21.1-22.29)

51. The Conspiracy of the Jews (Acts 22.30-23.35)

52. An Appeal to the Emperor (Acts 24.1-25.12)

53. Before King Agrippa (Acts 25.13-26.32)

54. Paul Sails for Rome (Acts 27.1-28.15)

55. Proclaiming the Kingdom of God (Acts 28.16-31; Romans)

# 舊約故事

# 一　聖經梗概

《聖經》是一套逾越千年的古典叢書，由《舊約》、《後典》和《新約》組成。猶太教取《舊約》爲《聖經》，基督教新教取《舊約》和《新約》爲《聖經》，天主教取《舊約》、《後典》和《新約》爲《聖經》。

《舊約》共有三十九卷（希伯來古本把某些先知書歸在一起，因此只有二十四卷），分成四類：一、律法書；二、歷史書；三、智慧書；四、先知書。

律法書五卷，包括〈創世記〉、〈出埃及記〉、〈利未記〉、〈民數記〉和〈申命記〉，相傳爲摩西所作，通稱〈摩西五經〉。五經説的是上帝創造天地萬物和人類，以及古代以色列人的傳説、法典和教規等。

歷史書十二卷，包括〈約書亞記〉、〈士師記〉、〈路得記〉、〈撒母耳記〉（上下）、〈列王紀〉（上下）、〈歷代志〉（上下）、〈以斯拉記〉、〈尼希米記〉和〈以斯帖記〉。這些書的作者相傳分別爲約書亞、撒母耳、耶利米、以斯拉、尼希米和末底改等人。這裏寫的是以色列民族的形成與興衰的歷史。

智慧書五卷，包括〈約伯記〉、〈詩篇〉、〈箴言〉、〈傳道書〉和〈雅歌〉。這些書的作者較多，其中以大衛和所羅門爲主。内容大多是有關宗教的哲理、詩歌、格言和其他文藝作品。

先知書十七卷，大約是諸先知自己寫的。先知書又分爲大

先知書和小先知書，這是就篇幅長短來説的，並非先知有大小之分。大先知書五卷：〈以賽亞書〉、〈耶利米書〉、〈耶利米哀歌〉、〈以西結書〉、〈但以理書〉；小先知書十二卷：〈何西阿書〉、〈約珥書〉、〈阿摩司書〉、〈俄巴底亞書〉、〈約拿書〉、〈彌迦書〉、〈那鴻書〉、〈哈巴谷書〉、〈西番雅書〉、〈哈該書〉、〈撒迦利亞書〉和〈瑪拉基書〉。

以上三十九卷書從紀元前十二世紀至前二世紀，陸續用希伯來文寫成。從地域上説，涉及到西亞、北非和地中海沿岸一帶，諸如：美索不達米亞、叙利亞（亞蘭）、阿拉伯、波斯、巴比倫（迦勒底）、亞述、推羅、西頓、他施、以攔、米太、亞美尼亞、小亞細亞、迦南（巴勒斯坦）、埃及和希臘等。至於黃金寶地俄斐，則早已爲千古之謎。

《舊約》的另一種分法是：一、律法書；二、先知書；三、聖著。律法書即摩西五經。先知書又分爲前期先知書和後期先知書，前期先知書包括〈約書亞記〉、〈士師記〉、〈撒母耳記〉（上下）和〈列王紀〉（上下），後期先知書包括大先知書和小先知書。其餘的歸入聖著類。

《後典》共有十四卷：〈多比傳〉、〈猶滴傳〉、〈以斯帖補篇〉、〈所羅門智訓〉、〈便西拉智訓〉、〈巴錄書和耶利米書信〉、〈三童歌〉、〈蘇撒拿傳〉、〈彼勒與大龍〉、〈馬加比傳〉（上下）、〈以斯拉續篇〉（上下）和〈瑪拿西禱詞〉。這些作品生動地記載著紀元前數世紀裏猶太人的歷史與風俗人情，對於了解耶穌降生之前的時代背景，大有裨益。

《新約》共有二十七卷，也分成四類：一、福音書；二、使徒行傳；三、書信；四、啓示錄。

　　福音書相當基督傳，分別由馬太、馬可、路加和約翰四個人寫成，通稱「四福音書」。

　　〈馬太福音〉的作者是馬太。馬太又名利未，出身稅吏，是耶穌的十二使徒之一。〈馬太福音〉從耶穌家譜寫起，描寫耶穌的降生及逃難比較詳細，特別是東方博士朝拜與大希律王殺嬰等章節，爲其他福音書所無。〈馬太福音〉還比較注重舊約，每每多有引用。

　　〈馬可福音〉的作者馬可，與使徒彼得的關係比較密切，後來做了使徒保羅的助手。據說他寫的福音問世較早，以致成爲〈馬太福音〉和〈路加福音〉的藍本。不過〈馬可福音〉從耶穌在約旦河裏受洗寫起，對於三十歲以前的耶穌，則沒有敍述。然而馬可描寫耶穌傳道的經過情形，卻相當詳細。如果將四福音書摻合在一起，並以馬可爲標準，就會理出一條清晰的脈絡來。

　　〈路加福音〉的作者路加，本是個醫生，曾經陪同使徒保羅在外邦傳道與歷險。路加描寫施洗約翰的出身最爲詳盡，對於耶穌的誕生，也寫得相當細膩。後世人畫聖嬰降生在馬槽裏，就是根據〈路加福音〉。路加特別注重時代背景，例如：「該撒亞古士督有旨意下來，叫天下人民都報名上冊。」「該撒提庇留在位第十五年，本丟彼拉多做猶太總督，希律做加利利分封的王……」許多學者認爲，〈路加福音〉不僅寫得文采飛揚，而且具有嚴謹的歷史學家的風度。這前三福音書內容相近，合稱「同觀福音」或「符類福音」。

　　〈約翰福音〉與「符類福音」大不相同，一開頭就非常壯觀：「太初有道，道與上帝同在，道就是上帝。」第四福音的作者約翰，是耶穌最初收的門徒之一，又是耶穌最喜愛的使

徒。他所寫的福音書以及約翰一二三書，熱情奔放而富有哲理與神秘感。他所取的材料，好些爲其他福音所無，例如尼哥底母論重生以及撒瑪利亞婦人悟道等；當然也有與其他福音相合的，例如五餅二魚飽食五千人等。約翰比較注重主觀的細節描寫，往往忽略歷史的叙述，對於耶穌的出生與升天，則隻字不提。正如他本人所説：「耶穌所行的事，還有許多，若是一一的都寫出來，我想所寫的書，就是世界也容不下。」

〈使徒行傳〉的作者就是寫過〈路加福音〉的路加，從布局嚴謹、叙事有條不紊、注重史實等方面，都可以看出，二書同是路加的手筆。使徒行傳從耶穌升天後不久寫起，直到保羅在羅馬傳教爲止，叙述三十餘年的福音傳播史。

〈書信〉包括使徒保羅致各地教會的十三封書信，還有其他人寫的八封書信，共二十一封。

〈書信〉和〈使徒行傳〉都是以保羅爲主角，實際上構成了保羅的傳記。保羅出生在大數，屬羅馬籍，他本是猶太法利賽人，從前是迫害耶穌門徒的急先鋒，在耶穌復活那一年悔改信主，蒙召爲使徒，遊歷外邦傳道，業績昭著。

〈啓示錄〉是使徒約翰根據在拔摩島上所見異象寫下的記錄，望穿時空，預言未來。

《新約》用希臘文寫就。寫作時間，大約從紀元一世紀中葉至二世紀末葉，歷時近一個半世紀。

《聖經》翻譯成中文，大約有一百多萬字。

根據《新約》中的記載説，《聖經》是聖徒依照上帝的默示寫成的。

# 二　開天闢地

太初時候，上帝創造天地。地上全是水，無邊無際，水面上空虛混沌，黯淡無光。

上帝的靈運行在水面上。上帝說：

「要有光！」

光就立刻出現了。上帝看見光是好的，就把光明和黑暗分開了，稱光明爲白天，稱黑暗爲夜晚。夜晚過去便是早晨。這就是世界的第一天。

第二天，上帝說：

「要有穹蒼！」

於是就有了穹蒼。上帝稱穹蒼爲天。天將水分開，有天上的水，有天下的水。

第三天，上帝說：

「水要匯聚成海，使陸地露出來。地上要長青草和蔬菜，蔬菜要結種子，還要有樹木，樹木要結果子，果子裏要有核。」

事情就這樣成了。大地披上一層綠裝，點綴著樹木花草，空氣裏飄蕩著花果的芳香。

第四天，上帝說：

「天上要有光體，以便分晝夜、做記號；確定年歲、月份、日期和季節。天上的光要普照大地。」

說話就成了。天上出現了太陽、月亮和星辰，太陽管白天，月亮管黑夜，黑夜裏有星星，閃閃晶晶，撒滿深藍色的天空。

第五天，上帝說：

「水中要有魚，以及其他各種水生動物。空中要有鳥，以及其他各種飛禽。」

上帝造出大魚和水中滋生的各樣動物，又造出各樣飛鳥，在天空飛翔，在地上棲息。上帝看見這樣很好，就賜福給這一切，說：「滋生繁殖吧，魚類和雀鳥，讓海中、地上和天空，充滿生機。」

第六天，上帝說：

「地上要生出活物來，牲畜、昆蟲和野獸，各從其類。」

於是上帝造出牲畜、昆蟲和野獸。這些動物亂跑亂叫，在廣闊的天地裏，互相追逐。

上帝看見日月星辰、花草樹木、鳥獸蟲魚，很是快意，派誰來管理這一切呢？

就在第六天，上帝照著自己的形像造人，造男人造女人，派他們管理水中的魚、空中的鳥、地上的走獸和昆蟲。上帝最初造出的男人和女人，就是人類的始祖。

上帝對他們說：

「你們要生養衆多，治理地面，也要治理海洋。看哪，我將蔬菜和果實，全賜給你們做食物。至於地上的走獸和空中的飛鳥；以及其他各種動物，我將青草賜給牠們做食物。一切鳥獸蟲魚，都歸你們管。」

事情就這樣成就了。上帝看見這一切所造之物，非常喜

悅。

這樣夜去晨來，度過了第六日。

天地萬物都造齊了，到了第七日，上帝造物之工已經完畢，就在這天歇息了。

上帝賜福給第七日，稱爲聖日，也叫安息日。

# 三　伊甸園裏

上帝創造天地海和萬物以後，在第六日造人。

耶和華上帝按照自己的形像，用地上的塵土造出一個人，往他的鼻孔裏吹一口生氣，有了靈，人就活了，能說話，能行走。上帝給他起個名字，叫亞當。

亞當根據上帝的安排，住在伊甸園裏。伊甸園裏有一條河，清澈見底，有魚有蝦有水草，蜿蜒曲折，滋潤著園裏的生物，又從園裏分成四道流出去。

第一道河名叫比遜，環繞哈腓拉全地，那裏有珍珠黃金和紅瑪瑙。第二道河名叫基訓，環繞古實全地。第三道河名叫希底結，流經亞述之東。第四道河名叫伯拉河。

伊甸園裏，河流兩岸，生長著各種各樣的花草樹木，鬱鬱蔥蔥。在園子當中，生長著生命樹和善惡樹。樹上都結著果子，果子都很好吃。

上帝對亞當説：

「園中所有樹上的果子，你可以隨便吃，唯獨善惡樹上的

果子，你不能吃，吃了必死！」

上帝派亞當修理和看守伊甸園。伊甸園裏有各種各樣的飛禽走獸，可是都沒有名字。上帝叫牠們統統到亞當面前聽令。

它們一個一個乖乖地走過來，亞當開口叫牠什麼，牠以後就叫什麼名字——喜鵲、鴿子、老虎、大象……就這樣點名了。

這許多動物，統歸亞當一個人管，怎麼能管得過來呢？

耶和華上帝說：

「一個人獨居不好，我要爲他造一個配偶，以便幫助他工作。」

於是耶和華上帝使亞當沈睡，他就昏昏沈沈地睡熟了。上帝從他身上取下一根肋骨，又把皮肉重新合起來，不留一點傷痕，也不疼痛。上帝用取下的肋骨造成一個女人，領她到男人跟前。

亞當一覺醒來，看見女人，非常高興，欣喜地說：

「這是我骨中之骨，肉中之肉！」

當時夫妻二人，赤身裸體，天真爛漫，並不感到羞恥。

他們吃著樹上的果子，身強體健，或漫步在林間草地上，或依偎在河旁岩石上，時有天使從高高的藍天上飛下來，撲打著潔白的翅膀，站在他們面前說話兒，又跳舞又唱歌，天上人間樂融融。鳥兒飛，昆蟲鳴，獅子橫臥在主人的膝前，懶洋洋地酣然入睡，清新透明的空氣中，飄散著野花的芳香。

那時人聽上帝的話，鳥獸蟲魚都聽人的話。天空一直是晴朗的，從來不下雨，也沒有人耕田，萬物滋長靠河流，四季皆有充足的水源。

　　亞當和妻子住在伊甸園裏，無憂無慮，過著和諧美滿的生活。

# 四　始祖犯罪

　　當初所有的動物，都很溫馴善良，唯有蛇非常狡猾。蛇要破壞人的幸福，牠對女人說：

　　「上帝當真說過，不叫你們吃所有的樹上的果子嗎？」

　　女人看見蛇長得很美麗，有一對漂亮的翅膀，能在空中飛翔，說話的聲音又很悅耳，便喜歡和牠攀談，她爽快地回答說：

　　「上帝說了，園中的果子隨便我們吃，只是那善惡樹上的果子，我們不能摸，也不能吃，吃了必死。」

　　「不見得吧，」蛇鼓了一下翅膀，一副不以爲然的樣子，「我看吃了也不一定死。那善惡果呀，鮮美異常，好吃極了！」

　　「那爲什麼不叫我們吃呢？」女人急著追問，她覺得蛇比人見多識廣。

　　「因爲你們一旦吃了那善惡果，就立刻心明眼亮了，知善惡，辨真假，聰明得就跟上帝一樣。不信，你吃一個試看看！」

　　「啊，原來這是智慧果呀！」她的心被激動了，眼望那善惡樹上的果子，掩映在青枝綠葉間，甚是可愛，情不自禁地踮

起腳尖，伸手摘下一個，咬了一口，「哎呀，味道真美！」

女人顧念自己的丈夫，她招呼亞當説：

「亞當，快來，給你吃這個果子。」

亞當從妻子手裏接過善惡果，大口吃起來，滿嘴流水地説：

「果然好吃！」

話音未落，他們兩個人頓時心明眼亮，知善惡，辨真假，羞恥之情油然而生，顧盼周身，一絲不掛，一瞥那禽獸的眼睛，益發覺得無地自容。

用什麽東西隔斷外來的視線呢？他們觀察遠近，發現無花果樹的葉子可以遮蔽身體。那又大又厚的無花果葉子被採來，編成了裙子，找根藤條穿起來，繫在腰間。

天起了涼風，耶和華上帝在園中行走。亞當和妻子一聽，知道上帝來了，他們趕緊藏在大樹背後。

耶和華上帝呼喚亞當：

「亞當，你在哪裏？」

「我在園裏，」亞當戰戰兢兢地説，「我聽見你來了，心裏很害怕。因爲我赤身裸體，不敢見你，所以便藏起來了。」

「赤身裸體？你怎麽曉得這個呢？」上帝早已明察一切，繼續追問道，「坦率地説，你是不是偷吃了禁果？」

「是偷吃了禁果。」亞當知道瞞不過去，只得招認了，接著他又辯解道：「不過那不是我自己要吃的，那是你賜給我的女人送給我吃的。她把那樹上的果子給我，我就吃了。」

耶和華轉向女人，對她説：

「你做了什麽事？從實説來！」

女人指著蛇説：

「也不是我自己要吃的，是那蛇引誘我，説吃了禁果就心明眼亮，有智慧，所以我就吃了。」

上帝勃然大怒，對蛇喊道：

「你這引誘女人墮落的壞蛋，要永遠受到詛咒！你必須用肚子走路，終身吃土。我又叫你和女人世代爲仇，女人傷你的頭，你傷女人的腳後跟。」

於是蛇便失去了翅膀，只得在地上用肚子爬行了，並且變成可惡可憎的樣子。

懲罰完蛇以後，上帝又對女人説：

「我必須增加你懷孕的苦楚，叫你分娩時伴隨著劇烈的疼痛！你將成爲丈夫的附屬品，依戀你的丈夫，受你丈夫的轄制。」

發落完蛇和女人以後，上帝又對亞當説：

「你既然聽從你妻子的話，不守我的禁令，偷吃了禁果，那就要受到應得的懲罰。從今以後，土地要給你長出荊棘和蒺藜來。你必須終年勞苦，汗流滿面，才能從地裏得到吃的，勉強維持溫飽，這樣勞碌終生，直到死後歸土。人啊，你本是塵土，終將歸於塵土！」

這事過後，亞當給他妻子起名叫夏娃，「夏娃」就是衆生之母的意思。

亞當和夏娃自從偷食禁果以後，一直羞愧惶恐。因此耶和華上帝爲他們一人做一身皮子衣服，給他們穿上。既然知道羞恥了，就應該穿上衣服。

耶和華上帝説：

「既然人已經吃了善惡果，那他們就知道善惡真假，聰明得與我相似，倘若再讓他們吃那生命樹上的果子，那他們就長生不老了。」

爲了實現對亞當夏娃偷吃禁果的懲罰，耶和華上帝把他們逐出伊甸園，打發他們去耕種土地。

亞當和夏娃被逐出伊甸園之後，上帝在伊甸園東邊安設噠嚕帕①和四面轉動發火的劍，把守著生命樹。

# 五　該隱誅弟

亞當和夏娃被逐出伊甸園，過著艱辛的日子，往昔的歡樂已經一去不復返。

夫妻二人相依爲命。亞當和夏娃同房，夏娃懷孕，到時候生下一個男孩，起名叫該隱。以後又生下該隱的弟弟，起名叫亞伯。

亞伯是牧羊的，該隱是種地的。

兄弟兩個常常在父母面前爭強鬥勝，又想在供物上比個高低。

該隱辛勤耕耘，莊稼長得茂盛，果實飽滿。到了收穫的季節，他就以佳禾爲供物，獻給耶和華。

亞伯精心牧羊，羊羣繁殖很快，個個長得膘肥毛厚。到了

---

① 傳說中的帶翅膀的動物。——編者

獻祭的時候，他在羊羣中選取最好的頭生羊，連同羊脂油一起，做爲供物，獻給耶和華。

耶和華看中了亞伯和他的供物，只是看不中該隱和他的供物。

該隱看見弟弟佔先了，氣得滿臉紫脹，眼睛射出兇光。

耶和華勸慰該隱說：

「該隱哪，幹麼要生氣呢，幹麼要變臉呢？如果你行得好，你的供物同樣會受到我的悅納。如果你行得不好呢，那可要當心犯罪呀！罪已經埋伏在你的門前了，它一定要和你糾纏，你可要甩開它呀！」

可是該隱不聽上帝的勸告，他走到田野裏，看見亞伯正在牧羊，臉上現著得意的神色，他便湊過去對弟弟說：

「亞伯，你得意什麼，難道我老大不如你嗎？」

亞伯知道哥哥的供物不蒙悅納，知道他想要拿自己出氣，因此儘量回避他。可是該隱並不罷休，硬要毀掉弟弟精心牧養的羊羣。亞伯忍不住，便頂了一句：

「你的供物不蒙悅納，關我什麼事呀？」

於是兩個人就爭吵起來，愈吵愈兇，後來雙方又動手廝打。該隱把弟弟打翻在地，還不肯放手，直到把他打死。

該隱誅弟，這是人類歷史上的第一椿兇殺案。上帝親自審問：

「該隱，你弟弟亞伯在什麼地方呢？」

「不知道，」該隱回答說，「難道我是專管看我弟弟的嗎？他上哪兒去，也沒告訴我呀！」

「是你把他殺了，」上帝直截了當地說，「我聽見了死者

的哀告。他的血從你手裏流下來，流到地上，地開了口子，承受了你弟弟的血。」

「不錯，」該隱供認了，「有這碼事，是我把他殺了，誰叫他頂撞我來著！」

「你將永遠受到詛咒！」耶和華判定該隱有罪，宣布他應該受到懲罰，「你種地，地不再給你長出佳禾。你必定流落他鄉，到處飄泊。」

到這時候，該隱才感到懼怕，他俯伏在地，乞求恕罪：

「這刑罰太重了，我受不了哇！你把我趕出這個地方，不叫我見你的面，那我無論漂流到什麼地方，凡是遇見我的，都會殺我呀！」

「不會的，」耶和華對他說，「凡殺該隱的，必定遭報七倍！」上帝給該隱立個記號，帶在身上，免得人遇見他就殺。

於是該隱離開耶和華，住到伊甸園東邊的挪得地方走了。

亞當沒有跟他的大兒子一起出去。他活了九百三十歲就死了——偷食禁果造成了凡人皆有死。亞當和夏娃一生留下許多兒女，其中能夠代替亞伯安慰始祖的，唯有第三胎的塞特。塞特長得和父親一模一樣，他一共活了九百一十二歲，並且多子多孫。他有個九世孫，名叫挪亞。

# 六　挪亞方舟

始祖偷吃禁果，被逐出伊甸園。該隱誅弟，揭開了人類互

相殘殺的序幕。人世間充滿著強暴、仇恨與嫉妒，深深陷在罪惡之中。

上帝見此情景大爲震怒，要將這敗壞了的世界一舉毀滅。唯有挪亞是個義人，尚可隨他留下有限的生靈。

耶和華對挪亞說：

「看哪，世界敗壞到如此地步，這些有血氣的生物全都陷在罪惡之中。這完全違背了我當初造物的本意。我現在後悔了，我要將這罪惡的世界一舉毀滅！你要用歌斐木造一隻方舟……」耶和華將方舟的規格和造法傳授給挪亞，又對他說，「看哪，我要使洪水氾濫在地上，毀滅天下所有的生靈。然而我要與你立約，你和你的妻子、兒子、兒媳，都要進入方舟。凡是有血有肉的活物，鳥獸蟲魚，各從其類，每樣一公一母，你要帶進方舟，好在方舟裏保全生命。」

挪亞依照上帝的吩咐，選歌斐木，趕造方舟。挪亞一邊造方舟，一邊勸告世人：

「洪水快來了，你們應當悔改！」

可是除了幾位年高德劭的老人外，很少有人相信他的話。鄰居們和過路人都譏笑他說：

「嘻，這個人真傻，在旱地上造方舟，誰見過這玩意兒呀！」

「他還替我們擔憂呢，難道聰明人要聽傻子的話嗎？」

「喂，你老說洪水快來了，我倒要請問，洪水從何處來呀？」

「從天上來，」挪亞幹著活，汗流浹背，頭也不擡地回答，「那水要從天而降。」

「怪哉，從天上要流下一道河來！」

他們走開了，回頭嘲弄著。

人們不理會挪亞的勸告，照樣的吃喝玩樂，婚喪嫁娶，耕耘牧羊……

挪亞在孤立無援的情況下，整整用了一百二十年的時間，終於造成了一隻龐大的方舟。這隻方舟長一百三十三米，寬二十二米，高十三米。共分上中下三層，每層都有一間一間的隔開的小艙房。方舟内外塗著松香，門開在旁邊，舟上邊有窗戶，高四十四厘米，用來通風和透光。

方舟造好了，耶和華對挪亞説：

「你和你的全家都要進入方舟，因爲在這世代中，我見你在我面前是個義人……再過七天，我要降雨在地上四十晝夜，把我所造的活物從地上除滅。」

原來挪亞有一個妻子和三個兒子，兒子都娶了媳婦，全家共是八口人。挪亞全家，都相信上帝的話，進了方舟。

方舟矗立在旱地上，宛如一座突兀的木山，舟門洞開著。

人們看見各種各樣的飛禽走獸，一對一對的，從天下各地聚集而來，有條不紊地進入方舟。它們全都聽從挪亞的指揮，每樣只有一公一母得入舟内，對於那些潔淨的動物，在名額上則給予適當的照顧——每樣有七公七母進入方舟。這倒不是挪亞自做主張，要知道，他完全是在上帝允許的範圍内行事。從大象到蚊子，各從其類，在方舟中找到自己的位置。方舟中備有各種各樣的食物，足夠挪亞全家人和天下入選的動物吃的。

過了七天，正當人們指著方舟嘲笑取樂的時候，洪水突然來了！

　　是年挪亞六百歲。二月十七日，開天闢地第一回下雨了，千萬條水線，從高天直通地面，如同無涯的瀑布，驟然間傾瀉下來。大雨不停地下了四十晝夜，江河湖海，一起暴漲起來，沖決了堤壩。滾滾洪流，席捲了溝壑、窪地、平原、丘陵和山嶺……人羣、莊稼和牛羊，以及一切獐狍野鹿，全都陷入沒頂之災，在劈頭蓋臉的浪花裏掙扎著，喊叫著……峯巔上的樹木也節節沒入洪水之中。

　　當洪水來臨之際，挪亞全家以及天下各種各樣的飛禽走獸和昆蟲，全都按照預定的數目，有公有母，在方舟裏各就各位了，正如上帝所吩咐挪亞的。耶和華把他們關在方舟裏頭。

　　那麼除了挪亞一家人以外，有沒有別的人，就說鄰居或者兒媳的父母吧，悄悄躲在舟中避難呢？抑或是在洪水中爬上方舟呢？當時並沒有發生這種事，因爲那些人都不相信挪亞，相信的老年人在此之前都相繼離開了人間，也許有人浮光掠影地到舟中遛個彎兒，但是也很快掩住鼻子出去了，誰會喜歡聞老虎大象屙屎撒尿的氣味呢？至於說在洪水中爬上方舟，那又談何容易啊！原來那方舟四圍向上直立著，平展展光溜溜，如同冰牆一般，沒有個抓尋，要爬也爬不上去，更何況浪頭還不停地拍打著呢……所以可以確鑿無疑的説：亞當夏娃的後代，到這時候只剩下挪亞一家人了。

　　方舟外面，洪水漫天，浩淼無際，人、鳥、獸、蟲，一切血肉之軀，統統捲進了那咆哮的巨瀾，葬身在深淵。有幾隻巨鳥，憑藉著垂天翅，迎著暴風雨奮飛，妄圖逃避塵寰的浩劫，然而畢竟是血肉之軀，過不了多久，便支撐不住了，吧嗒吧嗒，掉在水裏淹死了。

天地間彷彿再也不存在高出水面的物體了，山峯低於水面七米，唯有那孤伶伶的挪亞方舟，安然無恙地漂泊在萬頃波濤之上。

上帝顧念挪亞和方舟中的一切飛禽走獸，下令止雨興風，風吹著水，水勢漸漸消退。

從二月十七日開始，洪水整整氾濫了一百五十天，到了七月十七日，才有山頭從水面上露出來。挪亞方舟停靠在亞拉臘山邊。到了十月初一日，山頂全都露出來了。

過了四十天，挪亞打開方舟的窗戶，放出一隻烏鴉去，指望牠探聽一下外面的消息。可是這負心的鳥兒飛來飛去，再也不回那憋悶的方舟。方舟得不到回音，挪亞只好另選別的鳥，他把一隻鴿子放了出去，要牠看看地上的水退了沒有。但是除了冷風呼嘯的山峯外，遍地都是水，鴿子找不到落腳之處，又飛向方舟的窗戶，挪亞伸手把牠接了進來。

七天之後，再把鴿子從方舟裏放出去。舟中之人巴望著窗口，耐心而焦急地等待著，一直等到日落黃昏，鴿子才飛回來，嘴裏銜著一片橄欖葉，翠綠翠綠，看出是新從樹上啄下來的。由此判斷，地上的水已經消退了。一片橄欖葉表達了和平的訊息。又過了七天，挪亞把舟中的鴿子全都放出去，牠們就再也用不著回來了。

到挪亞六百零一歲的正月初一日，他掀開舟蓋，向外觀看──

周圍一片霧海茫茫，蒸騰著的水氣宛如一層薄薄的輕紗，朦朧中顯出大地的面龐，在那稠厚的泥漿下面，掩埋著多少曾經活動過的軀體呢？時隱時現的山川、樹木，蕩著徐徐的清

風，沈浸在萬物俱滅的寧靜之中。

　　直到二月二十七日，大地才凝結堅實了，全乾了。天空晴
朗，太陽向大地投下燦爛的光輝，地上的山川樹木，全都用水
洗過，煥然一新，星星點點地閃爍著晶瑩的露珠。

　　上帝對挪亞說：

　　「出來吧，挪亞！你和你的妻子，兒子，兒媳，全都出來
吧！把方舟中的一切活物，飛禽走獸和昆蟲，全都放出來
吧！」

　　倖存者們在方舟中憋悶了一年零十天，終於蒙上帝的召
喚，紛紛躍出挪亞方舟，歡快地來到這新生的天地裏。

　　一朵一朵的白雲，飄浮在蔚藍色的天空中，天際上映襯著
曠古未有的彩虹。這彩虹就是上帝與人立約的記號，表明洪水
大劫不會重演，上帝願挪亞子孫昌盛。

# 七　通天古塔

　　洪水大劫以後，挪亞子孫在新的天地裏傳宗接代，一代更
比一代多。天下眾多的人口，全都說著同一種語言。

　　他們成羣地向東遷移，走到示拿地方，發現一片廣袤的原
野，莽莽蒼蒼，一望無垠。人們笑逐顏開，互相商量著：

　　「這地方多好哇，住下來吧！」

　　「咱們在這裏建一座城，城中建一座塔，塔頂通天。」

　　「對，做個紀念，留給子孫，傳流後世。這樣也免得大家

流離失所，連個集中的地方都沒有。」

「咦？這地方沒有石頭，那用什麼來建城建塔呢？」

大家七嘴八舌地議論著，最後一致決定：用泥土來做磚，把磚燒透了，就拿磚當石頭。

「沒有灰泥怎麼辦？」有人提出新問題，大家又議論起來。人多智廣，有一個灰泥匠，想出個好辦法，就地取材，用石漆當灰泥。

大家此呼彼應地說著話，熱火朝天地幹起來，做坯的做坯，燒磚的燒磚，和泥的和泥，運料的運料，建城的建城，建塔的建塔。

那塔節節升高，直入雲霄。

這件事驚動了上帝。耶和華降臨現場，觀看世人建築的城和塔。看見平地上，城頭上，塔頂上，人們川流不息地傳動著磚料和灰泥，從下往上，層層傳遞，有條不紊，最上邊的人揮汗如雨，手裏擺弄著磚和灰泥，愈砌愈高。

耶和華顧盼天使說：

「看哪，他們的動作這樣協調一致，整齊畫一，靠的是同一種語言。如今建城建塔，往後做起別的事來，就沒有不成的了。看來我們得變亂他們的口音，使他們的語言彼此不通。」

於是耶和華就使建築城塔的人們說各種各樣的語言，每個人說話，只有身邊的幾個人懂得，稍遠一點就聽不懂了。塔頂上的人，嘰哩呱啦，向下邊喊話，震破了嗓子，下邊的人也不知道他到底是要磚還是要灰泥？城頭上的人渴得要命，水邊上的人也不給送水來，打手勢也不管用，因為缺乏統一的規定。由於語言不通，停工待料，人們的心也就隨之逐漸渙散了。

　　耶和華使眾人從那裏分散到各處去，四面八方，遍布在天涯海角。從此人世間便產生了成百上千種語言，每種語言又分成若干方言，每種方言還夾雜著不同的腔調。

　　隨著人們走散，那座城和那座塔也就半途而廢了。半途而廢的原因就在於語言的變亂。「變亂」一詞在希伯來語中讀做「巴比倫」。因此人們就管那座城叫巴比倫城，管那座塔叫巴比倫塔。

# 八　委曲求全

　　眾人離開巴比倫城，分散在天下各地，並且生兒育女，代代相傳。

　　在迦勒底的吾珥，住著一戶人家。家長名叫他拉，他拉有三個兒子，長子叫亞伯蘭。亞伯蘭娶個妻子，名叫撒萊，撒萊不生育，沒有孩子。

　　他拉帶著兒子亞伯蘭和兒媳撒萊，以及孫子羅得（亞伯蘭之侄），離開迦勒底的吾珥，要往迦南地去。途經哈蘭，他們暫住下來。他拉活了二百零五歲，死在哈蘭。

　　亞伯蘭七十五歲，蒙耶和華恩召，繼續遷往迦南地。同行者有他的妻子撒萊和他的侄子羅得，以及在哈蘭所得的人口。他們帶著牲畜和財物，遊牧遷徙，輾轉來到迦南地。耶和華向亞伯蘭顯現說：

　　「我要將此地賜給你的後裔。」

　　當時那裏住著迦南人。亞伯蘭在迦南地為耶和華築了一座壇，從那裏又遷到伯特利和艾之間的山上，在山上支搭帳篷，並且又為耶和華築了一座壇，後來又漸漸回到迦南地。

　　迦南地遇上大饑荒，亞伯蘭帶著全家人到埃及去逃荒。將近埃及的時候，亞伯蘭對妻子撒萊說：

　　「你的容貌俊美，恐怕埃及人知道我是你的丈夫，他們就把我殺死，只把你留下來。」

　　「哎呀，」撒萊說，「沒有想到，我的容貌會給你惹禍呀！」

　　「這樣辦吧，」亞伯蘭對妻子說，「就說你是我的妹妹，如此這般，方可化險為夷。」

　　說話之間，他們望見了古老的金字塔，埃及到了。

　　埃及人看見撒萊長得這麼美，都圍過來觀看。在圍觀的人們之中，有一個是埃及王法老的臣宰。這個臣宰回去向法老稟報：

　　「遠方來了一位美女，她的美貌我無法形容，是不是……」

　　「她有丈夫嗎？」法老問。

　　「沒有，」臣宰回答說，「只有一位哥哥，跟她站在一起。」

　　「嗯，」法老沈吟著說，「好吧。」

　　臣宰領會法老的意圖，出去把美女撒萊帶進法老的宮裏，法老一見，果然名不虛傳，滿心歡喜。從此，撒萊就留在宮中陪伴法老，深受寵愛。

　　法老看在婦人的面上，對亞伯蘭大加賞賜。牛羊、駱駝、

公驢、母驢、僕婢……源源不斷地送到亞伯蘭的帳篷裏。

　　耶和華因爲撒萊的緣故，向法老及其全家降下大災。法老這才省悟過來，原來自己奪了別人的妻子。於是他派人把亞伯蘭召進宮來，責備他說：

　　「你這做的是什麼事呢？原來她是你的妻子，那你爲什麼當初說她是你的妹妹呢？聽說她是你的妹妹，我才把她娶過來，要做爲我的妻子。現在真相大白，我把妻子還給你，你把她帶走吧！快快走吧，好給我消災解厄！」

　　於是法老吩咐人，將亞伯蘭和他的妻子，連同他們所得到的一切，全都送走了。

　　亞伯蘭帶著妻子撒萊和侄子羅得，以及從法老那裏得到的金銀、牲畜和僕婢，離開埃及，回到迦南地。

　　他們又從迦南地漸漸往伯特利去，到了伯特利和艾的中間，就是先前支搭帳篷和築壇的地方。

　　亞伯蘭這時擁有大量的金銀、財寶、牲畜和僕婢，他的侄子羅得也有好些牛羣羊羣和帳篷。那地方本來不大，又住著迦南人和比利洗人，亞伯蘭的牧人和羅得的牧人常常互相爭鬥。

　　有一天，亞伯蘭對羅得說：

　　「你我不可相爭，你的牧人和我的牧人也不可相爭，因爲我們是骨肉。天下的土地有的是，你我從此分開吧，你若向左，我就向右，你若向右，我就向左。」

　　羅得舉目遠望，看見約旦河平原，沃野千里，草木豐茂，如同樂園一般，足足趕得上埃及了。於是他便選擇了約旦河平原，開始往東遷移。羅得住在平原，漸漸遊移帳篷，直到所多瑪。

亞伯蘭住在迦南地，耶和華對他説：

「你舉目向四周遠望，東西南北，凡是你所看見的一切，我都要賜給你和你的後裔爲業，直到永遠。你的子孫將多如地上的塵沙。起來吧，你縱橫走遍這地，我把這地全部賜給你。」

於是亞伯蘭就搬了帳篷，來到希伯崙幔利的橡樹那裏居住。

# 九　異象煙火

耶和華在異象中對亞伯蘭説：

「亞伯蘭，你不要懼怕，我是你的盾牌，必將大大地賞賜你。」

「耶和華啊，」亞伯蘭説，「我連個兒子都沒有，你還賜給我什麼呢？恐怕我的家業，要落在大馬色人以利以謝的手裏了。既然我沒有兒子，那麼生在我家中的人，就做我的後嗣吧。」

「這些人絕不會成爲你的後嗣，」耶和華又對他説，「你本身所生的，才會成爲你的後嗣。」於是領他到外面説：「你望望天空，數數星星，能數得過來麼？你的子孫後代，必將多如天上的繁星。」

亞伯蘭相信耶和華，耶和華就以此認爲他是義人，又對他説道：

「我是耶和華，曾經領你出了迦勒底的吾珥，爲的是要將此地賜給你爲業。」

「耶和華啊，」亞伯蘭說，「我怎麼能知道一定會得到此地爲業呢？」

耶和華吩咐他說：

「你給我取來一隻三年的母牛，一隻三年的母山羊，一隻三年的公綿羊，一隻斑鳩和一隻雛鴿。」

亞伯蘭根據耶和華的吩咐，把這些全都取來，每樣劈開，分成兩半，一半對一半的擺列，只是鳥沒有劈開，一邊擺斑鳩，一邊擺雛鴿。

有鷙鳥下來，落在那死畜的肉上，亞伯蘭把牠嚇飛了。

日頭冉冉下落的時候，亞伯蘭沈沈地睡著了。忽然有驚人的大黑暗落在他身上。耶和華對亞伯蘭說：

「你要確實知道，你的後裔必將寄居在別人的土地上，並且服事那土地上的人，他們要苦待你的後裔四百年。然後他們必將帶著許多財物，從那裏出來。不過你本人不會遭此厄難，你要享長壽之福，壽終之後，平平安安地被人埋葬。到了第四代，他們必回到此地，因爲亞摩利人的罪孽還沒有滿盈。」

日落天黑的時候，亞伯蘭沒有料到，居然會有冒煙的爐子和燒著的火把，從那些肉塊中間，呼啦呼啦地經過。

就在當天，耶和華與亞伯蘭立約，對他說：

「我已將埃及河至伯拉大河之地，賜給你的子孫後代。」

這些地方原來居住的是：基尼人、基尼洗人、甲摩尼人、赫人、比利洗人、利乏音人、亞摩利人、迦南人、革迦撒人、耶布斯人。

# 十　亞伯拉罕

亞伯蘭的妻子撒萊不能生育，因此他們一直沒有孩子。撒萊有一個使女，名叫夏甲，是個埃及人。

撒萊對亞伯蘭說：

「我不能生育，求你和我的使女同房，她或許給你生下孩子，這樣我們也好有個後代。」

「好吧。」亞伯蘭欣然同意。

於是主母撒萊吩咐使女夏甲說：

「我把你給了主人爲妾，今天晚上，你就和他同房。」

夏甲是個年輕美貌的女子，從小生在埃及，被法老選入宮中，當做婢女，未及成年，便被賞給了亞伯蘭。亞伯蘭離開埃及後，把她帶到迦南地，做了撒萊的使女。到迦南地的十年來，她一直恭順地伺候著主母撒萊，從來沒有拂逆過她。

亞伯蘭納夏甲爲妾，與她同房。夏甲懷了孕，便不把主母放在眼裏了。她很走運，從婢女而使女而主妾，步步登高，這未免使她有點飄飄然了，而今又懷了孕，這更使她覺得自己身價百倍。只看能受孕這一點，她就比主母強嘛！

主母撒萊看在眼裏，很是氣不過。她對亞伯蘭發牢騷說：

「我因爲你受了委屈，」她心酸地落下眼淚，「我把使女放在你的懷裏，使她受了孕。這一受孕，她就小看我了。這樣對嗎？你給評評理吧！」

聽了這話，亞伯蘭安慰患難與共的妻子說：

「這又何必呢？使女在你手下，你怎樣對待她，還不是全由你嘛！」

撒萊有丈夫做主，便拿出主母的威勢來，呼奴使婢，氣使頤指地壓迫夏甲，不顧她的身子日漸沈重，照樣分配她做這樣做那樣，稍不如意，非打即罵。夏甲受不慣這樣的虐待，便從撒萊面前逃跑了。

她走到書珥路上的水泉旁，遇見了天使。天使問她：

「你不是撒萊的使女夏甲麼？你從哪裏來，要往哪裏去呀？」

「我從家裏逃跑了。」夏甲回答說。

「爲什麼逃跑呢？」天使問。

「因爲我受不慣主母的虐待……」夏甲哭泣著，訴說自己的不幸。

「不應該背叛你的主母，」天使對夏甲說，「你回家去吧，向主母低頭認錯，老老實實服在她的手下。耶和華聽見你的苦情，保管你將來有出頭的日子。你如今懷孕，要生下一個兒子，可以給他起名叫以實瑪利。他爲人必像野驢一樣，他的手要攻打別人，別人的手也要攻打他。他必住在衆弟兄的東邊。」

夏甲聽從天使的吩咐，乖乖回到家裏，俯伏在主母面前。主母撒萊看見她的傲氣已經煞下去了，便不似先前那樣冷顏厲色，對她的態度有所緩和，然而到底心存芥蒂。

後來夏甲給亞伯蘭生下一個兒子，亞伯蘭給他起名叫以實瑪利。以實瑪利出生的時候，亞伯蘭八十六歲。

亞伯蘭九十九歲的時候,耶和華向他顯現,對他說:

「我是全能的上帝,你當在我面前做完人。從此以後,你的名字不再叫亞伯蘭,要叫亞伯拉罕,因為我已立你做萬國之父。」

亞伯拉罕俯伏在地,上帝又對亞伯拉罕說:

「你和你的子孫後代,要永遠遵守我的約。你們所有的男子都要受割禮,這是我與你們立約的證據。你們世世代代的男子,無論是家裏生的,還是從外面用銀子買來的,生下來第八天,都要受割禮。這樣,我的約就立在你們的肉體上,做永遠的約。」

接著,上帝又對亞伯拉罕說:

「你的妻子撒萊要改名叫撒拉。我必賜福給她,她要做萬國之母。我也要使你從她那裏得到一個兒子⋯⋯」

亞伯拉罕伏地嘻笑,心裏說:

「一百歲的人還能抱子嗎?撒拉已經九十歲了,還能生養嗎?」他開口對上帝說,「但願以實瑪利活在你面前。」

「不然,」上帝說,「你的妻子撒拉要給你生一個兒子,你要給他起名叫以撒。到明年這時節,撒拉必定給你生以撒。我要與他堅定所立的約。」

上帝和亞伯拉罕說完了話,就離開他升上去了。亞伯拉罕遵照上帝的吩咐,在當天就給全家的男子行了割禮。無論是家裏生的,還是用銀子從外面買來的,所有的男子,全都受了割禮。亞伯拉罕受割禮的時候,年九十九歲,以實瑪利十三歲。

耶和華在幔利橡樹那裏向亞伯拉罕顯現。那時天氣炎熱,亞伯拉罕坐在帳篷門口,看見三個人站在對面,他趕緊跑過去

迎接，俯伏在地，説道：

「我主啊，如果我能在你眼前蒙恩，求你不要離開僕人往前去，讓我打些水來，你們洗洗腳，在樹下歇息歇息。我再拿一點餅來，你們可以加添心力，然後再往前走。你們既然來到僕人這裏，理當如此。」

「就照你說的辦吧！」他們回答説。

亞伯拉罕急忙進帳篷吩咐妻子：

「快快拿最好的麵粉來，調和做餅！」

說完他又跑到牛羣那裏，牽出一頭又肥又嫩的牛犢，交給僕人，叫他們趕快做好了。

亞伯拉罕又取了奶油和奶汁，連同那做好的牛犢，擺在樹下，自己站在旁邊，伺候那三個人吃飯。

三人中有一位説：

「到明年這時候，我一定還來這裏，你的妻子撒拉一定會給你生一個兒子。」

撒拉正站在那人背後的帳篷門口，也聽見了這話。她心裏暗笑：

「我的主人年紀老邁，我已斷絕月經，怎麼會出現這種喜事呢？」

「撒拉為什麼暗笑？」耶和華對亞伯拉罕説：「説什麼自己年老，果真能生養嗎？難道耶和華還有什麼辦不成的事嗎？到了日期，撒拉必定給你生一個兒子。」

撒拉聽見這話，心裏害怕，嘴裏説道：

「我沒有笑哇！」

「不對，」那位説：「你實在笑了！」

　　說著三人從橡樹下起程，亞伯拉罕隨著送行。耶和華說：

　　「所多瑪和蛾摩拉的罪惡深重，聲聞於我。我現在要下去，察看他們的所做所爲。」

　　這樣二位天使便離開那裏，往所多瑪去了。

　　亞伯拉罕仍然站在耶和華面前，他進前說道：

　　「無論善惡，你都要剿滅嗎？假如那城裏有五十個義人，你還剿滅那地方嗎？不爲城裏這五十個義人，饒恕全城嗎？」

　　耶和華回答說：

　　「如果我在所多瑪城裏看見五十個義人，我就爲這五十個義人饒恕全城的人。」

　　亞伯拉罕說：

　　「我雖然是塵土，還是要大膽向主說話。假如這五十個義人短了五個，你就因爲短了五個，毀滅全城嗎？」

　　「我若在那裏看見四十五個義人，也不毀滅那城。」

　　「假如在那裏看見四十個，怎麼樣呢？」

　　「爲這四十個的緣故，我也不做這事。」

　　「求主不要動怒，容我說，假如在那裏只有三十個，怎麼樣呢？」

　　「我若在那裏見有三十個義人，我也不做這事。」

　　「我還敢對主說，假如在那裏只有二十個，怎麼樣呢？」

　　「爲這二十個的緣故，我也不毀滅那城。」

　　「求主不要動怒，我再說這一次，假如在那裏只遇見十個義人呢？」

　　「爲這十個的緣故，我也不毀滅那城。」

　　耶和華說完就走了。亞伯拉罕也回到了自己的住處。

# 十一　回首鹽柱

　　那兩個天使晚上到了所多瑪。羅得正坐在所多瑪城門口，看見他們來了，趕忙起來迎接，伏地下拜說：

　　「我主啊，請你們到僕人家裏，洗洗腳，住一夜，清早起來再走。」

　　「不啦，」他們說，「我們要在街上過夜。」

　　經過羅得的再三懇請，他們才走進他的屋子裏。羅得忙著爲他們預備筵席，烤無酵餅。他們飽餐了一頓。

　　他們剛洗過腳，還沒有躺下，所多瑪城裏的男女老少就圍過來了，他們在屋子外面喊叫：

　　「羅得，今晚上到你這裏來的人呢？把他們交出來吧，任憑我們爲所欲爲……」

　　羅得出來，隨後把門關上，走到衆人那裏，勸告他們：

　　「衆位弟兄，請你們不要做這等下流事。我有兩個女兒，都是處女，容我領出來，任憑你們爲所欲爲吧。只是這兩個人，既然到我舍下，你們就不要向他們無理取鬧。」

　　衆人聽見這話，七嘴八舌地嚷嚷道：

　　「去你的吧，靠邊站！」

　　「這個人來寄居，還想做官哪！」

　　「現在我們要害你，比害他們更甚，因爲你護著他們嘛！」

衆人亂喊亂叫，擁上來，推搡羅得，要砸開房門。

這時那兩個人伸出手來，把羅得拉進屋裏，隨手把門關上。同時使外面的人，無論男女老少，全都眼睛昏迷，亂摸亂撞，尋不到房門。

二人對羅得説：

「你在這裏還有什麼人嗎？無論是女婿，還是女兒，和這城中一切屬於你的人，你都要從這裏把他們帶出去。這城已經陷在罪惡的淵藪裏了，耶和華差我們來，要毀滅這地方。」

羅得聽見這話，便出去告訴將要娶他女兒的女婿們説：

「你們快起來，離開這地方，因爲耶和華要毀滅這城！」

他的女婿們都把這話當做戲言，並不理會這碼事。

天亮了，天使催促羅得説：

「快起來吧，帶著你的妻子和兩個女兒，趕快出去吧，免得與這城同歸於盡。」

可是羅得遲延不動身，二人就拉著羅得及其妻女的手，一直把他們強拉到城外，對他們説：

「快逃命吧，不可回頭，不可站住，一直往山上跑，免得你們遭殃！」

羅得哀求他們説：

「我主啊，不要這樣。你僕人已經在你們眼前蒙恩，你們顯出莫大的慈愛，救了我的性命。我實在無力逃到山上去了，恐怕這災禍追上我，那我就死了。看哪，眼前來到這座城，又小又近，又容易逃到。請你們容我到這座小城裏活命吧！」

「行啊，」天使對他説，「我們不滅這座小城，你快往那裏逃吧！」

因此那座城就叫瑣珥，「瑣珥」就是小的意思。羅得逃到瑣珥城，日頭已經出來了。

當時耶和華將硫磺與火，降到所多瑪和蛾摩拉。那些城邑和平原立刻燃起熊熊大火，煙氣上騰，如同燒窰一般，將其中的居民、莊稼和牲畜，統統化爲灰燼。

羅得的妻子逃跑時落在後面，她回頭一看——立時變成了一根鹽柱。

羅得住在瑣珥，心裏仍然害怕，就和他的兩個女兒逃到山上，住在山洞裏。

# 十二　嚴峻考驗

亞伯拉罕年老的時候，撒拉懷了孕，到上帝所説的日期，果然生下來一個兒子。撒拉給亞伯拉罕所生的兒子起名叫以撒。以撒出生的時候，亞伯拉罕一百歲。他是亞伯拉罕和撒拉的獨生子，出生第八日，父親給他行了割禮。

撒拉老年生子，格外高興，她説：

「上帝使我喜笑顏開，凡是聽到這事的，必定會與我一同歡樂。誰能預先對亞伯拉罕説，撒拉要哺育嬰兒呢？在他年老的時候，我居然給他生下了一個兒子！」

孩子漸長，到了斷奶的日子，亞伯拉罕擺設豐盛的筵席，闔家歡樂。可是埃及女子夏甲所生的兒子在一旁戲笑，被撒拉看見了，掃了她的興，她便對亞伯拉罕説：

「你若看重我，就把這個使女和她的兒子趕出去，因爲使女所生的兒子不可與我兒子一同承受產業。」

這使亞伯拉罕很爲難，他爲自己的兒子憂心忡忡。

上帝對亞伯拉罕說：

「你不必爲童子和使女發愁，凡是撒拉對你說的，你都應該聽從，因爲將來從以撒生的，才能稱得上你的後裔。至於使女的兒子，我也必須使他的後裔成爲一國，因爲他也是從你生的。」

亞伯拉罕早晨起來，拿餅和一皮袋水，搭在夏甲的肩上，又把孩子交給她，打發她走。

夏甲領著兒子，灑著眼淚，頭也不回地走了。他們走到別是巴的曠野，荒草萋萋，迷失了路徑。餅吃光了，皮袋裏的水也喝盡了，眼看快要餓死了。夏甲把孩子撇在小樹底下，自己走開約有一箭之地，母子相對而坐，放聲大哭。

上帝的使者從天上呼喚夏甲說：

「夏甲，不要哭，也不要害怕，上帝已經聽見童子的聲音了。起來，把孩子抱在懷裏，我必使他的後裔成爲大國。」

夏甲的眼睛明亮了，她看見一口水井，便過去將皮袋盛滿了水，給孩子喝。

孩子漸漸長大，成了弓箭手，住在巴蘭的曠野。他母親從埃及給他娶了一個妻子。

後來上帝要考驗亞伯拉罕，呼叫他說：

「亞伯拉罕！」

「我在這裏！」亞伯拉罕回答。

上帝說：

「帶著你的獨生子以撒，往摩利亞地去，那裏有一座山，你要在山上把他獻爲燔祭。」

「好吧，」亞伯拉罕回答説，「我照辦就是。」

亞伯拉罕清早起來，備上驢，領著兩個僕人和兒子以撒，帶上劈柴，不聲不響地出發了。

在路上走了三天，來到摩利亞地。亞伯拉罕舉目瞭望，看見了上帝所指定的那座山。他對僕人説：

「你們和驢在此等候，我和孩子往那裏去拜一拜，一會兒就回來。」

亞伯拉罕把獻燔祭用的劈柴放在以撒的背上，自己手裏拿著火和刀。父子二人同行，往山上奔去。

以撒對父親説：

「爸爸！」

「我兒，」亞伯拉罕回答説，「我在這裏。」

「請看，」以撒天真地説，「火與柴都有了，可是獻燔祭的羔羊在哪裏呢？」

「我兒，」亞伯拉罕説，「上帝必定會自己預備獻燔祭的羔羊。」

父子二人説著話，登上了上帝所指示的那座山。亞伯拉罕在山上築起一座壇，壇上擺好了劈柴，然後一把抓住獨生子以撒，把他捆綁了，放在柴上。

亞伯拉罕舉起刀來，要殺他的兒子獻燔祭。忽聽天使呼叫：

「亞伯拉罕，亞伯拉罕！」

「我在這裏。」亞伯拉罕回答説。

「把刀放下！」天使説，「你不可殺這童子，一點也不可害他。現在我知道你是敬畏上帝的了，因爲你沒有留下獨生子不給我。」

聽見天使的呼喚，亞伯拉罕就給以撒鬆了綁，不殺他了。可是拿什麼獻燔祭呢？亞伯拉罕擡頭一看，喜出望外，發現一隻公羊，兩角扣在稠密的樹叢中。亞伯拉罕就把那隻公羊取過來，獻爲燔祭，用來代替他的兒子。

亞伯拉罕給那地方起名叫耶和華以勒，意思是説，耶和華自有安排。這話一直流傳下來，人們常説：

「在耶和華的山上，上帝自有安排。」

以撒的母親撒拉壽終一百二十七歲，死在迦南地的希伯崙。亞伯拉罕爲她哀號痛哭。哭完以後，他對當地的赫人説：

「我寄居在你們中間，求你們給我一塊地，我好埋葬死者，使她不致曝屍荒野。」

「我主請聽，」赫人回答説，「你在我們中間如同王子一般，儘管擇地埋葬你的死者吧，好地隨便你挑，我們中間沒有一個人不情願的。」

亞伯拉罕向當地人下拜，對那些赫人説：

「你們要有意這樣成全我，就求以弗崙把田頭上那個麥比拉洞賣給我吧，作爲我家的墳地。」

「哪裏用得著買呢，」赫人以弗崙客客氣氣地説，「我主請聽，我把這塊田連同田間的洞，全都送給你。」

聽了這話，亞伯拉罕當衆對以弗崙説：

「你若應允，就得收下我的田價。」

「我主請聽，」以弗崙説，「值四百塊銀幣的一塊田，在

你我之間還算得了什麼呢，只管埋葬你的死者吧。」

於是亞伯拉罕就秤了四百塊銀幣給以弗崙，買了那塊田和其中的洞連同四周的樹木。買妥之後，到了下葬的時候，亞伯拉罕就把妻子撒拉埋葬在迦南地的麥比拉洞裏。從此，位於迦南地希伯崙的那塊田和田中的麥比拉洞，就歸亞伯拉罕作爲墳地。

# 十三　以撒娶妻

撒拉壽終正寢，葬在迦南地的麥比拉洞裏。亞伯拉罕年紀愈發老了，他想給兒子以撒完婚。

亞伯拉罕對老管家說：

「請你把手放在我大腿底下發誓，保證給我兒子娶一個好妻子，不要迦南地的女子，要回到我的本地本族去娶了帶來。」

老管家對他說：

「倘若那本地女子不肯跟我來呢？那我可以不可以把你的兒子帶到那裏去呢？」

「你要謹慎，」亞伯拉罕說，「不要帶我兒子回到本地去。耶和華既然將此地給我的子孫爲業，他就必定遣使者幫助你，你只管放心地去吧。倘若原地女子不肯跟你到這裏來，那就不算你違背誓言。」

聽主人這麼一說，老管家便把手放在亞伯拉罕的大腿底

下，發誓要給以撒娶一個原地女子爲妻。

老管家挑選了十匹駱駝，馱著各樣的彩禮，帶著隨行人員，起身往美索不達米亞去。經過長途跋涉，他們來到拿鶴的城外。

天色將晚，當女子們出來打水的時候，老管家叫駱駝跪在城外水井那裏，他這樣説：

「耶和華上帝啊，求你施恩給我主人亞伯拉罕，使我今日遇見好機會。我現時站在井旁，城内的女子們正出來打水。如果我向哪一位女子説：請你拿下水瓶來，給我水喝。她若説：請喝吧，我也給你的駱駝喝。願那女子就是你所選定的給以撒的妻子。」

話還沒有説完，剛好有一個女子扛著水瓶來到井邊，打滿水，又扛在肩上。老管家急忙迎上去説：

「求你把瓶裏的水給我喝一點！」

「我主請喝！」那女子爽快地回答，急忙從肩上卸下水瓶，托在手上，送給他喝。他喝完了，女子又説，「我再爲你的駱駝打水，叫駱駝也喝足。」説著她把瓶裏的水倒在槽裏，又跑到井邊打水，來來回回，打了多次，給所有的駱駝飲水。

老管家目不轉睛地看著這位女子，她容貌極其俊美，飽含著稚氣，還是個處女，未曾有人親近過她。

駱駝喝足了水，老管家拿出一隻金環，戴在她的鼻子上，又拿出一對金鐲，扣在她的雙臂上。老管家問那女子説：

「請告訴我，你是誰的女兒？你家裏有没有我們落腳的地方？」

那女子回答説：

「我是密迦與拿鶴之子彼土利的女兒，名叫利百加。我們家裏廣有糧草，也有住宿的地方。」

聽了這話，老管家便低頭向耶和華下拜說：

「耶和華是應當稱頌的！因為他不斷以慈愛誠實待我主人，耶和華指引我來到我主人的兄弟家裏。」

原來亞伯拉罕有兩個兄弟，一個名叫拿鶴，一個名叫哈蘭。哈蘭早卒，遺下一個名叫密迦的女兒，還有一個名叫羅得的兒子。羅得曾隨伯父亞伯拉罕逃荒埃及，後與伯父分道揚鑣，移居所多瑪。所多瑪被毀後，羅得的妻子化為鹽柱，他與兩個女兒暫奔瑣珥，隨後隱居在一個山洞裏。在山洞裏留下兩個兒子，一個成為摩押人的始祖，一個成為亞捫人的始祖。至於哈蘭的女兒密迦，她嫁給了拿鶴為妻，生下一個兒子，名叫彼土利。彼土利的兒子名叫拉班，女兒名叫利百加。

利百加從老管家手裏接受了金環金鐲，扛著水瓶跑回家裏，向她父母和家裏人訴說打水的奇遇。

她哥哥拉班看見她戴著金環金鐲子回來，臉上笑盈盈的，講得娓娓動聽，知道那人還在井邊等著回話。他便立刻吩咐僕人安排食宿，然後跑到城外去迎接老管家。老管家手裏牽著駱駝，立在井旁。拉班走過去，熱情地打招呼：

「喂，你這有福的人哪，快進來吧，為什麼還站在城外呢？我已經收拾了房屋，還有駱駝躺臥的地方，請你們來住。」

於是老管家進了拉班的家。拉班幫著卸了駱駝，用草料餵上，打水給老管家和隨行人員洗腳，接著擺上飯來，請他們吃。

「我先不吃，」老管家説，「等我把事情説明白了再吃。」

「請説吧！」拉班説。

「我是亞伯拉罕的僕人，」老管家説，「我主人百歲得子，如今已經長到該結婚的年齡了。他叫我發誓，不爲他兒子娶迦南的女子，要爲他兒子娶一個本地本族的女子爲妻。」接著他把如何巧遇利百加，以及井旁喝水的情景，叙説了一遍，還説，「我已經把環子戴在她的鼻子上，把鐲子扣在她的雙臂上了。耶和華引導我來到這裏，求聘我主人兄弟的孫女，給我主人的兒子爲妻。現在，請你們告訴我，願意還是不願意？」

拉班和彼土利回答説：

「這事乃出於耶和華，我們不能向你説好説歹。看哪，利百加在你面前，你可以把她帶去，給你主人之子爲妻吧。」

當下老管家拿出金器銀器和衣服送給利百加，又將寶物送給她哥哥和她母親。

大局已定，一行來人，吃了喝了，住了一夜。早晨起來，老管家説：

「請打發我們娶親回去吧！」

「讓女子同我們再住幾天，至少十天，然後你就可以帶她走了。」利百加的哥哥和母親這樣回答。

「最好不要耽誤，」老管家説，「請打發我們回去吧！」

「那得問問她本人，」他們把利百加叫過來，問她説，「你願意現在就和這些人一起走嗎？」

「願意，」利百加説，「我願意去。」

於是家裏人就打發利百加和她的乳母以及使女跟著來人上

路，臨行時爲她祝福説：

「我們的女子啊，願你出嫁後，生兒育女，做千萬人的母親！願你的子孫後代，佔領仇敵的城門！」

利百加和她的乳母以及使女們騎上駱駝，跟著一行來人，浩浩蕩蕩地出發了。

這一天來到迦南地，天色將晚，剛巧以撒走出帳篷，在田野裏散步，孤孤伶伶，低頭思念著過世不久的母親，忽然擡頭一看，見遠處日影裏來了好些駱駝，漸漸走近了。利百加舉目看見對面有人來迎接，滿心歡喜，急忙下了駱駝，問那僕人説：

「這來迎接我們的，是誰呢？」

「這是我家小主人以撒！」老管家高高興興地回答著，同時跟小主人打招呼，「喂，以撒，你看這是誰？」

利百加聽見這話，就拿帕子蒙上臉。

老管家將辦事的經過告訴以撒，以撒便將利百加領進母親住過的帳篷，歡歡喜喜地與她成親。

以撒自從母親離世以後，心裏充滿了憂傷，現在美麗溫柔的利百加來了，方才使他得到了安慰。

亞伯拉罕壽高年邁，平平安安地停止了呼吸，享年一百七十五歲。他的兩個兒子，以撒和以實瑪利，把他埋葬在迦南地的麥比拉洞裏。

# 十四　孿生昆仲

　　以撒四十歲那年，娶利百加爲妻。利百加是巴旦亞蘭地的亞蘭人彼土利的女兒，拉班的妹妹。

　　利百加結婚以後，長期不生育。以撒爲此祈求耶和華，耶和華應允他的祈求，他的妻子就懷孕了。胎兒在母腹中跳動得很厲害，鬧得利百加疼痛難忍，她厭煩地説：

　　「若是這樣下去，真不如死了！」

　　於是她去求問耶和華，耶和華對她説：

　　「兩國在你腹內，兩族要從你身上出來，這族强過那族，將來大的要服從小的。」

　　分娩的日期到了，腹中果然是雙子。先產的身體發紅，渾身有毛，如同皮衣。他們給這孩子起名叫以掃，「以掃」就是有毛的意思。隨後又生了以掃的兄弟，手抓住哥哥的腳跟，因此給他起名叫雅各，「雅各」就是抓住的意思。

　　利百加生下兩個兒子的時候，以撒正好六十歲。

　　這對孿生兄弟漸漸長大。以掃善於打獵，常在田野裏奔跑。雅各爲人安靜，常住在帳篷裏。父親以撒偏愛以掃，因爲常常吃到他打回來的野味。母親利百加卻喜歡雅各，因爲他常常幫助母親料理家務。

　　有一天，雅各在家裏熬湯，以掃從田野裏回來，又渴又餓又累。

以掃喘著粗氣，湯味飄過來，益發引得他喉嚨發癢，他對雅各說：

「我累昏了，求你快給我喝點紅豆湯！」

「行啊，」雅各回答說，「不過你得把長子權賣給我。」

哥哥以掃不耐煩地說：

「人都快餓死了，要這長子權有什麼用呢，賣就賣給你吧！」說著魯莽地奔過去，就要喝湯。

「且慢，」雅各攔住他哥哥，「你得發誓，說你把長子權賣給我了。」

「好吧，我起誓！」以掃對他起了誓，把長子權賣給雅各了。

雅各這才把餅和紅豆湯遞給以掃。以掃狼吞虎嚥地吃起來，吃飽了，喝足了，噴著舌頭，一拍屁股走了出去。

以掃為了一點紅豆湯，出賣了自己的長子權，他輕看了長子的名分。

父親以撒年老的時候，眼睛昏花，什麼也看不見了。他把大兒子以掃叫到跟前來，對他說：

「我兒呀！」

「我在這裏！」以掃回答說。

父親讓他靠近自己，摸著他說：

「我如今老了，說不定那一天就死。現在你帶上弓箭，到田野裏打點野味回來，做給我吃，我吃完了，好給你祝福。」

「好吧，我這就去。」以掃匆匆忙忙，一陣風似的，帶著弓箭出去了。

原來他們說的話，全給利百加聽見了。以掃走後，利百加

便把雅各叫過來，悄悄對他説：

「我聽見你父親對你哥哥這麼説：你去打個野獸來，做成美味給我吃，我好在未死之前，在耶和華面前爲你祝福。現在事情緊急，我兒，你要聽我的話，趕快到羊羣裏牽出兩隻肥山羊羔交給我，我便照你父親所愛吃的，做成美味。然後你端到父親那裏，送給他吃，好使他在未死之前，給你祝福！」

「恐怕不行吧，」雅各膽怯地對他母親説，「我哥哥以掃渾身有毛，我身上卻是光滑的。倘若父親摸著我，他必定認爲我是欺哄他的，不僅得不到祝福，説不定還會招來一頓詛咒。」

「我兒，」母親對他説，「這不要緊，招來詛咒算我的，你只管照我的話去辦！」

於是雅各去把羊羔取來，交給他母親。他母親就按照他父親所愛吃的，做成美味。同時利百加把大兒子以掃放在家裏的好衣服找出來，給小兒子雅各穿上，又用山羊羔皮包在雅各的手上和脖子上，使其不露一點光滑之處，打扮得與她哥哥相似。然後利百加把美味和餅遞給雅各，催他去見他的父親。

雅各端著美味和餅，走到他父親面前，對他説道：「爸爸！」

「我在這裏，」父親對他説，「我兒，你是誰呀？」

「我是你的長子以掃啊，」雅各欺騙他父親説，「我已經遵照你的吩咐辦了。請你起來坐著，吃我的野味，吃完了好給我祝福。」

「我兒，」以撒對他兒子説，「你怎麼尋得這樣快呢？」

「因爲耶和華使我遇上好機會，所以手到擒來。你吃吧，

嚐嚐鮮不鮮……」雅各這樣對父親說。

父親覺得這事有些蹊蹺，便對他說：

「我兒，你近前來，讓我摸摸你，以便斷定你真是我的兒子以掃呢，還是別人？」

雅各聽父親這麼說，就應聲湊上前去，讓父親摸他。以撒摸摸他的手，毛茸茸的，摸摸他的脖子，也是毛茸茸的，一邊摸著，一邊說：

「聲音是雅各的聲音，手卻是以掃的手。」

因為雅各的手上和脖子上包著山羊毛，摸起來和以掃的毛一樣柔軟，所以父親就分辨不出來了。他又問道：

「你真是我的兒子以掃麼？」

「是呀，」雅各模仿他哥哥的聲音回答說，「我真是你的兒子以掃。」

「那好吧，」以撒說，「你把野味遞給我，等我吃完，好給你祝福。」

雅各聽見吩咐，趕緊把吃的遞到父親的手裏。父親吃了。雅各又拿酒給他，他也喝了。

以撒吃完以後，招呼他說：

「我兒，你上前來，和我親吻。」

雅各上前來吻他父親，父親聞到他衣服上的香氣，就給他祝福：

「我兒的香氣，如同耶和華賜福之田的香氣一樣。願上帝賜給你天上的甘露，地上的沃土，並許多五穀與新酒！願眾民侍奉你，萬國跪拜你！願你在兄弟之間做主，你母親的兒子向你跪拜！凡詛咒你的，願他受詛咒，為你祝福的，願他蒙

福！」

以撒爲雅各祝福完畢，以掃就滿載著野味，打獵歸來了。

以掃也做了美味，送給他父親。他對父親說：

「請父親起來，吃你兒子的野味，吃完好給我祝福。」父親問他說：

「你是誰？」

「我是你的長子以掃。」以掃說。

聽見這話，父親不禁打了一個寒噤，這才有些醒悟過來，他對以掃說：

「在你未來之前，是誰得了野味，拿來給我吃呢？我已經吃了，並且爲他祝福了，他將來也必蒙福。」

以掃聽見父親的話不禁放聲痛哭，訴說道：

「我父啊，求你也爲我祝福！」

父親對以掃說：

「你兄弟已經用詭計，奪去了你的福分。」

以掃憤憤地說：

「他名叫雅各，原是抓住的意思，豈不正對麼，他可真是把什麼都抓去了！他欺騙我兩次，從前他奪去了我長子的名分，現在又奪去了我的福分。父啊，你沒有留下一點可爲我祝的福嗎？」

父親回答他說：

「我已經立他做你的主，使他的兄弟都給他做僕人，並賜給他五穀和新酒，可以養生。我兒，現在我還能爲你做些什麼呢？」

以掃又對他父親說：

「父啊，你只有一樣可祝的福麼？我父啊，求你也爲我祝福！」

他感到前途渺茫了，放聲大哭起來。父親無可奈何地對他說：

「地上的沃土必爲你所住，天上的甘露必爲你所得。你必將倚靠刀劍度日，又必須侍奉你的兄弟。等到你强盛的時候，必然會從你的頸項上掙脫他的軛。」

由於雅各奪去了以掃的名分和福分，以掃就對雅各懷恨在心，他忿忿地說：

「爲我父親居喪的日子近了，到那時候，我要把雅各殺死！」

有人把這話傳給了利百加，利百加就打發人去叫了她的小兒子雅各來，對他說：

「你哥哥以掃想要殺你，報那奪福之仇。現在，我兒，你要聽我的話，趕緊逃往哈蘭你舅舅拉班家裏去吧！你就在那裏同他們住些日子，等將來你哥哥的怒氣消了，我再打發人去把你接回來。爲什麼等老的死了，還要搭上個小的呢？」

雅各聽從母親利百加的吩咐，準備出逃。在逃跑之前，應當取得父親的同意，可是以撒怎麼會同意雅各不給他送終呢？

# 十五　雅各出逃

爲了取得以撒對雅各出逃的支持，利百加又想出了一個辦

法，她對丈夫說：

「這迦南地赫人女子實在討厭，煩得我要命！倘若雅各也娶赫人女子爲妻，也像這些人一樣，我活著還有什麼意思呢？」

聽了這話，以撒便叫了雅各來，囑咐他說：

「你不要娶迦南女子爲妻，你起身往巴旦亞蘭去，到你外祖父彼土利家裏，在你舅舅拉班女兒中娶一個妻子吧。願上帝賜福給你！」

以撒的囑咐同上次的祝福一樣，完全符合母子的心願。雅各心裏明白，這一走，也許再也見不到父親的面了。他懷著痛苦與希望，匆匆忙忙地上路了。雅各離了別是巴，向哈蘭走去。路過一個地方，已經日落天黑了，不好再往前走，只得停下來在外面露宿，他從地上拾起一塊長條石頭，枕在頭下，以天爲被，以地爲床，昏昏沈沈地進入了夢鄉。

雅各夢見地上立著梯子，梯子上頭頂著天，天使踏著梯子，上來下去的，耶和華站在他身旁說：

「我是耶和華上帝，我要將你現在所臥之地賜給你和你的子孫後代。你的後裔必將多如地上的塵沙，向東西南北擴展開去，地上的萬族必因你和你的後裔而得福。我也要與你同在，你無論往何處去，我都要保佑你，領你回歸此地，總不離開你，直到我成全了對你的應許。」

雅各從夢中一覺醒來，自言自語地說：

「耶和華真在這裏，我竟然不知道！」他感到驚恐，望著天地說，「這地方何等可敬可畏啊，這不是別處，乃是上帝之殿，也是高天之門。」

　　清早起來，雅各把所枕的石頭立作柱子，在柱子上澆油，並給那地方起名叫伯特利，伯特利就是先前的路斯。雅各許願說：

　　「如果上帝與我同在，在路上保佑我，又給我食物吃，衣服穿，使我平安返回家鄉，那我就一定以耶和華爲我的上帝，我所立的柱石，也一定要成爲上帝之殿，凡是上帝所賜給我的，我必將十分之一獻給上帝。」

　　雅各許過願，繼續向前進發。

　　他來到東方，看見田間有一口井，井口上蓋著一塊大石板，井旁邊臥著三羣羊。雅各對牧人說：

　　「弟兄們，你們是從哪裏來的？」

　　他們回答說：

　　「我們是從哈蘭來的。」

　　「從哈蘭來的呀，」雅各又問他們說，「那麼我打聽一個人，你們認識不認識？」

　　「誰呢？」他們好奇地問。

　　「拿鶴的孫子拉班，認識吧？」

　　「認識，」牧羊人回答，「我們全都認識。」

　　「他平安嗎？」雅各問。

　　「平安，」他們説，「看哪，那不是他女兒拉結，趕著羊羣來了！」

　　雅各順著牧羊人的手指望去，只見遠處有一個牧羊女，趕著一羣羊，朝井邊走來了。他很奇怪這些牧羊人爲什麼聚在井旁，不趕快飲了羊羣走開，於是便對他們説：

　　「日頭還高，不是羊羣歇息的時候，你們不如趁早飲了

羊，再去放一放。」

「飲羊？」牧羊人指著井口上的大石頭說，「這麼重的大石頭，靠我們幾個人，轉得開嗎？」

原來這裏人給羊飲水，都得把蓋在井口上的大石頭轉離開，等飲完了，再轉回原處，這得許多牧羊人聚齊了，一齊動手才成。這本是當地人保護水井的一種辦法。

說話之間，拉結趕著羊羣走近了。雅各已經從牧羊人口裏知道她是母舅的女兒，見她長得非常漂亮，心裏特別高興。

為了先給親戚家的羊飲水，雅各大步走上前去，硬是一個人把大石頭轉離井口！井旁的牧羊人見這個青年力大過人，全都讚嘆不已。

「這希伯來人真行，不愧是拉班家的親戚。」

拉班的女兒拉結，與雅各在井旁相會，互相親吻，悲喜交集，止不住熱淚盈眶。

隨後她便飛也似地跑回去，向她父親拉班報信。

拉班聽說外甥雅各來了，趕緊跑出來迎接，把他摟在懷裏，連連親吻，高高興興地把他領到自己家裏。

雅各向他們轉達了父母的問候。舅舅拉班熱情地對他說：「你實在是我的親骨肉，儘管安心住下來吧！」

就這樣，雅各在拉班舅舅家裏安頓下來了，幫助他們幹活，凡事勤謹。這樣過了一個月，拉班對雅各說：

「雖然說你我是親骨肉，都不是外人，可我也不能白用你呀，總得給你工價，你說吧，你要什麼為工價？」

原來拉班有兩個女兒，大女兒名叫利亞，小女兒名叫拉結。利亞的眼睛沒有神氣，拉結卻生得美貌俊秀。

雅各愛上了拉結，見舅舅讓他要工價，便乘機說道：

「如果你把拉結許配給我，我就爲此服侍你七年。」

「行，」拉班欣然同意，「反正她也得嫁人，嫁給你，比嫁給別人還強。說定了，你就與我們同住吧。」

於是雅各在拉班舅舅家裏幹了七年活。因爲他深愛拉結，所以就視這七年如同七日。

日期滿了，雅各對拉班說：

「求你把拉結給我吧，她是我的妻子了，我要與她同房。」

「這個自然。」拉班同意給他們辦喜事。於是便大擺筵席，請來衆人，快快樂樂，吃喝慶賀。

到了晚上，天黑得什麼也看不清。拉班悄悄地將大女兒利亞送過來，與雅各同房，又將婢女悉帕陪送給利亞做使女。

天亮的時候，雅各才發現，原來跟自己睡在一起的是利亞！這下可上當受騙了，他馬上去找拉班算帳，質問他說：

「你這幹的是什麼事呢？我服侍你，不是爲的拉結麼？如今爲什麼換成了利亞？你憑什麼欺哄我？」

拉班早有準備，他不慌不忙地對雅各說：

「賢婿有所不知，原來我們這地方有個規矩，在大女兒出嫁之前，小女兒是不能嫁人的。」

「我不甘心！」雅各憤懣地說。

「這麼辦吧，」拉班對他說，「你和利亞先過滿七日，七日以後，我把拉結也給你送過來，你再爲她服侍我七年。」

事情就這樣談妥了。滿了利亞的七日，拉班果真將小女兒拉結送過來，與雅各結爲夫妻。同時又將婢女辟拉陪送給拉結

做使女。雅各與拉結同房，並且愛拉結勝過愛利亞。結婚以後，雅各又爲拉班家幹了七年活。

耶和華見到利亞失寵，就使她生育，拉結卻不生育。利亞懷孕生子，起名叫流便，「流便」就是有兒子的意思。

有了兒子，利亞心裏略覺寬慰，她說：

「耶和華看見我的苦情，使我有了兒子，如今丈夫必然愛我。」

以後利亞又懷孕生子，她高興地說：

「耶和華因爲聽見我失寵，所以又賜給我這個兒子！」於是給他起名叫西緬，「西緬」就是聽見的意思。

她又懷孕生子，起名叫利未，「利未」就是聯合的意思。利亞說：

「我給丈夫生了三個兒子，他必然與我聯合。」

能生的果然多產，她又懷孕生子，這回她歡快地說：

「我要讚美耶和華！」

因此給他起名叫猶大，「猶大」就是讚美的意思。她這才暫停了生育。

拉結看見她姐姐利亞連生四子，非常嫉妒，她對雅各說：

「你給我孩子，不然我就死了！」

雅各見她這樣蠻不講理，便生氣地對她說：

「叫你不生育的是上帝，我豈能代替他做主呢？」

拉結並不甘心，她又對雅各說：

「我的使女辟拉在這裏，你可以與她同房，使她生子在我膝下，我就從她那裏得到孩子了。」

說定之後，拉結就把她的使女辟拉送給丈夫做妾，雅各便

與她同房。辟拉懷孕，給雅各生下一個兒子。拉結總算出了一口氣，她說：

「上帝伸了我的冤，賜給我一個兒子。」因此給他起名叫但，「但」就是伸冤的意思。

使女辟拉真爲拉結爭氣，她又懷孕，給雅各生下第二個兒子。拉結欣喜地說：

「我與姐姐相爭，並且獲勝。」於是給他起名叫拿弗他利，「拿弗他利」就是相爭的意思。

利亞見自己停止了生育，也把使女悉帕送給雅各做妾。悉帕給雅各生了一個兒子，利亞說：

「萬幸！」於是給他起名叫迦得，「迦得」就是萬幸的意思。

利亞的使女悉帕又給雅各生了第二個兒子，利亞說：

「我有福啊，衆女子都要稱讚我有福！」於是給他起名叫亞設，「亞設」就是有福的意思。

割麥子的時候，大兒子流便往田裏去採集催情果，拿回來交給他的母親利亞。

拉結看見了，便對利亞說：

「你兒子採了那麼多催情果，能不能送給我一些？」

「哼，」利亞說，「你奪了我的丈夫，還不滿足麼？如今又想奪我兒子的催情果麼？」

因爲美女拉結深受寵愛，所以利亞難得與丈夫同房，她冷落得太久了，不能不發出怨言。

拉結和緩地對姐姐說：

「爲你兒子的催情果，今夜我把他讓給你。」

聽這麼一說，利亞就把兒子採集的催情果分一些給拉結。姊妹兩個悄悄地做成了這筆交易。

到了晚上，雅各從田裏回來，利亞高高興興地迎上去，大模大樣地對他說：

「你過來，我有話跟你說！」

雅各跟她走到一旁，聽她說道：

「今晚上你得與我同房。」

「那拉結呢，她讓嗎？」雅各最愛拉結，又最怕拉結。

「實話告訴你吧，」利亞直截了當地對丈夫說，「我用兒子的催情果，把你雇下了！」

姊妹同夫，爲了保持家庭的和睦，雅各不能不聽從她們的擺布。於是當天晚上，雅各就與利亞同房。

利亞又懷孕了，給雅各生下第五個兒子，她心安理得地說：

「上帝給了我價值，因爲我把使女給了我丈夫。」於是給孩子起名叫以薩迦，「以薩迦」就是價值的意思。

過了不久，利亞又懷孕，給雅各生下第六個兒子，她說：

「上帝賜我厚賞，我丈夫必定與我同住，因爲我給他生了第六個兒子。」於是給他起名叫西布倫，「西布倫」就是同住的意思。

後來利亞又生了一個女兒，給她起名叫底拿。

上帝顧念拉結，應允了她的祈求，使她也能生育。拉結懷孕生子，她滿心歡喜地說：

「上帝爲我雪恥了！」

美女拉結給自己所生的孩子起名叫約瑟，「約瑟」就是增

添的意思。意思說：「願耶和華再給我增添一個兒子。」

約瑟出生之後，雅各對拉班説：

「請你打發我走吧，我要回到迦南地去，求你允許我把妻子兒女全都帶走。這些年我怎樣服侍你，我想你心裏是有數的」。

這些年，拉班從雅各身上得到許多好處，因此他不願意讓雅各離開，挽留他説：

「如果我在你眼前蒙恩，就請你繼續留下來，仍然與我同住吧。至於工價麼，由你定好了。」

雅各對他説：

「我怎樣服侍你，你的牲畜在我手裏怎樣，你是清楚的。在我未到這裏之前，你的所有甚少，自從我來之後，你們牲畜發展興旺。耶和華隨著我的腳步賜福於你。可是光給你幹活了，我自己什麼時候才能興家立業呢？」

「這我明白，」拉班説，「你説吧，我應當給你什麼報酬呢？」

「不用別的，」雅各説，「只有一件事，你若應承，我就仍然牧放你的羊羣。」

「是什麼事？」拉班説，「你直截了當地説吧，凡是能辦到的，我一定答應你。」

「今天我走遍你的羊羣，」雅各繼續説道，「把綿羊中凡是黑色的，把山羊中凡是有斑點的，全都挑出來，將來這一等的羊就算我的工價。以後你來查看我的羊羣，如果發現山羊不是有點有斑的，綿羊不是黑色的，那就算我偷的。怎麼樣？這樣總可以看出我的公義吧！」

「好吧，」拉班説，「我完全同意，就照你的話辦吧。」

當天拉班就把有紋有斑的公山羊，有點有斑有雜白紋的母山羊，以及黑色的綿羊，全挑出來，交給雅各的兒子們。雅各又繼續給拉班牧羊。

雅各取來楊樹、杏樹、楓樹的嫩枝，將樹皮剝成青白交錯的紋理，然後把這些花皮枝條插在羊羣的飲水處。羊羣來飲水的時候，對著花皮樹枝交配，就會生下有紋有點有斑的羊羔來。當羊羣肥壯交配的時候，雅各就把花皮樹枝插在水裏，使羊對著枝條交配。當羊羣瘦弱的時候，就不插枝條。這樣一來，凡是瘦弱的羊就歸拉班，凡是肥壯的羊就歸雅各。

用這樣的計策，雅各的家業迅速發展興旺起來，有了好些羊羣、僕婢、駱駝和驢。

拉班的兒子們看見雅各這樣做，便説起閒話來：

「雅各把我們父親的家業奪過去了，若不靠父親，他能發財致富嗎？」

雅各見拉班的氣色也不如從前了，分明是對自己不滿。

耶和華對雅各説：

「你要回到你祖你父之地，到你親族那裏去，我必與你同在。」

於是雅各派人把拉結和利亞叫到牧場來，對她們説：

「我看你們的父親對我的氣色不如從前了。你們也知道，我盡最大努力服侍他老人家。他欺哄我十次，改了我的工價。然而上帝不容他害我。他若説，有點的歸你做工價，羊羣所生的都有點。他若説，有紋的歸你做工價，羊羣所生的都有紋。這樣，上帝把你們父親的羊羣奪過來賜給我了。羊交配的時

候，我夢中舉目一看，見跳母羊的公羊都是有紋的、有點的、有花斑的。天使在夢中呼叫我説：現今你離開此地，回到你本地去吧！」

聽丈夫這麼一説，拉結和利亞同聲回答説：

「在父親家裏，還有我們可得的分兒麼？還有我們的產業麼？我們不是被他當做外人了麼？早先他賣了我們，吞了我們的身價。上帝從他手裏所奪出來的一切財物，那就是我們和我們孩子的。現在上帝怎樣吩咐你，你就怎樣做吧。」

統一了思想之後，就開始行動。雅各的全家人，妻子和兒女，都騎上駱駝，帶著他們所有的牲畜和僕婢，不聲不響地離開巴旦亞蘭，往迦南地去。雅各不辭而別，背著亞蘭人拉班，偷偷地逃走了。他們渡過大河，向基列山進發。

當時拉班剪羊毛去了，直到第三天才聽人説雅各逃跑了。

拉班帶領他的眾位弟兄，隨後急急忙忙追趕。追了七天，到基列山那裏總算追上了。雅各在山上支搭帳篷，拉班他們也在山上支搭帳篷，兩相對峙。

拉班對雅各説：

「你這幹的是什麼事呢？背著我逃跑了，又把我的女兒們拐帶了去，如同揮刀舞劍擄去的一般。你爲什麼不事先告訴我一聲呢？那樣也叫我心裏高興，我會擊鼓彈琴地歡送你們。可是你這樣偷偷逃去，使我不得與外孫和女兒親吻話別。我本來是有能力制伏你的，只是昨夜上帝對我説：你要小心，不可與雅各説好説歹！好吧，你要走就走吧，咱們別的不説了。現在我且問你：爲什麼偷走我的神像？」

雅各回答説：

「因爲害怕你把女兒從我手中奪去，所以我要逃跑。至於神像，我實在沒偷。不信你可以搜查嘛，在誰那裏搜出來，就要誰的命！你還可以認一認，在我這裏還有你什麼東西，認出來就拿回去。」

原來拉結臨走的時候，偷了父親的神像。這事雅各並不知道，因此他說出話來理直氣壯，不怕拉班搜查。

拉班開始搜查，他進了雅各、利亞和兩個使女的帳篷，細細地搜了一遍，什麼也沒搜出來。他從利亞的帳篷出來，走進了拉結的帳篷。拉班在拉結的帳篷裏，用手到處摸，摸遍了，並沒有摸著什麼。其實拉結就把神像藏在駱駝的馱簍裏，自己坐在馱簍上面，對她父親說：

「對不起，因爲身上不便，不能在你面前起來，請父親不要見怪。」

拉班在帳篷中間轉來轉去，全都搜遍了，也沒有搜到神像，他只好兩手空空地出來了。

這回雅各抓住理了，他怒斥拉班說：

「我有什麼過犯，有什麼罪惡，值得你這樣急急忙忙地追趕我？你搜遍了我所有的一切，搜出什麼來沒有呢？可以拿出來嘛，放在弟兄面前，讓大家辨別辨別！我在你家二十年。你的母綿羊母山羊，沒有掉過胎。你的公羊，我也沒有吃過一隻。凡被野獸撕裂的，都由我自己賠上。無論是白日，還是黑夜，被偷去的，你都向我索要。我白日受盡乾熱，黑夜受盡霜寒，常常不得闔眼睡覺。在這二十年裏，我爲你的兩個女兒服侍你十四年，爲你的羊羣服侍你六年，你又十次改了我的工價。如果不是上帝與我同在，你如今必定打發我空手而回。上帝顧念

我的辛苦勞碌，就在昨夜責備你。」

拉班回心轉意，他對雅各說：

「這女兒是我的女兒，孩子是我的孩子，這些羊羣也是我的羊羣，你眼前所有的一切，都是我的。我怎麼能叫自己的女兒和孩子過不去呢？來吧，你我二人立約和好吧！」

聽見這話，雅各就拿起一塊石頭來，立做柱子，又對眾位弟兄說：

「你們往這兒堆石頭吧！」

於是他們各自搬來石頭，堆成一堆，大家便在這堆石頭旁邊吃喝起來。拉班說：

「今日這石堆做你我中間的證據，願耶和華在你我中間鑒察。你若虐待我的女兒，另外娶妻，即使沒有人知道，也有上帝在你我中間做見證。」

他們樂樂呵呵地吃了飯，當晚在山上住宿。

清早起來，拉班與他女兒和外孫親吻話別，給他們祝福。然後雙方分手，各走各的路。


# 十六　滿載而歸


雅各一行繼續趕路。他打發幾個人在前頭走，先去西珥地（以東地）見他的哥以掃。雅各這樣吩咐先行者說：

「你們對我主以掃這麼說，你僕人雅各在拉班那裏寄居，如今帶著牛驢羊羣僕婢回來了，特打發我們前來報告我主，請

我主開恩。」

先行者回來向雅各報告：

「我們到了你哥哥以掃那兒，他正率領四百人，從對面開來了。」

聽見來勢迅猛，雅各膽戰心驚，這可怎麼辦呢？他發了愁，無可奈何，只得準備挨打。於是他把人口和牛羊駱駝，分成兩隊，如果以掃擊殺這一隊，剩下的那一隊還可以乘機逃跑。

當天夜裏，雅各率衆在馬哈念宿營。他忙著給哥哥以掃準備禮物——母山羊二百隻，公山羊二十隻，母綿羊二百隻，公綿羊二十隻，母牛四十頭，公牛十頭，母驢二十頭，驢駒十頭，奶崽子的駱駝三十匹，全都尾隨著崽子。將每種牲畜各分一羣，交在僕人手裏，雅各對他們說：

「你們要趕著牲口在我前頭先走，一羣一羣的，要拉開一段距離。」又吩咐最前頭的人說，「如果遇上我哥哥以掃問你說，你是那家的人？要往何處去？這牲口是誰的？你就說，是你僕人雅各送給我主以掃的禮物，他本人隨後就到。」

對於第二起，第三起，以及後面趕牲口的人，雅各也是這麼吩咐的，都說同樣的話。

雅各有條不紊地，把一起一起的活禮物，陸續打發走了。他心裏想：「先憑著前頭的禮物解他的恨，然後我再親自與他見面，他或許能夠寬容我。」

隨後大隊在夜間拔營，緩緩前進，雅各先打發兩個妻子，兩個使女，十一個兒子，渡過了雅博渡口，又打發其餘的人畜全都過去。

　　最後只剩下雅各一個人。在朦朦朧朧的夜幕裏，走出一個人來，和他摔跤，兩個人較量力氣，直到天光放亮。那人見勝不過他，就在他的大腿窩上掐了一把。這樣雅各的大腿窩，正在摔跤的時候就扭了。

　　那人對他說：

　　「天都黎明了，容我去吧！」

　　「不行，」雅各說，「你不給我祝福，就別想走！」

　　那人問他：

　　「你叫什麼名字？」

　　「雅各，」雅各回答說，「我的名字叫雅各。」

　　那人對他說：

　　「你的名字不要再叫雅各了，要叫以色列。因爲你與神與人較力，都獲得了勝利。」

　　聽見那人給自己賜名以色列，雅各便問他說：

　　「請將你的名字告訴我吧！」

　　「何必問我名呢……」那人說著就給雅各祝福。

　　雅各給那地方起名叫毗努伊勒，意思說，我面對面見了上帝，我的性命仍得保存。

　　日頭剛出來的時候，雅各經過毗努伊勒，他的大腿就瘸了。故此以色列人不吃大腿窩的筋，這個習俗一直流傳下來。

　　雅各在後面急起直追，趕上自己的妻子兒女。他向遠處瞭望，看見以掃帶領著四百人，衝著這裏走來。

　　他把孩子分別交給他們的母親，再把這些家眷擺成三撥，前頭是兩個使女及其孩子，中間是利亞及其孩子，後面是拉結和約瑟。

　　雙方相向而行，雅各搶先在家眷前頭走上去，俯伏在地，一連這樣七次，方才就近他的哥哥。以掃緊走幾步迎接他，和他擁抱，摟著脖子親吻。

　　這對孿生兄弟，一別二十載，人非草木，豈能不念手足之情？往昔的遺恨，眼見得雪化冰消了。兄弟二人，熱淚盈眶，言歸於好。

　　以掃舉目，看見婦人和孩子，就問雅各說：

　　「這些和你同行的，都是誰呢？」

　　「我主請看，」雅各指著家眷說，「這些孩子是上帝恩賜給你僕人的。」

　　於是兩個使女和她們的孩子，前來下拜。接著利亞和她的孩子前來下拜。最後是拉結和約瑟，也走上前來，俯伏在地，向以掃下拜。

　　以掃又對雅各說：

　　「路上那些牲畜是什麼意思呢？」

　　「那是送給我主的禮物，」雅各說，「為的是要在我主面前蒙恩。」

　　「兄弟啊，」以掃說，「不必如此，我的已經夠了，你的仍歸你吧！」

　　「不不，」雅各說，「如果你開恩，就求你收下那些禮物吧，因為我見了你的面，如同見了上帝的面。上帝恩待我，使我充足，求你收下我帶給你的禮物吧！」

　　由於雅各再三請受，以掃才答應收下來。以掃對弟弟說：

　　「我們起身吧，往我那裏去，我在你前頭走，我們一起回去吧！」

雅各趕緊婉言謝絕：

「我主知道，孩子們年幼嬌嫩，牛羊也正在哺乳期間，若是催趕一天，怕必有損傷。求我主在僕人前頭走，我要估量著孩子和幼畜的體力，慢慢在後面走，直走到西珥我主那裏。」

「這樣也好，」以掃說，「那就讓我留下幾個人在你這裏吧！。」

「何必呢，」雅各說，「只要在我主眼前蒙恩就夠了。」

於是以掃當天就起身，回西珥去了。

其實雅各根本不想到西珥去，等以掃一走，他就往疏割去了。這樣，雅各從巴旦亞蘭平平安安地回到了迦南地。

# 十七　割禮巧計

雅各與以掃重新和好以後，在迦南地的示劍城之東，花一百塊銀幣向當地人買了一塊地，支搭帳篷，在田野裏牧羊。

示劍城的主人名叫哈抹，哈抹的兒子名叫示劍。示劍在郊外看見一個少女，長得美麗動人，就上前把她攔住，劫回家裏，強行姦污了她。原來這女子名叫底拿，是雅各和利亞的親生女兒。她剛到這裏不久，人生地不熟，想出來找當地的女孩子玩玩，不料被關進城裏，遭此厄難。示劍倒是真心愛她，打算把她長期留住做妻子。他一方面用甜言蜜語來安慰底拿，一方面求助自己的父親，請他辛苦一趟，到雅各家去求婚。

父子二人來到以色列的帳篷裏，直截了當地說明來意。雅

各聽見這事，異常惱怒，可是他沒有立刻發作，只是木然地呆在那裏，盼望著兒子們早點回來。

雅各的兩妻二妾已經給他生下了十一個兒子：利亞所生的是流便、西緬、利未、猶大、以薩迦、西布倫；拉結所生的是約瑟；利亞的使女悉帕所生的是迦得、亞設；拉結的使女辟拉所生的是但、拿弗他利。

弟兄們吆喝著羊羣，急急忙忙地催趕著，趁著太陽還沒有落山，心急火燎地往回趕路。他們已經聽到了妹妹被劫的消息，並且想好了對策。

他們到家的時候，發現兩位來客正在說服雅各：

「聘金是絕對少不了的，憑你們要多少吧，我們全都照辦，只要你肯把女兒許給我的兒子為妻。」哈抹和顏悅色地說，「你們的男子也可以娶我們的女子為妻，我們的男子也可以娶你們的女子為妻，兩下通婚和好。往後呢，咱們互通有無，公平交易，置辦產業。」

「我喜歡底拿，」示劍向剛進來的哥哥們表示友好，「求求你們，成全這門親事。」

「這不行！」哥哥們發話了，「我們的妹子不能嫁給未受割禮的人，因為那是我們的恥辱！這件婚事休再提起，除非你們接受割禮。所有的男丁全都受割禮，和我們一樣，然後才能談得上通婚。不然的話，我們就要把妹子帶走了。你們願意受割禮嗎？」

父親還在猶豫，兒子卻迫不及待地回答：

「願意，願意受割禮！」

甘願受割禮的哈抹父子站在城門口，喜孜孜的，逢人便

說：

「以色列人答應和我們通婚了，條件只有一個：那就是我們受割禮。割禮以後，那好處可就大了，不僅可以娶他們的女子，而且還可以囊括他們的財物，牛、羊、駱駝、還有驢，還不統歸我們麼！」

居住在城裏的人們一向尊重哈抹父子，他們盲目地聽從了。凡是從城門經過的男丁，全都受了割禮。

正當大家忍受著疼痛，準備痊癒後前往以色列帳篷裏說親的時候，可怕的刀劍突然出現在他們的眼前。

事情發生在示劍城男丁受割禮的第三天，底拿的哥哥西緬和利未，手持利刃，闖入城中，見男丁就殺。衆男丁本想反抗，無奈剛受割禮，刀口疼痛不止，坐著尚且難忍，哪堪起來與人爭鬥廝殺呢？後悔已經晚了，他們毫無戒備，只能坐以待斃。哈抹及其子示劍，聰明反被聰明誤，罹難身亡。傾刻間，血染全城，男丁被殺殆盡。

底拿在示劍家裏驚魂未定，被兩位哥哥從血泊中救了出來。

為了雪恥，他們不僅殺盡了男丁，而且將全城洗劫一空。婦女、兒童、牛羊、駱駝、驢子，以及其他一切財物，統統成了西緬和利未的戰利品。

雅各聽到這般的大殺大搶，覺得兩個兒子做得太過分了，非常不滿，便責備他們說：

「你們這樣幹，必然招來大禍，連累我和全家人！」

於是雅各帶著全家人遷往伯特利去了。

# 十八　傳宗接代

　　雅各的四子猶大娶迦南人書亞的女兒爲妻，婚後生下三個兒子：長子名珥，次子名俄南，三子名示拉。示拉出生的時候，猶大正在基悉。

　　長子珥行爲不端，不務正業，是個邪惡的逆子。他剛剛結婚，還沒有留下一男半女，就暴病夭亡了，撇下年紀輕輕的妻子他瑪獨守空房，守喪期滿了，苦命的他瑪嘆息著說：

　　「如果他和我生下一個兒子就好了。嗐，往後的日子可怎麼過呢！」

　　依照宗族的傳統習慣，猶大吩咐二子俄南跟他瑪同房：

　　「你兄弟死了，你就代替他去跟他瑪同房吧，生下孩子歸到你兄弟名下，好爲他傳宗接代。這是你應盡的本分。」

　　俄南知道生下孩子不歸自己，不願意盡這樣的本分，但又不好說出來，只是在心裏暗暗地打主意。因此他每次跟她同房，都把精液遺在地上。寧可不歡而散，也不給兄弟留後。

　　「你怎麼這樣！」他瑪得不到滿足，有時免不得輕聲抱怨幾句，但也僅此而已，她不敢觸怒這位俄南兄弟，因爲他畢竟是自己的終身依靠啊。「也許他年齡大些就會好的。」她常常這樣安慰自己。

　　沒想到過不多久，這位跟她同床異夢的俄南兄弟也一命嗚呼了。她悲悲切切地爲他大哭了一場。一連死了兩個丈夫，她

覺得自己對不起他們。

公公猶大連傷二子，心裏也很難過，他深怕他瑪再給家裏帶來什麼不幸，萬一小兒子示拉有個三長兩短，叫他可怎麼活呢？看來只有打發她回娘家了，住一段時間再說吧，反正三兒子還小。於是他對兒媳他瑪說：

「你回娘家住著去吧。」

他瑪知道公公心境不佳，可她還是鼓起勇氣問道：

「這樣打發我走，是叫我守寡呢還是……」

「當然是守寡了，這是老規矩，只要我還有兒子，你就永遠是我們家的人。眼下示拉還小，等他長大成人了，我自然要給你們成親圓房。」

聽了公公這番言語，他瑪心裏得到了安慰，她放心地回娘家去了。

星移斗轉，日月如梭，一晃幾年過去，他瑪的婆婆走完生命的旅途，長眠地下了。猶大中年喪偶，痛哭不已，看來兒子的婚期只好往後推遲了。

喪期滿了，眼看剪羊毛的季節又到了。猶大需要到牧場去照料一下，親自動手剪剪羊毛，同時也到外面散散心。他的羊羣在亭拿，有相當遠一段路程。好朋友亞杜蘭人希拉陪他同去。

這消息傳到他瑪的耳朵裏：

「你公公要到亭拿去剪羊毛啦！」

聽到這話，他瑪心裏一亮。原來她明明知道猶大幼子示拉已經長大成人，可是左等右等，就是不來娶她，這不，現在又去剪羊毛了，究竟要她等到何年何月呢？年華易逝，青春一去

不再來，照這樣下去，她那生兒育女的願望不就落空了嗎？她多麼想爲夫家留下一棵根苗哇！過分的焦急迫使她鋌而走險了。他瑪脫下孀服，換上了漂亮的衣裳，把自己打扮得花枝招展，坐在伊拿印的城門口。這是通往亭拿的必經之路，她在這裏恭候著猶大。

猶大路過伊拿印，少不得停下來休息一下，吃點餅喝喝水，如果能躺下來睡上一覺，那就再好不過了。這時撲面吹來一股香氣，放眼一望，只見一位婦女臉上蒙著面紗在那裏賣俏，意準是個妓女。於是他便主動上去搭話：

「你要多少錢？」

「我跟你睡覺，你給我什麼好處？」那女人低頭含羞地說，「總不能白來吧。」

「一隻小山羊，」猶大眉開眼笑地應和著，「待會兒，我叫人給你送來。」

「好吧，」那女人腼腆地答應著，「不過，在小山羊牽來之前，你得先拿出點當頭來，成嗎？」

「成，」猶大問她，「你要什麼吧？」

「嗯——，你的印章，綬帶，還有手杖，就這三樣，捨得嗎？」

「可以可以，只管拿走，替我保存好。」

猶大說著把這些東西一一遞到她手裏，任憑她把自己引到幽會之處……事過之後，他瑪依舊回娘家，撩開一直蒙在臉上的面紗，穿上孀服，琢磨著是不是懷了孕。然而她做夢也不會想到，此次幽會給後世帶來多少英雄豪傑，她本人竟然成了赫赫王族的一位先祖。

　　此是後話，回過頭來再說猶大。他來到亭拿，從羊羣中牽出一隻肥美的小山羊，託好朋友希拉送給那女人，同時把當頭取回來。不料希拉牽著羊踏遍了伊拿印全城，連個影子也沒有找到。他向當地人打聽：

　　「請問，路旁那個妓女上哪兒去了？」

　　「不知道，這地方從來沒有什麼妓女！」人家不耐煩地回答說。

　　實在找不著，希拉只好把羊牽回來，向猶大交差：

　　「沒辦法，怎麼也找不到。問當地人，當地人都説，那地方從來沒有妓女。」

　　「找不到算了吧，」猶大漫不經心地説，「那些東西就算送給她吧。我本不想讓人笑話我們失信。我的確想把這隻羊送給她，可是你又找不到。你看，這不怪我們吧。」

　　大約過了三個月，有人告訴猶大説：

　　「你兒媳婦他瑪當了妓女，聽説已經懷孕啦！」

　　猶大一聽這話，勃然大怒：

　　「把她拉出來，活活燒死！」

　　爲了根除禍患，人們不容分説就把她從娘家拉了出來。在混亂之中，她託人請公公來做見證：

　　「請他來認一認，看看這印章，這綬帶，還有這手杖，都是誰的？我就是從這物主懷的孕。」

　　猶大過來一看，驚得目瞪口呆，這些物件全是自己的！望著兒媳婦那一身孀服，他完全明白了，馬上承擔自己的責任。

　　「這不能怪她，她倒是滿有恩義的，比我強。我本來答應她跟示拉結婚，可是一直拖著不辦，居然糊裏糊塗鬧出這種事

來，全怪我自己呀。」

　　然而生米已經煮成熟飯，再不可能給她和示拉完婚了。可是讓他瑪跟著自己同床共枕呢，猶大又有些於心不忍。從此以後，兩個人再也沒有同房。

　　好在他瑪已經懷孕，不愁沒有孩子。快到分娩的時候方才發現，腹內原來是一對雙胞胎。收生婆來給接生，看見從裏面伸出一隻手來，便喜孜孜拉著手繫上紅線，嘴裏念叨著：

　　「這個是頭生子。」

　　可是話音未落，他又把手縮回去了，讓他兄弟先出來了。嬰兒呱呱墜地，收生婆捧著他說：

　　「你幹麼這樣搶行啊！」

　　因此給他起名叫法勒斯。法勒斯在希伯來語中就是「搶行」的意思。隨後他那手上繫著紅線的兄弟也生出來了，於是給他起名叫謝拉。謝拉在希伯來語中就是「紅線」的意思。在法勒斯的子孫後代中，出現了王族，因此他實在是一位名垂史冊的人物。


# 十九　約瑟述夢


　　美女拉結在生便雅憫時遇上難產，產後她便離開了人間。她給雅各留下兩個兒子，小的就是便雅憫，大的名叫約瑟。

　　約瑟小時候很受父親寵愛，父親送給他一件彩衣。這引起了兄弟們的嫉妒，他們認爲自己不受父親的寵愛，是由於約瑟

告密的緣故。

約瑟做了一個夢，夢見他和兄弟們在田裏捆禾稼，他自己捆的禾稼立在中間，別人捆的禾稼在周圍倒下來，向中央膜拜。

他向兄弟們繪聲繪色地講述了這個奇怪的夢。兄弟們聽了，都很生氣，他們說：

「難道你要做我們的王嗎？難道你真要管轄我們嗎？」

這些不滿的言詞並沒有引起約瑟的注意，他這時只有十七歲，太天真了。過了些日子，他又向大家講述了另一個奇怪的夢。

「看哪，我又做了一個夢！」

「你夢見什麼啦？」父親問，「講給大家聽聽。」

「好吧，我講，」約瑟對著父母和兄弟們說道，「我夢見太陽、月亮和十一個星星，一起向我下拜。」

這話不僅加深了兄弟們的忌恨，而且還激怒了他的父親。父親責備他道：

「你做的是什麼夢啊！難道我和你母親，還有你的兄弟，都要俯伏在地，向你頂禮膜拜嗎？」

從此，父親便把這事存在心裏。

有一天，父親把約瑟叫到面前，吩咐他說：

「你兄弟們在外面牧羊，好長時間不回來，我不放心，想讓你去看看他們平安不平安，羊羣好不好，看完你就回來。」

約瑟遵照父親的吩咐，去找他的兄弟們。開始迷了路，經人指點，好不容易才發現在多坍地方牧羊的兄弟們。

他們老遠地看見他來了，就互相商量，如何制伏他：

「看哪,那做夢的來了!等他一到,我們就把他殺了,丟在坑裏,叫他的美夢成爲泡影。」

「若是父親問起來怎麼辦?」

「那就説他被野獸吃了。」

其中只有老大流便,尚有手足之情,不忍心加害自己的兄弟,他説:

「不能殺他,他是我們的兄弟,我們不可流他的血。我看把他丟在野地的坑裏算了……」心想過後救他出來,交給父親。

可是流便在兄弟們中間没有威信,大家都把他的話當做耳旁風,根本不聽。等約瑟一到,兄弟們一擁而上,惡狠狠地將他拿住。

約瑟人單勢孤,且尚未成年,無法抵擋這突如其來的攻擊。他只好束手被擒,苦苦哀求:

「饒了我吧,我是父親派來看望你們的!」

「還想回去報告嗎?説我們行爲惡劣?」

「你真會做夢,叫我們向你下拜?」

「看你穿得多漂亮,還有彩衣!」

大家七手八腳剝下他的彩衣,扔在一邊,把他撲通一聲,推進附近的一口井裏。約瑟落到井裏,摔得鼻青臉腫。幸虧那井不怎麼深,是個枯井,裏面没有水。

任憑約瑟哭嚎掙扎,兄弟們卻穩穩當當地坐在旁邊,吃起飯來,互相談論著,幸災樂禍。

這時有一夥以實瑪利人,牽著一隊駱駝,遠遠地走過來,駱駝身上馱著香料、乳香和没藥。

猶大對兄弟們説：

「我們殺了自己的兄弟，藏了他的血，有什麼益處呢？還不如把他賣給這夥駱駝商！我們不可下手害他，因爲他是我們的兄弟。」

衆兄弟覺得此話有理，看見那夥商人走近了，便打招呼：

「喂，上哪兒去呀？」

「下埃及！」商人們回答。

「那好，有個活寶賣給你們，喏，在井裏哼哼的就是！」

商人們看見約瑟年輕力壯，就決定把他買下來。經過討價還價，最後以二十塊銀幣成交。兄弟們把約瑟從井裏拉上來，親手交給那夥商人，從商人手裏接過二十塊銀幣。

商人們繼續趕路，把約瑟和商品一起帶到埃及去了。

兄弟們張望著行人遠去的背影，急急忙忙平分了銀子，因爲流便不在場，所以沒有他的分兒。

一會兒流便回來了，到井邊一看，不見了弟弟，他便撕裂了自己的衣服，回頭對兄弟們説：

「童子沒有了，我可怎麼向父親交代啊？」

兄弟們説有辦法。他們宰了一隻公山羊，把約瑟那件彩衣染上血，打發人把血衣送給父親，對他説：

「這是我們在野地撿的，請你看一看，是不是你兒子的外衣？」

父親看見那件血跡斑斑的彩衣，正是自己賞給約瑟的，不由得他不傷心：

「這是我兒子的外衣，有惡獸把他吃了，約瑟被撕碎了，撕碎了！」

雅各撕裂自己的衣服，腰間圍上麻布，爲他兒子哀傷了多日。兒女們都來勸他忍痛節哀，可是他仍是哀哭不已。老人發瘋似的喊著：

「我要到陰間去找約瑟，我的兒子約瑟死了！」

當然，約瑟並沒有死，他被以實瑪利人帶到埃及，賣給了法老的內臣護衛長波提乏。從此，約瑟就住在他的埃及主人波提乏的家裏。

由於他辦事認真，又老實又能幹，逐漸取得主人的信任。波提乏委派他總管家務，把家中的一切都交給他料理。主人回家只管吃飯，其他事一概不聞不問。

主人的妻子看見約瑟長得秀雅俊美，常常向他目送秋波。可是約瑟並不理會，好像不懂事的孩子似的純潔無邪，任何暗示全都無濟於事。最後，她只好單刀直入地明說：

「約瑟，你聽我的話嗎？」

「是，」約瑟畢恭畢敬地回答，「主人有什麼事，儘管吩咐，僕人一定照辦。」

「那麼好，你過來吧，我要你和我同寢！」

「不，」約瑟說，「這不行。」他從來沒有違抗過主人妻子的吩咐，這是頭一次。他向她解釋，「你看，我主人把全部家當都交在我手裏了，他沒有留下一樣不交給我，只留下了你，因爲你是他的妻子。我怎麼能做出這種事呢，那太對不起主人了。」

「哼，」她忿忿地走開了，回過頭來，壓低聲音說，「你要是說出去，我就扒了你的皮！」

飽食終日，無所事事的貴婦人，雖然失敗，卻不肯就此罷

休。臉皮既然已經撕破，她便天天纏住約瑟不放，嘴裏甜言密語，百般地引誘。約瑟別無良策，只是一味地迴避。

事有湊巧，那天約瑟進屋去取一樣東西，屋裏剛好沒有別人，那婦人便悄悄走過來，一把扯住約瑟的衣裳，肉麻地說：

「我們倆同寢吧！」

約瑟嚇得慌慌張張往外跑，沒有料到，他的衣裳脫落在婦人的手裏了。

婦人見軟硬不能得手，惱羞成怒。她在後面追逐著，撒潑尖叫起來：「快來人哪！」

當家人聞聲趕來的時候，她抖動著手裏的衣裳說：

「你們看哪，這是誰的衣裳？這是約瑟的！他剛才進我屋裏，硬是拉住我不放，非要和我同寢不可……是我大聲喊叫，把他嚇跑了。跑了就完事了嗎？沒那麼便宜！這衣裳能跑得了嗎？」

當波提乏回家時，那件衣裳又被婦人拿出來，做了約瑟強姦未遂的證據。婦人對丈夫說：

「你帶回來的那個希伯來人，進屋裏來調戲我，說要和我同寢。我放聲喊起來，他就把衣裳丟在這裏跑出去了。」

波提乏聽婦人哭哭啼啼，說得有根有據，且有衣裳做證，便信以為真。他不容分說，就喝令把約瑟關進了監獄。這個監獄在護衛長波提乏的府內，是法老囚禁犯人的地方。

約瑟被誣，含冤下獄。司獄很同情他，要他做了囚犯的頭目。從此約瑟在監獄裏，誰也不再難為他，倒也百事順利。

不久，監獄裏又關進兩個地位很高的新囚犯，他們便是埃及王的酒政和膳長，因為得罪了埃及王法老，所以也被關了進

來，護衛長把這兩個新囚犯交給約瑟，要他好生伺候。

身陷囹圄的酒政和膳長，在同一天夜裏，各做了一個夢。早晨起來，約瑟發現這兩個人愁眉苦臉，與往日大不一樣，覺得奇怪，就問他們說：

「今天怎麼啦，你們愁眉苦臉的？」

他們異口同聲回答說：

「我們夜裏一個人做了一個夢，誰也解不開，不知是福是禍，因此在這裏發愁。」

「不用發愁，」約瑟說，「請你們把夢講出來，我給你們圓解。」

於是酒政先開口了：

「我夢見在我面前有一棵葡萄樹，樹上有三根枝子，好像發了芽，開了花，上頭的葡萄都成熟了。法老的杯子在我手中，我就拿葡萄擠在法老的杯裏，將杯遞在他手中。」

約瑟聽了，向酒政解釋說：

「你所做的夢，原來是這麼回事——三根枝子就是三天。三天之內，法老必定會提你出監，叫你官復原職，你仍要將杯子遞在法老的手中，和先前做他的酒政一樣。等你得好處的時候，求你惦記著我，在法老面前替我美言幾句，把我從監獄裏救出去。我實在是從希伯來人之地被拐出來的，我在這裏也沒有做過什麼壞事，他們卻把我關進了監獄。」

膳長見夢圓解得好，就對約瑟說：

「我在夢中，見我頭上頂著三筐白餅，最上面的筐子裏有為法老烤的各樣食物。有飛鳥來吃我筐子裏的食物。」

約瑟聽到這裏，嘆了一口氣，對膳長說：

「你的夢可以這樣解釋——三個筐子就是三天。三天之內，法老必定斬掉你的頭，把你掛在木頭上，必定有飛鳥來吃你身上的肉。」

到了第三天，正是法老的生日。他爲羣臣大擺筵席，少不得把酒政和膳長從監裏提出來。法老給酒政官復原職，他仍舊將杯子遞在法老的手中。同時把膳長處死，屍首掛在木頭上，就和約瑟所講的情形一模一樣。

酒政出監後就把約瑟忘在腦後了，他沒有在法老面前提起約瑟，因此約瑟一直關在獄中。

# 二○　位極人臣

約瑟在獄中爲酒政和膳長圓夢的兩年後，法老做夢，夢見自己站在河邊，從河裏上來七頭母牛，在岸邊吃草，長得又美好又肥壯。隨後又有七頭母牛從河裏上來，長得又醜陋又瘦弱，與先前那七頭母牛一同站在河邊。這後來的又醜陋又瘦弱的七頭母牛吃掉了那前來的又美好又肥壯的七頭母牛。

法老一覺醒來，揉一揉眼睛，又迷迷糊糊地進入了夢境。

他夢見一棵麥子長了七個穗子，又苗壯又飽滿。隨後又長了七個穗子，又枯萎又乾癟，被東風一吹，全焦了。這又枯萎又乾癟的七個穗子吞食了那又苗壯又飽滿的七個穗子。法老睡醒了，方知這又是一個夢。

早晨起來，法老心裏格外不安，這樣清清楚楚的兩個夢，

卻百思不得其解。他派人出去，把埃及所有的術士和博士都召
集來，要他們給自己圓夢。

「我所做的這兩個夢，原原本本地講給你們聽了，你們誰
能圓解？」法老說完話，目光掃視著羣臣以及術士和博士們。

下面鴉雀無聲，一個個緊閉著嘴，搖頭搖腦地裝做正在思
索。大家明知道這是個升官發財的好機會，可是頭腦中卻如亂
麻一般，怎麼也理不出個頭緒來。

「你們誰個能圓解？」法老的目光落在內臣們的身上，大
家全都順下眼去，默不做聲。

看見這些酒囊飯袋，全不能爲他排難解憂，法老的肺都快
氣炸了。他正要大發雷霆，卻看見人堆裏冒出一個人來。原來
正是那位兩年前官復原職的酒政，他走到法老面前，當著大家
說：

「請法老息怒，我推薦一個人，保證能圓解此夢。」

「這個人叫什麼名字，現在何處？」法老問。

「他叫約瑟，現在監獄裏。」酒政繼續說道，「從前臣僕
有罪，曾和膳長一同坐過監。在監獄裏，在那同一天晚上，我
和膳長各做了一個夢。醒來以後，我們誰也圓解不上來。正在
苦思苦想的時候，約瑟走到我們中間來了。他是一個希伯來少
年，原是護衛長的僕人，不知因爲什麼被囚在護衛長府內的監
獄裏。我們把各人所做的夢告訴了他，他很快圓解上來，後來
全都應驗了，和他說的分毫不差——我官復原職，膳長被掛在
木頭上了。」

法老即刻派人去召約瑟，約瑟正在獄中悶得發慌，不料喜
從天降！只見他被帶出監來，急急忙忙地換上了新衣服，剃

頭，刮臉，洗足，一時間打扮得整整齊齊，來到法老面前。法老對約瑟說：

「我做了兩個夢，沒有人能夠圓解。我聽人說，你會圓夢，是嗎？」

約瑟回答法老說：

「這不在乎我，上帝必將平安的話回答法老。」

於是法老就把那兩個夢，從頭至尾又說了一遍，說完就把眼睛盯著約瑟，看他如何圓解。在埃及王面前，在眾目睽睽之下，約瑟不慌不忙地說道：

「法老的兩個夢，原來卻是一個。這是上帝向法老預示未來的事情。夢中的七頭好母牛是七年，七個好穗子也是七年，所以說這夢本是一個，都是七個豐收年。那隨後上來的七頭瘦母牛是七年，那七個乾枯的被東風吹焦了的穗子也是七年，都是七個荒年。通過這兩個夢，上帝向法老預示：埃及全地必將有七個大豐年，隨後又來七個荒年。饑荒很大，以致會使人們忘記了還有先前的豐收年。這事眼看就要來臨，希望法老早做準備。」

圓夢的解說詞，講得這樣透徹，法老全神貫注地聽著，不時點一點頭。

「法老，我這麼一說，你就明白了吧？」

「是的，你這麼一說，我就明白了。」

應和了這麼一句，法老提出一個問題，豐年好過，可是荒年呢，荒年怎麼辦？

「我不是說過嘛，請法老早做準備。」約瑟說，「至於如何準備，那還要請法老做主，揀選一個有聰明才智的人，治理

埃及全地。下面委派官員，管理各處。當七個豐年的時候，徵收收成的五分之一，把豐年徵集的糧食聚斂起來，儲存在各個城裏。這些糧食統歸法老所有，以備將來的七個荒年，免得埃及被饑荒所滅。」

這個以豐補欠的辦法，得到法老和全體臣僕的一致贊同。至於揀選一位聰明智慧的埃及宰相，當然要首推具有上帝靈性的約瑟了。法老對約瑟說：

「上帝既然指示你給我圓夢，可見沒有人像你這樣有聰明有智慧。我任命你為埃及宰相，在一人之下萬人之上，治理埃及全地。凡我臣民，都必須聽從你的話，唯獨在寶座上的我比你大。」

說罷，法老從手上摘下打印的戒指，戴在約瑟的手上，把金鍊戴在他的脖子上，親自給他穿上細麻布衣裳，吩咐約瑟出行時坐法老的副車，前面有人開道，喝叫兩旁行人跪下。在埃及全地，任何人不得約瑟的命令，不准擅自行動。

約瑟從奴隸和囚徒一躍而為埃及宰相，時年三十歲，位極人臣。

由埃及王法老做主，將安城祭司的女兒亞西納許配給約瑟為妻。結婚以後，在那五穀豐登的年月裏，亞西納給約瑟生下兩個兒子。長子名叫瑪拿西，次子名叫以法蓮。

上任宰相之後，約瑟從法老面前出去巡行埃及各地。各地風調雨順，五穀豐登，糧食吃不完，堆得像沙丘一樣，無法計算，連續出現七個大豐年。約瑟將徵集到的糧食全都儲存在各個城裏，倉滿糧足。

七個豐年一過，接著出現了七個荒年。禾苗枯焦，五穀不

收，天底下赤地千里，哀鴻遍野。外邦的糧食全都吃光了，唯有埃及尚有存糧。民衆遇上饑荒，紛紛向法老哀求糧食，法老對他們説：

「你們往約瑟那裏去吧，從他糴糧，凡事都要服從他。」

約瑟開了各處的糧倉，糴糧給埃及人。

當時的饑荒佈滿天下，各地的饑民紛紛逃往埃及，因爲只有埃及有存糧。

# 二一　埃及糴糧

埃及有糧的消息在荒年裏像長了翅膀一樣，飛到了迦南地。住在迦南地的雅各彷彿見到了一線希望，他對兒子們説：

「你們爲什麼彼此觀望呢？我聽説埃及有糧，你們可以帶些銀子到那裏去，糴些糧食回來。不然沒有糧食，我們都得餓死。」

於是雅各只把最小的便雅憫留在身邊，打發其餘的兒子們到埃及去糴糧。

當時在埃及主管糧食的就是約瑟。約瑟的兄弟們風塵僕僕地來了，他們個個臉伏在地上，向他倒身下拜。原來他們並不認得這就是被他們出賣了的約瑟。約瑟卻認識兄弟們，可是他故意裝作不認識，厲聲問道：

「喂，你們從哪裏來？」

「從迦南地來，」兄弟們回答説，「我們是來糴糧食

的。」

「不對，」約瑟喝道，「你們是奸細，專門來這裏窺探虛實的！」

他們對他說：

「我主啊，不是的。僕人們是來糴糧食的。我們都是一個人的兒子，是你的誠實的僕人，僕人們不是奸細。」

「你們肯定是刺探虛實來的！」約瑟虛聲恫嚇那些個向他匍匐跪拜的兄弟們。

他們戰戰兢兢地述說著自己的身世：

「僕人們本是迦南地一個人的兒子，兄弟十二人，其中一人不在了，還有一個小兄弟留在父親身邊。」

「還有一個小兄弟？那為什麼不帶來？看來其中有假！如果你們驗證不了自己的話，那就肯定是奸細！」約瑟說罷，不容分說，就把他們統統關進監獄裏。

連年的天災，使得兄弟們格外恐懼，不由得想起十幾年前謀害兄弟的罪過。

「我們在約瑟身上實在有罪，」他們彼此說，「當他在我們手裏苦苦哀求的時候，我們明明見到他的苦狀，卻不肯寬容他，現在苦難臨到我們自己身上了。」

老大流便開始抱怨：

「我那時就跟你們說，不可傷害那孩子，可你們就是不聽！」

回憶是痛苦的，大家都很難過。兄弟們用希伯來語講話，全不背著埃及主人。因為他們覺得，不經過通事的翻譯，他們是無法聽懂的。那裏曉得，這些話像針一樣直刺著約瑟的心，

他轉身退出去，痛哭了一場。但是他不願過早地披露真情，於是收住眼淚，回到他們那裏說：

「你們必須把小兄弟帶來，以便證實那些話是真的，否則你們就是奸細！」說著他一把抓過西緬，當場把他捆綁起來，「把這個人留下，其他人回去，把小兄弟帶來做見證，那時我才相信你們是誠實人。」

表面上冷若冰霜，內心裏卻燃燒著同情的火焰。約瑟吩咐手下人把糧食裝滿以色列人的口袋，順便把銀子也塞進裏邊，這是約瑟有意退給他們的。約瑟還給他們帶上食物，以備路上吃。

兄弟們趕著驢子，驢背上馱著口袋，口袋裏裝滿了糧食，糧食裏埋藏著退回的銀子，他們就這樣忐忑不安地起程了。

半路上住宿，有人打開口袋，拿料餵驢，這才發現：銀子，糴糧的銀子，不聲不響地躺在口袋裏！兄弟們紛紛打開口袋，結果各人的口袋裏全都出現了退回的銀子。這意外歸來的銀子使兄弟們莫名其妙，人在苦難中，往往想到壞處，他們害怕這銀子會帶來新的災難。

兄弟們惶恐不安地回到迦南地，見到父親雅各，七嘴八舌地向他述說著糴糧的奇遇。

「那地方的主人好兇啊，硬說我們是奸細，把我們全都關進了監獄。」

「那你們是怎麼逃出來的呢？」父親急著追問。

「不是逃回來的，是放回來的。」他們向父親解釋，「我們在獄中關了三天，主人就把我們放回來了，只留下西緬做人質。主人說，我們的話不可信。我們說，我們家中還有老父和

幼弟。他就叫我們回來把小兄弟帶去做見證。」接著他們把糴糧和退銀的事從頭至尾說了一遍。

白花花的銀子反而給老人帶來新的恐懼，他似乎望見了那不斷延長的禍患：約瑟沒有了，西緬也沒有了，難道下次還要奪去他的小兒子便雅憫嗎？

「不行，你們不能把便雅憫帶去！」

流便向父親懇求説：

「交給我吧，我保證把他帶回來，若不帶回來，你可以殺我的兩個兒子。」

「我的小兒子不可同你們一道去！」老人悲憤地説，「他兄弟死了，如今只剩下他一個。萬一他在路上遇害，那我怎麼對得起他死去的母親？那我怎麼活下去呢？難道你們要使我白髮蒼蒼、悲悲慘慘地下陰間去嗎？」他絕望地嘆息著，斷然不肯冒險放走自己的小兒子。

從埃及帶來的糧食暫時充填了以色列人的轆轆飢腸，然而坐吃山空，終非長久之計，口袋漸漸地又癟下去了，災荒還沒有望見盡頭。人不吃飯怎麼能活呢？

雅各對兒子們説：

「你們再去糴些糧食來吧，我們又快沒吃的了。」

「那就得帶著童子一起去，」猶大對父親説，「那人諄諄告誡我們，説是小兄弟若不與你們同來，你們就別想見我的面。如果你打發小兄弟與我們同去，那我們就去給你糴糧；否則，我們就沒法去了。」

「你們爲什麼這樣坑害我，告訴那人你們還有兄弟呢？」雅各反怪起他們來。

他們回答説：

「不説不行呀，那人問得可詳細啦，你們父親還在嗎？你們還有兄弟嗎？我們只好照實告訴他。做夢也没想到，他要我們把小兄弟帶去呀！」

「你打發童子與我們同去，我們就去，」猶大反覆對父親説，「糴回糧食來，全家都能活，不然的話，你和我們，以及婦人和孩子，都得餓死。若是你早把童子交給我們，如今第二次都回來了。我們向你保證，如果不把他帶回來，我情願永遠擔這罪名。」

「既然如此，那就這樣辦吧！」在萬般無奈的情況下，父親勉强同意了猶大的主張，「你們把這裏的土産——乳香、蜂蜜、香料、没藥、榧子、杏仁，各樣選一點最好的帶去，做爲禮物送給那主人。銀子要加倍帶，把上次退回來的還給人家，那或許是人家錯給了你們的。這回便雅憫和你們同去。但願那人憐憫你們，釋放西緬和便雅憫回來。唉，我若喪了兒子，自己也難再活下去了。」

兄弟們備好了驢子，讓便雅憫騎在上面，禮物和銀子裝在口袋裏，匆匆忙忙踏上了通往埃及的征途。

當他們和童子一起站在約瑟面前的時候，約瑟立刻吩咐家宰：

「把這些人領到屋裏去，要宰殺牲畜，準備筵席，我要同這些人共進午餐。」

這時西緬也被帶出來，十一個弟兄被領進約瑟的屋裏。一進屋，他們心裏就嘀咕：

「這必定是銀子的事發了！莫非要强迫我們做奴僕，是不

是還要扣下我們的驢子？」

看見家宰站在房門口，他們挨上去和他搭話：

「我主啊，我們上次來，實在爲的是糴糧，不想在回去的路上，發現花出去的銀子又都原封不動地回到各人的口袋裏。現在我們把那些銀子全帶回來了，還有這次糴糧的銀子，準備一起交給你們。」

「你們上次糴糧的銀子我們早已收到了，」家宰說，「你們口袋裏發現的銀子是上帝賜給你們的財寶。」

接著家宰給他們打洗腳水，又忙著端草端料餵驢。來來回回，嘴裏不停地安慰他們。

晌午時候，約瑟回來了。兄弟們獻上禮物，誠惶誠恐，一起倒身下拜。約瑟問他們好，又問：

「你們的父親還健在嗎？他老人家平安嗎？」

兄弟們恭恭敬敬地回答：

「你的僕人我們的父親，他還健在，他還平安。」

約瑟舉目看見他同父同母的小兄弟便雅憫，便欣喜地說：

「你們上次向我說的，那頂小的兄弟，就是這位嗎？」又摸著他的頭頂說，「小童啊，願上帝賜福給你！」

兄弟們在此相會，約瑟百感交集，尤其是小兄弟便雅憫的出現，更使他雖以抑制那天生的手足之情，眼淚快忍不住了。約瑟趕緊走進自己的臥室，獨自痛痛快快地哭了一場。然後洗臉出來，強作鎮靜，吩咐手下人擺宴。

共擺上三席：一席單擺給約瑟，一席擺給希伯來兄弟，一席擺給陪坐的埃及人。因爲埃及人看不起希伯來人，所以不能和他們同席。

約瑟使眾兄弟在他面前排列坐席，都按照長幼的次序，這使眾兄弟感到詫異。約瑟把他面前的食物分出來，送給他們。其中送給便雅憫的，比別人多五倍。

宴席上，大家飲酒，與約瑟同樂。宴席散後，兄弟們各自交過了糴糧的銀子，準備明天趕早回去。

約瑟把家宰叫過一邊，吩咐他說：

「你把我的占卜銀杯放在那童子的口袋裏。」

「口袋裏還給他們裝上糧食嗎？」家宰問。

「當然，」主人吩咐，「他們的驢子能馱多少，就裝多少，裝得滿滿的。」

「銀子呢，是不是還退回去？」家宰問。

「當然，」主人吩咐，「和上次一樣，全都放回他們的口袋裏。」

家宰只知道服從主人，主人怎樣吩咐，他就怎樣做。

第二天早晨起來，兄弟們一看，全都給他們準備好了。他們趕緊上路，恨不得一下子飛到家裏。過分的順利，使他們擔心事情有變。

估計他們走出了城，約瑟便對家宰說：

「你領人出城去追趕他們，追上了就對他們說，你們爲什麼偷主人的銀杯……」如此這般地囑咐了，俯首貼耳的家宰立刻行動起來。

兄弟們正在風風火火地趕路，忽聽背後有人喊道：

「站住，想跑是跑不了的！」

回頭一看，原來是家宰帶領一幫人氣喘吁吁地追上來了。他把約瑟教的話對這些人說了一遍：

「……銀杯不見了，是誰偷的？趕快交出來！」

「我們不會偷東西，」兄弟們分辯說，「我們上次發現銀子，還從迦南地帶回來，歸還給你們，我們這次怎麼會偷你家主人的銀杯呢？」

「那是我家主人占卜用的銀杯，」家宰氣勢洶洶地說，「肯定是你們希伯來人偷的！」

「那你們就搜查好了，」兄弟們不服氣地說，「從我們誰的手裏搜出銀杯來，就要誰的命，並且其餘的人全作你們的奴隸。」

「一言爲定，」家宰說，「就照你們的話辦！不過我要把處罰降低一些，這對你們有利，從誰那裏搜出來，誰就做我們的奴僕，其餘的無罪釋放。」

於是開始搜查，兄弟們都把各人的口袋從驢背上卸下來，放到地上，打開口袋嘴，讓人隨便搜，隨便看。家宰依照次序，先從年長的搜起，一直搜到年幼的爲止。偏巧在便雅憫的口袋裏搜出來了。

「這是什麼？」家宰把銀杯高高舉起，「這個童子跟我走吧，原來是你偷了我家主人占卜用的銀杯！」

兄弟們驚得目瞪口呆，他們萬萬沒有料到，會從小兄弟口袋裏搜出這東西。

「一人做事一人當，其他人都回去吧！」家宰放過衆人，只把便雅憫抓在手裏。

「不！」兄弟們一個個全都撕裂衣服，「我們全都跟你去！」

兄弟們紮好口袋，放在驢背上，一起跟著家宰回到城裏。

他們走進屋裏，見到約瑟，就把身子伏在地上，向他請罪。約瑟對他們說：

「你們做這樣的事，難道你們就不想一想，像我這樣有地位的人，肯定會占卜嗎？」

「僕人有罪，」猶大最先開口，「既然上帝已經查出僕人的罪了，那就讓我們兄弟全都做你的奴僕吧！」他知道贓證俱在，辯駁是無用的，而且也無法辯駁，只得低頭認罪，「從今以後，我們全是你的奴僕。」

「我絕不同意這樣做，」約瑟說，「有言在先，從誰那裏搜出銀杯來，誰就做我的奴僕。其他人沒有罪，我不能留下你們，你們可以平平安安地回家了。」

猶大匍匐向前哀告：

「求我主開恩，把我留下做你的奴僕，把這童子替換回去吧。因為這童子的母親只留下兩個孩子，兄弟已經不在了，只剩下他一個，父親原本不放他出來。他是父親的命根子，萬一有個好歹，父親會心疼死的。我們的父親也就是你的僕人，誰能忍心看著他老人家，白髮蒼蒼，悲悲慘慘地走向陰間呢……求求我主，開開恩吧，放這童子回去。」

聽著猶大的肺腑之言，約瑟心如刀絞，大聲說道：

「左右家人，統統出去！」

家人一走，他就「哇」的一聲，大哭起來。身邊的兄弟們摸不著頭腦，正在發愣，忽聽主人說道：

「我是約瑟！」

「啊——」兄弟們這才恍然大悟，原來他就是被他們賣到埃及的約瑟呀！

　　怪不得這麼蹊蹺呢，原來是自家兄弟！由於飢餓與惶恐，他們不敢仰視埃及主人；還由於約瑟的身量與衣著變化太大了，加上十幾年的時間掩蓋了他那童年的面孔；以及其他種種想像不到的原因，使得兄弟們一直把他看成埃及人。現在他們認出來了，這的確是約瑟。然而他們的恐懼並沒有因此而消除，尤其是那幾個心中有愧的兄弟，彷彿在約瑟身上看見了某種危險。

　　「你們不要自憂自恨，」約瑟說，「用不著因為把我賣到埃及而難過。我到埃及，這本是上帝的差遣，為的是拯救許多人的生命。我們的父親真的還在嗎？我日夜想念著他老人家……」

　　約瑟的寬容掃除了往昔的嫉妒與仇恨，兄弟們心到一處，悔恨與欣喜交加，不由得抱頭痛哭起來。聲音傳到屋外，傳到埃及人的耳朵裏。

# 二二　父子重逢

　　風聲傳到法老的宮裏，聽說約瑟的兄弟們來了，法老和他的臣僕們都很高興。

　　法老派人把約瑟召到宮裏，親自過問了這件事，當場下達了令人欣慰的旨意：

　　「你去吩咐那些兄弟們，要這麼辦：把你們的父親及其眷屬全都接到我這裏來，埃及所有的美物，他們全都有分。」

　　約瑟遵照法老的旨意，打發兄弟們上路。這次與上次大不相同，每人各得一套衣服，小兄弟便雅憫得了五套衣服外加三百塊銀幣；他們駕著車輛，車上滿載食物，以備途中需用；他們趕著的驢子也新添了二十頭，這是約瑟特意送給父親的，其中十頭公驢的背上馱著各種衣物，十頭母驢馱著各種食品，這些是專供老人路上需用的。兄弟們如同一夥浩浩蕩蕩的行商，離開埃及，向著連年荒蕪的迦南地進發。

　　父親雅各看見他們帶著便雅憫一同回來，一顆懸著的心總算落下來了。可是當他聽說約瑟在埃及當了宰相的時候，他的心又迷惘了，好像浸到了冰水裏——可憐的約瑟，他已經被野獸撕碎了！

　　「約瑟沒有死，」兄弟們向老人證實，「他還活著，現在當了埃及宰相。不信你看這許多東西，全是他給的，喏，這是特意送給你老人家的……」

　　老人疑疑惑惑，走出帳篷，看著兒子們一樣一樣往裏面搬東西，糧食、衣服、器具、蔬菜、麵餅……他親眼看見了，親手摸到了，他不能不相信，這是來自埃及的物品。

　　約瑟通過兄弟們的口，給父親捎話說：

　　「請父親坐這輛車子下埃及！」

　　父親望著約瑟派來的車子，摸啊摸，他那顆麻木的心漸漸甦醒了，明亮了，他狂喜，他向全家宣布：

　　「真的，真的，我的約瑟還活著，我要到埃及去找他！」

　　以色列率領全家遷居埃及。及至到了埃及，他派猶大先去見約瑟，約瑟派人引路，把全家人引到歌珊地。約瑟本人也坐著法老的副車來到歌珊，迎接他的父親以色列。

　　以色列父子在歌珊相會，悲喜交集，熱淚橫流，約瑟伏在他父親的頸項上，哭了許久。以色列對約瑟說：

　　「現在我可見到你了，知道你還活著，我就是死了也甘心了！」

　　經過法老同意，以色列全家從此就居住在埃及的歌珊地。他們仍以牧羊為業。以色列人，包括約瑟的兩個兒子在內，初到埃及的時候，共有七十人。他們在那裏置辦產業，生兒育女，過著無憂無慮的遊牧生活。

　　以色列在埃及住了十七年，臨終的時候，把約瑟叫到床前，囑咐他說：

　　「當我與我祖我父同睡的時候，你要將我帶出埃及，葬在他們所葬的地方。」

　　「請父親放心，」約瑟說，「我一定照辦。」接著他在父親面前發了誓。

　　為兒子們祝福以後，以色列就與世長辭了，享年一百四十七歲。法老派臣僕和長老們隨同約瑟及其兄弟們為以色列舉喪，經過長途跋涉，將他的屍體運到迦南地，葬在麥比拉洞裏。

　　麥比拉洞裏埋葬著以色列人的三代祖先：第一代祖先是亞伯拉罕和妻子撒拉，第二代祖先是以撒和妻子利百加，等三代祖先是雅各和妻子利亞。

　　雅各又名以色列，他的十二個兒子便是以色列人的十二列祖。每個列祖下面形成一個支派，共有十二支派。

# 二三　公主垂青

這十二支派的以色列人，以歌珊爲基地，逐漸向埃及各地蔓延，人口愈來愈多，興旺發達起來。子子孫孫，隨著時間的流逝，他們在埃及受歡迎和優待的時代也就一去不復返了。

後來有新王起來，治理埃及，他對老百姓説：

「看哪，以色列人比我們還多！將來一旦遇上什麼風吹草動，他們就會聯合仇敵來攻擊我們。我們不如先下手爲強，巧計苦害他們。」

於是埃及人派督工監視以色列人做苦工。要他們爲法老建造兩座積貨城，什麼和泥呀，做磚呀，田間工作呀，一切髒活累活，全都強迫以色列人去做。

埃及王還把兩個希伯來收生婆召來，吩咐她們説：

「你們爲希伯來婦女收生，凡是男孩，一律殺掉！」

「那麼女孩呢？」收生婆問。

「若是女孩，還可留條活命。」

後來法老又吩咐老百姓説：

「凡是以色列人生的男孩，你們就要把他們丟在河裏；生下的女孩，可以留條活命。」

有一家以色列人，生下一個男孩，不等收生婆來到就把他藏起來。新生的娃娃總是要哭的，這能隱藏多久呢？剛滿三個月，父母就把他放在抹著石漆和石油的蒲草箱裏，然後把蒲草

箱放在河邊的蘆荻中。

可也巧，正趕上法老的女兒來到河邊洗澡。她的使女在蘆荻中發現了這隻箱子，使女就打發婢女把箱子搬到公主面前，打開一看，是一個男孩，長得俊美可愛，一逗他，他就「哇」的一聲哭了。

「多可憐的小孩兒呀，誰叫你生在以色列人家？」公主動了母愛之心，「好寶寶，做我的兒子吧。」

可是這麼小的娃娃，怎麼養得活呢？公主左右為難。這時有一個女孩跑過來說：

「我去叫一個希伯來人奶媽吧，不知可以不可以？」

「可以。」法老的女兒說。

於是女孩就去叫一個希伯來婦女來當奶媽。公主很高興，對她說：

「你把這孩子抱去替我餵養，請放心，我會給你工錢的。」

這婦女按照公主的吩咐，將孩子抱回去餵養。

原來這個奶媽正是這娃娃的母親，而那個女孩則是他的親姐姐。小姐姐一直站在遠處觀望，伺機前來挽救小兄弟的生命。

小兄弟斷奶以後，母親把他抱進宮裏，交給了公主。公主給這個養子起名叫摩西。

摩西的家譜是這樣的：以色列——利未——哥轄——暗蘭——摩西。他有一個姐姐和一個哥哥，姐姐名叫米利暗，哥哥的名字叫亞倫。

摩西做為公主的養子住在王宮裏，受到良好的教育，學習

並掌握了各種知識，成爲一個大有學問的人。

有一天他從宮裏出來，也是合該有事，偏偏看見一個埃及人毆打一個希伯來人。他左右觀看，見沒有人，就動手把那個埃及人打死了，埋藏在沙土裏。

第二天摩西又出去了，這回看見的是兩個希伯來人打架，他就上前勸解，對那欺負人的説：

「你爲什麼打你的同族人呢？」

那人回答説：

「誰立你做我們的審判官呢？難道你要殺我，就像殺那埃及人嗎？」

摩西一聽這話不好，一定是那事被人發覺了。實際上法老已經知道了。他正準備把摩西殺死，可是晚了一步，當他派人捉拿摩西的時候，摩西已經逃之夭夭了。

事隔多年以後，那個埃及王死了，向摩西索命的人也都不在了，這件案子也就煙消雲散，不了了之。

原來摩西逃亡到了米甸。在那裏他娶了祭司葉忒羅的女兒西坡拉爲妻，西坡拉給他生下兩個兒子。

摩西在米甸過著牧羊人的生活。有一天，摩西趕著羊羣到野外去，登上何烈山，山上叢生著荊棘。荊棘叢裏突然捲起一團烈焰，眨眼之間，又倏忽不見，蹤跡全無。定睛再看那荊棘，竟未留下一丁點兒燒焦的痕跡……摩西正在吃驚，忽聽一個聲音呼喚道：

「摩西，摩西，我是耶和華上帝。我聽見了希伯來人的哀痛聲，他們在埃及受苦。」

「我是摩西，」摩西向著聲音説，「主啊，你要我做些什

麼呢？」

「我要打發你去見法老，」耶和華上帝說，「迫使他同意你把以色列人從埃及領出來，領他們到那寬闊而美好的流奶與蜜之鄉。」

「我是什麼樣的人呀，怎麼敢去見法老？」摩西說，「何況我又拙口笨舌的。主啊，你打發別人去吧！」

「大膽！」上帝發怒了，「焉敢不從！你一定得去！我給你配備一名助手，讓你哥哥亞倫跟你一起去，他的口才好。你們的使命就是把以色列人從埃及領出來。」

為了完成這一使命，上帝使摩西的手杖具有非凡的力量，摩西行神蹟，降災殃，懲罰埃及人，全憑那手中的神杖。

# 二四　災伐無道

光陰荏苒，摩西四十歲逃出埃及，在米甸一住又是整整四十年。他八十歲回到埃及，同哥哥亞倫一起去見法老。他們對法老說：

「容許我們以色列人離開埃及吧，我們要到曠野去守節，祭祀我們的耶和華上帝。」

「我不認識耶和華，也不准許你們去，」法老說，「你們這些以色列人想要曠工，是不是？」

當天法老就吩咐督工和官長說：

「你們不可照常把草分配給以色列人做磚，叫他們自己去

撿草。他們素常做磚的數目，你們仍舊向他們要，一點也不能減少。因爲他們是懶惰的，所以我要叫他們勞碌不堪，以免他們聽信那些虛幻不實之言。」

這樣一來，以色列人的處境就更苦了，四處撿草也完不成規定的磚數，埃及督工還責打以色列的官長。官長們向摩西、亞倫抱怨說：

「你們使我們在法老和他的臣僕面前有了臭名，這等於把刀遞在他們手裏殺我們！」

摩西、亞倫走進宮裏，在法老和臣僕面前顯神通。亞倫手持神杖，搖一搖，往地上一點！變出一條蜿蜒如龍的長蛇，在地上盤旋吐信，露出又白又尖的牙齒。

法老見此情形，不慌不忙，回首召出魔術師。他們是埃及行法術的，也會這一招，只見他們也把杖搖一搖，往地上一丟，那杖也變做長蛇，可是他們的蛇匍匐怯陣，「吱溜吱溜」，被亞倫的蛇活活吞吃了。

儘管摩西、亞倫向法老行了神蹟，可是法老非常固執，他仍不放以色列人離開埃及。

翌日早晨，摩西、亞倫在河邊上遇見法老和他的臣僕們。亞倫舉起神杖，在空中提一提，往水裏一擊，「味」的一聲，那河水驟然間一片通紅，變成血了。埃及的江河池塘裏全是血，腥紅惡臭，起伏蕩漾，上面浮泛著肚皮朝上的死魚……河裏的「水」不能喝了，埃及人渴得要命，在兩岸掘地取水。

然而法老並不把這事放在心上，他離開河岸，轉身回宮去了。

七天之後，水面恢復了原樣。摩西、亞倫進宮裏去見法

老，對他說：

「容許以色列人離開埃及吧！」

「不行。」法老心裏剛硬，不肯聽從摩西、亞倫的話。

摩西叫亞倫行神蹟，亞倫手持神杖，在江河池面上蕩一蕩，向上一擎！噼噼啪啪，無數青蛙從水裏冒出來。跳上岸，跳進法老的宮裏，紛紛佔據法老的臥室、床榻和爐灶，在摶面盆裏亂滾亂叫，這些小動物不知疲倦地跳進臣僕的房屋，跳在百姓的肩膀上，跳跳跳，埃及各處蓋滿了綠色的青蛙，跳得法老心慌意亂，無可奈何。

法老把摩西、亞倫召進宮裏說：

「你們要能使這些青蛙離開我和我的臣民，我就容許你們以色列人去舉行祭祀。」

「好吧！」摩西、亞倫說。

第二天，那些地上的青蛙果然全都死淨，活著的只留在河裏。

法老見災禍解除，便不顧自己的諾言，硬著心腸不准以色列人走出埃及。

於是摩西叫亞倫再行神蹟。亞倫用神杖敲打地上的塵土，塵土立時變成虱子，隨風飄撒在人畜身上，密密麻麻，煞是奇癢難熬。

早晨起來，法老來到河邊，摩西、亞倫站在他面前說：

「快放以色列人走吧，不然的話，就要降蠅災了，那可比虱災厲害得多呀！」

可是熬過虱災的法老心裏更加剛硬，他滿不在乎這些，根本不聽。

　　結果真地出現了蠅災，嗡嗡嗡，大羣大羣的蒼蠅，如同煙霧一般，鋪天蓋地而來，飛進法老的宮殿，飛進臣僕的房屋……除了歌珊地之外，整個埃及成了蒼蠅的世界，埃及眼看就要被蒼蠅毀掉了。

　　法老把摩西、亞倫召進宮來說：

　　「你們去，在此地祭祀你們的上帝吧！」

　　「這樣不合適吧，」摩西說，「因爲埃及人厭惡我們舉行祭祀。如果我們在這裏獻祭，他們豈不會拿石頭打死我們麼？我們要往曠野裏走三天的路程，去祭祀我們的耶和華上帝。」

　　「我容許你們去曠野祭祀你們的耶和華上帝，」法老說，「只是你們不可走得太遠。好了，求你們爲我祈禱，解除蠅災吧！」

　　第二天，蠅災解除了。當最後一個蒼蠅從法老宮裏嚶嚶飛走的時候，法老的心又硬了，他立刻變了卦，不容以色列人離去。

　　摩西進宮去見法老，對他說：

　　「你若再不容許我們離開，明天埃及就要降下畜疫之災！」

　　法老把這話當做耳旁風，滿不在乎。

　　到時候果然降下畜疫之災，馬、驢、駱駝、牛羣、羊羣，全都病倒了，一批批死去，埃及人的牲畜幾乎全都死光了，唯有以色列人的牲畜，一個也沒有死。

　　法老的心卻非常固執，硬是不容以色列人去。

　　這次摩西依照上帝的吩咐，在法老面前大展神威。只見他捧起爐灰，向空中一揚，那灰立刻變成塵土，紛紛揚揚，飄飄

撒撒，濺落在埃及人身上，變成了起泡的瘡，流膿流血，人們叫苦不迭。

法老仍不肯回心轉意。摩西警告說：

「明天要降冰雹。現在你要打發人把你的牲畜和田裏的莊稼收回來，凡是在田間不收回家的，統統要爲冰雹所滅！」

第二天，摩西手持神杖向天上一伸，只聽咔啦啦一串響雷，漫天的冰雹，乒乒乓乓直砸下來，冰雹與雷火交加，擊打著埃及田間的一切生物，人畜、蔬菜、樹木……凡是在田間的，全都遭了殃，雖有歌珊是一片樂土，因爲那裏聚居著以色列人。

法老見那雷火冰雹，甚是懼怕。他打發人召來摩西、亞倫，對他們說：

「這一次我是犯了罪了，我和我的百姓是邪惡的。這雷火和冰雹使我受不了了。求你禱告晴天吧！我容許以色列人離開此地，不再留你們了。」

摩西出城禱告，天就晴朗了。

法老見雹災已經過去，就立即變卦，他和他的臣僕都硬著心，硬是留住以色列人不放。

摩西、亞倫進去見法老，對他說：

「你若不肯容我們百姓出去，明天蝗蟲就要進入你的境內！」

看見摩西、亞倫轉身走了，臣僕們指著他們的背影對法老說：

「他們給我們布下天羅地網，到何時爲止呢？埃及已經敗壞成這個樣子，你不心疼嗎？容這些人去祭祀他們的上帝

吧。」

於是又派人把摩西、亞倫召進宮裏，法老對他們說：

「總聽說你們要去曠野舉行祭祀，但不知要去多少人？」

摩西、亞倫回答說：

「我們男女老少全去，還要帶上牛羣和羊羣……」

「不可都去！」法老對他們說，「我只容許你們壯年人去，婦人孩子和牲畜，全得留下。」說罷就把他們兩人攆了出去。

摩西舉起神杖，向埃及地上一揮，呼呼呼，風從東方吹過來，蝗蟲乘著東風，黑壓壓一片，鋪天蓋地而來，一層層落在地面上。沙沙沙，嚼啃著劫後餘生的麥苗、蔬菜、樹木，以及樹上的果子……一夜之間，就將田野上吃得根棵無有，光禿禿的，如同扒下了一層皮。

好厲害的蝗蟲，嚇得法老心裏發慌，急忙召來摩西、亞倫，對他們說：

「我得罪了上帝，得罪了你們。求你們再饒我這一次吧，使我脫離這一次死亡。」

離開了法老，摩西求上帝轉換風向，刮起西風，呼呼呼，強勁的西風捲起地上的蝗蟲，吹入紅海。

當最後一個蝗蟲被吹走的時候，法老再次變掛，不容以色列人去祭祀上帝。

摩西擎起手中的神杖，向天空中一伸，天空立刻變得一片烏黑，如同一塊龐大無比的黑幕，嚴嚴實實罩在埃及的土地上，一直持續了三天。在這三天之中，唯有以色列人家裏有光亮。埃及人全都伸手不見五指，寸步難行，陷入了沈沈的黑暗

之海。

法老派人召來摩西，說：

「你們的婦人孩子可以和你們同去，只是你們的羊羣牛羣要留下。」

「你總得把祭物和燔祭牲交給我們吧，」摩西說，「我們的牲畜全都帶去，連一蹄也不留！」

「你離開我去吧！」法老厲聲對摩西說，「你要小心，從今以後不要見我的面，因爲你若見我，你就必死！」

「你說得好！我不會再主動見你了！」摩西氣忿忿地離開法老出去了。

耶和華曉諭摩西、亞倫說：

「你們要以本月爲正月，正月初十日，以色列人每家都要準備一隻公羊羔，留到十四日黃昏，宰羊取血，塗在房門上，做爲逾越節的記號。因爲這天夜裏，我要越過以色列人擊殺埃及人。」

逾越節之夜，正當以色列人戎裝束腰執杖吃肉的時候，耶和華巡行各地，擊殺埃及人的長子，不管他是法老的長子，還是囚犯的長子，總而言之，所有埃及人的長子，全都在一夜之間除掉了，沒有一個倖免。埃及人家家有喪事，戶戶有悲聲。

在沈沈的夜幕之下，埃及王法老召見摩西和亞倫，對他們說：

「我容許你們把所有的以色列人，所有的牲畜，以及所有的財寶，全都帶出埃及。我完全依了你們，你們爲我祝福吧！」

於是埃及人催促以色列人趕緊上路，他們說：

「我們都要死了，你們還不快快離開這裏！」

逾越節的次日，摩西率領著全體以色列人，帶著婦人孩子以及從埃及人那裏索取來的財物，趕著大批的牛羣和羊羣，從蘭塞起行，在全體埃及人的眼前，昂然無懼地出發了。

以色列人在埃及居住四百三十年，來時七十人，走的時候，光步行的男子，就有六十萬。臨走之前，以色列人根據摩西的吩咐，從埃及人手中索取了金器、銀器和衣裳。因爲走得急促，來不及預備食物，麵也沒有發，只把帶出來的生麵烤成無酵餅充飢。

# 二五　紅海開路

摩西率衆出奔的消息傳到法老的耳朵裏，法老和他的臣僕才回過味來：放走以色列人，往後誰來服侍我們呢？這事划不來呀！

於是法老調集六百輛軍車，每輛車上配備一名車兵長，組成車兵，馬兵，還有步兵，由法老親自率領，緊緊追剿以色列人。

以色列人從蘭塞起行，途經疏割——以倘——比哈希錄——密奪。就在密奪地方，以色列人回頭望見後面煙塵滾滾，遠處來了追兵，男女老少嚇得膽戰心驚，他們開始發出怨言：

「我們已經服侍慣了埃及人，幹麼要把我們帶到曠野來呢？」

「難道埃及沒有墳地，非叫我們死在曠野不可嗎？」

「看哪，埃及人過來了！」

埃及追兵愈來愈近。以色列人一邊嘟嘟囔囔地埋怨著摩西，一邊跌跌撞撞地趕路，忽然前面出現一片大海，擋住了去路。浩瀚無垠的紅海，無舟無楫，怎麼過得去呢？前有大海，後有追兵，以色列人身逢絕境。

「不要怕，我來開路！」摩西趕到隊伍前面，舉起手杖，向海中一伸——天空中馬上刮起強勁的東風，東風吹著海水，海水向兩旁分開，中間凹下去，露出海底，形成一條通路。

以色列人扶老攜幼，走下海中，沿著那條幹道一直往前走，兩旁海水向上矗立著，形成夾道的高牆。

埃及軍兵也追著走下海中，由於海中道路崎嶇不平，車輛難以行走，車輪脫落下來，軍兵開始混亂。

在埃及營和以色列營中間，始終隔著一根雲柱，雲柱前邊光明，後邊黑暗，使兩下徹夜不得相近。

等以色列隊伍全都走上對岸以後，摩西轉過身來，舉起手杖，向海中一伸，那海水便向中間合攏，把埃及追兵囫圇包在裏面，馬匹，車輛，軍兵，無一逃脫，全軍覆沒。以色列人親眼看見，埃及人的屍體漂到了海邊。

目睹了這樣大的奇蹟，以色列眾人又佩服摩西了。摩西和眾人慶賀勝利，同聲讚美道：

「神風一吹，

海就把仇敵淹沒。

他們如鉛如泥，

沈落在大海之中……」

亞倫的姐姐女先知米利暗，手裏拿著鼓，衆多婦女也都手裏拿著鼓，隨她一起跳起舞來。

米利暗唱道：

「你們要歌頌耶和華，

他使我們把敵人戰勝，

將馬和騎馬的，

全都淹没在海中。」

以色列人，不分男女老幼，全都沈浸在一片歡樂之中，慶幸紅海大捷。


# 二六　鵪鶉嗎哪


紅海大捷以後，摩西率領以色列人繼續前進。在曠野裏走了三天，找不到水喝，一直走到瑪拉才看見水，可是那水又苦又澀，根本不能喝。人們紛紛抱怨摩西：

「你把我們領出來，要渴死我們嗎？」

「這水苦得要命，叫我們喝什麽呢？」

這時摩西找到一棵樹，拔起來，往水裏一扔，那水立刻變得清澈見底，甜美可口。

人們喝足了水，也就不說什麽了，跟著摩西繼續往前走。他們到了以琳，那裏有十二股泉水，七十棵棕樹。摩西決定在以琳安營紮寨，好好休息一下。經過長途跋涉，糧已經所剩無幾了。

　　小住一段時間以後，隊伍又繼續前進，來到一片開闊地。這時大家帶來的糧食全都吃光了，小孩子哭鬧，大人們心裏煩悶，他們又向摩西、亞倫嚷嚷起來：

　　「還不如早死在埃及呢，那時候守在鍋旁吃肉……」

　　「你們把我們領出來，原來是要把我們活活餓死呀！」

　　摩西、亞倫面對以色列全體會衆說：

　　「上帝已經聽見了你們的怨言，快給你們送吃的來了。」

　　果然，黃昏時候，飛來大羣大羣的鵪鶉，落在營地上，將地面蓋滿。男女老少歡呼跳躍，一起逮鵪鶉，準備晚餐。這天晚上，大家吃了鮮美的鵪鶉肉。

　　睡了一夜好覺，早晨起來，只見帳篷四周的野地上，布滿了點點滴滴的露水，亮晶晶，光閃閃，隨著晨霧，漸漸消散……野地上留下一個一個的小圓物，潔白如霜，形狀好像是珍珠。

　　「這小東西又白又圓，」大家彼此詢問著，「這是什麼呢？」

　　「這是上帝賜給你們的食物。」摩西對他們說，「每個帳篷都要出人來收取，按著人數的多少，每人分兩升。」

　　以色列人按著摩西所說的，出來收取，有多收的，有少收的，乃至用升一量，多收的沒有餘富，少收的也沒有短缺，剛好每人兩升。

　　圓圓的，白白的，這東西樣子像芫荽子兒，很好吃，甜絲絲的，如同攙蜜的薄餅。以色列人管這東西叫嗎哪。

　　「現收現吃，」摩西教給大家吃嗎哪的方法，「不可留到第二天早晨。」

有的人不以爲然，故意把嗎哪留到第二天早晨，看看摩西的話靈不靈？早晨起來一看：呀，全都生蟲子發臭啦！

摩西見有人不聽他的話，非常生氣，向他們發了一通脾氣。

他們聽從摩西的話，每天早晨按著各人的飯量收取。這東西怕熱，太陽出來以後，火辣辣的，那些留在地上的就全都曬化了。

到了第六天，他們收到雙倍的食物，每人四升。會眾的官長來告訴摩西，摩西對他們説：

「明天是聖安息日，安息日裏收不到嗎哪，因此你們今天收到雙份。今天先吃一份，剩下一份留明天早晨吃。」

「明天不會變壞嗎？」有人心有餘悸地問，「不是要生蟲子發臭嗎？」

「不會的，」摩西向大家解釋，「你們要煮的煮了，要烤的烤了，把剩下的留到早晨。」

他們按著摩西的吩咐，將嗎哪煮好烤好，留到早晨，一點也不臭，裏頭也沒有生蟲子。

摩西説：

「你們今天吃這個吧，因爲今天是安息日，田野裏收不著了。要記住，有六天可以收取，第七天就收不到了，你們要守聖安息日。」

於是老百姓就按著摩西的吩咐去做，第七天留在帳篷裏，守安息日。

從此以後，無論以色列人在何處安營，都能吃到嗎哪，只是有的地方荒漠無水。當他們在利非訂安營的時候，又遇上了

這種情況。老百姓喝不到水，所以又和摩西爭鬧起來：

「快給我們水喝吧，我們都快渴死了！」

「你爲什麼把我們從埃及領出來，使我們和兒女以及牲畜，全都渴死在荒郊野外呢？」

這些人發瘋似的撿起石頭，要用石頭砸死摩西。摩西舉杖擊打地上的磐石，磐石冒出水來，清洌如山泉，甘甜可口。

那時亞瑪力人來到利非訂，要和以色列人爭戰。

摩西對約書亞說：

「你爲我們選出一些人來，準備和亞瑪力人爭戰。明天我要手持神杖，站在山頂上。」

於是約書亞率兵和亞瑪力人爭戰。摩西、亞倫和戶珥都上了山頂。

摩西何時舉手，以色列人就得勝，何時垂手，亞瑪力人就得勝。但是摩西的手漸漸發沈，舉不了多長時間就得放下一會兒。

爲了使摩西的手不放下來，他們就搬來石頭，請他坐在石頭上面。亞倫與戶珥一左一右，扶著他的手。這樣，摩西的手就向上穩住了，直到日落的時候。

約書亞因而大獲全勝，殺死了亞瑪力王。從此，以色列人便與亞瑪力人結下冤仇，世世代代爭戰。

# 二七　摩西十誡

摩西率領以色列全體會衆，在利非訂安營。他的岳父葉忒羅帶著摩西的妻子和兩個兒子從米甸來看望他。摩西在帳篷外面迎接岳父葉忒羅，向他下拜，與他親吻，然後把他們請進了帳篷。摩西敍述了別後的種種奇蹟。亞倫和以色列衆長老都來了，陪葉忒羅吃飯。親人相會，皆大歡喜。

第二天，葉忒羅看見摩西終日坐著，百姓從早到晚都站在他的左右，感到很奇怪，便問摩西説：

「這是怎麼回事呀？」

「這是審判，」摩西對岳父説，「百姓之間發生爭端，都找我來判斷。」

葉忒羅聽見這話，便批評摩西説：

「這樣做不好。這麼多的大事小事，全都堆在你一個人身上，怎麼忙得過來呢？我給你出個主意吧，你要在百姓中選擇敬畏上帝的有才能的誠實的人，指派他們擔當千夫長，百夫長，五十夫長，十夫長，具體管理老百姓的事情，叫他們隨時判斷是非，解決糾紛，小事由他們自己做主，只把其中的大事呈到你這裏來。」

「這個主意很好！」摩西對他的岳父説，「可是他們不懂得上帝的法度和律例，需要教導他們懂得上帝的旨意。」

葉忒羅的建議是個里程碑，由於它的被採納，從而結束了

以色列人有史以來的無組織狀態。摩西開始將他們組織起來，在首領以下，設立了各級長官。

送走葉忒羅以後，摩西率領百姓離開利非訂，來到西奈的曠野，在西奈山下安營紮寨。屈指算來，以色列人出埃及已經整整三個月了。摩西、亞倫吩咐以色列全體會衆沐浴更衣，潔淨三天。

第三天早晨，西奈山上，彤雲密布，電閃雷鳴，震得百姓心裏發顫，站在山下向上仰望，只聽山頂上「轟隆」一聲巨響，騰起一股煙柱，耶和華在火中降臨西奈山。摩西迎上山去，接受了上帝的十條誡命：

△除了上帝之外，不可信仰別的神。

△不可雕刻、跪拜和侍奉任何偶像；凡恨上帝者，由父及子，罪究三四代；凡愛上帝守誡命者，必得上帝慈愛，直至千代。

△不可妄稱耶和華上帝之名，妄稱者，罪責難逃。

△第七日爲聖安息日，無論在家或旅行，均不可做工。六日做工，一日休息。因爲上帝在六日之內造天地海及其中萬物，第七日便安息，所以上帝賜福安息日，定爲聖日。

△孝敬父母者，福壽綿長。

△不可殺人。

△不可姦淫。

△不可偷盜。

△不可做假見證陷害他人。

△不可貪戀別人的妻女和財物。

在上述十條誡命之外，上帝還宣布諸多律例，具體規定各

種刑罰的細則。耶和華將這十條誡命寫在兩塊石版上，交給摩西。

再說那些留在山下等候摩西的百姓們。他們見摩西遲遲不下山，便恐慌起來，以爲摩西抛棄了他們。他們圍住亞倫，要求道：

「給我們造個神像吧，以便在前面爲我們引路。因爲領我們出埃及的那個摩西不知道出了什麼事。」

亞倫答應了。他說：「去摘下你們妻子兒女的金首飾交給我！」

百姓紛紛摘下自己的金耳環、金手鐲，交給亞倫。亞倫帶人鑄了一隻金牛犢。以色列人欣喜若狂，他們圍著金牛犢唱啊跳啊，歡呼著，以金牛犢爲領他們出埃及的神明。

摩西下山來，正看見以色列人圍著金牛跳舞膜拜，就發烈怒，把兩塊石版扔在山下摔碎了。

後來摩西按著原來的樣子，鑿出兩塊石版，上西奈山交給耶和華，耶和華仍將十條誡命寫在兩塊石版上——這就是上帝與摩西和以色列人所立的約。摩西拿著兩塊約版，走下西奈山，不知道自己的面皮因和耶和華說話而發了光。亞倫和以色列衆人看見摩西臉上放光，就怕接近他。

誰違犯誡命，誰就要受到懲罰。上帝通過摩西向以色列人頒布許多律例：

＊你們無論何人，都不可向上帝以外的神明燒香獻祭，違犯者一律處死。

＊不可製造偶像。也不可豎立人像、石柱，或雕刻石頭，做爲崇拜的對象。

＊不可誹謗上帝。無論是誰詛咒了上帝，都必須付出生命的代價。

＊每週工作六天，第七天不可工作，以便讓人畜休養生息。

＊凡毆打父母的，都必須處死。

＊凡詛罵父母的，都必須處死。

＊殺人償命。倘屬誤殺，可以逃跑避難。預謀殺人者，必須處死。

＊如果有人跟有夫之婦通姦，被當場捉住，男女雙方都要被處死。

＊如果有人在城裏姦淫別人的未婚妻，被當場捉住，那就把男女雙方帶到城外，用石頭砸死。女的該死，因爲她不呼救；男的該死，因爲他姦污了別人的未婚妻。

＊如果有人在野外強姦了別人的未婚妻，則只把男的處死，女的無罪。因爲是在野外，她喊叫也沒有用。

＊如果有人偷了一頭牛或者一隻羊，無論宰了還是賣了，他都必須拿五牛賠一牛，拿四羊賠一羊。如果他一無所有，那就把他賣爲奴隸，用來抵償。如果被偷的牲口還活著就被發現了，那他也得加倍賠償。

＊如果發現竊賊夜入民宅，格殺勿論。如果白天殺賊，那就犯了謀殺罪。

＊不可散布流言蜚語，不可做僞證袒護罪人。不可隨聲附和多數人做惡或者顛倒是非。

＊不可在法庭上冤枉窮人。不可誣告和殺害無辜者。殺害無辜者罪責難逃。不可收受賄賂，因爲賄賂能蒙住人的眼睛，使

人分不清是非，遺害無辜。

　＊不可虐待寡婦和孤兒。虐待寡婦孤兒者，必然引起上主震怒，使其死於刀下，其婦必孀，其子必孤。

# 二八　放替罪羊

　　在衣食住行以及主僕夫妻關係等方面，上帝通過摩西向以色列人發布了一系列的律法準則，當衆宣告，令其選民們家喻戶曉，人人皆知。

　　亞倫及其兒子們要穿祭司聖服，這種聖服名叫「以弗得」，用藍色、紫色和紅色毛線，配上金絲和高級麻紗做成，裝飾著刺繡花紋。左右肩袢上綴以金鑲玉石，每塊玉石上刻有六位列祖的名字，兩邊十二位，代表以色列十二支派。要爲大祭司特製一塊胸牌，用以推斷上帝的旨意。胸牌成正方形，疊成兩層，每邊長二十二厘米，材料跟以弗得相同，上面綴以四行金鑲寶石，第一行鑲的是紅寶石、紅璧璽和紅玉；第二行鑲的是綠寶石、藍寶石和金剛石；第三行鑲的是紫瑪瑙、白瑪瑙和紫晶；第四行鑲的是水蒼玉、紅瑪瑙和碧玉。每塊寶石上刻有一位列祖的名字，十二塊代表十二支派。穿在以弗得聖衣外面的外袍全用藍色毛線縫製，底邊綴以藍紫紅三色毛線石榴，間以純金小鈴鐺。禮冠上繫著一塊金牌，金牌上刻著「聖化歸屬上主」。

　　以色列人的衣服邊上都要縫上繸子，每個繸子上結一條藍

色的帶子。這縫子是要提醒他們，牢記上主的誡命，抑制個人的慾望。女人不可穿男服，男人不可穿女服，上主憎惡那些亂穿衣服的人。

　　哪些東西可以吃，哪些東西不可以吃，都有明確的規定。以色列人可以吃的動物是：牛、綿羊、山羊、野鹿、野綿羊、野山羊，還有羚羊——凡是蹄分兩瓣而又反芻的動物，他們都可以吃。不可以吃的動物是：駱駝，獾子，兔子，這些是不潔之物，因爲它們雖然反芻，而蹄子卻不分瓣。不可吃豬肉，因爲它是不潔之物，儘管它蹄分兩瓣，但是卻不反芻。

　　魚類要吃有鰭有鱗的，無鰭無鱗的不可吃。

　　凡是潔淨的鳥兒都可以吃。但是不可以吃下面這些：鷹、貓頭鷹、鳶、隼、鷲、兀鷹、烏鴉、鴕鳥、海鷗、鸛鳥、蒼鷺、鵜鶘、鷺鷥、戴勝或蝙蝠。

　　凡是有翅膀的昆蟲，除了會跳的，都不潔淨。有翅會跳的昆蟲：蝗蟲、蟋蟀或螞蚱兒，都可以吃。

　　鼴鼠、老鼠、田鼠和蜥蜴，肯定是不潔之物。誰若是摸了牠們或牠們的屍體，誰就不潔淨到晚上。

　　如何建房，如何買房，也都有章可循。蓋新房的時候，要在房頂四周安上欄杆。這樣，哪怕有人從上面掉下來跌死了，你也不必負責。如果有人把城裏的房子賣了，在一年之內有權贖回，超過一年便不能贖回，成爲買主永久的產業。即使到了禧年，房子也不必歸還原主。但是利未人又另當別論，他們可以隨時贖回賣出的房子，即或不贖，到了禧年，也得物歸原主。

　　每七年算一個安息年，六年耕種，第七年休耕。過了七七

四十九年，就迎來一個禧年。在這年的七月十日贖罪日，要派一個人到處吹號，宣布第五十年為禧年。在禧年裏，全民自由，賣出的土地歸還原主，賣身的奴隸恢復自由。

在約旦河東，設立三座逃城，凡是誤傷人命者，逃到此處避難，不可追捕。倘若屬於謀殺，即使逃到這裏，也得由他本城長老押解回去，交給報血仇的至親，把他處死。

如果你看見以色列同胞的牛或羊迷了路，不可走開，要把牠拉回去交給主人。如果失主離得很遠，或者你不知道失主是誰，那就把牠暫時拉回家去，等失主尋找時，再還給他。

如果你走路的時候偶爾在地上或者樹上發現一個鳥巢，母鳥正在孵卵或者跟小鳥在一起，那你可以帶走小鳥，但是必須把母鳥放走。這樣，你就會延年益壽，並且凡事如意。

當你收拾莊稼的時候，如果拉掉一些已經割下的穀物在田裏，那就不要再走回頭路去撿拾了，把那些留給孤兒寡婦和外僑吧。當你採摘橄欖的時候，一次就得了，不要再走回頭路去摘光它們，把那些剩下的留給孤兒寡婦和外僑吧。不要忘記，你們在埃及也當過奴隸。

如果你買一個希伯來人當奴隸，他要服侍你六年。到第七年，他可以恢復自由。如果他戀著主人，到時候不願意走，那麼主人就要把他領到作禮拜處，讓他靠門框站著，把他的耳朵穿一個孔。這樣他就終身為奴了。如果有人給兒子買個女奴，那他就得把她當女兒待。如果有人娶了第二房妻子，那他必須一如既往地滿足第一房妻子的衣食和性的需要，這三樣缺一不可。若不然，就得無償地放她自由離去。

如果有人婚後不喜歡自己的妻子，說她在新婚之夜已經不

是處女了。那她的雙親就要把處女的物證拿到本城長老那裏，聲言：「我把女兒嫁給這個人，可他現在不喜歡她，妄指她婚前不貞。其實我這裏有物證，可以證明她結婚時是處女。看那，這是結婚床單，上面有元紅！」於是本城長老就要懲治這個丈夫，罰他一百塊銀幣，把錢交給女子的父親，並且打他，因爲他侮辱了以色列的處女。此後，這個女子仍然是他的妻子，並且終生不得休棄。但是如果指控屬實，沒有物證能夠證明她是處女，那麼長老就要把她帶到娘家門口，由本城男子拿石頭把她砸死，因爲她在婚前就跟人發生了肉體關係。

如果丈夫懷疑妻子跟人通姦，但是不能確認是否真有其事，那他可以把她交給祭司。祭司要端著詛咒的苦水對這女人說：「如果你沒有跟人通姦，你就不會受這苦水的詛咒；如果你曾經跟人通姦，願上主使你受詛咒。」那女人應該回答説：「我同意，願上主這樣做。」然後祭司把這詛咒寫下來，涮在苦水碗裏，叫那女人喝下。如果她確實跟人通姦，這苦水就會使她痛苦不堪；如果她清白無辜，她就不會受到任何傷害，並且依然能夠生兒育女。

此外還規定了好些獻祭條例。在贖罪日，以色列全體會衆要交給大祭司亞倫一隻公綿羊做焚化祭，兩隻公山羊做贖罪祭。亞倫牽著這兩隻公山羊到聖幕門口，先用兩塊石頭抽籤，一塊石頭寫上「歸給上主」，另一塊石頭寫上「歸給阿撒瀉勒」（曠野之魔）。這兩隻公山羊派兩種用場，由抽籤決定。抽籤結果出來以後，就用「歸給上主」那隻公山羊獻上贖罪祭。然後把「歸給阿撒瀉勒」那隻公山羊活著獻給上主，放它到曠野去見阿撒瀉勒，以便把人的罪惡帶走。這就是替罪羊的

由來，也有管它叫負罪羊或代罪羊的，因爲它頭上負著人的罪惡，代人受過。

至於如何獻贖罪祭和焚化祭，如何放替罪羊，這裏面都有講究。首先大祭司亞倫要爲自己和家屬宰公牛獻贖罪祭，接著便把「歸給上主」那隻公山羊在聖幕門口宰了，爲人民獻贖罪祭。他要把羊血帶進至聖所，往櫃蓋上灑些羊血，隨後用手指蘸血，往約櫃前連彈七次，爲至聖所和聖幕行潔淨禮。行完潔淨禮就退出來，把會眾交給他的公綿羊拉到聖幕門口宰了，切成塊，放在祭壇柴禾上焚化，這叫焚化祭。他要拿些牛血和羊血塗抹在祭壇的各個凸角上，隨後用手指蘸血，往祭壇上連彈七次，潔淨祭壇，使其成爲聖壇。

大祭司亞倫爲至聖所、聖幕和祭壇行完潔淨禮以後，要把「歸給阿撒瀉勒」的那隻公山羊活著獻給上主。具體做法是這樣：亞倫把雙手按在羊頭上，口中念念有詞，對著羊頭懺悔以色列人的種種罪過、邪惡和叛逆行爲，這樣就把那許許多多罪惡一股腦兒轉移到羊頭上去了。最後，指派一個人，把這隻替罪羊趕到曠野裏去。要強迫它走得很遠，使牠迷路，不然牠會自己跑回來的。這隻山羊被驅趕著，向著陌生而遙遠的曠野走去，一直把以色列人的全部罪惡帶到荒蕪人煙的地方。

# 二九　杖花銅蛇

摩西公布了十誡之後，以色列人中有個名叫可拉的，糾集

二百五十個有名望的首領，攻擊摩西、亞倫，但他們遭到耶和華的懲罰，活活地墮落陰間。

耶和華對摩西説：

「你曉諭以色列人，從他們每一支派的首領那裏取來一根杖，共取十二根。你要將各人的名字寫在各人的杖上，在利未支派的杖上寫上亞倫的名字。你要把這些杖存放在會幕內法櫃前，就是我與你相會之處，後來我揀選的那人，他的杖必定發芽。」

於是摩西曉諭以色列人，他們的支派首領就把杖交給他，按著十二支派，每個首領一根，共有十二根。亞倫的杖也在其中。摩西把這些杖存放在法櫃的帳幕內。

第二天，摩西走進法櫃的帳幕，發現利未支派亞倫的杖頭已經發了芽，生了花苞，開了花，結了熟杏。

摩西就把所有的杖從耶和華面前拿出來，給以色列人看。他們全看見亞倫的杖頭發了芽開了花。各首領都把自己的杖領回去，唯有亞倫的杖還放在法櫃前，給那些背叛之子留做記號。

以色列人常年在曠野遊牧遷徙，路途艱險，生老病死，時有發生。摩西的姐姐女先知米利暗葬身於尋的曠野，哥哥亞倫死在何珥山上。

他們從何珥山起行，往紅海那條路走，要繞過以東地。百姓因爲這條路難行，心中非常煩躁，又口出怨言說：

「爲什麼把我們從埃及領出來，叫我們死在曠野呢？」

「這裏沒有糧，沒有水，我們吃厭了這淡薄的嗎哪！」

於是耶和華使毒蛇進入百姓中間，毒蛇亂咬他們，咬死了

許多以色列人。百姓們對摩西説：

「我們怨天尤人，犯了罪了，求你向耶和華禱告，叫這些毒蛇離開我們吧！」

於是摩西爲百姓禱告，耶和華對摩西説：

「你製造一條金屬蛇，掛在杆子上，凡是被蛇咬過的人，一望見這條蛇，就一定能夠活命。」

摩西便製造一條銅蛇，掛在杆子上。凡是被蛇咬的人，一望見這銅蛇，就立刻活過來了。

# 三〇　巴蘭作歌

以色列人來到摩押平原安營。摩押王巴勒著了慌，他趕緊派使臣往毗奪去召巴蘭，叫他來詛咒以色列人。

使臣帶著卦金去見巴蘭。巴蘭叫使臣在他那裏過夜。早晨起來巴蘭對他們説：

「你們回去吧，因爲耶和華不容我跟你們去。」

使臣空手回見巴勒，對他説：

「巴蘭不肯來。」

巴勒又遣使臣，比先前的又多又尊貴。他們去到巴蘭那裏，對他説道：

「巴勒求你去我們那裏，答應給你極大的尊榮，只求你詛咒以色列人。」

巴蘭回答巴勒的臣僕説：

「巴勒就是將滿屋的金銀給我，我也得按耶和華的旨意行事。」

一夜過後，巴蘭騎驢隨巴勒的使臣上路了。那驢在路上看見耶和華的使者手持大刀，迎面走來，便從路上跨進田間。巴蘭打驢，叫牠回到路上。那驢回到路上繼續往前走，走上一條葡萄園的窄路，兩旁夾著高牆。在這裏又碰上耶和華的使者，那驢只得貼著牆根走，將巴蘭的腳擦傷了。巴蘭又打驢。驢又往前走，在狹路又遇耶和華的使者，這回牠只好趴下來不走了。巴蘭見驢不動，十分生氣，他用杖狠狠打驢。

耶和華叫驢開口，驢便開口對巴蘭說：

「我對你怎麼不好，惹得你這樣打我三次呢？」

巴蘭對驢說：

「因爲你戲弄我，我恨不得把你殺了！」

驢對巴蘭說：

「我不是你從小至今騎著的驢麼，我過去是這樣的麼？」

「不是這樣的呀！」巴蘭說。

這時耶和華使巴蘭眼睛明亮，他這才忽然看見耶和華的使者持刀站在路上。嚇得巴蘭趕緊低下頭來，俯伏在地。

耶和華的使者對他說：

「你爲什麼三次打驢呢？要知道，如果不是驢偏了過去，你早撞在我的刀口上了！」

巴蘭對耶和華的使者說：

「你要不喜歡我去，我就返回去。」

耶和華的使者對巴蘭說：

「你跟這些人去吧，不過你得說我叫你說的話。」

　　於是巴蘭跟著使臣繼續往巴勒那裏走。巴勒聽見巴蘭來了，特地返回摩押京城迎接他。巴勒對巴蘭說：

　　「我不是急急地打發人去召你麼，你爲什麼遲遲不來呢？難道還怕我不能賜你榮華富貴麼？」

　　「這不是已經來了麼，」巴蘭說，「不過我不能擅自說話，我得說耶和華要我說的話。」

　　巴勒殺牛宰羊，熱情款待巴蘭和陪伴的使臣。

　　到了早晨，巴勒領巴蘭登上巴力的高處，瞭望以色列營的邊界。

　　巴蘭對巴勒說：

　　「你在這裏給我築七座壇，每座壇上獻一隻公牛和一隻公羊。」

　　巴勒便照此辦理。一切都準備停當了，巴勒同使臣都站在燔祭旁邊。巴蘭便題詩作歌，歌曰：

　　「巴勒引我出亞蘭，

　　摩押王引我出東山，

　　王說：

　　來啊，爲我詛咒雅各！

　　來啊，爲我怒罵以色列！

　　王豈不知，

　　上帝沒有詛咒的，

　　我焉能詛咒？

　　耶和華沒有怒罵的，

　　我焉能怒罵？

　　我從高峯上看啊望啊，

此乃獨居之民，

不列在萬民中。

誰能點數雅各的塵土？

誰能計算以色列的四分之一？

我願如義人之死而死，

我願如義人之終而終。」

摩押王巴勒聽了大覺逆耳，他對巴蘭說：

「你這是幫倒忙啊，我召你來詛咒我的仇敵，你倒爲他們唱起讚歌！得了，我們往別處去吧。」

於是巴勒領著巴蘭登上了毗斯迦山頂，築了七座壇，每座壇上獻一隻公牛和一隻公羊。巴勒和摩押使臣站在燔祭旁邊，巴蘭作歌曰：

「巴勒起來聽我言──

歡呼之聲在彼間，

以色列人出埃及，

似野牛之力啊，

所向披靡！

法術占卜啊，

豈奈彼何？」

巴勒不耐煩地對巴蘭說：

「你既然一點也不詛咒他們，那也別爲他們祝福啦！來吧，我們換個地方，或許在那裏你會爲我詛咒他們。」

於是巴勒領巴蘭登上毗珥山頂上。在那裏築七座壇，每座壇上獻一隻公牛和一隻公羊。巴蘭舉目望見以色列人各按支派居住，上帝的靈臨到他身上，他便即時作歌曰：

「以色列啊，

你的帳篷何等華美！

如接連的山谷，

如河旁的田園，

如耶和華所栽的沈香樹，

如水邊的香柏木。

你蹲如公獅，

臥如母獅。

凡給你祝福的，

願他蒙福。

凡詛咒你的，

願他受詛！」

聽到這裏，巴勒生氣地把手一拍，申斥巴蘭說：

「我召你來，爲的是替我詛咒仇敵，不料你竟接連三次爲他們祝福！如今你快回去吧，我本來想擡舉你，可是你不配！」

巴蘭回答說：

「難道我沒有事先告訴過你的使臣麼，說巴勒就是將他滿屋的金子給我，我也不會憑自己的心意說好說歹，我要按耶和華的旨意行事。」

巴蘭接著作歌預言將要發生的事，然後就和巴勒分手了。

# 三一 約旦河水

以色列首領摩西聽耶和華說他不能過約旦河，便祈求立一個人來接續自己的位置，免得會眾如同沒有牧人的羊羣一般。

耶和華對摩西說：

「嫩的兒子約書亞是心中有聖靈的，你將他領來，按手在他頭上，使以色列全體會眾都聽從他。」

於是摩西將約書亞領來，讓他站在祭司以利亞撒和全體會眾面前，按手在他頭上。

摩西從摩押平原登尼波山，上了毗斯迦峯。耶和華將迦南地指給他看，對他說：

「這就是我向你祖先起誓應許之地。我必將此地賜給你的子孫後代。現在我使你眼睛看見了，但你本人卻不得過去。」

摩西死在摩押地，享年一百二十歲——在埃及四十年，在米甸四十年，在曠野四十年。

耶和華將摩西葬在摩押地，伯毗珥對面的谷中，只是無人知曉他的墳墓。

摩西去世以後，接替他擔當以色列首領的是以法蓮支派的約書亞。約書亞率領以色列人來到什亭安營紮寨，他吩咐下面的官長說：

「你們要走遍全營，告訴大家，準備食物。三天之後，我們就要過約旦河了。」

　　同時約書亞暗暗找兩個人做探子，要他們混進耶利哥城，窺探虛實。

　　兩個以色列探子悄悄渡過約旦河，混進城裏。他們來到一個名叫喇合的妓女家裏。喇合看出他們是以色列探子，因為以色列人要攻城的消息早已家喻戶曉了。

　　「你們是以色列探子吧？」喇合單刀直入地對二人說，「現在耶利哥全城正在挨家挨戶搜查呢，叫人抓住就沒命啦！我可以搭救你們，但不知你們如何謝我……」說著就把二人領上了房頂，房頂上堆著厚厚的麻稭，正好藏身。

　　有人給耶利哥王報信說：

　　「今晚上來了兩個以色列人，到這裏探聽情況……」

　　耶利哥王立刻派人來見喇合，對她說：

　　「快把來到你家的人交出來，他們是以色列探子！」

　　「是有兩個人到我這裏來，不過我不知道他們是以色列探子。」喇合回答說，「天黑要關城門的時候，他們出去了，我不知道他們往那裏去了。你們快快去追吧，一定能追上！」

　　那些人聽見這話，趕緊往約旦河渡口跑，去追捕以色列探子。他們剛一出城，城門就關上了。

　　妓女喇合爬上房頂，對以色列探子說：

　　「聽說你們要攻城，城裏人個個嚇得半死。你們在約旦河東殺人毀城的消息太可怕了！從耶利哥王到一般老百姓，沒有一個敢起來抵抗你們的，全都嚇破膽啦！」

　　「可是你用不著害怕，」二人對她說，「你是我們的恩人，我們會保護你的。」

　　「那你們得向我起誓，」喇合說，「你們要優待我的全

家，並且要給我一個實在的證據，來確保我的父母、兄弟、姐妹、以及全體家屬的生命安全。」

「當然，當然，」二人說著向她起誓，「只要你不洩漏這件事，我們情願替你死！當我們破城的時候，我們一定要用慈愛和誠實來對待你。」

於是女人用繩子把他們從窗戶裏縋出來。因為她的房子緊靠城牆，一縋就縋到城外了。

「你們先爬到山上藏起來，」她對他們說，「以免被追趕你們的人碰見。在山上藏三天，等那些人進了城，你們再出來走路。」

「好吧，我們會藏好的……」二人對她說，「破城的時候，你要把這條紅繩繫在縋我們下去的窗戶上。我們的人一看見這個記號，就不進你們的屋子了。你要把全家人集中到這個屋子裏來。凡是在你屋裏被殺的，那罪就歸到我們頭上。但是如果你們跑到街上去，那就與我們起的誓無干了。」

「聽明白了，」女人說，「就這麼辦吧。」

妓女喇合把以色列探子打發走以後，就順手把紅線繩繫在窗戶上了。

二人按著妓女的指點，爬到山上，在那裏隱藏了三天。那些追趕他們的人一路尋找他們，卻沒有找到，只好回城去了。三天以後，兩個探子渡過約旦河，回到約書亞那裏，把探聽到的一切情況，從頭至尾講了一遍。

聽到這兩個探子的報告以後，約書亞率眾離開什亭，來到約旦河，在河岸上住了三天，等候過河。

三天以後，以色列的軍隊開始過河。根據約書亞的吩咐，

利未人祭司抬著約櫃在前頭開路，跟在後面的人要與約櫃保持一千米的距離，以免被約櫃擊殺。抬著約櫃的祭司們的腳一踏進約旦河裏，波濤滾滾的約旦河水便立刻沈降下來，水流從上源頭亞當城那裏突然隔斷，直疊上去，如同透明的大壩，下流頭直到鹽海，這段河床空蕩蕩地坦露出來，乾乾爽爽，一滴水也不見了。抬約櫃的祭司們在約旦河中間的乾地上立定。以色列衆人橫踏著乾涸的河床，向對岸走去，順利地穿過了約旦河。

為了紀念約旦河突然乾涸的奇蹟，約書亞吩咐十二個人到祭司立定的乾涸河床上，各取一塊石頭，扛在肩上，送往當夜行將宿營的地方。約書亞把另外十二塊石頭立在約旦河當中，就是抬約櫃的祭司們立定的地方。

等到人們全部走上對岸以後，抬約櫃的祭司們才離開河中，仍然走在隊伍的前面。當祭司們從約旦河裏上來，腳掌一落在旱地上，那水又嗚嗚嗚流回原處，漫上兩岸，波濤滾滾，恢復了原來的樣子。

正月初十日，以色列人從約旦河裏上來，在耶利哥城的東邊吉甲安營。約書亞將那從河裏取出的十二塊石頭立在吉甲，做為永遠的紀念。從此以色列人敬畏約書亞，就像敬畏摩西一樣。

因為跟隨摩西出埃及的那些老一代以色列人大都在四十年的艱苦征途中死在曠野裏了，如今來到這流奶與蜜之鄉的人，大都是在曠野裏出生的，所以約書亞這回普遍給以色列的全體男丁行了割禮。行完割禮後就住在營裏，靜靜地等候痊癒。

正月十四日晚上在吉甲營守逾越節，次日早晨便不再有嗎

哪了，他們開始吃迦南地的出產。他們要成為這裏的主人，個個摩拳擦掌，準備攻取耶利哥城。

# 三二　耶利哥城

耶利哥的城門關得緊緊的，無論白天或黑夜，全都不准行人出入。以色列人就要攻城了，約書亞把隊伍組織起來，繞著城牆轉圈子。

走在最前面的是手持兵器的武士，武士後面是七個祭司，祭司手裏各拿一隻羊角，「嘟……嘟……」羊角聲聲，時走時吹，吹角的後面是約櫃，跟在約櫃後面的是以色列的百姓……這隊伍宛如一條長龍，環繞耶利哥城盤旋，每日繞城一周，繞完一周就停下來，回營休息。天天如此，一共行動了六天。

第七天早晨起來，隊伍依照先前的樣子繼續行動，只是這天週而復始的一連繞了七次。到了第七次，角聲一響，約書亞就知會以色列人說：

「呼喊吧！」

眾人隨著號角聲，一起狂呼大喊起來，強大的聲浪猛烈沖擊著古老的耶利哥城，只聽「轟隆」一聲巨響，耶利哥城牆坍塌了。

以色列人冒著飛揚的塵土，越過殘垣斷壁，衝進城裏，逢人便殺，見活動的就砍。不分男女老少，牛羊驢馬，一時間血濺街衢。

　　耶利哥王和城裏居民盡數遇難，唯有妓女喇合一家，由於搭救過以色列的探子，保住了全家的性命。那兩個探子遵守著自己的諾言，爭先恐後進入那妓女的家，將喇合同著她父母兄弟姐妹以及家眷全都帶回來，護送到城外，安置在以色列營盤的外邊。以後他們就生活在以色列人中間，一代一代流傳下來。

　　血洗耶利哥全城以後，以色列人到處放火。城裏的一切全被焚毀了，唯有金子銀子和銅器鐵器，被以色列人帶了出來，根據約書亞的吩咐，統統交到庫裏保存，誰不交出來誰就是犯了罪。

　　衆人紛紛將掠奪來的金銀銅鐵繳到庫裏，唯有亞干，取了金銀衣物，隱藏不繳。這事引起上帝發怒，以致造成下次攻城的失利。

　　在攻擊下一個目標之前，約書亞從耶利哥打發探子去艾城。探子回來向約書亞報告說：

　　「嘿，你瞧怎麼著，那裏沒有多少人，空虛得很！不必興師動衆了，派兩三千人足矣！艾城唾手可得。」

　　於是約書亞派三千人攻打艾城，結果大敗而逃，有三十六人陣亡。艾城人從城門裏追出來，一直追擊到示巴琳，在坡下把以色列人打得狼狽不堪。以色列人都很難過，約書亞撕裂衣服，同長老們一起，把灰撒在頭上，在約櫃前俯伏於地，直到晚上。

　　第二天早晨，約書亞將以色列人集合起來，按著各支派、宗族、家室、人丁，順藤摸瓜，逐個盤問。當盤問到亞干的時候，約書亞對他說：

「我勸你將榮耀歸給耶和華，在上帝面前認罪，把你所做的事情告訴我，不要隱瞞。」

「我在上帝面前犯了罪，」亞干哭著說，「我從繳獲物中拿了一件好衣服，兩千克銀子，五百克金子。」

「這些東西放在什麼地方了？」約書亞追問。

「現今藏在我帳篷內的地裏，銀子在衣服底下……」亞干結結巴巴地回答。

約書亞打發人去搜查，果然在上述地方取出了贓物，與亞干說的完全相符。

約書亞和以色列眾人將起出的贓物——衣服，銀子，金子，連同亞干，以及他的兒女，牛，驢，羊，還有帳篷……統統帶到亞割谷去。在那裏判決亞干。

「你做惡事，連累我們打了敗仗，」約書亞指著亞干說，「現在你應該受到應得的懲罰！」

於是眾人就用石頭打死了亞干，用火燒毀了隨同亞干帶來的一切。然後在亞干身上堆起了一堆大石頭。

處理完亞干事件以後，約書亞挑選一批勇士，吩咐他們夜裏出發，預先埋伏在艾城的西邊。他自己親率以色列全軍，早晨出發，一直來到艾城的北邊安營。就這樣布置好了：城西有伏兵，城北有全軍。在全軍營地和艾城中間，隔著一個山谷。這天夜裏，約書亞領人進入山谷之中。艾城王早晨急忙起來，和全城人一起，出城與以色列人交戰。約書亞和以色列全軍佯裝戰敗，向遠處的曠野逃跑。艾城人不知有伏兵，傾城出動，猛追逃跑之敵。

這時約書亞手持短槍，舉起來，向艾城方向一揮！伏兵一

見，立刻跳起來，衝向敞開的城門，斜插進城裏，放起火來。霎時間濃煙四起，烈焰飛騰。

　　以色列人見城內起火，趕緊回轉身來，面對追趕他們的艾城人殺了過去，伏兵又從城裏出來迎擊。艾城人腹背受敵，被以色列人團團圍住。經過一場混戰，以色列人在田間和曠野，將艾城人殺個精光，連男帶女，一萬二千人，全部斃命，活捉了艾城王。約書亞下令把他掛在樹上，直到晚上，把屍體解下來，丟在城門口，在屍首上堆起一堆大石頭。

　　城中的牲畜和財物，全被以色列人擄掠一空。艾城從此不復存在，成爲一片冷漠荒蕪的廢墟。

# 三三　疆場畫長

　　以色列人在約旦約河西連破二城的消息傳到基遍，基遍的居民恐慌起來。他們之中有一夥人想出了一個詭計，冒充遠方的使者。

　　這夥人喬裝打扮起來——身上穿著舊衣服，腳上穿著補過的鞋，驢背上馱著破裂縫補過的舊皮酒袋和舊口袋，口袋裏裝著乾巴巴發了霉的餅。就這樣，他們風塵僕僕地來到吉甲營裏，見到了約書亞和以色列人。他們對約書亞說：

　　「我們是從外地來的，求你和我們立約。」

　　「恐怕你們是當地人吧？」以色列人對他們說，「如果是這樣，那可就用不著立約了。」

約書亞問他們：

「你們到底是什麼人呢？」

他們異口同聲地回答說：

「是你的僕人，我們全是你的僕人。」

「僕人？」約書亞表示懷疑，「你們到底是從什麼地方來的？」

「我們是從很遠很遠的地方來的，」他們開始恭維起來，「我們是慕名而來的，早聽說你們以色列人在埃及的事蹟了，你們在約旦河東對希實本王和巴珊王所行的一切事，我們前些日子也聽說了……」接著他們胡謅道，「我們那地方的長老和居民對我們說：你們要帶著路上用的食物，去迎接以色列人！你們要對他們說，我們是你們的僕人，現在求你們與我們立約。我們臨來的時候，從家裏帶出的餅還是燙手的，看哪，現在都成了這模樣了，乾巴巴的，發了霉了。這個皮酒袋，我們盛酒的時候還是嶄新的，看哪，現在已經破裂了。我們的衣服和鞋，都是離家時新換的，看哪，現在都穿舊了。這也難怪，路程實在太遠了。」

以色列人聽他們說得頭頭是道，也就信以為真了。約書亞和他們講和，與他們立約，容許他們活著。會眾的首領們也都向他們起誓，說要保護他們遠方人。

可是在以色列人和這夥「遠方使者」立約之後的第三天，有消息傳來，說他們是當地人，而且是近鄰，就住在約旦河西。

以色列人向這夥人的住地出發了，第三天到達了他們的城邑——基遍、基非拉、比錄、基列耶琳。因為會眾的首領已經

向他們起過誓了，所以以色列人不能去殺他們。可是全體會衆覺得這樣太便宜他們了，因此就向首領們發怨言。

首領們向會衆解釋說：

「我們已經向他們起過誓了，因此我們現在不能殺害他們，我們要容許他們活著。如果我們不履行自己的誓言，那我們就會受到應得的懲罰。這就是說，我們一定要遵守自己的誓言。」

約書亞把基遍人召到面前，對他們說：

「你們上次爲什麼欺騙我們，說你們是外地人呢？其實你們就住在約旦河西。你們這樣做是應受到詛咒的！你們有些人，必然要成爲奴僕，成爲劈柴挑水的人。」

「幹什麼活都行啊，」他們回答約書亞說，「我們服從就是了，因爲你的僕人確實聽說，上帝把這塊土地賜給你們了，你們要消滅這塊土地上的所有居民。我們因爲怕死，就做了那件冒充遠方使者的事。現在我們都在你們手裏，你們願意怎樣待我們，就怎樣待我們吧。」

於是約書亞決定——不讓以色列人殺害他們，留他們活著，爲以色列人劈柴挑水。

基遍人依靠陰謀詭計所訂立的和約，保全了他們的性命，使他們可以在以色列人中間苟且偷生。

然而這事卻觸怒了耶路撒冷王。耶路撒冷王聽見基遍的居民和以色列人訂立了和約，非常生氣，打算懲罰他們。可是考慮到基遍是一座大城，如同都城一般，城內多有勇士，單靠自己的力量難以取勝，於是他就派人去聯絡希伯崙王、耶末王、拉吉王和伊磯倫王，跟他們說：

「約書亞血洗耶利哥城和艾城的事，你們可能早就知道了。最近基遍的居民又與以色列人訂立了和約，住在他們中間了。現在看來我們得首先攻打基遍，希望你們給以援助，大家聯合起來。」

這樣一串通，五個王就聯合起來了。他們各自率領自己的軍隊，浩浩蕩蕩開到基遍，在城外安營，開始攻城。

基遍人急忙打發人到吉甲營中求救，對約書亞說：「亞摩利人的諸王聯合起來，他們的人全都攻到我們城下了。我們是你們的僕人，僕人有難，不求主人還求誰呢？你們可不能袖手旁觀，可不能把我們丟下不管。求你們快快發兵。」

於是約書亞率領以色列的全體兵丁和大能的勇士，連夜從吉甲營出發，日夜兼程，風馳電掣一般，及時趕到基遍，猛撲五王的軍營。

五王軍本是些烏合之眾，缺乏統一的指揮，被以色列的兵丁和勇士衝得七零八落，四散奔逃。

那些往伯和崙高地上逃跑的敵人，在上坡時被以色列人趕上，擊殺一陣。剩下的翻過伯和崙，在下坡路上，遇上特大的冰雹，那冰雹如同石子一般，砸在頭上便死。他們死於冰雹的人比死在刀下的人還多。

五個王撇下自己的軍隊，急急忙忙鑽進了瑪基大洞。

有人告訴約書亞說：

「那五王已經找到了，都藏在瑪基大洞裏。」

「快快搬四塊大石頭，堵住洞口！」約書亞命令道，「你們這幾個留下，守住洞口！其餘的人不要耽誤，快追殺他們後邊的人，不容他們逃回自己的城邑！」

　　這時日影已經西斜，敵人還在拚命地奔逃，如果太陽一落，他們就會藏在暮色中找不到了。

　　約書亞在以色列人面前向天禱告：

　　「日頭啊，

　　你要停在基遍；

　　月亮啊，

　　你要止在亞雅崙谷！」

　　看哪，亙古未有的奇觀出現了──日頭停留，月亮止住。日影不再西移，日光緊緊罩住逃敵的的腳跟。這一天，日頭掛在空中的時間特別長，光天化日，足足延長了一晝夜之久。

　　以色列人在基遍城外殺敗了亞摩利五王所率領的衆軍。

　　戰鬥結束之後，約書亞派人打開洞口，把那五個王從洞裏拖出來，押到約書亞和以色列人面前。衆人看見這五王是──耶路撒冷王、希伯崙王、耶末王、拉吉王、伊磯倫王。

　　約書亞把隨他出戰的五個軍長召到前面，對他們說：

　　「你們近前來，把腳踩在這些王的脖子上，一人踩一個！」

　　他們就近前來，把腳踩在這些王的脖子上。

　　約書亞對自己的軍長說：

　　「你們不要懼怕，也不要驚慌，應當剛強壯膽，要如此對待你們所攻打的一切仇敵！」

　　隨後約書亞將這五個王殺死，掛在五棵樹上，一直掛到晚上。日頭快落的時候，約書亞叫人把五具屍體從樹上取下來，丟在他們藏過的洞裏，搬幾塊大石頭堵住洞口。

　　以色列人繼續爭戰，擊殺全地的人。高原和山坡的人以及

那些地方的諸王，沒有留下一個。約書亞一舉殺敗了這些王，奪了他們的土地。大獲全勝之後，約書亞率領以色列眾人凱旋吉甲營。

# 三四　底波拉頓

從約書亞領兵佔領迦南地時開始，以色列人進入了漫長而曲折的士師秉政的時代。他們與迦南人展開了經年累月的爭戰，不斷地交換著壓迫者與被壓迫者的位置。摩押王伊磯倫得勢，硬逼著以色列人年年給他進貢。

這時在便雅憫支派中出了一位名叫以笏的士師。此人是個左撇子，很想藉著向伊磯倫王進貢的機會一試身手。他特意鑄了一柄雙峯兩刃劍，有半米長，掖藏在右側裏腿裏。準備妥當以後，以笏便領著從人擡著貢品去朝見伊磯倫王。貢品交割完畢，他打發從人們各自回家。他本人則到吉甲附近的石雕羣那裏轉了一圈兒又折回來，走到伊磯倫王面前，對他説：

「陛下，我要向你報告一個秘密。」

這時國王對侍從們説：

「你們迴避一下！」

於是他們全都走開了。剩下國王胖敦敦地獨坐在頂樓涼棚裏，以笏湊上來，悄悄對他説：

「我從上帝那裏給你帶來一條信息……」

國王一聽，很感興趣，胖身子不由自主地從座位立了起

來。這時以笏迅速伸出左手從右側裏腿裏拔出那柄特製的雙峯兩刃劍，寒光一閃，劍尖早已刺入國王那肥胖的肚腹，再一用力，直插進去，連劍柄都推進去了。劍穿透後背，拔不出來，以笏便索性不要了。他轉身走出門外，隨手關上門，上了鎖，然後趕緊離開現場。

過了一會兒，侍從們陸續回來，看見門鎖著，還以爲國王在裏面大解呢。他們站在門前耐心恭候著，等了好長時間，也不見動靜，怎麼國王還不開門呢？最後他們只好取來鑰匙，開開門。啊，國王橫臥在血泊裏，死啦！

當侍從們在門外傻等的時候，以笏早已溜之大吉了。他越過石雕羣，逃到以法蓮山地西伊拉，站在一座山上吹起戰鬥的號角。以色列人蜂擁而來，一起跟著他下山。以笏高聲喊道：

「跟我來呀，上帝保佑你們打敗摩押人！」

以色列人在以笏率領下迅速封鎖約旦河渡口，不讓摩押人渡河逃跑，一舉將摩押的精壯男子全部殲滅了。就這樣，以色列人制伏了摩押人，國內太平了八十年。後來亞拿之子珊迦做士師，他用趕牛的鞭子打死了六百個非利士人，又給以色列人出了一口氣。

以笏死後，復有迦南王耶賓在夏瑣登基坐殿。他擁有九百輛鐵車，領兵元帥名叫西西拉，駐守在外邦人之地夏羅設，耀武揚威，不可一世，殘酷地鎮壓以色列人。

這時以色列的士師名叫底波拉，是一位女先知，她的丈夫名叫拉比多。他們居住在以法蓮山地裏。在拉瑪和伯特利中間有一棵棕樹，女先知底波拉常常坐在這棵棕樹下面，以色列人有什麼不平事，往往在到這裏來向她申訴，請求主持公道。有

一天，這位女先知派人到拿弗他利的基低斯去把亞比挪菴之子巴拉召來，她對他說：

「你現在就召集一萬名拿弗他利的西布倫人出征吧，開到他泊山去。我要使迦南王耶賓的元帥西西拉率領戰車和軍兵開往基順河跟你打仗。不管他有多少車馬多少勇士，我都要使你把他打得落花流水。」

「這太冒險了，」巴拉回答說，「你若跟我同去呢，我就去；你若不去呢，我也不去。」

「好吧，」女先知底波拉說，「我跟你同去，不過這樣一來，勝利的榮譽可就不歸你了。因為上帝把西西拉交在一個女人的手裏了。」

於是底波拉和巴拉一起出動，先到基低斯召集一萬名拿弗他利和西布倫人，然後率領他們浩浩蕩蕩登上他泊山。消息傳到迦南元帥西西拉的耳朵裏，他立刻從駐地夏羅設調出九百輛鐵車和大批軍隊，氣勢洶洶地開到基順河畔。

站在山坡上的女先知底波拉對巴拉說：

「前進吧，上帝保佑你，打敗西西拉，勝利就在眼前！」

於是巴拉率領著一萬人，從他泊山上往下猛衝，人流如同瀑布一樣直瀉到迦南軍的頭頂上，劈頭蓋臉，橫衝直闖，勢不可擋。敵人的鐵車聚在一起，轉動不靈，亂拐亂撞，反而輾傷了他們自家的軍兵，那些軍兵窩在河畔，沒有用武之地，登時大亂。巴拉指揮以色列人急起直追，一直追到外邦人的夏羅設。迦南元帥西西拉全軍覆沒。西西拉本人則在半路上跳下鐵車，徒步逃跑了。

迦南元帥西西拉撇下殘兵敗將，丟盔卸甲，隻身孤影地狂

跑著，一直逃到基低斯附近的撒拿音，看見橡樹旁邊有一座帳篷，他便慌慌張張地闖了進去。

這傢伙不傻，他知道這座帳篷的主人名叫希百，是個基尼人，並且跟迦南夏瑣王耶賓是通家友好。可是他不知道另一層關係，原來這基尼人乃是摩西內兄何巴的子孫後代，因此他們跟以色列人是親戚。正因為是親戚，所以希百和妻子雅億才離開族人，搬到這裏支搭帳篷。

雅億在帳篷裏聽見外面氣喘吁吁有人來，出來一看，這不是西西拉元帥麼，看他慌成這個樣子，雅億趕忙安慰他說：

「閣下不要怕，請進吧，到我帳篷裏來。」

西西拉元帥進了帳篷，雅億把他塞到簾幕後面藏起來。西西拉驚魂未定，口裏就開始說話了：

「太渴了，請給我點水喝！」

雅億趕忙打開一皮袋牛奶，倒在銀碗裏，給他喝，喝完以後，又把他蒙在羊毛毯子裏。只聽他對雅億說：

「快站在帳篷門口，如果有什麼人來問你，這兒有外人嗎？你就說，沒有。」

西西拉實在太累了，倒頭就睡著了。這時雅億拿起一把錘子和一根木橛子，悄悄走到他的身邊，把木橛子釘進他的太陽穴，鉚在地上。迦南元帥西西拉就這樣死在一個女人的手裏。

隨後巴拉領人趕來了，到處搜索西西拉。雅億迎著他說：

「快進來吧，我要叫你看看你正在尋找的人。」

巴拉隨她走進帳篷，看見西西拉倒在地上，死了，一根木橛子穿透他的腦袋。

那一天，上帝使以色列人戰勝了迦南王耶賓。從此迦南王

耶賓就一蹶不振了，以色列人又佔了上風。

　　在勝利的日子裏，女先知底波拉和巴拉放聲歌唱：
　　讚美以色列之主啊，
　　我要彈琴把歌唱。
　　上主威臨疆場啊，
　　地動山搖大雨滂沱。

　　女先知底波拉啊，
　　率民奮起上山崗，
　　勇往直前啊，敵膽寒，
　　放聲歌唱啊，勝利歌。

　　亞比挪菴之子巴拉啊，
　　帶走你的俘虜，
　　井旁婦女發出歡呼，
　　慶祝以色列的凱旋。

　　基尼人希百之妻雅億，
　　在婦人中最值得稱讚，
　　在主婦中最值得讚美。
　　西西拉向她要水，
　　她給他牛奶喝，
　　用貴重的碗盛著奶汁。
　　雅億一手拿著木橛，
　　一手拿著工匠的錘子，

她擊打著西西拉，
穿透了他的頭顱。
西西拉屈身撲倒，
躺在雅億的腳下。

西西拉的母親眺望窗外，
她從窗櫺後面凝視著。
戰車爲什麼遲遲未歸？
戰馬爲什麼還不回來？
最聰明的宮女回答說：
他們一定是在搶東西，
正在瓜分戰利品。
一個士兵配給一個女人，
也有的分得兩個女人。
西西拉得了件彩衣，
給皇后帶來錦繡圍巾。

以色列之主啊，
願你的仇敵都如這般滅亡！
願你的朋友都像初升的太陽，
放射著燦爛的光芒。

# 三五　英豪烈女

在俄弗拉住著一個亞比以謝族的以色列人，名叫基甸。基甸在酒榨那裏打麥子，爲要防備米甸人。米甸人壓制以色列人，使他們貧困不堪。

耶和華的使者向基甸顯現，對他說：

「大能的勇士啊，耶和華與你同在！」

「主阿，」基甸說，「耶和華若與我們同在，我們何至落到米甸人的手裏呢？」

「那你就去從米甸人手裏把以色列人拯救出來吧！」

「主阿，」基甸說，「我有何能拯救以色列人呢？我家在瑪拿西支派中，是最窮不過的了，而我在我父家裏，又是微不足道的。」

耶和華對他說：

「有我與你同在，你就一定能夠戰勝米甸人，容易得很。」

「我若在你眼前蒙恩，」基甸繼續說，「求你給我一個徵兆，使我知道與我說話的就是主。求你不要離開這裏，等我把禮物取來，供在你面前。」

「我一定等你回來。」主說。

於是基甸去預備了一隻山羊羔，用一萬克麵粉做無酵餅，將肉放在筐內，把湯盛在壺中，帶到橡樹下，獻在使者面前。

上帝的使者吩咐基甸説：

「將肉和無酵餅放在這磐石上，把湯倒出來。」

基甸全都照辦了。

耶和華的使者伸出手杖，杖頭指向肉和無酵餅，立時就有火從磐石冒出來，將肉和無酵餅燒得一乾二淨。

基甸這才認定他是耶和華的使者，便恐懼起來，驚呼：

「哀哉，主耶和華啊！我不得活了，因爲我目睹了耶和華的使者。」

「你放心，」耶和華對他説，「不要害怕，你現在不會死。」

當天夜裏，基甸根據耶和華的吩咐，拆毀巴力的壇，砍下木偶做柴，用七歲牛獻燔祭。

俄弗拉城裏的人清早起來，發現毀壇砍木偶的事，並查訪出這是基甸幹的。他們對基甸的父親約阿施説：

「把你兒子交出來吧，我們要治死他！因爲他拆毀了巴力的壇，砍下了壇旁的木偶。」

約阿施回敬他們説：

「你們爲巴力爭論麼？你們要救他麼？誰爲他爭論，趁早把誰治死！如果巴力真的是神，那麼有人拆毀他的壇，就讓他爲自己爭論吧！」

因此當時人們就管基甸叫耶路巴力，意思説，他拆毀巴力的壇，讓巴力與他爭論。

那時米甸人、亞瑪力人和東方人，都聚集過河，在耶斯列平原安營。基甸吹角召集亞比以謝族的人跟隨他。他打發人走遍瑪拿西地，使全瑪拿西的勇士們聚集他的周圍。同時派人去

聯合亞設人、西布倫人和拿弗他利人。

基甸對上帝說：

「如果你叫我拯救以色列人，那麼我要把一團羊毛放在禾場上，若只有羊毛上著露水，別處都是乾的，我就知道是你了，並且依照你的話拯救以色列人。」

次日早晨，基甸果然看見羊毛上掛滿了晶瑩的露珠。他竟從羊毛上擰出了滿盆的露水。

基甸又對上帝說：

「求你不要向我發怒，容我再試一次。但願這回羊毛是乾的，別的地方都有露水。」

這夜上帝也如此行，禾場上布滿了露水，唯有羊毛是乾燥的。

耶路巴力（就是基甸）見此情景，便有了信心。他率領以色列眾人在哈律泉旁安營，與米甸營遙遙相對。

耶和華對基甸說：

「跟隨你的人過多，你要打發膽怯的人回去。」於是有二萬二千人被打發回去了，只剩下一萬人。

耶和華又對基甸說：

「這些人還是過多。你要把他們帶到水旁，我好在那裏試試他們。」等基甸把眾人帶到水旁之後，耶和華繼續說道，「凡是像狗那樣用舌頭舔水的站在一處，凡有跪下喝水的，要站在另一處。」

由此發現，像狗那樣用舌頭舔水的有三百人，其餘的都跪下喝水。

「就用這三百人吧，」耶和華對基甸說，「其餘的人用不

著，讓他們回去吧。」於是事情就這樣照辦了。

　　當天夜裏，基甸帶著僕人普拉摸進敵營裏去探聽虛實。月光之下，看見米甸人、亞瑪力人和東方人散布在平原上，人像蝗蟲那樣多，駱駝像海沙那樣多。

　　基甸聽見一個人對他的同伴說：

　　「我做了一個夢，夢見一個大麥餅滾入米甸營中，將帳幕撞倒撞翻了。」

　　「哎呀，」那同伴說，「這不是別的，乃是以色列人基甸的刀啊！」

　　基甸聽見這話，就和普拉回到以色列營中，對三百勇士說：

　　「起來吧，耶和華已將米甸軍交在你們手中了。」

　　說著基甸將這三百人分成三隊，各人手中都拿著角和瓶，瓶內藏著火把。基甸吩咐他們說：

　　「你們要看我行事，我到營旁吹角的時候，你們也要在四周吹角，喊叫說：耶和華和基甸的刀！」

　　三隊勇士在夜深人靜時包圍敵營，各站各的位置，基甸舉角一吹，三百支號角驟然間合鳴起來，清脆響亮，聲震夜空。勇士們打破手中的瓶子，左手舉著火把，右手舉著號角，高聲喊叫：

　　「耶和華和基甸的刀！」

　　米甸營登時大亂，沒頭沒腦自相踐踏與殘殺。

　　三百人又吶喊，又吹角，在後面緊緊追趕米甸人。

　　基甸派人走遍以法蓮山地，要他們把守約旦河渡口直到伯巴拉。果然不出所料，以法蓮人活捉了米甸的兩個首領，一個

名叫俄立，一個名叫西伊伯。他們將俄立殺死在俄立磐石上，將西伊伯殺在西伊伯酒榨那裏。以法蓮人又追趕米甸人，將兩顆首級帶過約旦河，來到基甸的面前。

以法蓮人抱怨基甸説：

「你們與米甸人爭戰，爲什麼不招呼我們同去呢？」説著便人吵大叫，爭鬧起來。

基甸安慰他們説：

「上帝已將米甸人的兩個首領交在你們手中。以法蓮人拾取剩下的葡萄，不是強過亞比以謝人所摘的葡萄麼？我所行的，豈能趕得上你們呢？」

以法蓮人聽了這話，怒氣也就消了。

基甸年老去世以後，其子亞比米勒糾集匪徒將兄弟七十人殺死在一塊磐石上，他自己做了示劍人的王。

後來亞比米勒率衆攻取了提備斯城，把隊伍開進城中。城中有一座樓，非常堅固。城裏的男女老少逃進樓裏，關上門，登上樓頂，亞比米勒直逼樓下，接近樓門，準備舉火燒樓。

樓上有一婦人，搬起一塊上磨石，拋將下來，直砸在亞比米勒的頭盔上，打破了他的腦骨。

重傷待斃的亞比米勒急忙喊叫拿他兵器的少年人：

「快拔出刀來，殺了我吧！免得人家説我死於一個婦人之手！」

於是那少年人揮刀刺透了他，他就死了。以色列人見亞比米勒死了，便各回各的處所去了。

以色列人基列有好幾個兒子，其中有一個是妓女生的，名叫耶弗他，是個大能的勇士。可是他的兄弟們嫌棄他，對他

說：

「你不可承受父親的產業，因爲你是妓女生的！」

耶弗他只得離開他的兄弟們，到陀伯地去居住。他在那裏常與一些匪徒來往。

過了些日子，亞捫人攻打以色列。基列城的長老們到陀伯地去請耶弗他，對他說：

「請你回來作我們的元帥，率領我們和亞捫人爭戰。」

耶弗他反問基列的長老們說：

「從前你們不是恨我，驅逐我離開父家麼？現在你們遭遇急難，爲何到我這裏來呢？」

基列的長老們回答弗耶他說：

「現在我們請你回去與亞捫人爭戰，你可以做基列居民的領袖。」

得到基列長老們的保證以後，弗耶他回去做了基列的元帥和領袖。

弗耶他派人去跟亞捫人說理，亞捫王根本不聽，硬要打仗。

於是弗耶他向耶和華許願說：

「如果你將亞捫人交在我的手中，當我凱旋歸來之時，誰最先從家門出來迎接我，我就要把誰獻爲燔祭。」

許完願，弗耶他便往亞捫人那裏去，與他們爭戰，大大殺敗他們，攻取了二十座城邑。這樣亞捫人就被以色列人制伏了。

弗耶他凱旋而歸，回到自己的家鄉。萬萬沒有料到，從家門裏最早出來迎接他的，竟是他的獨生女兒！只見她手裏拿著

鼓，歡快地擊鼓跳舞。

這是他的命根子呀，弗耶他除此之外，無兒無女。他一看見這情景，就撕裂衣服，痛心地説：

「哀哉，吾女啊！你使我肝膽俱裂，萬分爲難了。因爲我已向耶和華許願，不能挽回……」

「父啊，」他女兒回答説：「你既然向耶和華開口，就當説話算數，向我施行吧！因爲耶和華已經在你仇敵身上爲你報仇雪恨了。」接著她又對父親説，「但有一件事，求你允准，容我去兩個月，與同伴在山上，好哀哭我終爲處女。」

「你去吧，」耶弗他説，「容你去兩個月。」

她便和同伴們一起到山上，在山上哀哭她終爲處女。

兩個月期滿，她回到父親那裏，父親應了所許的願，把她獻爲燔祭。

以後以色列中有個規矩，每年以色列女子去爲基列人弗耶他的女兒哀哭四天。


# 三六　力士參孫


以色列經過幾度興衰，又落在非利士人的手裏。在那陰霾而又沈悶的天幕之下，有一披髮赤手的孤膽英雄走上歷史的舞臺，這就是大力士參孫。

以前瑪挪亞的妻子遇上了天使，天使對她説：

「你向來不生育，如今你要懷孕生子。兒子出生以後，千

萬不要給他剃頭。這孩子一出生就歸上帝做拿細耳人（拿細耳就是歸主的意思），他將成爲以色列人反抗非利士人的英雄。因此你應該注意：清酒濃酒不可喝，不潔之物不可吃。」

婦人把這次奇遇告訴丈夫瑪挪亞，瑪挪亞向天禱告，求神再來。上帝的使者果然又來了，瑪挪亞夫婦款留他，與他交談，並且問他叫什麼名字？天使對他們說：

「何必問我的名字呢，我的名字是奇妙的！」

他們獻上一隻羔羊，放在磐石上。只見一團火焰從壇上升起，天使便在火焰中不見了。

後來瑪挪亞婦人生下一個兒子，給他起個名字叫參孫。參孫漸漸長大。有一次他到亭拿去，在那裏看見一個女子，這女子是非利士人。他回去便對父母說：

「我在亭拿看見一個非利士女子，願你們給我娶來爲妻。」

「難道以色列人中就沒有一個合適的女子嗎？」父母反駁他說，「爲什麼要在未受割體的人中娶妻呢？」

「我喜歡她呀，」參孫對父親說，「請你給我把那個女子娶來吧！」

後來參孫又到亭拿去，在葡萄園裏看見一隻少壯的獅子，張牙舞爪，向他吼叫。參孫赤手空拳迎上去，扭打那獅子，將那獅子活活撕裂了，如同撕裂一隻羔羊一樣。

回家的時候，參孫並沒有把赤手空拳打死獅子的事告訴父母。過了些日子，參孫又去亭拿，要娶那非利士女子爲妻。

這次回來的時候，他轉過道旁，要看看那隻被他打死的獅子。到那裏一看，嘿！有一羣蜂子，嗡嗡嗡忙碌著，正在死獅

身上築巢釀蜜呢！參孫從獅身蜂巢上抓了一大把蜜，一邊走，一邊吃。到家的時候又送給父母，父母也吃了。但是他們始終不知道，這蜜是從死獅身上取出來的。

當他父親去相看那女子的時候，參孫根據當地人的習慣，在那裏大擺宴席。衆人看見參孫，就請來二十人做陪。在宴席上，參孫對客人們說：

「我有一個謎語，說給你們聽。如果你們在七日之內猜中了，我就給你們三十件襯衫和三十件外衣。如果你們猜不中呢，你們就得給我三十件襯衫和三十件外衣。你們同意嗎？」

「同意！」他們異口同聲地說，「就這麼説定了，快把謎語説出來給我們聽吧！」

「你們聽著──」參孫清了一下嗓子，對他們說，「吃的從吃者出來，甜的從强者出來。」

這可把那羣客人難住了，他們猜來猜去，直到第三天，也沒有猜出個意思來。與其這樣不著邊際地胡猜亂碰，還不如去問問參孫的妻子呢！眼看到了第七天，他們哀求參孫的妻子說：

「你哄哄你丈夫吧，把謎底哄出來告訴我們，不然我們可要放火燒你們全家啦。難道你們請我們來，是爲著奪我們東西嗎？」

參孫的妻子在丈夫面前撒嬌説：

「你給我本國人出謎語，卻不把謎底告訴我，可見你是恨我，不是愛我！」

參孫回答説：

「謎底？這連父母我都没告訴，怎麼會告訴你呢？」

可是這女子受著本國人的催逼，繼續在她丈夫身上掏謎底。她千媚百態，哭哭鬧鬧，變著法兒哄她的丈夫。參孫被鬧得心煩，只好把謎底告訴她了。這女子如獲至寶，立即把謎底透露給本國人。

在第七天的日落之前，那些客人對參孫說：

「有什麼比蜜還甜呢？有什麼比獅子還強呢？」

他們完全猜中了！

參孫心裏明白這是怎麼回事，他板起面孔回敬他們說：

「如果你們不用我的母牛犢耕地，就不可能猜中我的謎底！」

說罷參孫就到亞實基倫那裏打死了三十個人，把他們的衣裳扒下來，拿回來交給了那些猜中謎語的人。

一氣之下，參孫不辭而別，回他父親家裏去了。

到了麥收的時候，參孫牽著一隻山羊羔去看望他的妻子。可是岳父卻上前攔住他，不讓他進屋，嘴裏說道：

「我料你非常恨她，因此我把她另嫁給你的朋友啦！她的妹子不是比她更漂亮麼，你可以娶來代替她。」

「哼，」參孫忿忿地說，「這回我可要加害非利士人了，這不算有罪。」

於是參孫捉來三百隻狐狸，把尾巴一對一對地捆上，在兩條尾巴中間拴上火把，用火一點，呼啦燒著了，嚇得那些狐狸互相掙扯著尾巴，尖叫著，磕磕絆絆，亂跑亂竄，竄到那裏，那裏就起火，一時間，場上的麥垛，田野的莊稼，園裏的橄欖……全都冒煙著火了。火勢愈燒愈猛，彷彿燒化了非利士人的心。

非利士人紛紛議論著：

「這火是誰放的呢？」

「準是參孫，他是亭拿人的女婿。」

「即然是女婿，那爲什麼還來放火呢？」

「因爲他岳父將他妻子另嫁別人了。」

於是非利士人把那婦女和她父親拖出來。不容分說，往火堆裏一推，活活把他們燒死了。

參孫對非利士人說：

「你們這樣幹，我可要在你們身上報仇雪恨啦！」

說著參孫跳出來，狠狠擊打非利士人，往死裏打，連腿帶腰都打斷了。

隨後他揚長而去，住在以坦磐的洞穴裏。

非利士人追出來，在猶大人的集居地利希安營紮寨。

猶大人對他們說：

「你們爲什麼來攻擊我們呢？」

「我們來抓參孫，」他們氣勢洶洶地說，「他怎樣對待我們，我們也要怎樣對待他！」

猶大人被逼無奈，只得約集三千人，下到以坦磐的洞穴裏。他們一個個哭喪著臉，向參孫訴苦說：

「我們在非利士人手下過日子，難道你還不知道麼？你這幹的是什麼事呢，惹得他們攻擊我們……」

參孫回答說：

「他們怎麼樣對待我，我也要怎麼樣對待他們！」

猶大人對他說：

「一人做事一人當，你連累我們又怎麼樣呢？我們這次

來，就是要把你捆上交給非利士人。」

「行啊，」參孫說，「不過你們得向我發誓，答應我，你們自己不親手害死我。」

「我們絕不殺你，」他們對參孫說，「我們只是要把你捆上交給非利士人。」

說完他們拿過兩條新繩子，把參孫捆綁起來，從以坦磐帶上去。

參孫被帶到利希，交給非利士人。非利士人迎上來，把參孫圍在當中，向他叫嚷，向他狂笑……

這時參孫把頭一提，那綁繩如同經火燒一般，一節一節脫落下來。參孫掙脫了綁繩，從地上撿起一塊濕漉漉的驢腮骨，跳起身，掄動著，啪啪啪擊打非利士人。非利士人措手不及，紛紛倒地，橫七豎八死了一片，足有一千人。

望了望仇敵的屍體，參孫自言自語道：

「啊哈，我用驢腮骨殺人成堆，我用驢腮骨擊殺了一千人！」

說完這話，參孫便將手中的驢腮骨往地上一拋，想找個地方歇息一下。他太累了，口裏乾渴得要命。

參孫跪下來求告耶和華說：

「你既然藉著僕人的手施行大能，那就求你救救我吧，別讓我渴死，落在非利士人之手。」

說話間，只見利希的窪地上突然裂開個口子，湧出一股泉水，清清涼涼，甘甜可口。參孫喝足了泉水，精神頓覺清爽如初。

參孫來到迦薩，住在一個妓女家裏。迦薩人聞訊趕來，在

外面把他團團圍住，徹夜埋伏在城門口，準備天亮時動手殺他。參孫睡到半夜起來，把城上的門框、門扇、門閂，統統拆下來，扛在肩上，一直扛到希伯崙的山峯上。

後來參孫在梭烈谷看中一個女子，名叫大利拉，兩人相好同居。

非利士人的首領找到大利拉，好言好語對她說：

「求你誆哄參孫，問問他憑什麼有這麼大的力氣？當用何法制伏他？如果拿住參孫，我們每人就給你一千一百塊銀幣。」

「好吧，」大利拉回答說，「我可以照辦。不過事成之後，銀子可得如數給我。」

「這個你放心，虧不了你的。」首領向大利拉做了保證。

於是大利拉誘騙參孫說：

「求你告訴我，你憑什麼有這麼大的力氣？當用何法制伏你？」

參孫回答說：

「如果有人拿七條未乾的青繩子捆綁我，我就軟弱得如同常人。」

婦人將這話傳給非利士人的首領，首領交給她七條未乾的青繩子，並派人預先埋伏在婦人的室內。婦人等參孫睡熟以後，就用七條青繩子捆綁參孫，捆好後對他說：

「參孫哪，非利士人逮你來了！」

參孫睜開眼睛，把頭一提，掙斷繩子，那繩子就如同經火的麻線一般，脫落下來。

這樣看來，他力氣的根由，還是無人知道。

大利拉嗔怪參孫說：

「原來你是哄我呀，爲什麼向我說謊？現在求你向我說真的，當用何法制伏你？」

「如果有人用沒有使用過的新繩子捆綁我，我就軟弱得如同常人。」

和上次一樣，等人在室內埋伏好以後，大利拉就用新繩子捆綁他，然後對他說：

「參孫哪，非利士人逮你來了！」

參孫把頭一提，掙脫了繩子，就如同掙斷一條線一樣。

大利拉又嗔怪參孫說：

「你這次又欺哄我了，你向我說的全是謊話？現在求你告訴我，當用何法制伏你？」

參孫回答說：

「如果你將我頭上的七條髮綹與緯線同織就可以了……」

於是大利拉等他睡熟以後，將他的髮綹與緯線同織，並用橛子釘住，然後對他說：

「參孫哪，非利士人逮你來了！」

參孫從睡夢中驚醒，把頭一提，將頭上的緯線連同機上的橛子一起拔了出來。

大利拉見事不成，便放下臉來對參孫說：

「既然你不與我同心，那爲什麼還說愛我呢？你欺哄我三次了，一直不對我講真話，你憑什麼有這麼大的力氣呢？」

大利拉天天用話催逼參孫，鬧得他心裏煩悶得要死，參孫這時才把心中的秘密告訴她，對她說了實話：

「我的力量全憑自己的頭髮。我一出生就歸上帝做拿細耳

人，從來沒有人剃過我的頭髮。如果除去我的七條髮綹，我的力量就隨之離開我了，那時我就軟弱得如同常人。」

大利拉見他把心中的秘密全都吐露出來，就立刻打發人向非利士人的首領報告：

「他已經把心中的秘密全部吐露出來了，估計這回是真的，請你們再來一次。」

於是非利士人的首領手裏拿著銀子，來到婦人屋裏，看見參孫枕著她的膝蓋，沈沈睡著了。他們馬上叫過一個人來，手裏拿著剃頭刀，小小翼翼地剃除他頭上的七條髮綹。參孫尚在夢中，大利拉對著參孫的耳朵尖叫：

「參孫哪，非利士人逮你來了！」

參孫睡夢中驚醒，心裏說：「我還要像前幾次那樣，出去活動活動筋骨。」其不知力量已經隨著那七條髮綹離開他的身體了。當他明白過來的時候，渾身已經被五花大綁，動彈不得了——啊，大利拉的手裏攥著參孫的髮綹！

非利士人將參孫給逮住，剜了他的眼睛，將他解往迦薩，用銅鏈鎖住他，關進監獄。

參孫在監獄裏推磨，苦度歲月，他的七條髮綹被剃去以後，又漸漸長出新的頭髮來了。

非利士人聽說制伏了仇敵參孫，全都狂呼起來：

「啊哈，殺害我們許多人的仇敵，如今落在我們手裏了！」

「他想一死了事嗎，沒那麼容易！我們要沒完沒了地折磨他，拿他的痛苦取樂。」

非利士人的首領們為了慶賀對參孫的勝利，齊集大袞廟裏

獻大祭，狂歡取樂，這時有人提議：

「何不叫參孫來，在我們面前戲耍戲耍呢？」

「說得是，趕快帶出來吧！」

於是參孫從獄中被提出來了，破衣爛衫，兩腳拖著銅鏈子，由一個童子牽著，走進大袞廟。大袞廟裏擠滿了男人和女人，非利士的眾位首領也都在場，還有三千男女站在大袞廟的平頂上，狂呼亂叫，觀看戲耍參孫。

參孫拖著銅鏈子，腳步蹣跚地戲耍著，由一個童子拉著他的手。參孫對童子說：

「求你讓我扶著廟堂的柱子，我累了，我靠一靠。」

他摸到廟堂中央的兩根頂梁柱，靠著喘息了片刻。然後參孫一左一右，挽著兩根巨大的頂梁柱，向下屈身，雙手同時運力，把頭一提，往懷裏使勁一摟，大吼一聲：

「我願與非利士人同歸於盡！」

隨著這吼聲，兩根頂梁柱被拉斷了，轟隆隆，大袞廟坍塌下來，掀起一片塵土。非利士首領和廟內眾人，尖叫著，哀哭著，與參孫一起，全都壓死在裏面了。這樣，參孫死時所殺的人，比活著所殺的人還多。

參孫做以色列的士師凡二十年，一生的事業都在反抗非利士人，終以英雄的名字載入史冊。在他死後，他的兄弟和全家人，將他的屍首葬在他父親瑪挪亞的墳墓裏。

# 三七 舞場搶親

在以法蓮的山地裏，住著一個利未人，這個利未人娶了一個猶大伯利恆的女子做妾。這位女子年輕，好發脾氣，有一次跟丈夫鬧翻了，一賭氣回娘家去了。過了四個月，還不見她回來，利未人著急了，帶上一個僕人和兩頭毛驢去接她。他們來到猶大伯利恆，受到岳父家的熱情款待，夫婦重新和好。

他們在這裏住了三天。第四天早晨，夫婦準備回家，可是岳父對女婿説：

「先吃點東西吧，好增強心力，不要急著走。」

於是夫婦又坐下來，一起吃喝，岳父對他們説：

「今天不要走了，再住一宿吧，這裏有吃有喝，你們好好享受。」

盛情難卻，夫婦只好又住了一宿吧。第五天清早，利未人打點東西準備起程，岳父又過來攔住説：

「請吃點東西吧，忙什麼，時候還早呢，過一會兒再走。」

當他們吃喝完畢，又準備動身的時候，岳父又過來説：

「你看，天已經過午了，不如再留一晚吧。放心吧，明天一早就放你們走。」

可是這回挽留不住了，利未人堅持要走。他們備好毛驢，帶著僕人上路了。快到耶布斯（耶路撒冷）的時候，太陽已經

平西，僕人對主人說：

「耶布斯城到了，我們在這裏住宿吧！」

「不，」主人說，「這不是以色列人住的城，我們不能在這裏停留。往前走吧，我們趕到基比亞或者拉瑪過夜。」

於是他們越過了耶布斯，繼續往前走。日落黃昏後，他們進了便雅憫境內的基比亞城。他們在廣場上坐下來，可是人生地不熟，誰也不理睬他們。

這時有一位老者從田間勞動歸來，路過這裏，看見他們在廣場上愁眉苦臉的，便主動上來打招呼：

「你們從那裏來，到那裏去呀？」

「我們剛從猶大伯利恆來，」利未人回答說，「現在我們要回家，到以法蓮山地去。天黑趕到這裏，可是沒有誰招待我們住宿，儘管我們餵驢有草料，人吃有乾糧，還帶著葡萄酒，什麼也不缺。」

「歡迎你們到我家裏做客，」老者熱情地說，「其實我也是以法蓮山地人，剛來此地不久。來吧，我會照顧你們的。」

老者說著把他們領到家裏，替他們餵上毛驢。客人們洗了腳，吃飽了，喝足了，心情很舒暢。

正當他們輕鬆愉快的時候，突然有人連連敲門：

「開門，把剛來的那個男人交出來，我們要跟他玩那個！」

老者出去對這羣流氓說：

「朋友們，不能這樣！不能幹這種下流勾當！這位壯士是我的客人。這樣吧，這裏有他的妾，還有我的女兒，我把她們交給你們得了，任憑你們為所欲為吧。但是對這位壯士，可不

能無禮！」

這羣流氓那裏肯聽，他們已經把這座住宅團團包圍。迫不得已，利未人只好把自己的妾推出去，交給他們。他們百般調戲她、猥褻她、强姦她、蹂躪她，一刻不停地折騰了一夜，直到天快亮才把她放回去。她被折磨得奄奄一息，掙扎著走回老者房前，就一頭栽倒在地上，不省人事了。

她丈夫早晨起來，準備趕路，剛一開門，發現她躺在房前，雙手向門口伸著。他對她説：

「起來，我們走吧！」

但是没有回音，她的呼吸已經停止了。她的丈夫把她的屍體放在驢背上，馱回家裏。

回家後，利未人拿出一把刀來，把屍體切成十二塊，分送給以色列人的十二個支派。

目睹者無不驚恐地説：

「從來没有見過這種事，真是駭人聽聞！」

於是以色列人集合到米斯巴開會，由被害人的丈夫向全體會眾介紹了慘案的經過。大家聽了之後，無不義憤填膺，堅決要求嚴懲基比亞流氓。他們發誓説：

「今後我們絕不把女兒嫁給便雅憫人！」

以色列各支派派出使者，走遍便雅憫境內，大聲疾呼：

「你們犯了滔天大罪，趕快把基比亞那夥流氓交出來。我們要處死他們，好從以色列中剪除邪惡。」

可是便雅憫人不僅不理睬他們，反而從各處麇集基比亞，要跟其他以色列人打仗。他們從各城召聚了兩萬六千名士兵，另外，基比亞人還特別精選出七百名左撇子甩石兵。這些甩石

兵善用左手，各個手中拎著一副髮辮式甩石帶。這種甩石帶用毛髮編成，如同一條長長的辮子。一端有個圓套，套在手腕或中指上，另一端攥在手心裏捏住，折頭處置一橢圓形托子，狀如橄欖葉。放上一塊鵝卵石，調整好，拎起來蕩一蕩，用手臂掄起來，瞄準目標，將手心的一端突然撒開，那鵝卵石便刮著風聲，流星似地飛出去了。這些經過專門訓練的甩石兵，甩出的石頭百發百中。無怪乎以色列人以四十萬大軍攻打基比亞，前兩天均告失利，傷亡慘重，多有被甩石兵擊中者，看來這種武器發揮了相當大的威力。

以色列人研究了戰局，改變了死打硬拚的做法，採用了十面埋伏的戰術，第三天果然奏效。當基比亞人傾城出動，像往常一樣追擊以色列主力部隊的時候，這些埋伏在周圍的以色列人便乘機闖進城內，殺人放火，煙氣上騰。正在後撤的以色列人看見城內煙氣升起，知道這是夾擊的信號，馬上調轉頭來面對基比亞追兵。闖進城裏的伏兵們得手之後又大殺回馬槍。基比亞人見勢不妙，生怕被包圍，拚命向曠野逃跑，可是已經來不及了。結果是全軍覆沒，無一生還。以色列人殺得興起，在便雅憫各地，不分男女老幼，見人就殺，最後連牲畜都給殺光了。只有逃到臨門岩的六百名男子得以倖免。戰事告一段落，以色列人齊集伯特利，痛哭失聲地說：

「這是怎麼搞的呀，便雅憫人要絕種啦！」

他們生怕以色列人少掉一個支派，感到非常後悔，議論著：

「我們怎樣才能為剩下的便雅憫人找到妻子呢？既然我們已經發誓不把女兒嫁給他們。」

於是他們查問上次在米斯巴開會時都有那些人沒有到場？結果查出住在基列的雅比人一個也沒有到。因此他們派出一萬二千名勇士血洗基列城，把其餘的人都殺光，只留下年輕的處女，共有四百名。

然後他們派人到臨門岩告訴便雅憫人，說戰事已經結束，他們可以回城了。他們回來以後，其他以色列人把倖免於難的四百名處女配給他們做妻子，可是還不夠。

辦法還有，長老們想起來，一年一度的節期舞會快到了，何不叫便雅憫人自己動手到示羅搶些舞女爲妻呢？

示羅乃是以色列的都城。早在約書亞時代，以色列人就把聖幕設在這裏。此處位於以色列十二支派居住地的中心，在伯特利和示劍城的中間偏東。以色列人每年都要在這裏舉行盛大的宗教活動，婦女們要跳起歡樂的歌舞。

出主意者瞄準了這個機會，鼓勵便雅憫人說：

「你們悄悄地藏在葡萄園裏，等示羅女子在年會中出來跳舞時，你們相中了，冷不防衝出來，一人搶一個做妻子。如果她們的父兄向你們提出抗議，你們就好好跟他們說，『請允許我們娶她們吧，這又不是我們從戰場上搶來的，對你們沒有什麼不光彩；也不是你們主動給的，因此不算你們違背誓言，沒有罪。求求你們，成全我們。』」

這一招還真靈，那些便雅憫單身漢們因禍得福，果然從示羅舞女中搶到了稱心如意的佳偶。他們雙雙回到自己的土地，重建家園，生兒育女。

# 三八　阡陌姻緣

在士師秉政的年代裏，猶大伯利恆有一個人帶著妻子和兩個兒子，爲逃避饑荒，千里迢迢到摩押地去寄居。這個猶大人名叫以利米勒，妻子名叫拿俄米，兒子一個叫瑪倫，一個叫基連。後來以利米勒和兩個兒子相繼死在摩押地。剩下拿俄米領著兩個媳婦過活。這兩個兒媳都是摩押女子，一個叫俄珥巴，一個叫路得。

老婆婆拿俄米年紀老了，她想離開摩押地，返回猶大去。她把兩個兒媳召到面前，對她們説：

「你們各回各的娘家去吧，希望你們再嫁新夫，得享平安！」

於是俄珥巴與婆婆親吻話別了。只有路得捨不得離開婆婆，婆婆對她説：

「看你嫂子已經回娘家去了，你也跟她回去吧！」

「不，」路得對拿俄米説，「我要跟著你，你往那裏去，我也往那裏去。」

拿俄米見兒媳路得執意要跟隨自己，也就不再勸她了。婆媳二人經過長途跋涉，回到猶大伯利恆。

伯利恆人見到她們，都很驚訝，婦女們説：

「這不是從前的拿俄米麼？」

「咳，」拿俄米傷心地説，「不要叫我拿俄米了，叫我苦

婆子算了。我滿滿地出去，空空地回來，咳，苦啊！」

從此，拿俄米和路得在伯利恆定居下來，婆媳二人相依爲命，過著艱辛的日子。

在拿俄米丈夫的親族中，有一個大財主，名叫波阿斯。在收割大麥的季節裏，路得來到田間，跟在收割人的身後拾取麥穗。她恰巧到了波阿斯那塊田裏。

波阿斯指著路得問監管收割的僕人說：

「這是誰家的女子？」

「她是摩押女子，」僕人回答說，「跟隨拿俄米從摩押地來的。」

波阿斯湊過去，和善地對她說：

「路得呀，聽我說，往後不要往別人的田裏拾麥穗了，也不要離開這裏。你要常與我的使女們在一起，你若渴了，就喝僕人打來的水。」

聽波阿斯這麼說，路得俯伏在地，向他叩拜，對他說：

「我是外邦人，怎麼蒙你如此恩待呢？」

「我早聽說了，」波阿斯對她說，「自從你丈夫死後，一直跟著你婆婆，離開父母，千辛萬苦來到這裏……」

「我主啊，」路得感動地說，「願在你眼前蒙恩！我雖然不及你的一個使女，你還用慈愛的話來安慰我的心。」

吃午飯的時候，波阿斯對路得說：

「你到這裏來吃吧，把餅蘸在醋裏。」

路得在收割人旁邊坐下吃餅，他們還把烤好的穗子遞給她，她吃飽了，還有剩餘。吃過飯，休息一會兒，她又開始拾麥穗。

波阿斯吩咐僕人說：

「她就是在捆中抽取麥穗也可以，不可羞辱她，你們還要故意留在地上一些，任她拾取，不可叱喝她。」

晚上回來的時候，路得把拾取的麥穗帶進城去，給婆婆看，又把吃剩的餅和穗子遞在婆婆的手裏。婆婆向她說：

「你今天在那裏拾取麥穗呢？」

路得告訴婆婆說：

「我今天在一名叫波阿斯的人那裏拾取麥穗。」

「願波阿斯得福！」婆婆說，「他不斷恩待活人和死人。你知道麼，他是我們本族的人，又是我們一個至近的親屬。」

「那人真好，」摩押女子路得說，「他要我跟隨他僕人拾麥穗，一直到收完了莊稼。」

「媳婦啊，」拿俄米說，「往後你就跟著他的使女出去吧，不要叫人遇見你在別人田裏，這樣才好。」

於是路得就常與波阿斯的使女在一起拾麥穗，直到收完了大麥和小麥。

婆婆拿俄米對兒媳婦路得說：

「你與波阿斯的使女常在一處，波阿斯不是我們的近族麼，你也應該找個安身之處啦。他今天夜裏在場上簸大麥，你要沐浴了，擦上膏，換上衣服，下到場裏，卻不要讓人認出來。等他吃喝完了，在場上睡著了，你就去掀開他的被子，躺在他的腳邊……」

「好吧，」路得說，「你叫我幹什麼都行。」

路得下到場裏，照著她婆婆的吩咐行事。波阿斯吃喝完了，心情歡暢，倒頭睡在麥垛旁邊了。

月冷星稀，夜深人靜，波阿斯在麥場上睡得正香。路得躡手躡腳地掀開波阿斯的被子，在身旁躺下來。

到了半夜，波阿斯忽然驚醒，翻過身來，香暖撲鼻，不料有個女子睡在腳邊。

「你是誰呀？」他問道。

「我是你的婢女路得，來向你求婚，因爲你是我的近親。」

「路得啊，」波阿斯說，「你真好，因爲少年人無論貧富，你都沒有跟。現在你用不著害怕，我知道你是一個賢德的女子，你叫我幹什麼都行。我確實是你的近親，不過有一個人比我還近。你今晚和我在一起，明晚如果他肯爲你盡本分，那就由他吧。倘若也不肯呢，我發誓爲你盡到本分。」

說著話，波阿斯讓路得睡在腳邊，兩個人進入了甜蜜的夢鄉。

在黎明前的黑暗裏，他們兩個人早早起來了。波阿斯撮了六簸箕大麥，倒在路得的外衣裏裹好，又幫她扛在肩上，同時對她說：

「不可使外人知道有女子到場上來過。」

「我明白。」路得回答一聲，便扛上麥子進城了。

她回到婆婆那裏，婆婆問她：

「媳婦啊，那事成了嗎？」

「嗯，成了！」路得把夜裏的經過概括地敘說了一遍，「那人給了我六簸箕大麥。他對我說，你不可空手回去見你婆婆。」

「你只管安心等著吧，」婆婆說，「看來那人今天不辦成

這事，他一定不會休息。」

波阿斯到城門，坐在那裏。恰巧夜裏所説的那個比他更近的親屬打那裏經過。波阿斯把他叫到身邊坐下，又打發人請來十個本城的長老，對他們説：

「從摩押地回來的拿俄米，現在要出賣我們的族兄以利米勒的那塊地。」他指了指那個近親説，「當買那塊地的，首先是你，其次是我，此外再沒有別人了。你可以當著這些長老的面把話説明白了，你是肯買還是不肯買？」

「我肯買。」那人回答説。

「你若買那塊地，」波阿斯説，「就應當娶死人的妻子路得。」

「這個我卻不能，恐怕與我的產業不利。這麼説我就不買了，你買吧。」説著那人便從腳上脱下鞋子，交給波阿斯。這是以色列人的規矩，遇上什麼需要定奪的事，或贖回，或交易，這人就脱鞋給那人，做爲一言爲定的證據。

波阿斯對衆位長老説：

「你們今天做個見證，凡屬以利米勒的產業，我都從拿俄米的手中買了，同時又娶了摩押女子路得爲妻。」

在城門坐著的衆民和長老都説：

「我們做見證。願你在猶大伯利恆亨通，願耶和華從這少年女子身上賜給你後裔！」

於是波阿斯娶了路得爲妻。路得後來給他生下一個兒子，起名叫俄備得。俄備得生耶西，耶西生大衛。大衛將繼掃羅之後，在士師撒母耳的手下膏立爲王。

# 三九　林間蜂蜜

　　撒母耳平生做以色列的士師。以色列的長老們都聚集到拉瑪來見撒母耳，對他說：

　　「你年紀老邁了，你兒子又不行你的道。現在求你爲我們立一個王，治理我們，就像列國那樣。」

　　聽說百姓要求立王，撒母耳老大不高興，他對長老們說：

　　「立出王來，王就要管轄你們，派你們的兒子爲他趕車、跟馬、耕田、收割、打造兵器，又要派他們做千夫長、百夫長、五十夫長。你們生產的糧食和葡萄，必須取十分之一給他的太監和臣僕。到那時候，你們後悔也晚了。」

　　百姓卻不肯聽他的話，他們異口同聲地說：

　　「我們一定要立一個王治理我們，就像列國那樣，統領我們爭戰……」

　　由於百姓堅決要求立王，撒母耳只得勉強順從他們。他拿瓶膏油倒在掃羅的頭上，並與他親吻，對他說：

　　「這不是耶和華膏立的君麼！」

　　過了些日子，撒母耳把以色列百姓召集到米斯巴，掣籤立王。先按各支派掣籤，掣出便雅憫支派。在便雅憫支派裏，再按各宗族掣籤，掣出瑪特利族。最後在瑪特利族裏掣出基士的兒子掃羅。

　　民衆皆大歡喜，同聲歡呼：

「願王萬歲！」

撒母耳對百姓説：

「我們要往吉甲去，在那裏立國。」

衆百姓到了吉甲，在耶和華面前立掃羅爲王，建立了以色列國。

那時候，以色列全地没有一個鐵匠，因爲非利士人恐怕希伯來人製造刀槍，所以不讓他們打造鐵器。以色列立國以後，到了爭戰的日子，除了掃羅及其子約拿單手裏有兵器外，其餘人的手裏都没有刀槍。

非利士人的一隊防兵，到了密抹的隘口。掃羅之子約拿單對給他擎兵器的少年説：

「我們不如到那邊，到非利士人的防營那裏去！」

「好吧，」那少年説，「我跟隨你，與你同心。」

非利士防兵看見這兩個人來了，滿不在乎地喊道：

「以色列人從藏身洞裏鑽出來了。喂！你們上這兒來，我有話教訓你們！」

於是約拿單便爬上去，少年人緊緊跟隨。他們到了近前，猛撲上去，砍倒非利士人，一連殺死二十來人，鬧得非利士軍隊大亂。

守望兵看見非利士防兵亂跑，就向掃羅報告，掃羅叫人查點，看看是誰出去打非利士人。結果查出是約拿單同著一個人出去了。掃羅立刻率衆來到戰場，看見非利士防兵互相殘殺——原來非利士防兵内部的以色列人看見約拿單二人殺來，便掉轉頭來，幫助約拿單大殺非利士人，非利士人四散奔逃。

掃羅叫以色列人起誓説：

「凡是不等天黑殺完仇敵就吃東西的，必須受到詛咒！」

因此以色列人這天什麼也沒有吃，口中乾渴，腹中飢餓。他們追殺非利士人，進入樹林，看見有蜜從樹上流下來，卻無人敢吃。

約拿單沒有聽見他父親叫人起誓，所以用手杖蘸那樹上的蜂蜜吃。有一個人過去對他說：

「你父親曾叫百姓起誓說，凡今日吃東西的，必受詛咒！」

這一天，以色列人追殺非利士人，從密抹一直追到亞雅崙。黃昏時，掃羅說：

「我們不如連夜追擊，一直追到天亮，把這股非利士人趕盡殺絕！」

祭司說：

「這事我們得求問上帝。」

掃羅就此事求問上帝，可是得不到回答。由此他便斷定有人犯了罪，站在眾人面前說：

「長老都過來，查明今日是誰犯了罪？我發誓，就是我的兒子犯了罪，他也必死！」

可是百姓中無人回答。

這只好靠著傳統的辦法，抽籤定罪了。掃羅對以色列眾人說：

「你們站在一邊，我同我兒子約拿單站在另一邊！」

眾人不置可否，對掃羅說：

「你看怎樣好，就怎樣辦吧。」

抽籤開始了，掃羅和兒子為一方，其餘的人為另一方。兩

方抽籤，第一次抽出掃羅和約拿單來。這樣一來，眾人就全都無事了。

第二次在掃羅和約拿單之間抽籤。掃羅説：

「你們再抽籤，看罪人是我還是我的兒子？」

結果抽出的是約拿單！

掃羅對約拿單説：

「你告訴我，你到底做了什麼事？」

「我實話實説，」約拿單説，「我就是用手杖蘸了點蜂蜜，嘗了一嘗，這樣我就得死嗎？」

「約拿單哪，你必定得死！」掃羅説，「若不然，願上帝重重地降罰於我！」

「這不行，」眾人對掃羅説，「約拿單這樣大能大勇，拯救以色列人，怎麼能叫他死呢？斷乎不可！連他一根頭髮也不能動！」

眾人唾沫淹死人，掃羅不得不順從民意，約拿單被赦免了。

掃羅執掌以色列政權，常常攻擊他四周的一切仇敵，就是摩押人、亞捫人、以東人和瑣巴諸王，以及非利士人。掃羅戰勝了亞瑪力人，生擒了亞瑪力王亞甲，用刀殺盡了亞瑪力的民眾，但卻保留了亞甲王連同上好的牛羊及一切美物。

因爲這些保留違背了耶和華的命令，所以撒母耳前來問罪。掃羅承認有罪，並且請求赦免，可是撒母耳不理他，轉身要走。掃羅一把扯住他，扯斷了他的外袍的衣襟。

撒母耳回到拉瑪，掃羅回到基比亞。兩人從此心存芥蒂。

# 四〇　牧童出戰

耶和華厭棄掃羅，後悔立他爲以色列王。耶和華對撒母耳說：

「我既然厭棄掃羅做以色列的王，那你就不要再爲他悲傷難過了。現在你將膏油盛滿了角，我差遣你往伯利恆人耶西那裏去。因爲我要在他的衆子之中，選定一個做王的。」

於是撒母耳來到猶大伯利恆，請耶西及其衆子吃祭肉。耶西叫他的七個兒子都從撒母耳面前經過，撒母耳一個也沒有看中。

他問耶西說：

「你的兒子都在這裏麼？」

「還有一個小的，」耶西回答說，「他是個牧羊的娃娃。」

撒母耳對耶西說：

「你打發人把他叫來，他若不來，我們今天就不坐席。」

於是耶西打發人去把小兒子叫來了。他是個牧童，名字叫大衛。只見他紅光滿面，眉清目秀，容貌俊美。

耶和華對撒母耳說：

「就是他，你起來膏他吧！」

於是撒母耳就用角裏的膏油，膏了大衛。從這日起，耶和華的靈就感動大衛。膏完大衛以後，撒母耳就起身回拉瑪去

了。

耶和華的靈離開掃羅，有惡魔從耶和華那裏來擾亂他。掃羅的臣僕向他獻計說：

「現在有惡魔從上帝那裏來擾亂你。我主應當找一個善於彈琴的人來，爲我主彈琴驅魔。」

聽說猶大伯利恆有一個牧童善於彈琴，掃羅就派遣使者去把他找來，這牧童就是大衛。掃羅一見就很喜歡他，叫他彈琴驅魔。掃羅聽見琴聲，感到心情舒暢，精神愉快。此後大衛有時侍立在掃羅面前，有時回伯利恆他父親那裏牧羊。

掃羅常常率領以色列人與非利士人爭戰。這一次以色列人在以拉谷安營，非利士人在以弗大憫安營。雙方都把隊伍擺列在山頭上，中間隔著一片山谷。

從非利士營中出來一個挑戰者。此人名叫歌利亞，身高三米，頭戴銅盔，身披鎧甲，甲重五萬七千克，腿上有銅護膝，肩負銅戟，槍桿粗如織布的機軸，鐵槍頭重七千克，有一個手持盾牌的人走在他前面。歌利亞大步走上來，對著以色列人的軍隊立定，高聲叫道：

「你們出來擺列隊伍幹什麼呢？是要打非利士人麼？難道我不就是非利士人麼？你們怎麼不打呀？你們不是掃羅的僕人嗎，可以從你們中間選出一個人，叫他到我這裏來。如果他敢和我戰鬥，把我殺死，我們就做你們的僕人。如果我勝了他，把他殺死，你們就作我們的僕人，服侍我們。」

以色列人聽見歌利亞的話，全都愣住了，誰也不敢出戰。

歌利亞停了一會兒，見對陣裏無人出來，他又叫道：

「今天我向以色列的軍隊罵陣！你們叫一個人出來，與我

戰鬥！」

　　歌利亞早晚都出來罵陣，罵得以色列人個個膽戰心驚。天天如此，兩軍對陣，聽他辱罵，掃羅王的軍中無人敢出來對敵。

　　跟隨掃羅出征的人中，有耶西的三個大兒子，長子名叫以利押，次子名叫亞比拿達，三子名叫沙瑪。當歌利亞罵陣的時候，大衛並不在掃羅的身邊，他又回到他父親那裏牧羊去了。父親想念三個出征的兒子，就叫大衛到軍營裏去給哥哥們送食品。大衛早晨起來，把羊交託別人替他看守，自己一個人高高興興地帶著食品出發了。

　　他來到輜重營，聽說軍兵剛出到戰場，他便順著吶喊聲跑去，在戰場上找到哥哥，向哥哥們問安。

　　正在他們談話的時候，對面有人出來罵陣。那非利士人是每天早晚兩次，定時不誤地出來，重複叫罵著同樣的話。

　　聽見那人百般辱罵以色列人，大衛不由得問身旁的人：

　　「這未受割禮的人是誰呢？」

　　「他叫歌利亞，」旁邊的人告訴大衛說，「他在這裏一連罵了四十天了，我們誰也不敢出戰。」

　　「如果有人出去和他打，」大衛繼續問旁邊的人，「打贏了，會得到什麼好處呢？」

　　「那好處可就大啦，」大衛身旁的人對他說，「無論是誰，只要能出去把歌利亞殺掉，國王必有重賞，免除他家納糧當差，還會把公主許配給他……」

　　大衛的長兄以利押聽見大衛和人說這樣的話，就忿忿地訓斥他：

「你來這裏幹什麼！在曠野裏的那幾隻羊，你託給誰了？你不在家裏好好牧羊，跑到這裏來看打仗，這是好玩的嗎？」

「是父親叫我來的，」大衛反駁説，「我來這裏，難道沒有緣故嗎？……」

有人把大衛的話告訴了掃羅王，掃羅王就打發人把他召到面前。大衛對掃羅説：

「我們何必怕那非利士人呢，你的僕人要去和他戰鬥！」

「這可不是玩的，」掃羅對大衛説，「你可不能去和那非利士人戰鬥。你年紀太輕，而他自幼就做戰士。」

「你的僕人不怕他，」大衛對掃羅説，「你的僕人給父親放羊，有時來了獅子，有時來了熊，從羊羣中叼一隻羊羔去，你的僕人就去追趕牠，擊打牠，從牠口中救出羊羔……」

「你這麼小就敢鬥獅子，」掃羅問他，「獅子不咬你嗎？」

「咬我？」大衛繼續説，「那我就揪住牠的鬍子，把牠打死。你的僕人曾經打死過獅子，打死過熊。如今這未受割禮的非利士人向永生上帝的軍隊罵陣，也叫他與那獅子和熊一樣！」

聽見這樣的豪言壯語，掃羅便動了心，他對大衛説：

「好吧，你可以出去戰鬥，願上帝與你同在！」

掃羅王把自己的銅盔給大衛戴上，把自己的戰衣給他穿上，又給他披上鎧甲……大衛從來沒有穿慣這些，他把刀跨在戰衣外面，試試能不能走，結果不行，太笨重了，妨礙走路。

「這不行，」大衛對掃羅説，「穿不得，我穿這些不能走路。」只好又一件一件脱下來。

　　大衛到溪水中揀了五塊光滑的鵝卵石，裝在牧羊袋裏，手裏拿著杖和甩石帶。這樣裝束停當，他就從以色列軍中走下山谷，一步一步接近那叫罵著的非利士人。

　　非利士人也向著大衛走過來，拿盾牌的走在前面。歌利亞看見大衛年紀輕輕，滿臉稚氣，細皮嫩肉的，不過是個放羊娃娃，根本看不起他，哪裏把他放在心上。

　　兩個人在兩軍陣前的山谷中，面對面地立定了。歌利亞對大衛説：

　　「放羊娃娃，你拿著這杖到我這裏來，難道我是狗嗎？是不是以色列人都死絕了，叫一個娃娃出來迎戰？」歌利亞惡狠狠地説，「要來送死就來吧，我要將你的肉撕得粉碎，拋給空中的飛鳥、田野的走獸吃！」

　　大衛對歌利亞説：

　　「你來攻擊我，是靠刀槍和銅戟；我攻擊你，是靠著萬軍之耶和華，我們的上帝。今天上帝把你交在我的手裏，我必然要斬你的頭，把你碎屍萬段，拋給空中的飛鳥和地上的野獸吃……」

　　歌利亞邁著大步走過來，大衛對著歌利亞猛跑，一邊跑一邊從牧羊袋裏摸出一塊鵝卵石，搭上甩石帶，在托子上兜住了，蕩一蕩，掄起來，如同車輪一般，嗚嗚嗚，掛著風聲，趁著衝勁愈掄愈快。只聽「吱溜」一聲，像一道流星，那石子飛出托子，正中歌利亞的前額！歌利亞大叫一聲，仆倒在地。嚇得那盾牌手扭頭便跑，跑回非利士軍中。非利士人誰也不敢上前，全都驚呆了。大衛手裏沒有刀，他飛奔過去，踏在歌利亞的身上，把屍身上的刀從鞘中拔出來，割下他的頭，血淋淋地

提在手中。

　　看見挑戰的勇士死了，非利士人潰散逃跑，以色列人吶喊著，追殺過去，一直追殺到迦特和以革倫的城門。被殺的非利士人七零八落地倒在沙拉音的路上。

　　大衛提著歌利亞的人頭來見掃羅，衆百姓和臣僕們無不喜悅。其中最高興的就是掃羅的兒子約拿單，他愛大衛如同自己的生命，由此兩個人便結爲盟兄弟。約拿單從身上脫下外袍，給大衛穿上，又將戰衣、刀、腰帶，全都給了他。

　　當掃羅和大衛，以及以色列全軍，從戰場上凱旋的時候，婦女們從各城裏出來，歡歡喜喜，擊磬打鼓，唱歌跳舞，迎接掃羅王。婦女們同聲歌唱：

　　掃羅殺死千千！

　　大衛殺死萬萬！

　　聽見這樣的歌詞，掃羅很不高興，氣哼哼地説：

　　「這是歌頌誰？將千千歸我，將萬萬歸大衛，只剩下王位沒有歸他了！」

　　從此以後，掃羅不再喜愛大衛。在他的心中，埋下了嫉妒的種子。


# 四一　逐鹿迦南


　　嫉妒的種子在掃羅心中生根發芽，爲了保住自己的王位，他決定除掉大衛。

　　第二天，掃羅在家裏胡言亂語，説是惡魔纏身，要聽琴聲。大衛照常給他彈琴驅魔。掃羅無心聽琴，他心裏在想：我要一槍把大衛刺透，釘在牆上……想著想著，他拿起槍，冷不防向著大衛刺去！大衛急閃身，跳在一旁，槍尖撲空了。大衛放下琴，退到一旁。掃羅逼過來，手中槍直點著大衛的心窩，又刺過來！大衛翻身一跳，躲開了第二槍。

　　刺殺不成，掃羅怕遭暗算，便不再留大衛彈琴，把他支使開去，立他爲千夫長。

　　大衛辦事精明，受到公衆的愛戴。這更使掃羅心裏不安，他想，不如叫他死在非利士人手裏。

　　掃羅把大衛叫來，對他説：

　　「我想把大女兒米拉許配給你，不過你得爲我奮勇殺敵……」

　　「我怎麼敢做王的女婿呢？」大衛説，「我是誰，我是什麼出身，我父在以色列人中的地位如何，這我還不知道嗎？我實在不敢高攀。」

　　等米拉到了該出嫁的年齡，掃羅卻將她許給了別人。有人告訴掃羅説，他的次女米甲愛上了大衛。這消息使他心裏一亮，何不如此如此呢？於是他吩咐貼心的臣僕，叫他們在大衛面前這麼念叨：

　　「王喜愛你，臣僕也都喜愛你，因此你應當作王的女婿。」

　　「你們以爲作王的女婿是件小事嗎？」大衛説，「我是貧窮卑微的人。」

　　臣僕把大衛的話回奏掃羅。掃羅説：

　　「這回你對大衛這麼說，王不要什麼聘禮，只要一百個非利士人的包皮，好在王的仇敵身上報仇。」

　　掃羅的意思還是要叫大衛死在非利士人的手裏。

　　當臣僕把這話傳給大衛的時候，大衛慨然允諾。在規定的日期之內，他率手下人前往殺敵，殺了二百個非利士人，將包皮滿數交給國王。於是掃羅將次女米甲嫁給大衛爲妻。

　　由於大衛每次出兵打仗都比其他臣僕能幹，所以衆人對他格外尊重。這更引起掃羅的不安，他心中的嫉妒之芽出土放葉了——決定公開殺他。他乾脆把臣僕和兒子約拿單找來，向他們宣佈：「要殺大衛！」

　　可是王子約拿單是大衛的知心朋友，他立刻把這一消息透露給大衛：

　　「……所以你明天早晨要藏到一個僻靜的地方，等我出來給你打圓場……」

　　到時候約拿單對他父親說：

　　「王不可得罪王的僕人大衛，人家大衛從來沒有得罪過你！他的所作所爲，全都對你有益呀。他勇敢殺敵，挽救以色列的危難，這些你都看見了，當初你也很高興，爲何現在無緣無故地要殺死大衛呢？難道你忘了這句話——枉殺無辜，罪責難逃嗎？」

　　這些入情入理的言詞，一時感動了掃羅。他難過得流下了眼淚，發誓說：

　　「我絕不殺他！」

　　得到父親的保證以後，約拿單很快把他的朋友找來，拉他到掃羅面前，使他恢復彈琴的美差。

此後又發生爭戰，大衛與非利士人打仗，殺得他們大敗而逃。這又使得掃羅惡魔纏身了——他還想用槍刺透大衛，釘在牆上。他手裏握著槍，坐在屋裏聽大衛給他彈琴。大衛靠牆站著，用手彈琴。掃羅猛然跳起，對著大衛就是一槍！大衛一躲，槍尖刺入牆壁。

當夜大衛跑回家裏，妻子米甲對他說：

「你今夜若不逃去，明日必然被害！」

這時掃羅派來的人已經在門口堵住了，準備天亮動手。聰明的米甲將大衛從窗戶裏縋下去，讓大衛逃走了。

大衛逃到拉瑪來見撒母耳，撒母耳領他到拿約去居住。掃羅聽說大衛逃到拿約，就派人去捉他。去的人在拿約看見一班先知在受感說話，撒母耳站在其中監管他們，於是那去的人也受感說話了。有人將這事告訴掃羅，掃羅又派人去，他們也受感說話。第三次派人去，他們還是受感說話。

看來別人去都受感化，現在只得由掃羅本人親自走一趟了。掃羅動身往拿約去捉大衛，上帝的靈也感動了他，使他一邊走，一邊說話，直走到拿約。他脫下衣服，在撒母耳面前還是受感說話不止，一日一夜，裸體躺臥。因此流傳下來一句俗語——掃羅也在先知之列嗎？

大衛從拿約逃跑，來到約拿單那裏，對他說：

「我在你父親面前犯了什麼罪呢？他竟然這樣追索我的性命？」

約拿單愛大衛如同自己的生命，他答應替大衛在掃羅面前求情。求情的結果如何，約拿單將以吩咐童子取箭的言語為暗號報告給大衛。若說箭在後頭，就是已蒙允諾，大衛可以回

來；若說箭在前頭，就是遭到拒絕，大衛就得逃走。

到了與大衛約定的時候，約拿單帶著一個童子到田野裏向磐石射箭，連射三箭。童子跑去拾箭的時候，約拿單呼喊著說：

「箭不是在前頭麼，快去吧，不要遲疑！」

取回箭之後，約拿單打發童子帶著弓箭回城。原來童子不知道這是暗語，藏在磐石南邊的大衛卻聽得明白：這是叫他逃跑啊！童子走後，大衛從藏身處走出來，拜謝約拿單，二人親吻，灑淚而別。

大衛通過約拿單探知，掃羅並沒有被感化過來，他甚至因爲大衛的緣故，要刺殺自己的親生兒子。

在這種情況下，大衛隻身逃往挪伯，從祭司亞希米勒那裏得到食物和歌利亞的刀。由於以東人多向掃羅王告密，亞希米勒全家八十五人及挪伯城中男女老少連同牛羊驢子盡數遇難。唯有亞希米勒的兒子亞比亞他一人逃出，投奔大衛，並在以後的年月裏繼續追隨他。

從挪伯逃到迦特王亞吉那裏避難的大衛被人認出來之後，假裝瘋癲，混過亞吉的耳目，轉奔亞杜蘭洞。他的兄弟和父親全家以及那些欠債的受窘迫的心裏苦惱的人們，陸陸續續聚集到大衛那裏，約有四百人，擁立大衛做他們的頭目。

不久大衛率衆經米斯巴進入哈列的樹林。聽說非利士人攻擊基伊拉，大衛率衆殺敗非利士人，解救了基伊拉城的居民。掃羅獲知大衛及其追隨者的行蹤後，便設謀圍困基伊拉城，企圖抓到他們。大衛與六百名追隨者由基伊拉逃往西弗曠野南邊的哈基拉山地。掃羅率領三千精兵尾隨至曠野，夜間他睡在輜

重營裏，元帥押尼珥和其他人睡在周圍。大衛和亞比篩潛入掃羅的身旁，取走他的槍和水瓶，他卻絲毫沒有察覺。然後大衛他們站在遠處山頂上，呼叫譴責押尼珥沒有保護好他們的掃羅王。大衛拿出從掃羅頭旁取來的槍和水瓶，表明無意加害於他。這使掃羅受到感動，承認自己有罪，並保證不再加害大衛。大衛率衆從哈基拉轉移至瑪雲曠野南邊的亞拉巴，又從亞拉巴迂回到隱基底的曠野。

後來掃羅又一次率領三千精兵追蹤大衛，行至野羊洞，掃羅進去大解。不料這個洞的深處恰恰隱藏著大衛和他的追隨者。

追隨者們對大衛説：

「看哪，掃羅一個人進來了，他落到你的手裏了！要捉要殺，全憑你了，別叫他跑了！」

洞裏愈深愈黑，掃羅剛進去什麼也看不見。大衛從深處往外看，把來人的行動盡收眼裏。大衛躡手躡腳挨過來，悄悄割下掃羅的外袍襟，同時回手攔住自己的追隨者，不准人害他。掃羅毫無察覺地從洞裏出去，繼續趕路。

隨後大衛也從洞裏出來，望著掃羅的背影呼叫：

「我主，我王！」

掃羅回過頭來，看見大衛向他倒身下拜。大衛對掃羅説：

「你爲什麼聽信讒言，説大衛想要害你呢？如果我想害你，我就不會放過今天這個機會了。當你進洞落在我手裏的時候，有人叫我殺你，可是我愛你，沒有動你一根汗毛，只是割下你的衣襟——看啊，這是你的衣襟不是？我割下你的衣襟，沒有殺你，可見我並沒有惡意背叛你。儘管你到處追索我的性

命，我卻不忍心害你。古人説：惡事出自惡人。願耶和華在你我中間判斷是非，在你身上爲我伸寃！堂堂以色列王，出來追尋誰呢？不過是追尋一條落水狗，追尋一條虼蚤罷了。懇請我王，高擡貴手，讓我活在你的腳下……」

這番催人淚下的肺腑之言，能使鐵石心腸爲之感動。掃羅對大衛説：

「我兒大衛呀，這是你的聲音麼？」他止不住聲淚俱下，「你比我正直，因爲我以惡待你，你卻以善報我。今天我明明落在你的手裏，你卻不肯殺我。如果人遇上了仇敵，怎麼會平安無事地放他走呢？願耶和華賜福於你！我很理解，你必將成爲以色列王，以色列國必將在你的手裏堅不可摧。現在我只求你，將來不剪除我的後裔，不泯滅我的名。」

於是大衛發誓，要永遠優待掃羅和他的後裔。説完話，他們就彼此分手了。

掃羅王回去後，繼續與非利士人爭戰。最後一戰在基列波山上，他的三個兒子同時陣亡，掃羅身中數箭，傷勢甚重。爲了避免落在仇敵手中受辱，掃羅吩咐手下人刺死自己，可是那人不敢下手，掃羅就奪過兵器，橫臥在刀鋒上，飲刃而死，壯烈殉國。

後來掃羅的屍體被勇士們取回來，葬在垂絲柳樹下。那棵嫉妒的根苗開花結果，果實又深埋在塵土之中。

# 四二　慧眼識君

　　掃羅王在世時，大衛到處躲藏，生活相當艱苦。有一次，大衛率領部下來到巴蘭的曠野，聽說大富翁拿八正在迦密剪羊毛，便派出十名青年到迦密去找拿八，無非是要他贊助點東西。

　　豈不知，拿八是個有名的吝嗇鬼，性情又相當粗暴。他不耐煩地聽著大衛派來的使者向他致意：

　　「我的朋友，大衛向你問好，向你本人以及你的全家致以美好的祝願！他聽說你正在剪羊毛，想讓你知道，你的牧人一向跟我們在一起，彼此和睦相處。他們在這裏從來沒有丟失什麼東西。不信你問問他們，他們準會如實地告訴你。眼看節日到了，大衛衷心祝願你心情愉快。我們是你的僕人，大衛是你親愛的朋友。隨你所願，看看你能不能向我們提供點什麼。」

　　使者們以大衛的名義向拿八傳達了這番話以後，立在那裏等著他的回答。拿八沈吟了半晌，終於開口了：

　　「大衛？他是誰？我從來沒有聽說過！如今這地方到處是逃亡的奴隸！別看我宰牛宰羊，那是為剪羊毛的雇工們預備的，餅和水嘛，也不能白白丟給那些來歷不明的人！」

　　大衛的部下碰了這麼個釘子，只好回去，原原本本地把這些匯報給大衛。大衛一聽就火了，立刻下令：

　　「挎上刀！」

　　於是，大衛和部下全都挎上了刀。他吩咐留下二百人看守輜重，其餘的四百人跟他出發。

　　且說拿八頂走了大衛的部下以後，有一個僕人見事不妙，便跑去向拿八的妻子亞比該報告說：

　　「你聽說沒有？大衛從曠野派使者來問候我們主人，他竟把人家損了一頓。人家原來對我們可好啦，從來沒有攪擾過我們。我們跟他們在外面待了這麼長時間，一直沒有丟過東西。我們放羊的時候都跟他們在一起，他們日夜保護著我們。請你想想，我們該怎麼辦？這事很可能給我們主人和全家招來禍患。他這個人哪，太吝嗇了，誰的話他也不聽不進！」

　　原來亞比該跟她丈夫不大一樣，她是一位美麗而又聰明能幹的女人。聽見僕人這麼一說，她立刻準備好一大堆好吃的東西——二百塊餅、兩皮袋葡萄酒、五隻烤羊、一萬七千克烤穗子、一百串葡萄乾、二百塊無花果餅……她吩咐把這些食品整整齊齊馱在驢背上，然後對僕人說：

　　「你們在前頭走，我跟在後面。」

　　臨走時她沒有跟丈夫打招呼，她認為這事得暫時瞞著他，等過後再慢慢跟他講吧。

　　亞比該騎在驢背上，沿著彎彎曲曲的山間小路往前走著。突然，看見大衛領著一羣人急衝衝的朝她迎面走來。大衛本來這麼想：

　　「我過去為什麼在荒郊野外替這傢伙保護財產呢？使得他一點東西也沒丟。難道現在他就這樣酬勞我嗎?! 寧可死，我也要在天亮以前殺他滿門！」

　　亞比該看見大衛，立刻翻身下驢，匍匐跪倒在大衛的腳

前，向他謝罪：

「我的主啊，請聽我説！罪過由我來承當吧。請你不要理睬拿八那個蠢貨啦！他名字叫拿八，是個名副其實的笨蛋！你僕人來的時候，我不在場。上帝一直不讓你向敵人報仇雪恨。我指著永生之主向你發誓：那些企圖謀害你的仇敵都要和拿八一樣地遭到惡報。請收下我獻給你的禮物，分給你的部下吧。也請你饒恕我的過錯。上帝要使你和你的子孫後代爲王，由於你爲上帝而戰，你將一輩子遇難呈祥。如果有人攻擊你，謀害你，上帝會保祐你安全無恙，就像一個忠誠的衛士保護價值連城的寶庫一樣。至於你的仇敵，他們早晚要被拋棄，就像甩石帶上擲出去的石頭一樣。我主若不殺無辜，不報私仇，那麼等上帝保佑我主稱心如意登基坐殿成爲以色列之王的時候，我主就不會感到心裏不安或者良心有愧。我主啊，當你榮華富貴的時候，求你別忘了婢女。」

聽了這番言語，大衛深受啓發，他對亞比該説：

「讚美上帝，他差你來見我！我爲你的真知灼見和果敢行動而感謝上帝，虧得你今天攔住我，使我不殺無辜不報私仇。上帝不允許我傷害你。實話實説吧，如果你晚來一步，拿八家的人在天亮以前都得死光！」

大衛欣然接受了亞比該送來的禮物，和藹地對她説：

「回家吧，儘管放心，我不會辜負你的期望。」

亞比該回到家裏，看見拿八正在亨受盛宴。飲食的豐盛程度堪與王侯家媲美。拿八喝得醺醺欲醉，興致勃勃，所以她當晚沒有把剛才的事告訴他。等到第二天早晨他神智清醒了，她才一五一十地講給他聽。這無異是個晴天霹靂，擊得他一蹶不

振。拿八中風癱瘓，十來天後便一命嗚呼了。

大衛聽說拿八死了，深有感觸地說：

「讚美上帝啊，拿八污辱我，上帝替我報了仇，又使僕人我滿身清淨。拿八死了活該。」

隨後，大衛派人去向亞比該求婚。僕人奉命來到迦密，見到亞比該，對她說：

「大衛派我們來接你去做他的妻子。」

聽了這話，亞比該俯伏在地，說道：

「我是他的使女，情願洗他僕人們的腳。」

說罷亞比該立刻動身，騎上毛驢，在五名使女的護送下，隨著大衛的僕人來見大衛，從此便做了他的妻子。大衛先前娶了耶斯列人亞希暖，現在又娶了亞比該，她們二人都做了他的妻子。至於早年跟大衛結婚的米甲，在他走後，她的父親掃羅王已經把她改嫁給帕提了。

# 四三　大衛登基

大衛登基的時候，年三十歲，在位四十年——在希伯崙作猶大王七年，在耶路撒冷做以色列王三十三年。在耶路撒冷，大衛住在錫安山的保障裏，保障就是大衛城。在這裏建造宮殿，選立后妃。

大衛對米甲一往情深，他派使者去給掃羅之子伊施波設送信說：

「請把我的妻子米甲還給我吧。早年爲著娶她，我曾經交出了一百塊非利士人包皮做爲聘禮。」

此時米甲已經不是帕提的妻子，她又改嫁給帕提的兄弟帕鐵了。伊施波設接到大衛王的來信以後，派人把米甲從帕鐵家裏接出來。帕鐵迫於王族勢力，不敢不依，但他對這位公主又實在是情深意厚。送親的隊伍出發了，帕鐵跟在愛妻的後面，一邊走，一邊哭，不知不覺跟到巴戶琳。擔任護送任務的押尼珥元帥怕他一直跟到王宮有失體統，便對他說：

「你回去吧！」

帕鐵只好跟米甲依依告別，忍氣吞聲，自個兒回家去了。

米甲公主來到大衛王身邊，昔年初婚的夫妻又破鏡重圓了。

後來以色列人慶賀約櫃進城，鼓樂喧天，熱鬧非凡。米甲從窗戶裏向外觀看，看見大衛在長街上手舞足蹈，便覺得有礙觀瞻，一股厭惡的情緒油然而生。在這舉國歡騰的日子裏，大衛王親自向臣民們散發食品，然後回宮向全家人祝福。米甲出來歡迎他。

「以色列之王今天有好大的榮耀啊！」她嘲諷他說，「在朝臣婢女們面前，他活像個耍把戲的傻瓜！」

大衛針鋒相對地回答說：

「我跳舞爲的是榮耀主，他立我做以色列子民的領袖，用以代替你父親和你父親的家族。所以我還要繼續不斷地跳舞榮耀主，我要使自己更加卑微。你是把我看得非常渺小，然而那些少女們卻偏偏把我看得相當偉大！」

米甲公主熄滅了愛情的火焰，終身不育。她自視高傲而輕

看了大衛王。

大衛王連年對外用兵，他派元帥約押領兵圍攻亞捫人的京城拉巴。約押元帥手下有一名大將，名叫烏利亞。烏利亞出征在外，把妻子拔示巴留在家裏。

拔示巴來過月經之後，太陽平西的時候，到大衛城外錫安山下的泉水裏洗澡。沒有料到，她的身子擋住了一個人的視線。這個人就是大衛王。

大衛王正在王宮的平頂上散步，看見清泉垂柳下有一個婦人在洗澡，肌膚豐滿，面貌漂亮……那婦人是誰呢？大衛王派人去打聽，方知那位美女便是赫人烏利亞的妻子拔示巴。

大衛派人去召她，把她領進宮裏。拔示巴來到宮裏，深受大衛的喜愛，兩個人同房睡覺。事過之後，她就悄悄回家了。

她回到家裏，過了些日子，發現自己懷孕了，急忙打發人去告訴大衛說：

「我懷孕了！」

丈夫出征在外，妻子在家懷了孕，將來生出孩子算誰的呢？爲了解決這一難題，大衛派人到戰場上對約押元帥説：

「你打發赫人烏利亞到我這裏來！」

於是約押就打發烏利亞去見大衛。大衛跟烏利亞説什麼呢，他只是隨便問了問：約押好麼？軍兵好麼？戰事怎麼樣啦？然後大衛對烏利亞説：

「你回家去，洗洗腳吧。」

可是烏利亞並沒有回家，他和王的僕人們一同睡在宮門外。

有人告訴大衛説：

「烏利亞沒有回家去睡覺。」

大衛就問烏利亞說：

「你從戰場上回來，路途又遠，一定很累了吧，應該好好休息一下，爲什麼不回家去呢？」

「我怎麼好回家呢，」烏利亞對大衛說，「以色列的士兵在外面打仗，晚上都住在帳篷裏。約押元帥和我主的僕人，都在田野裏安營。我怎麼能回家吃喝，與妻子同寢呢？我敢在我主我王面前發誓，我絕不回去。」

既然他這麼說了，大衛也沒有辦法，只好由他吧。烏利亞在宮門外面睡了一夜。

早晨起來，大衛吩咐烏利亞說：

「今天不要返回戰場了，明天再去吧！」

大衛款待烏利亞，叫他在自己面前大吃大喝，一直把他灌得酩酊大醉——其實酒並沒有喝多，因爲他平常不喝酒，所以一喝便醉。喝醉了他也沒有回家，這天晚上他仍和王的僕人一同住宿。

烏利亞就這麼在耶路撒冷住了兩夜，一直沒有去見他的妻子。

第三天早晨，大衛打發烏利亞上路，臨行時交給他一封信，要他捎給約押元帥。

約押元帥打開信一看，原來是這麼寫的：

「要派烏利亞前進，到陣勢極險之處，你們便後退，使他被殺。」

約押完全按照大衛的旨意行事。圍城的時候，發現敵人什麼地方有勇士，就派烏利亞往什麼地方衝！

　　結果城裏勇士出來反攻，烏利亞和幾個人一齊衝上去，把敵人打回去，追到城下，這時城上放箭，把前面的幾個人射倒了，其中有一個就是烏利亞。烏利亞倒下了，他的血流在戰場上。

　　事後約押派人向大衛報告戰場情況，特意囑咐他說：

　　「如果國王要怪罪下來，說爲什麼要接近城牆呢，難道不知道敵人會從城牆上放箭嗎？以前亞比米勒是怎麼死的，還不是一個婦人從城樓上拋下一塊磨石，砸在他身上，他就死了嗎？爲什麼不接受教訓，還要接近城牆呢？他若這麼問，你就這麼回答：赫人烏利亞也死了。」

　　使者把約押的話聽明白，記在心裏，從拉巴城外的戰場上回到耶路撒冷，進宮去見大衛王，按著約押臨行時的吩咐，向大衛奏道：

　　「敵人力量比我們強，他們從城裏反攻出來，我們追殺他們，直到城門口，這時城上放箭，射死幾個王的僕人，赫人烏利亞也死了。」

　　大衛對使者說：

　　「你回去告訴約押，叫他不要爲這事難過。刀劍無眼，或吞滅這人，或吞滅那人，沒有一定的。你只管竭力攻城，把城攻破。好了，你回去就用這話勉勵約押。」

　　烏利亞的妻子聽見烏利亞死了，非常傷心，悲悲切切哀哭了許多天。哀哭的日子過了，大衛派人把她接進宮裏，她就做了大衛的妻子。

　　這事傳到先知拿單的耳朵裏，他就來到耶路撒冷的王宮，對大衛說：

「在一座城裏有這麼兩個人，一個是富戶，一個是窮人。富戶有許多牛羣和羊羣，窮人除了買來養活的一隻小母羊羔之外，一無所有。羊羔在窮人家裏和他兒女一同長大，吃他所吃的，喝他所喝的，睡在他懷裏，在他看來，如同兒女一樣。有一位客人來到這富戶家裏，富戶捨不得從自己的牛群羊群中取一隻做給客人吃，卻取了那窮人的羊羔，做給客人吃。」

聽了先知拿單的話，大衛非常痛恨那個富戶，他對拿單說：

「我敢發誓，做這事的人該死！他應該四倍地償還羊羔，因爲他這樣幹，没有一點憐憫之心！這個人實在可惡！」

「你就是那樣的人！」先知指著大衛說，「你藉亞捫人的刀，殺害赫人烏利亞，又娶了他的妻子。你做這事，必然遭到報應。」

「我有罪呀！」大衛後悔，已經來不及了。

「你本人不會死，」先知對國王說，「可是你所得的孩子，必定要死！」

先知拿單走後，烏利亞妻子給大衛生下的孩子就病了，病情很重。大衛爲這孩子懇求上帝，並且禁食，閉門不出，徹夜躺在地上。他家中的老臣來到他身旁，要把他從地上扶起來，他說什麼也不起來，也不肯吃飯……到了第七天，孩子死了。臣僕們都瞞著他，不敢說。他們以爲，孩子活著的時候尚且不肯吃飯，那麼孩子一死，他還活得了麼！大衛聽臣僕們說話背著他，低聲細語的，就知道不好。

「孩子是不是死了？」大衛問臣僕，「你們不應該瞞著我。」

「死了。」他們只得如實稟報。

大衛聽見這話，就從地上起來，沐浴、抹膏、換衣裳……然後吩咐擺飯，擺上飯，他就吃起來。

「你這是什麼意思呢？」臣僕們迷惑不解，「孩子活著的時候，你禁食哭泣；孩子死了，你反倒起來吃飯。」

「是這麼回事，」大衛向他們解釋，「孩子還活著，我禁食哭泣，或許能取得上帝的憐憫，使孩子不死。現在孩子死了，我還何必禁食呢？難道我能使他返回嗎？人死不能復生，我必往他那裏去，他卻不能回到我這裏來。」

大衛喜愛自己的妻子拔示巴，富貴榮華使她更加美貌而且動人。大衛與她同寢，使她又懷了孕。後來拔示巴給大衛生下一個兒子，起個名字叫所羅門。

# 四四　宮廷醜聞

大衛的兒子暗嫩愛上了同父異母的妹妹他瑪。他瑪是押沙龍的胞妹，長得特別漂亮。暗嫩特別愛他瑪，相思成疾，面容憔悴。他自己心裏也明白，這是不可能到手的，因為她處於深閨，不輕易露面，男人很難見到她。正當他一籌莫展的時候，他的好朋友約拿達對他說：

「你是王子，可是我見你抑鬱寡歡，日漸消瘦，究竟是怎麼回事呀？」

「我愛上押沙龍的胞妹他瑪了。」暗嫩有氣無力地說。

約拿達是個狡猾的傢伙，他給暗嫩出主意說：

「你可以裝病，躺在床上。等父親來看你的時候，就對他說，『請叫他瑪妹妹來餵餵我吧，我很想吃她烤的餅。』」

於是暗嫩裝病，臥床不起。大衛王來看他，他就說：

「請叫他瑪來給我烤幾個餅吧，我要親眼看著她烤，要她親手拿給我吃。」

大衛果然派人傳話給他瑪說：

「到暗嫩那裏給他烤幾塊餅吧，他病了。」

他瑪不敢怠慢，立刻來到暗嫩的屋子裏，看見他在床上躺著。她和麵烤餅，讓他看著。烤好了，盛在盤子裏，送給他吃。可是他不吃，冷冷地說：

「叫人都走開！」

等別人都離開以後，他對她說：

「把餅挪到床上來，我要你親手拿給我吃。」

趁她餵他的時候，暗嫩突然摟住她說：

「跟我睡覺吧！」

「不行，」她掙扎著說，「不要硬逼我做這種醜事，可恥啊！那我往後還怎麼有臉見人呢？你在以色列人中也會威信掃地啊！請你跟國王說吧，我相信他會答應把我嫁給你的。」

但他根本不聽，仗著力氣大，硬是把她按倒強姦了。

事過之後，暗嫩轉而特別厭惡她，其厭惡的程度甚至超過了以往對她的愛，他粗暴地對她說：

「滾出去吧！」

「不，」他瑪回答說，「你這樣趕我走，只能是罪上加罪！」

　　然而暗嫩根本不聽，他叫來了自己的心腹僕人，下命令說：

　　「我不願見這個女人，把她拖出去，把門鎖上！」

　　他瑪被推了出去。她忿怒已極，撕裂了未婚公主的長袍，往頭上揚灰，雙手捣著臉，一路哭泣著回宮。她的胞兄押沙龍問她說：

　　「莫非暗嫩欺侮你了嗎？妹妹，你別難過。他是你同父異母的兄弟，家醜不可外揚。」

　　從此他瑪就住在胞兄押沙龍的家裏。她時常傷心落淚，益發顯得寂寞孤獨。

　　大衛王聽說發生了這種事，非常生氣。從此押沙龍對強姦胞妹的暗嫩懷恨在心。

　　兩年後，押沙龍在巴力夏瑣設宴招待諸位王子，暗嫩以長兄的身分應邀出席。押沙龍預先吩咐僕人說：

　　「你們注意，當暗嫩喝酒喝足了的時候，聽我一聲令下，你們就立刻動手，把他殺了。別害怕，一切後果由我承當。要勇敢，不要猶豫！」

　　於是僕人們遵照押沙龍的命令，殺死了暗嫩。衆王子們見狀大驚，一轟而散。押沙龍畏罪潛逃，遠走異國他鄉。幾年以後，大衛王愛子心切，終於在約押元帥的調和下，父子重新和好。

　　押沙龍是大衛王的第三個兒子，乃是基述國公主瑪迦所生。王子押沙龍生得威武英俊儀表堂堂，是個有名的美男子。在以色列人中，誰也沒有他長得這麼漂亮，渾身上下，簡直挑不出絲毫疵點。他的頭髮又密又長，以致不得不每年剪下一

次，不然就太重了。每次剪下的頭髮有兩千克。他有三子一女，全都生活在花團錦簇之中。

這位王子有車有馬有衛隊，他每天早晨起來，站在城門口，遇到外地來京告狀的人，他便主動打招呼，問其家鄉居址，等對方向他講明以後，他就這樣對人家說：

「你看，明明是你這方面有理嘛，可惜國王沒有設立聽訟官，有理無處訴啊！」接著他還會加上一句，「若是我能當一名審判官就好啦！那時不管誰來訴訟，我都會秉公斷案。」如果有人向他跪拜，他就過去一把拉住，抱過來親吻。押沙龍對每個前來告狀的人都是如此，從而贏得了人民的愛戴。

數年以後，押沙龍對大衛王說：

「陛下，我流亡國外時，曾經許下心願，說有朝一日我能回到耶路撒冷，我一定到希伯崙燒香獻祭。因此，請允許我到希伯崙去還願吧。」

「那你就安心去吧！」國王說。

於是押沙龍從耶路撒冷帶著二百名隨從來到希伯崙。與此同時，他還特地派人到基羅請來大衛王的謀士亞希多弗。押沙龍事先曾派人到各處散布說：

「當你們聽到吹號聲的時候，就呼喊，『押沙龍在希伯崙做王嘍！』」

一時間，全國各地都知道押沙龍做王了，叛逆的聲勢愈來愈大。消傳到耶路撒冷，大衛王在一片慌亂中對臣僕們說：

「如果我們想逃脫押沙龍的話，就得趕快離開這裏！不然的話，他就會把我們斬盡殺絕！」

「是這樣，國王陛下，」他們回答說，「我們時刻聽從你

的召喚。」

於是國王在朝臣們的陪同下，攜家帶口撤離耶路撒冷，只留下十名妃嬪看守王宮。

大衛王率眾離開京城，渡過汲淪溪，哭喊著向曠野逃跑。大衛王蒙著頭，光著腳，登上橄欖山。這時有人向他報告說：

「亞希多弗隨押沙龍叛變了！」

於是大衛派戶篩回去，詐歸押沙龍，從中破壞亞希多弗的計謀。

當朝臣們簇擁著大衛到達巴戶琳的時候，有一個名叫示每的人出來咒罵大衛：

「滾蛋吧，你這兇手，你這罪犯！你奪了掃羅的王國，殺了那麼多人。現在上帝要懲罰你嘍，他把王位交給了你的兒子押沙龍。你這兇手完蛋啦！」

這時約押的兄弟亞比篩對大衛說：

「國王陛下，怎麼能讓這隻野狗咒罵你呢？讓我過去砍下他的狗頭！」

「這不關你的事！」國王對約押及其兄弟亞比篩說，「我親兒子尚且尋索我的性命，何況別人，由他罵去吧。」

於是大衛一行繼續往前走。示每緊追著走上了山坡。一邊走，一邊罵，一邊扔石頭，還向他們身上吐唾沫。大衛和隨從們一直沒有理他。他們來到約旦河邊，實在走不動了，就坐下來休息。

且說戶篩奉大衛王之命回到耶路撒冷，剛好押沙龍也到了。戶篩迎著押沙龍歡呼道：

「陛下萬歲！陛下萬歲！」

「戶篩，你對大衛的忠誠何在？」押沙龍問他，「你爲什麼不跟他走呢？」

戶篩回答説：

「我那能走呢，我只追隨上帝和人民選定的人，所以我要留在你身邊。說一千道一萬，我這是侍候誰呢，還不是我主的兒子嗎？我過去侍候你父親，現在我要侍候你啦。」

隨後押沙龍轉身對亞希多弗説：

「我們已經來到這裏，你看下一步怎麼辦呐？」

亞希多弗回答説：

「去跟王妃睡覺吧，她們留在這裏看守宮殿呢。這樣舉國臣民都會知道，你和你父親變成了勢不兩立的仇敵，手下人也會更加堅定地跟著你了。」

於是他們特意在王宮平頂上搭起一座帳篷，押沙龍當衆與王妃們同床共枕。

亞希多弗不僅是個謀士，而且還會打仗，他給押沙龍出謀劃策，提出由他選出一萬二千精兵，趁夜去追殺大衛王。只要殺掉大衛一個人，其餘的人就會像新娘歸順新郎一樣地聚攏到押沙龍的身邊。這個主意得到押沙龍和長老們的一致贊同。押沙龍又把戶篩找來，問他，亞希多弗的計畫是否可行？戶篩告訴押沙龍，説那是個餿主意。因爲大衛王久慣疆場，他一定不會和部下一起過夜，準是藏在山洞裏或者別人無法找到的地方。如果晚上去抓他，不僅會撲空，還會使戰局逆轉。因此，他向押沙龍建議：

「動員全體以色列人，由你親自率領上戰場，進行無孔不入的全面圍剿。如果他逃進一座城，那我們就帶著繩子去，把

那座城拉下山谷！」

戶篩的建議博得滿堂喝彩，都說這比亞希多弗的主意強多啦。氣得亞希多弗騎驢回家，上吊縊死了。作戰計畫確定以後，戶篩秘密派人給大衛王送信，要他趕緊渡過約旦河。

正在約旦河岸歇息的大衛王接到報告，不顧疲勞，立刻率衆連夜渡河，天亮以前，全部登上彼岸。當押沙龍率領大隊人馬搶渡約旦河的時候，大衛他們早已逃到瑪哈念。

大衛王到達瑪哈念的時候，有巴西萊等三人前來迎接。他們帶著鍋碗鋪蓋和食品，送給大衛和他的隨行人員。吃的有大麥、小麥、粗麵粉、烤穗子、蠶豆、豌豆、蜂蜜、乳酪、奶油和綿羊。大衛他們經過曠野長途跋涉，又渴又餓又疲勞，忽然見到這些東西，真是如獲至寶，不能不由衷地感謝巴西萊老人。

他們風捲殘雲般地飽餐了一頓，休息以後，大衛把他的部下組織起來，以千人百人爲單位，總起來分成三個縱隊，由約押等三人各帶一隊，準備迎敵。大衛對部下說：

「我也要跟你們一同上戰場。」

「你千萬不要去，」部下回答說，「我們其餘的人生死存亡，敵人都滿不在乎，可你一個人比我們萬人還重要。他們要拿的就是你呀，你最好留在城裏，隨時策應我們。」

「你們認爲怎樣好，我就怎樣做吧。」國王回答說。隨後他站在城門旁，目送自己的部下成千成百地出發了。當約押等三位縱隊指揮官路過的時候，大衛把他們一一叫住，向他們下了一道命令：

「看在我的面上，你們不要傷害青年押沙龍。」

　　大衛的軍隊開到曠野，跟押沙龍的軍隊在以法蓮大森林裏開兵見仗。殘酷的廝殺，奪去了兩萬人的生命。押沙龍的軍隊被擊潰了。押沙龍騎著一匹騾子急走如飛，突然碰見幾個大衛兵，嚇了一跳，猛一挺身，頭髮掛在一棵大橡樹枝上，不想這令人羨慕的又密又長的頭髮竟如亂麻一般地絞在樹枝上，難解難分，那騾子也不停蹄，任憑樹枝把主人從背上倒揪回去，吊在半空中。大衛兵見狀，趕緊向約押元帥報告：

　　「元帥，我看見押沙龍掛在橡樹上啦！」

　　約押回答說：

　　「你看見他，爲什麼不用槍刺？我本人會賞給你十塊銀幣和一條皮帶。」

　　不料士兵回答說：

　　「你就是給我一千塊銀幣，我也不敢傷害王子一根毫毛哇。我們全都聽見國王給你們下命令說，『看在我的面上，你們不要傷害青年押沙龍。』假使我違抗王命，殺死押沙龍，國王肯定會知道——什麼事情也瞞不過他——那時候，你不會保護我吧。」

　　「我沒有時間跟你囉嗦。」約押說著操起三支矛槍奔過去，看見押沙龍吊在橡樹上搖搖悠悠直哼哼，便對準他的胸膛連擲三槍。緊接著，約押手下的十個士兵圍上來，結束了押沙龍的性命。

　　押沙龍的死訊一傳到大衛的耳朵裏，他便登時大哭起來：

　　「噢，我的兒子！我的兒子押沙龍啊！巴不得我替你死，我的兒子，押沙龍！」

　　約押聽說國王爲自己的兒子大放悲聲，便來勸解他說：

「今天你這樣哭，只能使你的部下感到寒心。他們救了你和你的兒女后妃們的性命，你反倒羞侮了他們。你敵視愛你的人，喜歡恨你的人！你的行動表明，臣僕們對你來說是無所謂的。看得出來，如果今天我們都死絕了，只留下押沙龍一個人活著，你會感到心裏痛快。趕緊安慰安慰你的部下吧，我敢斷定，如果你不去安慰他們，等到明天早晨不走光了才怪呢！那會使你遺恨終生的。」

國王聽了這話，馬上站起來，走到城門邊，坐在那裏。臣僕們看見國王出來了，紛紛向他圍攏過來，聚集在他的周圍。

大衛率衆歸來，途經約旦河的時候，看見示每領著一千人等在渡口上。當大衛要過河的時候，示每趕上來匍匐跪倒在他的面前，聲音顫抖地說：

「陛下，饒了我吧！那天你離開耶路撒冷的時候，我冒犯了你。求你別跟我一般見識，把那件事忘了吧。王啊，我已經知罪了，這就是今天我從北方支派中第一個來迎接陛下的原因。」

約押兄弟亞比篩喊道：

「應該把示每處死，因爲他咒罵了奉天承運的君王。」

不料大衛對約押兄弟說：

「誰要你來多嘴？這不是給我找麻煩嗎？我是以色列的國王，我今天不允許處死一個以色列人。」隨後他轉向示每說，「我保證不處死你。」

在迎接國王渡河的人們中，有一位白髮蒼蒼的老翁，他就是在瑪哈念犒勞大衛的巴西萊。大衛王對他說：

「跟我到耶路撒冷去吧，我要好好照顧你老人家。」

不料巴西萊卻回答說：

「我活不了多久了，幹麼要我隨陛下去耶路撒冷呢？我已經整整八十歲，對什麼都不感興趣了。吃呢，嘗不出吃的是什麼；喝呢，品不出喝的是什麼；聽呢，也聽不見歌手們唱的是什麼。老朽只會成爲陛下的累贅。我不配獲得此等殊榮。我只跟你過了約旦河，再往前送幾步，我就要回去了。讓我回家去吧，在父母墳前以終天年。喏，這是我的兒子金罕，讓他侍候你吧。你把他帶在身邊，陛下，你可以隨意待他。」

國王回答說：

「我把他帶在身邊，一定讓他心滿意足。你要我做什麼都行。」

隨後大衛王和全體臣僕渡過了約旦河。他親吻巴西萊，祝老人家百事如意。巴西萊目送著大衛和金罕逐漸消失在幢幢遠去的人流裏，方才邁著蹣跚的腳步回家了。

大衛王回到耶路撒冷王宮，把那十個看守王宮的妃嬪禁閉起來。他照樣養活她們，但是再也不與她們同房。從此以後，這些妃嬪們就幽居在深宮裏，在寂寞中苦度餘生，就像寡婦似的。

# 四五　所羅門王

大衛王年老的時候，身上總覺得發冷，蓋上毛毯也暖和不過來。臣僕們對他說：

「陛下，我們是不是找一個少女來侍候你，有她躺在你的身邊，你就暖和了。」

於是在全國各地選拔美女，終於在書念找到一個合適的，名叫亞比煞，送到了國王身邊。亞比煞生得花容月貌，一天到晚照顧國王，體貼入微，十分周到。不過大衛王並沒有跟她發生肉體關係。

押沙龍死後，在活著的諸王子中間，亞多尼雅的年齡最大。他是一個英俊瀟灑的美男子。隨便他怎麼樣，大衛王從不說他半個不字。然而他卻迫不及待地想當國王。他擅自搞了一套戰車、騎兵和五十名私人衛隊。他找元帥約押和祭司亞比亞他談話，密謀起事，這兩個人表示支持他的行動。但是祭司撒督和先知拿單等人，以及侍衛長比拿雅和王宮衛隊，都不站在他這一邊。

有一天，亞多尼雅在隱羅結水泉附近的「蛇石」那裏燒香獻祭，並邀請諸位王子和朝廷大臣們前來赴宴，偏偏把王子所羅門、祭司撒督、先知拿單、侍衛長比拿雅和王宮衛隊排除在外。

爲這事，先知拿單來見所羅門的母親拔示巴，問她說：

「你知道嗎，哈及生的王子亞多尼雅已經自我稱王啦？大衛王還給蒙在鼓裏！如果你們母子倆還想活命的話，我倒有個主意，趕緊去見大衛王，跟他這樣說：『陛下，你不是鄭重其事答應過我，叫我的兒子所羅門繼承你的王位嗎？那現在可就怪了，聽說亞多尼雅已經當上國王了！』當你這麼說話的時候，我就進去，一口咬定就是這碼事。」

商量好以後，拔示巴到寢宮裏面見國王。大衛王這時已經

老態龍鍾，書念女子亞比煞正在侍候他。拔示巴向他鞠躬施禮，他問道：

「你來有什麼事嗎？」

拔示巴回答說：

「陛下，你曾在上帝面前向我保證，將來叫我兒子所羅門繼承王位。可是現在亞多尼雅已經當上國王了，你還一點不知道！他剛才殺牛宰羊獻祭，宴請諸位王子，還有祭司亞比亞他，領兵元帥約押，可是偏偏把你的兒子所羅門排除在外。陛下，全國臣民都在眼巴巴地望著你，等你告訴他們，究竟誰是王位的繼承人？如果你還沈默不語，那麼當你一晏駕，我和所羅門娘兒倆就馬上成了叛逆啦。」

話音剛落，忽聽有人稟報說，先知來了。拔示巴就此收住話題，閃身退下。只見拿單一路跟跟蹌蹌走進來，朝國王鞠躬施禮，喘息了好一會兒，方才開口說：

「陛下，你是不是宣布亞多尼雅做你的王位繼承人了？就在今天，他出去殺牛宰羊燒香獻祭，宴請諸位王子，領兵元帥約押，還有祭司亞比亞他，這些人在他面前吃喝，並且呼喊著：『亞多尼雅王萬歲！』可是他並沒有邀請我，也沒有邀請撒督、比拿雅和所羅門。陛下，難道這事你都認可了，還在瞞著我們朝廷大臣，硬是不告訴我們誰是王位繼承人嗎？」

這時大衛王吩咐說：

「叫拔示巴回來！」

拔示巴來到他面前以後，他對她說：

「我在上帝面前向你發誓，今天我要信守向你許下的諾言，你的兒子所羅門是我的王位繼承人。」

拔示巴鞠躬施禮説：

「願我主我王萬壽無疆！」

隨後大衛王召見撒督、拿單和比拿雅，對他們説：

「你們會同朝臣們一起，叫我的兒子所羅門騎上我的騾子，把他護送到基訓泉。在那裏，撒督和拿單要膏立他做以色列王。然後你們就吹號歡呼：『所羅門王萬歲』再簇擁他回到這裏來登上我的王位。他將接續我做王，因爲他正是我爲以色列和猶大選中的統治者。」

「遵命，」比拿雅回答説，「願上帝成全此事。願上帝像保佑陛下一樣保佑所羅門，願他的江山永固，願他的國運更加繁榮昌盛。」

於是撒督、拿單、比拿雅和王宮衛隊把所羅門扶上大衛王的騾子，護送著他來到基訓泉。撒督從約櫃聖幕裏帶來一隻盛滿聖油的角來膏所羅門。這時號角齊鳴，衆人歡呼：

「所羅門王萬歲！」

然後大家簇擁著他返回來，一路歡呼著，吹著長笛，喧鬧聲震撼著大地。

聲音傳到亞多尼雅及其賓客們的耳朵裏，約押聽見號角聲就問：

「城裏這樣熱鬧轟動是怎麼回事兒？」

話音未落，祭司亞比亞他兒子約拿單就趕到了。

「請進吧，」亞多尼雅説，「你是福人，必然帶來福音。」

「恐怕未必吧，」約拿單回答説，「大衛王陛下已經立所羅門爲王了。」

　　賓客們一聽這話，趕緊各奔東西。亞多尼雅特別懼怕所羅門，他跑到帳幕裏抓住祭壇之角，嘴裏說道：

　　「首先，我要所羅門王向我保證，給我留條活命。」

　　這話傳到所羅門王的耳朵裏，他當即回答說：

　　「只要他老老實實，我連一根頭髮都不碰他的；倘若作亂，那他的命就保不住了。」

　　說罷，所羅門王派人把亞多尼雅從祭壇上拉下。亞多尼雅來見國王，鞠躬施禮。國王對他說：

　　「你回家去吧！」

　　亞多尼雅就回家去了。

　　大衛王在彌留之際，把所羅門叫到面前，向他交代了臨終遺言：

　　「我就要離世了。你只要順從上帝，遵行摩西律法，就會長治久安，興旺發達。還有幾件事，跟你說一下。你還記得吧，約押殺死了以色列軍的兩位元帥，押尼珥和亞瑪撒，他在和平時期要他們償還戰爭時期的血債。他殺害無辜人的性命，而我卻爲他的行爲承擔責任，吞下這些苦果。你知道怎麼辦，一定不讓他終老天年。

　　「但是要特別恩待巴西萊的兒子們，好好照顧他們，因爲在我逃避你兄弟押沙龍的時候，他們在瑪哈念恩待過我。

　　「示每這個人，在我到達巴戶琳那天，惡毒地咒罵我，可是當他在約旦河口見到我的時候，我在上帝面前向他保證，我不會殺他。但是你一定不能讓他逍遙法外。你知道怎麼辦，你一定要伺機把他處死。」

　　大衛王死後，所羅門接續他父親做王。他決心實現父親的

遺囑，同時也要掃除身邊的隱患。

後來亞多尼雅來見所羅門的母親拔示巴。拔示巴向他說：

「你是來問安的嗎？」

「是呀，我正是來問安的。」他回答，接著又加上一句，「順便我想求你辦點事情。」

「什麼事呀？」她問。

亞多尼雅回答說：

「你知道，我本來應該做國王，這也是每個以色列人的願望。然而事情的發展出人意料，我的兄弟當上了國王，這本是上帝的意志。但是如今我有一事相求，望勿推辭。」

「相求什麼啊？」拔示巴問道。

他回答說：

「請你要求所羅門王——我知道他不會拒絕你的——把書念女子亞比煞給我作妻子。」

「好吧，」她回答說，「我這就去向國王給你說情。」

於是拔示巴就代表亞多尼雅去向所羅門王說情。所羅門從座位上站起來，迎候自己的母親，向她鞠躬致敬。然後他坐在寶座上，請母親坐在右邊的座位上。她說道：

「我有點小事麻煩你，希望你不要拒絕。」

「母親，是什麼事呀？」他問，「我不會拒絕你的。」

「把亞比煞送給你兄弟亞多尼雅做妻子吧。」

「你怎麼能問我要亞比煞給他做妻子呢？」國王問道，「你乾脆要我把寶座一起送給他得啦！這可好，他是我長兄，何況又有祭司亞比亞他和元帥約押的輔佐！」接著所羅門在上帝面前莊嚴發誓，「如果我不能叫亞多尼雅為這個要求付出生

命的代價，願上帝重重地降罰於我！上帝把我堅立在我父親大
衛王的寶座上，他嚴守自己的諾言，把王國賜給我和我的子孫
後代。我在永生的上帝面前發誓，亞多尼雅的死期就在今
天！」

　　說罷，所羅門王命令比拿雅去殺死了亞多尼雅。緊接著，
所羅門王對亞比亞他祭司說，「回你老家去吧。你本來犯了死
罪，姑念你過去辛辛苦苦追隨我的父親大衛王，跟他患難與
共，我今天就饒你不死了。」同時所羅門王解除了他的祭司
職。

　　約押元帥聽到風聲，逃到帳幕裏抓住祭壇之角。所羅門聽
到這消息，便派人去問他，爲什麼要往帳幕裏跑？約押回答
說，他懼怕所羅門。於是所羅門派比拿雅去刺殺約押。比拿雅
走進帳幕，對約押說：

　　「國王命令你出來！」

　　「不，」約押回答說，「我就死在這裏吧。」

　　比拿雅回去把約押說的話告訴了國王。

　　「就照約押自己的話成全他吧，」所羅門回答說，「把他
殺了埋掉。」

　　比拿雅奉命到帳幕裏殺了約押，把他埋在他家鄉的田野
裏。

　　國王任命比拿雅統領全軍，取代了約押的元帥職位。又任
命撒督祭司取代了亞比亞他的職位。

　　這些事情辦完以後，國王派人把示每召來，對他說：

　　「在耶路撒冷爲你自己建一座房子吧，住在那裏面，不得
離開本城。倘若你離開，越過汲淪溪，你就非死不可了，那可

是咎由自取！」

「這樣很好，陛下，」示每回答說，「我一定照你的話去做。」

他就這樣在耶路撒冷長期住下來了。不料三年以後，示每的兩個奴隸逃亡到迦特王亞吉那裏去了。示每聽到這個消息，便騎上驢子到迦特去見亞吉王，尋找自己的奴隸。找到以後，他就把他們帶回家。所羅門聽說示每出了這麼一趟差，便派人把他叫來，對他說：

「我曾經叫你起過誓，不離開耶路撒冷。我也警告過你，倘若你離開了，你就非死不可。你不是親口答應要聽我的話嗎？爲什麼你打破了自己的誓言，違抗我的命令呢？你對不起我的父親大衛王，這一點你心裏很清楚。上帝要因此而懲罰你。」

說罷，國王命令比拿雅出去殺了示每。這樣，所羅門王就完成了父親的遺命，清除了周圍的隱患，鞏固了自己的王位。


# 四六　智斷疑案


所羅門繼承他父親大衛的王位，成爲以色列的國王。在耶路撒冷登基以後，所羅門王前往基遍去獻祭。因爲在那裏有極大的丘壇，他在壇上獻一千犧牲做燔祭。

獻完燔祭，所羅門王就在基遍過夜。他夜間做了一個夢，夢見耶和華向他顯現。耶和華對他說：

「所羅門，你最需要什麼呢？你可以説出來，我一定賜給你。」

「耶和華我的上帝啊，」所羅門説，「你的僕人年紀幼小，處在你所選擇的多得不可勝數的民眾中，不懂得如何行事。所以求你賜給我智慧，使我可以判斷你的民眾，辨別是非曲直。不然，怎能治理他們呢？」

「好，」上帝聽見所羅門的話，非常喜悦，對他説，「你不爲自己求壽求富，也不求滅絕你仇敵的性命，單求智慧，好爲民聽訟斷案。我答應你的要求，賜給你空前絕後的聰明和智慧。你所沒有求的那些，我也全都賜給你，使你福壽綿長，富貴榮華，在列王中沒有一個能比得上你的。」

所羅門一覺醒來，方知是夢。他回到耶路撒冷，站在約櫃前，獻燔祭和平安祭，又爲他的眾位臣僕擺設宴席。

有這麼一天，兩個妓女站在所羅門面前，互相廝鬧，難解難分。所羅門叫她們安靜下來，一個一個地説。

這一個説：

「我主啊，我與這婦人同住一室，室內再無別人。她在室內的時候，我生了一個男孩，我生孩子後第三日，這婦人也生了一個孩子。夜間睡覺時，她壓死了自己的孩子。她半夜起來，趁我睡覺，從我旁邊把我的孩子抱去，放在她的懷裏，卻把她的死孩子放在我的懷裏。天快亮的時候，我起來給孩子吃奶，不料孩子死了！等到天光大亮，我細細察看，不對，死孩子不是我生的。」

那一個説：

「不對！活孩子是我的，死孩子是你的！」

這一個又說：

「不對，死孩子是你的，活孩子是我的！」

她們在國王面前互相指責，你一言我一語，爭論不休，都請國王秉公判斷。

所羅門王發話道：

「你們兩個各說各的理，嚷嚷得我心裏發煩。乾脆這樣吧，拿刀來！」

有人聽從吩咐，拿過一把大刀。國王大聲喝道：

「把活孩子奪過來，劈成兩半！一半分給這婦人，一半分給那婦人。」

活孩子的母親一聽這話，立刻把孩子推給對方，急切地說：

「求我主開恩，把活孩子給她吧，我情願不要，千萬不可劈他！」

另一個婦人卻無動於衷地說：

「這孩子不歸我，也不歸你，把他劈了吧！」

「成了，」所羅門王說，「現在清楚了。把這孩子給這不要劈的婦人，那要劈的定不是孩子的母親！」

以色列人聽見所羅門斷案如此精明，都很佩服。

所羅門作箴言三千句，詩歌一千零五首，他研究飛禽走獸草木蟲魚，從黎巴嫩的香柏木直到牆上的牛膝草……天下列國聽見這些，都差人來聽他的智慧箴言。可是也有人想要難住他，示巴女王就是其中的一位。

示巴女王朝見所羅門，跟隨她來耶路撒冷的人很多，又有大隊駱駝馱著香料、寶石和許多金子。她把心裏所有的疑難問

題全都向所羅門傾訴出來，所羅門沒有一句答不上來的，回答得清清楚楚明明白白。示巴女王親耳聽見所羅門的智慧話，親眼看見他所建的宮室，席上的珍饈美味，羣臣分列而坐，僕人兩旁侍立，以及他們的衣服裝飾，全都顯出非凡的氣派……令人嘆爲觀止！使她驚異得魂不守舍。她對所羅門說：

「我在國內聽見人們談論你的聰明智慧，開始並不相信，及至我親眼見到了你，方才知道人們告訴我的還不到一半。你的智慧和你的福分，超過我所聽到的風聲。」

所羅門在耶路撒冷建造極其巍峨壯觀的耶和華聖殿，將約櫃連同會幕和聖器從大衛城遷入聖殿，擡進內殿至聖所，放在兩個噻嚕咭的翅膀之下。

他又大興土木，建造王宮和黎巴嫩林宮，裝備一個具有六層臺階的圓形靠背和獅子扶手的象牙寶座。所羅門王坐在象牙寶座上，接受從大河沿非利士直至埃及邊界的各個國家的朝賀；派人出海遠航，到達俄斐之地，運回大量的黃金、檀香木和寶石；還從他施載回金銀、象牙、猿猴和孔雀……所羅門廣納諸邦女子，他立埃及法老的女兒爲后，七百公主爲妃，另選三百美女爲嬪。這些妃嬪在所羅門年老時，誘惑他崇信多神。

# 四七　南北分裂

妃嬪們誘惑所羅門膜拜西頓女神亞斯他錄、亞捫惡神米勒公，並爲摩押神基抹和亞捫神摩洛建築丘壇，獻祭燒香。

因爲所羅門迷信別神，偏離上帝，所以耶和華向他發怒。他的臣僕尼八的兒子耶羅波安在路上遇見示羅人先知亞希雅。亞希雅身上穿著一件新衣，他將這件新衣撕成十二片，對耶羅波安說：

「你可以拿十片，上帝必將十個支派從所羅門兒子的手裏奪回來賜給你。在以色列十二支派中，只給他留下猶大和便雅憫兩個支派。因爲他偏離正道，迷信西頓女神及其他諸神，不遵守上帝的誡命和律例。如果你能遵守上帝的誡命和律例，上帝必將使你成爲以色列王。」

聰明不過所羅門，這事豈能瞞過他的耳目？他準備除掉耶羅波安。耶羅波安趕緊逃往埃及。直到所羅門死了，其子羅波安繼承王位，他才從國外回來。回國以後，耶羅波安和以色列民衆一起來見羅波安。

他們對羅波安說：

「你父親使我們負重軛做苦工，我們實在受不了啦，現在輪到你做王，懇求你減輕我們身上的負擔，讓我們喘口氣，我們照樣侍奉你。」

「你們先回去吧，」羅波安對他們說，「過三天再來見我，那時我再回答你們。」

於是民衆回去等候羅波安的答覆。

羅波安首先和他父親留下的老臣們商議，把民衆的話向他們轉述一遍，徵求他們的意見：

「我當如何回答以色列民衆呢？希望你們給我出個主意。」

「用好言好語安慰他們，」老臣們回答說，「這些人現在

是王的僕人，你若善待他們，他們就永遠是王的僕人。」

然後羅波安又和侍立在自己面前的少年人商議。這些少年人與他同生同長，聽了他的話以後，就給他出主意說：

「如果民眾對你說，你父親使我們負重軛，求你使我們減輕些，那你就對他們這麼說，我的小拇指頭比我父親的腰還粗呢，我父親使你們負重軛，我就必使你們負更重的軛！我父親用鞭子責打你們，我就必用蝎子鞭責打你們！」

少年人的主意和老臣們的主意不一樣，選擇哪一個好呢？羅波安心中有數。

到了第三天，耶羅波安和民眾果然準時來見。這時羅波安把老年人的主意丟在一邊，把少年人的主意照搬出來：

「啊哈！」羅波安王斥責道，「我父親使你們負重軛，我就必使你們負更重的軛！我父親用鞭子責打你們，我就必用蝎子鞭責打你們！你們看看這個，」他伸出小拇指頭，「我的小拇指頭比我父親的腰還粗……」

這些愚蠢而富有刺激性的言詞激怒了以色列人，他們紛紛對羅波安嚷道：

「我們與大衛家有什麼分兒呢！」

「我們和耶西的兒子沒有什麼瓜葛！」

「以色列哪，各回各家去吧！」

「大衛家啊，自己顧自己吧！」

說著以色列人一哄而散，各回各家去了。只剩下猶大支派和便雅憫支派的人，仍然歸順大衛家，承認羅波安是他們的猶大王。

羅波安派遣掌管苦役之人的亞多蘭到以色列人那裏去鎮

壓，被他們用石頭打死。嚇得羅波安急忙上車，從示劍逃回耶路撒冷。那十個支派的以色列人背叛大衛家，擁立耶羅波安爲以色列王。

從此以色列人分裂成南北二國——南方二支派，稱爲猶大國；北方十支派，稱爲以色列國。

# 四八　神人遇獅

以色列國王耶羅波安心裏恐懼，害怕國民到耶路撒冷去朝拜聖殿，重新歸順猶大王羅波安。他想把國民籠絡住，使他們不到南方去朝聖，於是就鑄造了兩個金牛犢，一個安在南北交界的伯特利，一個安在極北的但，並且定八月十五日爲節期，上壇獻祭。

耶羅波安指著金牛犢對國民說：

「看哪，這就是領你們出埃及的真神！以色列人哪，你們上耶路撒冷去，實在是難！」

經他這麼一蠱惑，以色列人就尾隨在他的身後，到伯特利去上壇燒香。他站在壇旁，正要燒香，忽然有一個神人出現在面前，向壇呼叫說：

「壇哪，壇哪，耶和華如此說：大衛家必生一個兒子，名叫約西亞。他必將你的祭司，就是在你上面燒香的，殺在你上面，人的骨頭也必燒在你上面！」

聽見神人呼叫，耶羅波安王就從壇上伸手說：

「把他拿住！」

話音未落，那伸出的手就乾枯了，不能彎曲，壇也破裂了，壇上的灰也撒了。王對神人說：

「請你爲我禱告，使我的手復原吧！」

於是神人爲王祈禱，王的手就復原了，能屈能伸，還和以前一樣。

王對神人說：

「請你同我回去吃飯，增強心力，同時我還要給你賞賜。」

「什麼賞賜！」神人對王說，「你就是把王宮一半分給我，我也不跟你去，也不在你這裏吃飯喝水！」

說完話，這個從猶大來到伯特利的神人就回去了。他不走原路，偏偏繞道而行。

在伯特利住著一位老先知，聽見兒子們說：

「這裏來了一位神人，說了一通話，就匆匆忙忙走了，飯也不吃，水也不喝。」

「走了？」老先知問他的兒子們，「神人從那條路走的呢？」

兒子們就把路徑告訴了父親，原來他們看見了那位猶大神人歸去的路。

「快！」老先知吩咐兒子們，「快給我備驢！」

他們備好驢，老先知飛身騎上，一溜煙去追趕那位神人。一會兒追上了，那位神人正坐在橡樹底下休息呢。老先知跳下驢，走到神人面前說：

「你是不是從猶大來的神人？」

「是！」神人回答説。

「請你回去同我吃飯。」老先知恭恭敬敬地邀請神人。

「不，」神人説，「我不能同你回去，不能進你的家，也不同你吃飯喝水。因爲耶和華囑咐我説：你在那裏不可吃飯喝水，也不可以從你去的原路回來。」

「現在可以啦，」老先知誆哄他説，「方才天使來見我——我也是先知，和你一樣——天使奉耶和華之命對我説：『你把他帶回你家，叫他吃飯喝水！』」

聽老先知這麼一説，神人信以爲真，也就不再推辭，騎上驢子，任憑老先知把他領回家裏。

神人在老先知家裏吃飯喝水。吃喝完了，老先知爲神人備好驢，神人騎上驢，「得得得」地上路了。

路旁有一個獅子，伏在柳樹下，靜止得如同一塊石頭，只待神人走得切近了，突然大吼一聲猛撲上去，閃電般的利爪把神人抓下驢背，還没等神人喊出聲來，他的氣管就被咬斷了。

神人的屍體倒在路上，一邊站著驢子，一邊站著獅子。

過路人親眼目睹這一慘劇，把消息帶到伯特利。老先知聽見這事，就説：

「那神人違背耶和華的命令，所以被獅子咬死了。」他又吩咐兒子們，「你們給我備驢。」

驢備好了，老先知騎上驢背，趕到現場。看見神人的屍體倒在路上，一片殷紅的血跡，浸染著路旁的枯草……驢子和獅子立在兩旁。獅子没有吞食屍體，也没有抓傷驢子。老先知默默地把神人的屍體馱在驢背上，帶回城裏。

老先知爲神人哀哭，爲神人送葬。神人的屍體埋葬在老先

知爲自己預備的墳墓裏。老先知哭道：

「哀哉，吾兄啊！」

安葬完了，老先知對兒子們説：

「等我死的時候，你們要把我埋葬在神人的墳墓裏，讓我的屍骨緊挨著他的屍骨。因爲他奉耶和華之命，指著伯特利之壇所説的話，是必然應驗的。」

這事以後，耶羅波安仍不離開他的惡道，以致使他的全家陷在罪惡之中。耶羅波安死後，其子拿答繼承王位，第二年便被巴沙所殺。巴沙是以薩迦人亞希雅的兒子，他一篡位做王，就誅滅了耶羅波安全家。

# 四九　圖財害命

巴沙弑王僭位，誅滅耶羅波安全家。他死後，其子以拉繼承王位。第二年，管理戰車的臣子心利背叛，趁著以拉喝酒之際，將他刺死，篡了王位。心利一坐王位，就如法炮製，抄斬了巴沙居家滿門。可是新王剛剛在得撒登基七日，軍隊就發生嘩變，領兵在外的暗利元帥在軍營中被擁立爲以色列王。二王相爭，暗利回兵圍困得撒，心利見大勢已去，便在王宮裏自焚身死。暗利得勝之後，在一座山上修築城垣，取名撒瑪利亞。後來其子亞哈在此繼承王位。

以色列王亞哈娶了西頓王謁巴力的女兒耶洗別爲妻，並立她爲王后。王后耶洗別崇信巴力，在撒瑪利亞建造巴力神廟，在

廟裏爲巴力築壇，頂禮膜拜。

亞哈和耶洗別住在王宮裏。王宮外面不遠的地方，有一個葡萄園，葡萄園的主人名叫拿伯。

有一天，亞哈對拿伯說：

「你的葡萄園靠近我的王宮，正適合我在裏面種菜，你把葡萄園給我做菜園吧。你要葡萄園呢，我把別處的換給你；你要銀子呢，值多少錢我給你多少錢。」

「這不行，」拿伯對亞哈說，「我絕不能把葡萄園給你，因爲這是我先人的遺產。」

人家不換不賣，亞哈得不到相中的葡萄園，無精打采地回宮了。他倒頭躺在床上，轉臉向內，不吃不喝。

王后耶洗別湊過來跟他搭話：

「我王，看你這麼不高興，水不喝飯不吃的，難道心中有什麼愁煩之事不成！能不能跟我說說呀？」

「咳——」亞哈王長嘆一聲，「你說拿伯怪不怪？我方才跟他說，你的葡萄園在我的王宮外面，頂好給我種菜，要銀子給銀子，要園子我拿別處跟你換。這不挺好麼，兩全其美，可是他不依！咳——」

「他爲什麼不依呢？」耶洗別刨根問底。

「咳——」國王又長嘆一口氣，「他說，這是他先人遺下的產業……」

「哎呀，我還以爲什麼大事呢，」王后胸有成竹地說，「不就是個園子嗎？你只管樂樂呵呵地，該吃就吃，該喝就喝，我保管你到手！」

亞哈摸不著頭腦悶悶不樂，耶洗別附耳細語告訴他：

「……你不是治理以色列的國王麼……」

王后耶洗別以亞哈王的名義寫了一封信,蓋上王璽,派人送給當地的長老貴冑。

這封信的內容是:

「你們當宣告禁食,叫拿伯坐在民間的高位上,又叫兩個匪徒坐在對面,做見證告他說:『你褻瀆上帝,誹謗國王啦!』隨後就把他拉出去,用石頭打死。」

那些長老貴冑見到蓋著王璽的信,果然宣告禁食,叫拿伯坐在民間的高位上,有兩個匪徒來,坐在他的對面,當著民眾做見證,告他說:

「拿伯褻瀆上帝,誹謗國王啦!」

於是不容分說,眾人推推搡搡,把他拉到城外,用石頭活活打死了。

聽見長老貴冑的回報,拿伯被人用石頭打死了,耶洗別喜上眉梢,她得意地對國王說:

「快起來吧,看看你的葡萄園去!拿伯給打死了,葡萄園歸你了。哼,原來給銀子還不賣,可現在……嘻嘻!」

就這樣亞哈王唾手得到了拿伯的葡萄園。

時有提斯比人以利亞來見國王亞哈。以利亞對亞哈說:

「你殺了人,又佔他的產業嗎?狗在何處舐拿伯的血,也必在何處舐你的血!」

「啊,我的仇敵!」亞哈王對先知以利亞說,「你找到我麼!」

「是的,我找到你了!」先知回答說,「你這殺人越貨的強盜,你這崇拜偶像的狂徒,凡屬你家的人,死在城中的,必

被狗吃，死在田野的必被鳥吃！」

　　亞哈王聽見這樣的咒語，就撕裂衣服，身披麻布，垂頭喪氣，拖著沈重的腳步……亞哈爲什麼如此懼怕以利亞呢？因爲以利亞曾經預言過，以色列國要大旱三年，果然被他言中。那荒年的景象，亞哈王至今還記憶猶新。

# 五○　烏鴉送肉

　　先知以利亞對亞哈王說：

　　「我敢發誓，如果我不禱告，以色列必有幾年乾旱無雨！」

　　發過這個誓言，以利亞就離開亞哈王，到約旦河東邊的基立溪去了。他斜倚在古樹下溪水邊巨石旁，揚起手來，等著耶和華賜給他食品。

　　「呱，呱！」烏鴉在古樹上叫了，牠嘴裏銜著的無酵餅，隨著叫聲落下來，正好落在以利亞的手裏。

　　一會兒，隨著呱呱的叫聲，又落下一塊烤得焦黃的嫩羊肉。

　　天天如此，耶和華派烏鴉給以利亞送來餅和肉，不多不少，剛好夠他吃飽。

　　可是那沁著野草芳香的溪水，卻是愈喝愈少了，涓涓細流也不見了，坑坑窪窪裏的水也漸漸消失了。天不下雨，地上的溪水乾涸了。

　　大旱之年開始了，以利亞動身往撒勒法去。到了城門口，看見一個婦人在那裏撿柴。

　　以利亞對那婦人説：

　　「求你取點水來給我喝！」

　　「好吧，我就去。」婦人手裏抱著柴，轉身去取水。

　　「且慢，」以利亞又叫住她，「還求你順手拿塊餅來給我吃。我又渴又餓。」

　　「唉呀，」婦人爲難了，「不瞞你説，我家裏確實沒有餅。我家罐内只有一把麵，瓶裏只有一點油了。你看我這不是出來拾柴麼，我是準備拿回去燒火做餅。我要做兩個餅，我和兒子倆一人吃一個，吃完呢，唉，就一切都完了，死就死吧！」

　　「人不吃飯就得死，這個我明白，」以利亞對她説，「你可以照你説的那麼辦。不過在你這麼做之前，求你先爲我做個小餅吃，行嗎？」

　　「行！」婦人和善地説，「那你就跟我來吧，到我家裏，我給你做餅。」

　　以利亞來到婦人家裏，指著那快要空了的罐和瓶，對她和孩子説：

　　「你們不必擔心。這罐内的麵，這瓶裏的油，儘管用吧，用不完的，足供你們度過荒年！」

　　以利亞怎麼説，婦人就怎麼做。以利亞在婦人家住下來。娘兒倆個連同以利亞，天天吃那罐内的麵和瓶裏的油，隨吃隨有，如同與海相通的泉水，吃不盡喝不竭。

　　後來那婦人的兒子病了，病勢漸漸沈重，氣息奄奄，快要

斷氣了。

　　婦人啜泣著對以利亞説：

　　「神人哪，我何曾得罪過你，你竟到我這裏來，使上帝念起我的罪，以致奪去我的兒子呢？」

　　「你把兒子交給我吧！」以利亞説著從婦人手裏接過孩子，抱到自己住的屋裏，放在床上。

　　以利亞三次伏在床上，求告耶和華説：

　　「耶和華我的上帝啊，我寄居在這寡婦家裏，求你使這孩子靈魂入竅！」

　　耶和華應允以利亞的祈求，孩子的靈魂仍入他的軀體，他就活過來了。

　　以利亞把孩子從自己住的屋裏抱出來，交給他的母親，説：

　　「看哪，你的兒子活了！」

　　婦人接過孩子，對以利亞説：

　　「現在我知道你是神人，耶和華藉你口所説的話，都是真的。」

　　孤兒寡母，朝朝暮暮吃著那罐內的麵和瓶裏的油，安安穩穩度過了荒年。

　　荒年快要過去了，以利亞離開那婦人的家，走到能夠被亞哈王發現的地方。

　　連續三年的乾旱無雨，使撒瑪利亞成爲重災區。亞哈家的牲畜快要死光，眼看就要絕種了。亞哈把家宰俄巴底召到面前，對他説：

　　「我們出去找找水源吧，萬一在水泉旁和溪水邊，找到一

片青草呢，也可救活一些騾馬呀，要不，這些牲畜就都絕種啦！」

於是二人從宮裏出發，到外面去尋找水源。兩個人分頭行動，亞哈獨走一路，俄巴底獨走一路。

俄巴底兩眼搜索地面，急急匆匆地走著，一下子撞倒一個人，擡頭一看——啊哈，是以利亞！

「你是我主以利亞，對吧？」俄巴底恭恭敬敬地說著，倒身下拜。

「對呀，」以利亞回答說，「你去告訴亞哈，就說以利亞在這裏！」

「這我可不敢！」俄巴底誠惶誠恐地說，「我去告訴亞哈，說你在這裏。可是等他來找你，你又不見了，我豈不是要因此獲罪被殺嗎？僕人有什麼罪，你竟要藉亞哈的手來殺我呢？我們早就打發人到處找你，無論哪一邦，哪一國，若說你不在，都必須叫那裏的人發誓說，確實找不著你。現在你要我去報信，到時候找不著你，我還活得了嗎？」他愈說愈怕，竭力表白自己是無辜的，「僕人自幼敬畏耶和華。當王后耶洗別殺以色列眾先知之時，我將一百個先知隱藏起來，每五十個人藏在一個洞裏，拿餅和水供養他們。難道沒有人將這事報告我主嗎？可現在呢，你要我去報信，說你在這裏，你不在這裏等著怎麼辦哪？」

「我一定在這兒等著，」以利亞說，「我起誓，我今天一定叫亞哈見到我。」

於是俄巴底就回去向亞哈報告，說以利亞等著見他。亞哈立刻來見以利亞，一見面便說：

「使以色列遭災的，就是你麼？」

「不，」以利亞說，「使以色列遭災的不是我，而是你！因爲你離開耶和華的誡命，去隨從巴力。現在你當召集以色列衆人和那侍奉巴力的四百五十個先知，通知他們到迦密山去見我。」

亞哈王派人將以色列衆人和巴力先知召集到迦密山上。以利亞走上前來對大家說：

「你們心持兩意要到何時爲止呢？如果耶和華是上帝就應當順從耶和華；如果巴力是上帝，那就應當順從巴力。兩者必居其一。」

大家一言不發，以利亞繼續說：

「做耶和華先知的，現在只剩我一個人；巴力的先知卻有四百五十個人。讓我們兩方面比一比，讓大家看看先知孰靈？現在給我們兩隻牛犢，雙方各取一隻，切成肉塊，放在柴上，不要點火。雙方各自求告自己的神，那顯靈降火之神就是上帝。」

「好啊，」大家異口同聲地說，「這話公道，就這麼辦吧，我們在這裏做見證。」

一時間兩隻牛犢全都準備好了。

巴力的先知人多勢衆，很快在巴力神壇上架起一堆乾柴，把牛肉塊子放在上面。那四百五十個巴力先知，從早晨到中午，嘴裏全都一直念念有詞：

「巴力啊巴力，求你顯靈！」

無論怎麼求告，也得不到一點回音，那乾柴上連個火星也不見。

他們又在巴力神壇四周踴跳，仍然不靈。

到了正午，以利亞嘻笑他們說：

「大聲求告吧！他是神，或許在默想，或許在走路，或者還在睡覺吧，那你們可得把他叫醒啊，喂，大點聲，叫吧，叫！」

他們並不理會別人說什麼，一味大聲求告著，按著歷來的規矩，用刀槍往自己身上割著，刺著，直至渾身流血。從午後一直到獻晚祭的時候，他們狂呼亂叫，卻始終得不到回音，沒有靈驗，一點火星也不見。

「那邊不行了，」以利亞對民衆說，「你們到我這邊來吧！」

以色列民衆應聲圍過來，要看看以利亞這邊靈不靈？

只見以利亞從地上取出十二塊石頭，爲耶和華築一座壇，壇上架好了柴，柴上放牛肉塊子，圍繞壇的四周挖一道深溝。這些都準備妥了，他揚起臉來對大家說：

「你們取四個桶來，盛滿水，倒在燔祭和壇上！」

有人應聲取過桶，盛滿水，倒在燔祭和壇上了。

「再盛滿水，倒第二次！」隨著以利亞的聲音，第二次倒水。

「倒第三次！」說話間，第三次水也倒上了。

水從燔祭上流下來。流在壇的四周，溝裏也滿了水。每次四桶，倒三次，一共十二桶水。石頭也是十二塊。這正好與以色列人的十二支派相當。

到了獻晚祭的時候，先知以利亞進前來禱告：

「耶和華啊，求你今天使人知道你是以色列的上帝，也知

道我是你的僕人，又是奉你之名行這一切事。耶和華啊，求你
應允……」

忽然間，一團烈火從天而降，呼啦啦燃燒起來，眨眼之
間，燔祭、木柴、石頭、塵土以及溝裏的水，全都燒得一乾二
淨。

以色列民衆目睹這樣的奇蹟，全都倒身下拜，同聲說：

「耶和華是上帝，耶和華是上帝。」

以利亞對他們說：

「快逮住巴力的先知，勿使一人逃脫！」

衆人一擁而上，擒住那些精疲力竭、渾身流血的巴力先
知。以利亞把他們押到基順河邊，在那裏殺了他們。

辦了這些事，以利亞對亞哈說：

「你現在可以吃喝了，一會兒就下雨！」

以利亞登上迦密山頂，屈身在地，將臉伏在兩膝之間，對
僕人說：

「你上去，向海觀看！」

僕人上去觀看，說：

「沒有看見什麼呀！」

「再去觀看！」以利亞吩咐僕人。

如此七次，到第七次，僕人說：

「看見了，有一小片雲彩，從海上來，只有巴掌那樣
大。」

「對，那就是了，」以利亞說，「快去告訴亞哈，叫他套
車下山，免得被雨阻在路上。」

霎時間，風雲滾滾而來，降下一場大雨。

# 五一　有求必應

先知以利亞和門徒以利沙，正走著說話，忽有火車火馬，將二人隔開。以利亞被接上車，乘著旋風，扶搖直上。以利沙見此情景，大聲呼叫說：

「我父啊，以色列的戰車馬兵啊！」

以利亞乘著扶搖直上的旋風升天去了，留下門徒以利沙在人間，接續他做先知。

耶利哥城的居民對以利沙說：

「這城的地勢美好，我主看見了。只是水質惡劣，土產不熟而落。」

聽了這話，以利沙說：

「你們拿一個新瓶來，裝上鹽，遞給我。」

他們就取出一個新瓶，裝上鹽，遞給以利沙。以利沙接瓶在手，走到水源，將鹽倒在水中，說：

「耶和華如此說：我治好了這水，從此不再使這裏人喝苦水，也不再使土地不生產。」

說話間，那水由濁變清，由苦澀變甘甜，從源流往下，蜿蜒如龍，滋潤兩岸的沃土。沃土上的禾苗茁壯生長，不再枯萎早落，直到結出豐碩的果實。

有一個寡婦向以利沙訴苦：

「你僕人我丈夫死了。現在有債主來，要拉我的兩個兒子

做奴僕。」

「那我能幫你什麼呢？」以利沙問。

「求你幫我想想辦法，」婦人說，「如何應付債主？」

「你家裏還有什麼呢？」以利沙問。

「婢女家中，除了兩個兒子，就只剩下一瓶油了。」婦人木然地訴說著家境的清貧，「實在無銀還債。」

以利沙對她說：

「你要這麼辦，向你的眾位鄰舍借空器皿，盡量多借。拿回家裏，將空器皿逐個倒滿油。」

於是那寡婦離開以利沙，向鄰舍借器皿去了。將空器皿拿回家，關上門，她和兒子在屋裏。兒子把器皿逐個拿過來，母親把著瓶嘴兒往裏倒油，倒滿一瓶又一瓶，一罐又一罐，把面前擺著的器皿全都灌滿了油。

「再拿器皿來！」婦人對兒子說。

「再沒有空的了。」兒子回答說。

話音剛落，那油就止住了。婦人去告訴神人，神人對她說：

「你去賣油還債吧！所剩下的，就留著你和兒子過日子吧。」

說完這話，以利沙就離開那貧婦人，走到書念。書念有一個大戶的婦人，強留他吃飯。

婦人對丈夫說：

「我看出來了，那常從這裏經過的，是個聖潔的神人。我們可以為他蓋一間小樓，安上床鋪桌椅和燈臺。等下次他再路過這裏，好有個住處。」

此後以利沙又經過這裏，就住進了那間新蓋的小樓。他吩咐僕人基哈西説：

「你去把那書念的婦人叫來。」

僕人出去把婦人叫到以利沙面前，以利沙對她説：

「你爲我們操心費力，我們能幫你做些什麼呢？你對國王或者元帥，有沒有什麼要求呢？」

「没有，」婦人回答，「我在本鄉本土安居樂業。」

婦人走後，以利沙對基哈西説：

「究竟我們能爲她做些什麼呢？」

基哈西回答説：

「她没有兒子，她丈夫也老了。」

「再把她叫來。」以利沙吩咐僕人。

當僕人把那婦人叫到門口的時候，以利沙對她説：

「明年這時候，你必定生一個兒子！」

「我主啊，」婦人説，「不要那樣欺哄婢女！」

事實不容那婦人不信，她果然懷孕，到時候生下一個兒子。這孩子漸漸長大會跑了。一天他跑到父親跟前説：

「我的頭啊，我的頭啊！」

他父親對僕人説：

「快把他抱去，交給他母親。」

僕人抱去，交給他母親。孩子坐在他母親的膝上，到晌午就死了。他母親把他抱到樓上，放在神人的床上，關上門出來，招呼她丈夫説：

「你叫僕人牽過一條驢來，我要立刻去見神人！」

「今天不是安息日，」她丈夫説，「爲什麼要去見他

呢？」

「平安無事！」婦人告別丈夫，騎上驢，吩咐僕人急急催趕著，登上迦密山，去見神人。

神人遠遠看見她，便對僕人基哈西説：

「你跑去迎接她，向她説：你丈夫平安麼？你孩子平安麼？」

「平安！」

婦人説著，氣喘吁吁地來到神人面前，抱住神人的腳。基哈西過來要推開她，神人説：

「你就由她吧，因爲她心裏難過。」

「是呀，」婦人啜泣著説，「我何曾向你求過兒子呢？難道我沒有説過，不要欺哄我嗎？」

「別難過，」以利沙要婦人回去，又吩咐僕人説，「你束上腰，手裏拿著我的杖，同這婦人一起去。路上遇見什麼人，不要向他問安，別人如果向你問安，你也不要回答，一直趕到那裏，把我的杖放在孩子臉上……」

孩子的母親説：

「我敢在你面前起誓，我一步也不離開你！」

這樣以利沙只得親自去了。他來到婦人家裏，把那已死的孩子救活了。婦人走進來，在以利沙腳前俯伏在地，然後抱起死而復生的兒子，高高興興地出去了。

以利沙曾對那孩子的母親説：

「此地將有七年災荒，你們全家趕緊往別處去吧！」

於是那婦人全家就往非利士地去住了七年。等災荒過後，那婦人又從非利士地回到書念，爲田地房產事向國王求告。這

時神人的僕人基哈西正跟國王談論以利沙的神蹟，他指著前來討告的婦人説：

「我主我王，這就是那婦人，她的兒子死後，又被以利沙救活了。」

「可是真的？」國王問那婦人。

那婦人原原本本地把事情的前前後後都告訴了國王。國王聽了，深受感動，他爲她指派一個太監，吩咐説：

「凡屬這婦人的，都還給她。自從她離開本地，直到今日，她田地的出產，也都還給她。」

婦人全家因此得福，非常感激神人以利沙。

以利沙又來到吉甲，這裏正鬧著饑荒。先知門徒坐在他面前，他吩咐僕人説：

「你把大鍋放在火上，給先知門徒熬湯。」

有人到田野去掐菜，遇見一棵野瓜藤，就從藤上摘了一兜野瓜，拿回來洗了切了，撒在湯鍋裏。

湯熬好了，僕人舀給衆人吃。衆人飢腸轆轆的，張口就吃——呀，麻辣辣的苦哇！

「神人哪，」衆人嚷道，「你看這野瓜，這麼麻，這麼苦，八成有毒啊！」

「不要緊，」以利沙説，「拿點麵來！」

僕人把麵遞給他，他順手把麵撒在湯鍋裏，撒完麵，拍著手説：

「好了，舀出來，給大夥吃吧，鍋裏沒有毒了。」

衆人這回吃起來，味道清香，非常可口。

有一個人從巴力沙利沙來，帶著二十個大麥餅，裝在口袋

裏，送給神人，神人説：

「把這些給大夥吃吧！」

「這麼點東西，」僕人説，「分給一百個人吃，一人還不夠一口呢！」

「你只管給大夥吃吧，」以利沙説，「因爲耶和華如此説：大夥吃飽了，還會剩下。」

果然是的，僕人把餅擺在衆人面前，一百多張口全部大吃起來，卻是吃不完，真的剩下不少。

「這可真是神蹟啊！」吃飽喝足的一百個人深有體會地説。

風聲傳到亞蘭國元帥乃縵的耳朵裏。這位大能的勇士患了大麻瘋，聽見從以色列國擄來的小女子説，如果去見撒瑪利亞先知，必定能治好他的病。他就跟亞蘭王説，以色列國的女子如此如此説。亞蘭王回答説：

「你可以去試試，我寫封信，你帶給以色列王。」

於是乃縵坐上車子，車子上還載著三萬塊銀幣、六千塊金幣、十套衣裳，由僕人護送著，來到撒瑪利亞，把亞蘭王的信交給以色列王。以色列王接過信一看，上面寫著：

「我打發臣僕乃縵去見你，你接到這封信，就請治好他的大麻瘋。」

以色列王看完了信，就撕裂衣服，憤憤地説：

「我又不是上帝，怎麼能使人死，使人活呢？這人竟打發人來，叫我治好他的大麻瘋！你們看一看，這不明明是想找個機會，攻擊我嗎？」

神人以利沙聞訊後，打發人來對以色列王説：

「你何必撕裂衣服呢？可以叫那人到我這裏來麼，讓他知道，以色列人有先知。」

於是乃縵元帥一行駕著車馬，來到以利沙門前。有一個以利沙的使者出來對他說：

「你去約旦河裏洗七次就好了。」

「這是什麼話！」乃縵發怒了，「他應該出來見我，並且替我禱告，在患處上方搖手，治好這大痲瘋。怎麼倒叫我到約旦河裏洗澡？難道大馬色的河，不比一切以色列的水好嗎？」乃縵忿忿地說著，回轉身，吩咐僕人，「駕車回國！」

「我主啊，」僕人對他說，「既然大老遠地來了，何不去試一試呢？這也不費什麼事，那先知的話或許真靈。」

乃縵平靜下來一想，這話有理。他就下去，照著神人的話，在約旦河裏沐浴七次，果真治好了！他的皮肉復原，而且光潔紅潤，如同小孩子的皮肉一般細嫩。

洗好後，他清清爽爽地來見以利沙，對他說：

「現在我知道，以色列人有先知。求你收下僕人的禮物。」

「禮物？」以利沙說，「我絕對不能收，我發誓。」

經過再三推託，以利沙堅持不收，乃縵只好告辭了。

神人以利沙的僕人基哈西望著那遠去的車馬，心裏嘀咕：

「我主人不要，我何不追上他，要些禮物來呢？」

於是基哈西追上乃縵，對他說：

「我主人打發我來跟你說，剛才有兩個少年人，是先知門徒，從以法蓮山地來見我，請你賜他們三千塊銀幣，兩套衣服。」

　　「請受六千塊！」乃縵爽快地說著，再三地請受，便將六千塊銀幣裝在口袋裏，連同兩套衣服，交給兩個僕人替他拿著，送基哈西回去。到了山崗，基哈西從他們手裏接過衣服和銀子，放在屋裏，打發他們回去了。

　　基哈西進去，站在主人面前。

　　以利沙問他：

　　「基哈西，你從那裏來？」

　　「僕人那裏也沒去。」基哈西回答說。

　　「我早知道了，」以利沙對他說，「難道那人下車回迎你的時候，我的心沒有跟去嗎？難道現在是接受銀子和衣裳，置買橄欖園、葡萄園、牛羊、僕俾的時候嗎？你收下他的東西，他的大痲瘋也必隨著東西一起傳給你和你的子孫後代，直到永遠。」

　　基哈西從以利沙面前退出去，就得了大痲瘋。

　　先知門徒對以利沙說：

　　「看哪，我們住的地方太小了，能不能到約旦河去，每人伐一根木料拉回來，建造房屋居住？」

　　「行啊，」以利沙說，「你們去吧」

　　有人提議說：

　　「求你和僕人一起去，好嗎？」

　　「好，」以利沙說，「我和你們一起去吧。」

　　於是以利沙和他的門徒一起去到約旦河上伐樹。有一個人砍樹的時候不小心，斧頭滾到水裏了。他呼叫說：

　　「啊呀！我主啊，這斧子是借的呀！」

　　「掉在哪裏啦？」神人問。

「你看，就在那兒！」他將那地方指給以利沙看。

以利沙砍下一根木頭，往那地方的水裏一拋，斧頭就漂上來了。

「拿起來吧！」以利沙説。

那人一伸手，就從水面上把斧子拿起來了。

後來亞蘭王調集全軍圍困撒瑪利亞，城內糧食越來越緊張，就連驢頭和鴿子類都相當值錢。有一天以色列王在城上經過，看見一個婦人向他呼叫：

「我主我王啊，求你幫助！」

「天不助你，我有何能？」國王問婦人，「你有什麼苦處呢？」

「我的兒子被人白吃了，」婦人哭訴著，「鄰居對我説，把你的兒子取來，我們今天一起吃，趕明天再一起吃我的兒子。我信了她的話，就把我的兒子煮了，我們一起吃了。第二天我對鄰居説，把你的兒子取來，我們一起吃呀！豈不知，她卻把自己的兒子藏起來了！」

國王聽見這話，就撕裂衣服，忿怒地吼道：

「我今天若再容許以利沙的頭留在他的脖子上，願上帝重重地降罰於我！」

説罷，國王就打發一個人在前頭走，去抓以利沙。那時以利沙正和長老坐在家中，他對長老説：

「你們看這兇手之子，打發人來斬我的頭。你們看著使者來到，就關門，將他推出去，聽啊，在他的後頭不是他主人的腳步聲麼！」

説話之間，使者來到，國王隨後也到了。國王指著以利沙

說：

「這災禍是從耶和華那裏來的，我何必再仰望耶和華呢！」

以利沙不動聲色地說：

「饑饉即將過去，明天這時候在城門口，細麵大麥有的是，便宜得很。」

「哪兒有這等事，」一個攙扶國王的軍長對神人說，「即使天上開了窗戶，也不可能出現這事！」

以利沙指著這個軍長說：

「你一定能看見，但是吃不到！」

到了第二天，在城門口，果然細麵大麥有的是，便宜得很。這是因爲圍城的敵軍突然被意外的聲音嚇跑了。饑饉隨即解除了。衆人鬧鬧嚷嚷地出去，掠奪逃兵的營盤。國王派昨天說話的那個軍長去彈壓，衆人在那裏將他踐踏死了。然而國王卻因此解了圍。


# 五二　闕前喋血


以色列王約蘭與亞蘭王哈薛爭戰，被亞蘭人打傷，回到耶斯列醫治。猶大王亞哈謝來看望他，適逢耶戶將軍謀反。

守望兵站在耶斯列城樓上發現耶戶帶著一羣人來了，當即向約蘭報告。約蘭打發一個人騎馬去迎接耶戶，對他說：

「王問你，平安不平安？」

「平安不平安與你何干？」耶戶說，「你靠後去吧！」

守望兵見此情景，又向王報告說：

「使者到了他們那裏，卻不回來。」

王又打發一個人騎馬去到耶戶那裏說：

「王問你，平安不平安？」

「平安不平安與你何干？」耶戶說，「你靠後去吧！」

守望兵又報告說：

「這次去的人也没有回來。迎面來的車趕得很急，像耶戶的趕法。」

約蘭聽了這話，便吩咐說：

「套車！」

以色列王約蘭和猶大王亞哈謝各坐自己的車，出去迎接耶戶，在拿伯田裏相遇。約蘭對耶戶說：

「耶戶啊，平安麽？」

耶戶回答說：

「你母親耶洗別的淫行邪惡這樣多，哪能叫人平安呢？」

約蘭一聽，這話不好，一邊轉車逃跑，一邊對亞哈謝說：

「亞哈謝啊，耶戶反了！」

耶戶開滿了弓，射中約蘭的脊背，箭從心窩穿出。

猶大王亞哈謝見以色列王約蘭斃命，急忙從園亭之路逃跑。耶戶在後面緊緊追趕，趕到以伯蓮姑珥的坡上，將他擊傷。亞哈謝帶傷狂奔，死在米吉多。

耶戶將軍暢行無阻地來到耶斯列。太后耶洗別已經聽到風聲，她擦粉梳頭，從窗戶裏往外觀看，耶戶進門的時候，耶洗別對他說：

「殺主人的心利啊，平安麼？」

耶戶擡頭向窗戶觀看，呼叫說：

「有順從我的嗎？」

這時有三個太監從窗戶裏往外張望，耶戶吩咐他們說：

「把她扔下來！」

太監們就把耶洗別從窗戶裏扔下來，她的血濺在牆上和馬蹄上。

猶大王亞哈謝的死訊傳到他的母親亞他利雅的耳朵裏。亞他利雅並不急於哀哭自己的兒子，也不急於報仇雪恨，她迫不及待地下令剿滅王室。王室裏的人全被她殺死了，只有一人倖免，這個人就是約阿施。

約阿施是猶大王亞哈謝的兒子，當時不滿週歲，尚在乳母的懷裏吃奶，沒有任何反抗能力。所以祖母先從他的哥哥們殺起，轉到殺他的時候，卻怎麼也找不到了。

原來他被姑母約示巴從血肉橫飛的王子中偷出來，連同他的乳母一起，藏在約示巴的臥室裏。暫避一時之後，又把他和乳母轉移到聖殿裏，一直在那裏藏了六年，並沒有被亞他利雅發現。

在亞他利雅剿滅王室以後的第七年，約示巴的丈夫祭司耶何耶大派人召來迦利人和護衛兵的百夫長，領他們進了聖殿，先叫他們起誓，然後把王子約阿施領出來，指給他們看，吩咐他們說：

「你們要這樣行動，在安息日這天，你們要有三分之一的人進王宮值班。在這三分之一的人裏面，再分成三組，一組看守王宮，一組看守蘇珥門，一組看守護衛兵院的後門。注意，

要把王宮看守住了，什麼人也不准進，那些不在王宮裏值班的三分之二呢，都在聖殿裏護衛王子，要布置在王子的四周，手持兵器，凡是擅入殿宇者，格殺勿論！王子出入的時候，你們當緊緊跟隨，不得有誤！」

祭司耶何耶大吩咐完了，眾百夫長分別行動，各自帶領手下人來見耶何耶大。耶何耶大將大衛王的槍和盾牌拿出來，交給百夫長。

護衛兵個個手執兵器，從殿右直到殿左，肅立在王子的周圍。

祭司耶何耶大領王子約阿施出來，給他帶上冠冕，將律法書移交給他，膏他做猶大王。

眾人鼓掌歡呼：

「願王萬歲！」

歡呼聲驚動了亞他利雅，她急急忙忙趕來，走進聖殿，看見約阿施頭戴王冠，手握律法書，站在柱旁，左右侍立著百夫長和號手……又聽見民眾歡呼吹號，驚訝與忿怒使她撕裂衣服，尖聲喊叫：

「反了，反了！」

祭司耶何耶大命令百夫長說：

「把她趕出去，連同跟隨她的人，一律殺死！」又說，「不可在聖殿裏殺她。」

眾人閃開一條路，讓她出去，當她走到王宮馬門的時候，眾人揮刀上來，把她殺死。

緊接著，眾人擁進巴力廟，拆毀廟宇，砸碎壇和偶像。他們又在壇前殺了巴力的祭司瑪坦。

然後耶何耶大率領百夫長和迦利人與護衛兵，以及國中的民眾，簇擁著約阿施走出聖殿，經由上門，進入王宮，坐上王位。約阿施登基的時候，年方七歲。

# 五三　亞述稱雄

以色列國自從巴沙開創弒王僭位以來，仿效者層出不窮，國勢日漸衰微，外部強敵亦趁機接踵而來。

在以色列王米拿現年間，亞述王普勒率兵來攻打以色列國。米拿現送給他三十四噸銀子，請普勒幫助他堅定國位。米拿現向以色列的富戶索要銀子，每戶限定五十塊銀幣。他就用這些銀子換得了亞述王的退兵。

在以色列王比加年間，亞述王提革拉毗列色率兵再度來犯，奪取了以雲、亞伯伯瑪迦、亞挪、基低斯、夏瑣、基列、加利利和拿弗他利全地，將這些地方的居民，盡數擄往亞述。

後來亞述王撒縵以色又率兵攻擊以色列王何細亞。何細亞向亞述人投降，答應年年進貢。幾年以後，何細亞又變卦，不再向亞述王進貢，同時暗暗聯絡埃及王。這事被亞述王察覺，立刻把何細亞抓起來，關進監獄。

緊接著，亞述王向以色列展開全面進攻，圍困撒瑪利亞達三年之久。在何細亞第九年，亞述人攻取了撒瑪利亞，隨即將以色列人全都擄到亞述，把他們安置在哈臘與歌散的哈博河邊以及瑪代人的城邑之中。就這樣，以色列國被亞述人滅亡了。

在這塊土地上只剩下一個被遣返回來的以色列祭司。

　　亞述王從巴比倫、古他、亞瓦、哈馬和西法瓦音等地移民來填補以色列人遺留下來的空地。這些外來移民在撒瑪利亞的各個城邑裏定居下來。可是這裏常常有獅子來咬他們，好多人被獅子咬死了。

　　有人告訴亞述王說：

　　「你們遷移安置在撒瑪利亞各城裏的那些人，不懂得當地之神的規矩，所以那神叫獅子進入他們中間，咬死了他們。」

　　聽了這話，亞述王就吩咐說：

　　「從以色列俘虜中叫去一個祭司，放他住在那裏，將當地之神的規矩教給外來人。」

　　於是那個祭司就被遣送回去了。從此以後，那個祭司就指導這些外來人如何敬畏耶和華。可是這些人並不完全聽他的話，他們一方面敬畏耶和華，一方面又侍奉自己的神。從何邦遷來的，就隨何邦的風俗，一直延續下來。


# 五四　力挽狂瀾


　　猶大國希西家王在國內廢丘壇，毀柱像，砍倒木偶，打碎摩西所造的銅蛇。

　　他父親曾向亞述王求救，自稱僕人和兒子。希西家卻不肯侍奉亞述王。因此亞述王西拿基立率兵攻取了猶大的一切堅固的城池。希西家又不得不派人往拉吉去見亞述王，對他說：

「我承認有罪，求你退兵，我甘願受罰。」

於是亞述王罰猶大王十噸銀子，一噸金子。希西家只得從聖殿和王宮府庫裏拿出所有的銀子，又將聖門上以及柱子上的金子刮下來，送給亞述王。

然而亞述王並不就此罷休，西拿基立從拉吉派遣拉伯沙基等人率領大軍直抵耶路撒冷城下，向城上的人喊話：

「你們去告訴希西家説，亞述大王這麼説了，你們膽敢背叛我，靠的是什麼呢？你們依靠埃及的戰車馬兵嗎？那是被壓傷的葦杖，人若靠上，勢必刺透他的手。你們若説，我們依靠耶和華我們的上帝，希西家豈不是將上帝的丘壇和祭壇廢去，且對猶大和耶路撒冷的人説，你們應當在耶路撒冷這壇前敬拜麼？如果你們把抵押品給我主亞述王，我就給你們二千匹馬，看你們有沒有這麼多的騎馬人？若不然，怎麼能打敗我主臣僕中最小的軍長呢！」

站在城上遙遙觀敵的家宰以利亞敬等人對拉伯沙基説：

「我們幾個懂得亞蘭語，請你用亞蘭語對僕人説話。不要用猶大語，以免城上的百姓聽去。」

「我們正是要叫城上的百姓聽去，」拉伯沙基説，「難道我主派我們來，只是單對你和你主講話嗎？讓這些同你們一起吃屎喝尿的人聽聽嘛！」説著他加大聲音，用猶大語對著城上高喊，「你們聽著，亞述大王這麼説了，你們不要被希西家欺哄了，他説耶和華必會拯救你們，這城必不交給亞述王手中。你們不要聽他的話。列國的神，有那一個救他本國脱離亞述王呢？難道耶和華能救耶路撒冷脱離亞述王嗎？」

城上百姓沉默不語，一句話也不回答。因爲國王吩咐過

了，不要回答他。當時家宰以利亞敬等人聽見敵人的辱罵，全都撕裂衣服，來到希西家面前，將拉伯沙基的話告訴了他。

希西家聽見這話，也撕裂衣服，披上麻布，走進耶和華的聖殿。同時派家宰以利亞敬等人去見先知以賽亞，對他說：

「今天是急難責罰與凌辱的日子，就如婦人將要分娩，卻沒有力量。因此求你揚聲禱告。」

以賽亞對他們說：

「要這樣對你主人說，聽見亞述王僕人的辱罵，不要懼怕，他們必將得到應有的懲罰！」

後來以賽亞又打發人去見希西家說：

「耶和華上帝如此說，亞述王啊，錫安的處女藐視你，嗤笑你。耶路撒冷的女子向你搖頭。你辱罵攻擊誰呢？乃是攻擊以色列的聖者。以色列人哪，你們今年要吃自生的，明年要吃自長的，至於後年，你們要耕種收割，栽植葡萄，吃它的果子。猶大家所逃脫剩餘的，仍要往下紮根，向上結果。必有剩餘的民眾從耶路撒冷而出，必有逃脫的人從錫安山而來。耶和華說，亞述從那條路來，必從那條路回去，必不得來到這城。」

當夜，耶和華的使者出去，在亞述營中殺了十八萬五千人。

清早有人起來，一看，都是死屍了。於是亞述王西拿基立拔營回去，住在尼尼微。

# 五五　巴比倫囚

猶大王希西家病得要死的時候，先知以賽亞說：

「當取一塊無花果餅來！」

有人取來無花果餅，貼在瘡上，國王便痊癒了。

那時巴比倫王巴拉但的兒子比羅達巴拉但聽說希西家病後痊癒，就送書信和禮物給他。希西家從使者手裏接受了書信和禮物，非常高興。使者對他說：

「聽說你們這裏有些好東西，能不能給我們看看？有沒有巴比倫的多？可以嗎？」

「當然可以。」希西家說著就領他們到寶庫裏，觀看那裏的金子、銀子、香料、貴重的膏油……又領他們觀看武庫裏的各種兵器……最後又讓他們觀看他所有的財寶……他家中和全國的東西，希西家沒有一樣不給他們看的。

使者走後，先知以賽亞來見希西家，問他說：

「這些人是從什麼地方來的？對你說些什麼？」

「他們是從遠方巴比倫來的。」希西家說。

「他們在你家裏看見了什麼呢？」以賽亞問。

「全看了，」希西家說，「凡我家中所有的，他們都看見了，我沒有一樣沒給他們看過的財寶。」

「你要聽耶和華的話，」以賽亞對希西家說，「日子一到，凡你家裏所有的，以及你列祖積蓄到如今的，都要被擄到

巴比倫去，不留下一樣。並且在你自己的衆子中，必有人被擄去，在巴比倫王宮裏當太監。」

「你所說的耶和華的話很好，」希西家對以賽亞說，「只要在我這一代太平無事，那我就知足了。」

在猶大王約西亞年間，埃及王法老尼哥攻擊亞述王，約西亞本無必要去抵擋他，但他去了，被埃及王殺死在米吉多。國民膏他的兒子約哈斯接續他在耶路撒冷做王，僅三個月，就被法老尼哥廢黜，將他解往埃及，同時罰銀子三百四十萬克、金子三萬四千克。法老尼哥立約哈斯的哥哥以利雅敬做猶大王，並給他改名約雅敬。

約雅敬在耶路撒冷做王十一年，巴比倫王尼布甲尼撒來攻擊他，把他捉住，用銅鏈鎖著，解往巴比倫。

約雅斤接續他父親約雅敬做王三個月零十天，又被巴比倫王尼布甲尼撒擄去。當著巴比倫王尼布甲尼撒兵臨耶路撒冷城下的時候，猶大王約雅斤和他母親、臣僕、首領、太監，一同出城，向巴比倫王投降。這事發生在巴比倫王第八年。

巴比倫王將聖殿和王宮裏的寶物洗劫一空，又將耶路撒冷民衆和首領以及大能的勇士，共一萬人，連同一切木匠、鐵匠，除了極貧窮的人以外，全都擄走了。他們將約雅斤和王母、后妃、太監以及國中的大官，全都從耶路撒冷擄到了巴比倫。

約雅斤被擄走之後，巴比倫王立約雅斤的叔叔瑪探雅代替他做王，並給瑪探雅改名西底家。

西底家後來背叛巴比倫王。巴比倫王尼布甲尼撒再次率領全軍來攻擊耶路撒冷，在對面安營，四周築壘攻城。耶路撒冷

城內發生大饑荒，百姓斷糧，城被攻破了。兵丁乘夜逃跑，國王也向亞拉巴逃走。迦勒底的軍隊在後面追趕，在耶利哥的平原追上他，他的全軍都潰散逃走了。

　　迦勒底人抓住西底家，把他帶到利比拉巴比倫王那裏審判，並在他的眼前殺了他的衆子。他們剜了西底家的眼睛，用銅鏈鎖著他，帶到巴比倫去。

　　巴比倫王尼布甲尼撒十九年五月初七日，護衞長尼布撒拉旦來到耶路撒冷，放火焚繞聖殿和王宮，以及各大戶人家的房屋，並且拆毀了耶路撒冷四周的城牆。護衞長尼布撒拉旦將城中所有金的銀的銅的器皿全都帶到巴比倫。迦勒底人在聖殿裏殺了城裏的壯丁，其他不論男女老少統統擄走，只留下一些最窮的人，讓他們在這裏修理葡萄園，耕種田地。

　　約雅斤在巴比倫的監獄裏度過三十七個年頭，到了以未米羅達做巴比倫王的時候，才被釋放出監，脫了囚服。巴比倫王以未米羅達用好言好語安慰他，使他終身常在巴比倫王面前吃飯。

# 五六　重建家園

　　猶大人被擄到巴比倫之後，耶路撒冷成爲一片廢墟，土地荒涼，安息了七十年，直到波斯國興起。

　　波斯王古列元年，下詔通告全國説：

　　「波斯王古列如此説，耶和華上帝，已將天下萬國賜給

我，又囑咐我在猶大的耶路撒冷爲他建造殿宇。你們中間凡爲他的子民的，可以上猶大的耶路撒冷。凡剩下的人，無論寄居何處，都要用金銀財寶牲畜資助他們，也要爲重建聖殿甘心獻禮。」

於是猶大和便雅憫的族長和利未人祭司，紛紛起來要上耶路撒冷去重建耶和華聖殿。

他們周圍的人拿出金子、銀子、牲畜、珍寶，資助他們，向耶和華聖殿獻禮。古列王也將那些被巴比倫王尼布甲尼撒從耶路撒冷耶和華聖殿裏掠來放在自己神廟之中的金銀器皿五千四百件派庫官米提利達拿出來如數交給猶大的首領設巴薩。那些被擄到巴比倫的猶大省人連同他們的子子孫孫，由所羅巴伯等十幾人領隊，從流放之地返回耶路撒冷，各歸本城。到達耶路撒冷的會衆共有四萬二千三百六十名，此外還有僕婢數千名以及男女歌者數百名。

回到耶路撒冷的以色列人，第二年便由利未人祭司監督，動工重建耶和華聖殿。匠人立耶和華聖殿根基的時候，祭司皆穿禮服吹號，利未子孫敲鈸，站著唱歌讚美耶和華。民衆見聖殿根基已經立定，便隨著歌唱大聲歡呼起來。然而有許多見過舊殿的老年人現在目睹重建根基，便大聲哭號起來。歡呼聲和哭號聲交織在一起，傳得很遠很遠。

不料那些遷移到這裏的外來人也想和他們一起建殿，遭到拒絕後便一再向波斯王上本控告猶大人。那些早先被安置在撒瑪利亞和約旦河西岸一帶的人上奏波斯王亞達薛西說：

「河西的臣民云云，王該知道，從王那裏回到這裏的猶大人已經到耶路撒冷重建這反城，築立根基，建造城牆。如今王

該知道，他們若建造這城，城牆完畢，他們就不再給王進貢、交課、納稅，終久王必受虧損……自古以來，常有悖逆之事，因此該城曾經被毀。我們謹奏王知，這城若再建造，城牆造畢，河西之地就與王無分了。」

亞達薛西閱後予以恩准，降下旨意要猶大人停工。那些上奏人及其同黨急忙來耶路撒冷見猶大人，強迫他們停工。於是這項工程就停止了，直到波斯王大利烏年間，才又繼續興建。

波斯王大利烏二年，猶大人聽從先知撒迦利亞的勸說，又開始動手建殿。當時河西總督達乃等人將此事上奏大利烏王。大利烏王查到古列元年降旨允造耶路撒冷聖殿的卷宗後，便再次降旨繼續興建，並吩咐撥取河西的貢銀做為重建聖殿的經費。大利烏王說：

「我再降旨，無論誰更改這項命令，必從他房屋中拆出一根梁來，把他頂起，懸在空中，並使他的房屋成為糞堆。我大利烏王降此旨意，當急速遵行，不得有誤。」

於是工程得以順利進行，直到大利烏王第六年，聖殿建造完畢。那些被擄回歸的以色列人，正月十四日過逾越節，吃著羔羊，守除酵節七日。從此猶大略顯復興，民眾開始面露喜色。

繼波斯王古列年間回歸耶路撒冷的那批人之後，又有成百上千的以色列人重返家園，其中為首的便是以斯拉，他是大祭司亞倫的後代。

祭司以斯拉在臨行之前，曾經得到波斯王亞達薛西的諭旨。諭旨上寫著：

「諸王之王亞達薛西，達於通曉天上上帝律法大德文士祭

司以斯拉云云。住在我國中的以色列人、祭司、利未人，凡甘心上耶路撒冷去的，我降旨准他們與你同去。照你手中的上帝律法書，察問猶大和耶路撒冷的情況……」

　　諭旨還寫明，恩准他帶著金銀和禮物回到耶路撒冷後，可以隨時從府庫裏支取經費，可以將明白上帝律法的人立爲士師和審判官，治理河西的百姓，並賦予他定罪的權力，將那些不遵行上帝律法和國王命令的人，或處死，或充軍，或抄家，或囚禁。

　　肩負著上述使命，祭司以斯拉回到耶路撒冷向耶和華獻完祭之後，便把國王的諭旨交給國王所派的總督和河西省長。

　　剛剛安頓下來，就有首領來見。他們向他報告説：

　　「以色列的老百姓和祭司，包括利未人在內，並沒有與迦南人、赫人、比利洗人、耶布斯人、亞捫人、摩押人、埃及人、亞摩利人隔絕開來，他們和這些人通婚，爲自己和兒子娶外邦女子爲妻，同這些人混雜在一起，從而玷污了聖潔的子民。而且首領和官長成了這件事的罪魁。」

　　一聽見這樣的事，以斯拉就撕裂衣服和外袍，拔下頭髮和鬍鬚，驚懼憂悶地坐著，文風不動。凡是那些敬畏上帝言語的人都因爲這些被擄回歸之人所犯的罪過而聚集到以斯拉這裏來。以斯拉依然紋絲不動，驚懼憂悶地呆坐著，一直坐到獻晚祭的時候。

　　獻晚祭時，以斯拉起來，穿著撕裂的外袍，雙膝跪下，向耶和華上帝説：

　　「我的上帝呀，我抱愧蒙羞，因爲我們的罪孽深重，我們的罪惡滔天……我們在受轄制之中稍微復興，豈可再違背你的

命令，與那些可憎之民結親呢？如果這樣做，你豈不向我們發怒，將我們毀滅，以致沒有一個剩下逃脫的人麼？」

以斯拉禱告，認罪，哭泣，俯伏在上帝面前的時候，以色列的男女孩童陸續聚集到他這裏來，成了大會。有人對以斯拉說：

「我們在此地娶了外邦女子爲妻，干犯了我們的上帝。然而以色列人還有指望，現在當與我們的上帝立約，把這些妻子全都休了，棄絕這些外邦女子。這事應該由你來辦，我們支持你，你起來吧。」

以斯拉聽這麼一說，就起來了。他要祭司長和利未人以及以色列眾人起誓，保證按著剛才那番話去做。於是大家都起了誓。

他們通知所有猶大和耶路撒冷被擄回歸的人，叫他們在耶路撒冷聚集，凡三日之內不來的，一律抄他的家，並將他逐出被擄回歸之人的會。於是猶太人和便雅憫人，三日之內都聚集在耶路撒冷。那日正是九月二十日，眾人坐在聖殿前的廣場上，又趕上下大雨，大家都不寒而慄，戰戰兢兢。

祭司以斯拉站在眾人面前，對他們說：

「你們有罪了，因爲你們娶了外邦女子爲妻，增添了以色列人的罪惡。現在當向耶和華上帝認罪，遵行他的旨意，棄絕這些外邦女子。」

會眾大聲回答說：

「我們一定按照你的話去辦！不過現在這麼多人被大雨淋著，再說，這也不是一天兩天能辦得完的事呀。不如派幾個首領辦理吧，凡是在我們城邑中娶外邦女子爲妻的，按照指定的

日期，由本城的長老和士師領著來這裏辦理，直到辦完爲止。那時上帝的烈怒就離開我們了。」

大家都同意這麼辦，唯有亞撒黑的兒子約拿單和特瓦的兒子雅哈謝公開表示反對，並且背後有米書蘭和利未人沙比太的支持。

祭司以斯拉和一些族長，一同查辦此事，從十月初一日至正月初一日，按著宗族，指名見派，查清了娶外邦女子的人數。

在祭司中查出了不少娶外邦女子爲妻的人，他們答應一定休妻。他們因爲有罪，就獻出羊羣中的一隻公綿羊贖罪。在其他各宗族裏，也都查出不少人娶外邦女子爲妻，其中也有生兒育女的。

當尼希米做猶大省長的時候，文士祭司以斯拉將律法書帶到聽了能明白的會衆面前，在水門前的廣場上，從清早到晌午，宣讀律法書。

# 五七　聰明王后

波斯王亞哈隨魯的國土遼闊廣大，從印度直到古實的一百二十七省，全都在他的統管之下，亞哈隨魯在書珊城的王宮裏登基，他的王后名叫瓦實提，長得容貌甚美。

亞哈隨魯王在位第三年，在王宮裏大擺宴席，應召赴宴的有宮廷大臣和各省首領，並且囊括了波斯和瑪代的所有權貴。

這些權貴們在富麗堂皇的王宮裏，盡情觀賞著亞哈隨魯王多如繁星的財寶和蓋世無雙的尊榮，足足觀賞了一百八十天。

緊接著，國王又爲書珊城裏的大小臣民，在御花園裏設宴七日。御花園裏，各等臣民手舉金杯喝御酒，酒味濃烈而醇厚，喝多少有多少，如同泉水一樣。喝酒有例：不准勉强人，讓人各隨己意。那壁廂，王后内室裏，瓦實提另具佳餚，賞賜婦女，又是另有一番天地。在紅白黃黑玉石鋪成的地面上，直立著光滑圓潔的白玉柱，柱子上箍著銀杯，銀環上繫著紫色細麻繩，麻繩下端扯著白色綠色藍色的帳子，帳子垂落在床榻上，床榻是用金子銀子鑄成的，室內設備雍容華貴，色調和諧而典雅。

宴席持續到第七天，亞哈隨魯王暢飲美酒，與民同樂，喜孜孜地想起了他美麗的王后。

「傳我的旨意，」國王對侍立在身邊的七個太監說，「召王后到這裏來，要戴上冠冕！」

「是，我主我王！」七個太監應聲而出，去請王后。

國王的意思，是想叫王后在各等臣民面前顯耀一番，因爲她長得容貌甚美，估計會博得一片嘖嘖的讚美聲。沒有料到，王后竟然不肯賞臉，把太監傳來的口諭當做耳旁風，拒絕遵旨來見。在大庭廣衆之中丟了亞哈隨魯王的臉，這使他大爲震怒，心中翻騰著一團烈火，不知如何發作。

那時在宮廷裏高居顯職的有米母干等七位波斯和瑪代的大臣，都是通達時務的明哲人。按照國王的習慣，在決定重大事情之前，總要先問問知例明法之人，碰上這樣的事，自然也要先問問他們。於是國王問道：

「王后瓦實提不遵太監所傳的王命，照例應當如何處置呢？」

「嚴重啊，」七大臣之一的米母干對國王說，「王后瓦實提抗旨不遵，這不僅得罪了國王，而且會造成一個先例。傳揚到各省婦女的耳中，說亞哈隨魯王吩咐王后瓦實提到王面前來，她卻不肯來！她們會照樣學著做，藐視自己的丈夫。今日波斯和瑪代的衆位夫人聽見王后這事，必向國王的大臣們照樣行，從此必大開藐視與忿怒之端。」

「確實如此，」國王深有感觸地說，「依你之見，當如何處置才妥呢？」

「王若以爲可行，就請降旨，」米母干繼續說，「寫在波斯和瑪代人的律例中，永不更改，不准瓦實提再到王面前來，將王后位賜給比她更好的人。所降旨意應該傳遍全國，使全國各省的婦人引以爲戒，無論丈夫貴賤，都必須尊重。」

米母干的主意受到國王和衆人的一致贊同。國王向全國發詔書，用各族的文字和方言，曉諭天下，使做丈夫的成爲一家之主。

過了好長時間，亞哈隨魯王的怒氣漸漸平息下來，又思念起瓦實提的嬌美，她的忤逆罪，是不是可以從輕發落呢？他有些猶豫了。

這時國王的侍臣對他說：

「不如爲王尋找美貌的處女。王可以派官在全國各省召集美貌的處女到書珊城的女院，交給掌管女子的太監希該，由希該分給她們當用的香品。王可以從中選取喜愛的女子，立爲王后，代替瓦實提。如果王高興的話，就請這樣做。」

「嗯，不錯，就這麼辦吧。」

說完，國王迅速傳出諭旨，派官在全國各地挑選美女，召集到書珊城，交給掌管女子的太監希該。

在入選的諸多美女之中，有一個名叫哈大沙的女子，是猶大人便雅憫的後代。她祖輩隨同猶大王約雅斤和衆百姓一起，被巴比倫王尼布甲尼撒從耶路撒冷擄來，安置在書珊城裏。她的父母早亡，由堂兄末底改收爲養女，養父給她改名叫以斯帖。末底改是便雅憫人基士的曾孫、示每的孫子、睚珥的兒子。養父末底改和養女以斯帖相依爲命，住在書珊城裏。没有想到，這次選美女，以斯帖居然入選了。

以斯帖被選入宮，交給太監希該管理。希該非常喜愛以斯帖，急忙給她需用的香品以及其他按例應得之物，派七個宮女侍候她，讓她和宮女一起搬進女院中上好的房間。以斯帖在這裏守口如瓶，並未將自己的籍貫宗族告訴任何人，這是末底改事先囑咐好的。

養女進宮之後，末底改天天在女院前邊行走，他放心不下，要知道以斯帖平安不平安，看看事情將如何進展。

被送入宮的女子，全都安置在女院裏，先住下來。按照定例，她們得潔淨身體十二個月，其中六個月用没藥油，六個月用香料和其他潔身之物。日期滿了之後，依照太監希該安排的次序，一個一個單獨去見亞哈隨魯王。

女子進去見王是這樣：從女院到王宮的時候，她要什麼，就得給她什麼，這是定例。女子晚上進去，翌日早晨出來，回到女子第二院，交給掌管妃嬪的太監沙甲，從此以後便住在這裏。除非國王喜愛她，題名召她晉見，她就不能再見國王的

面。

末底改的養女以斯帖，按照次序輪到她去見王了。她除了太監希該分給她的常例物品以外，別無所求。

「以斯帖呀，」太監希該拖著細細的嗓音對她說，「這回可輪到你了，你看她們都在這個節骨眼兒上要了好些稀奇古怪的小玩意兒，你呢，早就想好了吧，要什麼，說出來吧！」

「不要。」以斯帖回答。

「來顆俄斐寶石吧？」太監說。

「他施孔雀我也不要。」

以斯帖一無所求，離開女院，向王宮內院走去。這是亞哈隨魯王第七年十月的一天晚上，以斯帖由太監引導著，走進內院，朝見國王。亞哈隨魯王看見以斯帖花容月貌，體態苗條而豐滿，就非常喜愛，愛她勝過所有的妃嬪和美女。她在國王面前蒙受無比的寵愛，國王親手把王后的冠冕戴在她的頭上，立她為王后。

因為以斯帖的緣故，亞哈隨魯王為眾首領和臣僕大擺宴席，又蠲免各省的租稅，並照自己的厚意大加賞賜。

那時候，末底改坐在朝門，國王的兩個守門太監，辟探和提列，惱恨亞哈隨魯王，想伺機殺害他。這事給末底改知道了，他隨即告訴了王后以斯帖。以斯帖以末底改的名義，把這事原原本本地報告給國王。

此案經過一番查究，果然屬實。亞哈隨魯王降旨，把兩個預謀者掛在木頭上。同時由書記當著國王的面把此案的詳細經過寫在歷史上。

後來亞哈隨魯王擢舉亞甲族哈米大他的兒子哈曼，使他步

步高升。他的爵位超過與他同事的一切臣宰。在朝門的一切臣僕，都依照國王的吩咐，跪拜哈曼。唯獨末底改不跪不拜。

「你爲什麼不跪拜哈曼呢？」臣僕們對末底改說，「這是國王的命令呀，你敢違背……」他們天天勸他，可他就是不聽。

他們又把這事告訴哈曼：

「你剛才走過的時候末底改不跪不拜，他坐著。」由於末底改不聽勸告，他們便把他的出身也告訴哈曼，「末底改是猶太人，與眾不同！」

其實哈曼早就注意到末底改在他面前坐著不跪不拜，因此他胸中一直憋著氣。他咬牙切齒，覺得光除掉末底改一個人還不夠解氣，必須趕盡殺絕所有的猶太人，才能使他心滿意足。

亞哈隨魯王十二年正月，人們在哈曼面前按照慣例掣籤，擇定一年中的何月爲吉月，何日爲吉日。當時書珊居民管擇吉日叫掣普珥。這次掣普珥擇定十二月爲吉月，十三日爲吉日。

擇定吉月吉日之後，哈曼對亞哈隨魯王說：

「有一種民，散居在全國各省，他們的律例與萬民的律例不同，也不守王的律例，因此容留他們活著，實在與王無益。如果王高興的話，請下旨意，滅絕他們。我願爲此舉捐上三百四十噸銀子，交給掌管國幣之人，納入王宮府庫。」

哈曼說得頭頭是道，國王聽得入情入理，立刻准其所奏。亞哈隨魯王從手上摘下刻有印信的戒璽，放在猶大人的仇敵哈曼的手心裏。王對哈曼說：

「這銀子我不要，仍賜給你吧。至於你說的這民，我也交給你，你可以隨意對待他們。」

正月十三日，王的書記被召來，奉亞哈隨魯之名寫諭旨，照著哈曼所吩咐的一切，用各族的文字和方言。寫好諭旨，用王的戒璽蓋上印，交給驛卒，吩咐他傳與總督及各省省長並各族首領，曉諭萬民知悉——在本年十二月十三日這天，在全國一百二十七省之內，一齊動手，將猶太人不分男女老少，一律殺絕，徹底消滅。與此同時，要搶光他們的財寶，作爲戰利品。

驛卒奉王命急速行動。亞哈隨魯王同哈曼坐下來，飲酒談笑。

諭旨傳遍書珊城。書珊城的居民都因此而惴惴不安。末底改聽說哈曼所做的事，就撕裂衣服，披麻衣，蒙灰塵，沉痛哀號，在城中行走，到了朝門停住腳步。因爲穿麻衣的不可進朝門。

國王的諭旨傳到各省各處，猶大人驚恐萬狀，禁食哭泣，哀號，穿麻衣，有許多人躺在灰塵中。

王后以斯帖的宮女和太監將此事稟報給她，她更是無比的憂愁。她派人送衣服給末底改穿，要他脫下麻衣，可是他硬是不肯。以斯帖只得把伺候他的一個名叫哈他革的太監召來，打發他去見末底改，把這件事的來龍去脈問清楚。

於是太監哈他革從王宮裏走出來，在朝門前的廣場上找到了末底改。末底改向他把自己的遭遇以及哈曼爲滅絕猶太人而應許捐入王庫的銀數，從頭至尾，敘說了一遍。講完這些，又將傳抄在書珊城的諭旨交給哈他革一份，託他轉交以斯帖，並傳話給她，叫她進去面見國王，爲本族的人，在王面前懇切祈求。

　　哈他革回來，將末底改的話轉述給以斯帖，並給她看國王的諭旨。以斯帖眉頭緊鎖，沈吟良久，徐徐抬起頭來，吩咐哈他革去向末底改傳話說：

　　「國王的所有臣僕，和各省的人民，都知道有一個定例：若不蒙召，擅入內院見王的，無論男女，必被處死，除非王向他伸出金杖，不得存活。現在我已經有三十天沒有蒙召見王了……」

　　太監把這話告訴末底改，末底改託人回覆以斯帖說：

　　「以斯帖呀，你以為自己比一切猶太人都高貴，就能夠倖免此禍嗎？告訴你吧，休想！如果你這時候緘口不言，猶太人也必定會從別處獲得解脫與拯救。到那時候，你和你的父家，必至滅亡！焉知你得到王后的位分，不正是為著現今的機緣嗎？」

　　經過一番深思熟慮，以斯帖拿定了主意，她吩咐人回報末底改說：

　　「請你曉諭書珊城的所有猶太人，叫他們為我禁食三天三夜，不吃不喝。我和我的宮女，也要這樣禁食。然後我違例進去面見國王，我若死就死吧！」

　　於是末底改依照以斯帖所吩咐的一切，去曉諭猶太人，為冒死謁王的以斯帖禁食三日。

　　第三天，以斯帖穿上朝服，走進王宮內院，對著宮殿站立。亞哈隨魯王正坐在宮殿的寶座上，他一看見王后以斯帖站在院內，就立刻轉動手中的金杖，向著她伸過來——這是莫大的恩寵啊！不管是誰擅入禁地，如果金杖遲遲不伸過來，那麼武士之刀就將飛來。然而國王的金杖是不輕易向誰伸出的，這

回居然向以斯帖伸過來了。以斯帖見此情景，趕緊向前急走幾步，俯身摸金杖。

亞哈隨魯王對以斯帖說：

「王后以斯帖啊，你要什麼，你求什麼，儘管說吧，就是國的一半，王也必賜給你。」

以斯帖誠惶誠恐地說：

「如果王高興的話，請王今日帶著哈曼赴我的宴席。」

「好的，」王說，「叫哈曼速速照以斯帖的話去做！」

於是亞哈隨魯王帶著哈曼去赴王后以斯帖所預備的宴席。

在酒席宴前，國王又向王后說：

「你要什麼，王必賜給你。你求什麼，就是國的一半，王也必不吝惜。」

以斯帖回答說：

「我有所要，我有所求。我若在王眼前蒙恩，王若願意賜我所要的，准我所求的，就請王帶著哈曼再赴我所預備的宴席。明日我必定照王所問的說明。」

「好的，」國王說，「明天這時候，我一定帶著哈曼再來赴宴。」

這樣說定之後，宴席也就散了。哈曼心中快樂，歡歡喜喜地出來。可是一過朝門，又看見末底改傲氣十足地坐在那裏，不站起來，連身子也不動，根本不把他放在眼裏。這宛如一把無形的利劍，戳傷他的自尊心。哈曼暫且忍耐著，滿心惱怒地走回家裏。

回到家裏，哈曼叫人把妻子細利斯請來，又請來了幾位朋友。他們聚攏來，聽他講述自己的榮耀與忿怒。哈曼將他那崇

高的榮耀，眾多的兒女，如何蒙王恩寵，使他超乎一切羣臣之上，都繪聲繪色地描述給他們聽。一直講到剛才赴宴，他嘴裏噴著在王后那裏飲的酒味，興高采烈地說：

「王后以斯帖預備宴席，隨王赴宴的，只有我哈曼一個人，明日王后又要請我隨王赴宴！」

當妻子與朋友們正在爲他的青雲直上而竭力祝賀的時候，哈曼忽然把話題一轉：

「唉，今天我又碰見那個猶太人末底改坐在朝門，只要我看見他往那裏一坐，我的一切榮耀，也就黯然失色，與我無益了。」

「難道就制伏不了他？」哈曼的妻子和朋友們說，「不如立一座二十二米高的刑架，明天早晨請求國王將末底改掛在那上頭，然後你就可以歡歡喜喜隨王赴宴了。」

哈曼看這個主意好，便叫人趕製了一個大刑架。

這天夜裏，國王輾轉反側，寤寐思服，久久不能熟睡。他叫人取過歷史來，念給他聽。正遇見書上寫著：「國王的太監中有兩個守門的，名叫辟探和提列，想要暗害亞哈隨魯王。末底改將此事告訴王后……」

聽到這裏，國王插話說：

「末底改做了這件好事，有沒有賞賜他什麼尊榮爵位呢？」

「沒有，」伺候王的臣僕回答說，「沒有賞賜他什麼。」

這時聽見外面有腳步聲，王問：

「誰在院子裏？」

「哈曼，」臣僕說，「是哈曼站在院子裏。」

「叫他進來！」王說。

哈曼應聲進來。他已經想好了一通話，準備請求國王將末底改掛在他所預備的刑架上。可是國王先開口問他：

「對於王所喜愛所尊榮的人，應該如何待他呢？」

哈曼心想，王所喜愛所尊榮的人，不是我是誰呢？於是他回答說：

「對於王所喜愛所尊榮的人，應該將王常穿的朝服和戴冠的御馬交給王極尊貴的一個大臣，命他將朝服給這個人穿上，使他騎御馬走遍全城的街市，在他面前宣告說：王所喜愛所尊榮的人，就應該如此蒙恩。」

「就這麼辦吧，」國王對哈曼說，「你快快將這衣服和馬送給坐在朝門的猶太人末底改，照你所說的，一樣不可缺少。」

這樣一來，哈曼心裏那相反的話語就再也不敢出口了，他只得乖乖地將朝服給末底改穿上，使他騎馬走遍全城的街市，並在他前面宣告說：

「王所喜愛所尊榮的人，就應該如此蒙恩！」

末底改受過這番恩待以後，仍然回到朝門。哈曼卻鬱鬱悶悶地低著頭，急急忙忙回家去了。

哈曼垂頭喪氣地回到家裏，將剛剛發生的變化，全都告訴了他的妻子細利斯和他的朋友們。

朋友們和他的妻子細利斯，聽見事情有變，全都大驚失色，預感到形勢的不妙。他們對他說：

「你一開始就在末底改面前吃了敗仗。他如果是猶太人，你肯定鬥不過他，早晚你要一敗塗地！」

正當他們與哈曼說話的時候，王宮太監來了，催他快快去赴王后預備的宴席。

哈曼跟著太監走進王宮，見到亞哈隨魯王。亞哈隨魯王帶著他趕赴王后以斯帖的宴席。

在這第二次的酒席宴前，國王又迫不及待地問王后：

「王后以斯帖啊，你要什麼，王必賜給你，你求什麼，就是國的一半，王也必不吝惜。」

王后以斯帖這才從容回答說：

「如果王高興，如果我在王前蒙恩，請聽我把話說清。我所要的，是請王將我的生命賜給我；我所求的，是求王將我的本族賜給我。因為我和我的本族，就要被趕盡殺絕，翦除乾淨了！」她聲淚俱下，繼續說道，「假如只是我們遭殃，或者被賣為奴婢，我也就值不得講話了，本可以緘口不言。可是王的損失呢，難道王的王國遭殃、人口銳減，是敵人可以用銀子補償得了的嗎？」

「哎呀，誰敢出這樣的壞主意！」國王追問王后，「這人是誰，他在那裏？」

「就在眼前！」以斯帖指著哈曼對王說，「仇敵就是他，就是這壞蛋哈曼！」

哈曼嚇得魂不附體，「噹啷」一聲，金酒器掉在玉石地上。

國王一聽這話，勃然大怒，他抖身站起，一揮金杖，轉身離開席面，由太監跟隨著，往御花園去了。

哈曼見國王異常震怒，料定必然加罪於他。他隨即站起來，繞到以斯帖膝前，乞求饒命。王后躲閃著，斜倚在床榻上

……國王從御花園裏回來，猛然看見哈曼伏在以斯帖所靠的床榻上，便大喝一聲：

「哈曼，你好大膽！你竟敢在宮廷之內，在國王面前，調戲王后！」

這話剛一出口，就有幾個人像箭一樣撲到哈曼身上，將他拖離王后，蒙上臉。

國王的隨伺太監哈波拿說：

「哈曼做了一個二十二米高的刑架，揚言要把末底改掛在上邊，他恨怨那救王有功之人。如今那大刑架還立在他家的院子裏呢！」

「留他自己用吧，」國王怒不可遏，降下口諭，「把哈曼掛在那上頭吧！」

一聲令下，不容分說，臣僕們就把哈曼掛在他爲末底改預備的刑架上。

這才稍稍止息了國王的怒氣。

當日亞哈隨魯王把猶太人的仇敵哈曼的家產賜給了王后以斯帖。以斯帖又把自己的身世重新說了一遍。國王這才恍然大悟，原來終日坐在朝門的末底改就是自己的國丈啊！何況此人還救過自己的命，這樣，亞哈隨魯王就把過去對哈曼的恩待全都轉移到末底改身上了。

「召末底改進宮！」太監傳出國王的口諭。

坐在朝門的末底改被太監引進王宮內院，朝見國王。國王從手上摘下刻有印信的戒璽，交給末底改。末底改接過戒璽，認出這正是從哈曼手裏追回的那隻。

以斯帖奉王命接收哈曼的家產，她派末底改去管理這份家

產。從此猶太人末底改便不坐在朝門了。

可是猶太人的災難並未解除，十二月十三日殺猶太人的日子愈來愈近了。有一次，當末底改侍立在國王身邊的時候，以斯帖又俯伏在國王的腳前，流著眼淚，向王哀告：

「懇求我王開恩，解除哈曼害猶太人的惡謀！」

國王向以斯帖伸出金杖，以斯帖隨著起來，站在國王面前說：

「亞甲族哈米大他的兒子哈曼，設謀傳旨，要殺滅王在各省的猶太人。現今如果王高興的話，如果我在王面前蒙恩的話，就請王另下一道聖旨，廢除哈曼所傳的那道諭旨。我怎麼能忍心看著我的本族人受害呢，我怎麼能忍心看著我的同宗人被滅呢……」

亞哈隨魯王對以斯帖和末底改說：

「由於哈曼設謀陷害猶太人，我已經將他掛在木頭上了，將他的家產賜給了以斯帖，並將戒璽追回交給了末底改。現在王的戒璽在你們手裏，你們可以隨意奉王的名義寫諭旨給猶太人，用王的戒璽蓋印，傳下去便立刻生效。奉王的名義所寫的用王的戒璽蓋印的諭旨，任何人都不能廢除。」

於是以斯帖和末底改依據亞哈隨魯王的吩咐，分頭下去準備。

三月二十三日，王的書記被召來，依照末底改的吩咐，用各族的文字和方言，並猶太人的文字方言，奉國王之名寫成諭旨，用王的戒璽蓋上印，交給騎御馬的驛卒，傳給那從印度直到古實的一百二十七省的猶太人以及總督、省長、首領，並廣為抄錄，曉諭萬民知悉。諭旨中，國王准許全國各省各城的猶

太人在十二月十三日這一天之内，聚集保護生命，並將攻擊猶太人的一切仇敵誅戮殺滅。務使猶太人有所準備，等候那日，在仇敵身上報仇雪恨。

驛卒接過諭旨，騎上御馬，急忙起程，將諭旨傳到全國各地。

諭旨也傳遍書珊城。末底改頭上戴著金冠冕，身上穿著藍色、白色的朝服，外罩紫色細麻布的外袍，從王宮裏走出來。書珊城的居民都歡呼快樂，而其中的猶太人，則更顯得光榮而尊貴。

國王的諭旨傳到各省各地，猶太人全都喜氣洋洋，擺設筵席，慶賀吉日。舉國上下的臣民之中，有不少懼怕猶太人的復仇烈火，因此他們便急忙加入了猶太籍。

十二月十三日，原本是仇敵盼望轄制猶太人的日子，現在卻變成了猶太人轄制仇敵的日子。

猶太人在全國各省的城裏聚集，動手擊殺他們的仇敵。仇敵喪膽，無人能抵擋他們。各省的首領總督省長乃至宮廷大臣，都因懼怕末底改而幫助猶太人。猶太人舉刀擊殺一切仇敵，任意消滅怨恨他們的人。

在書珊城，猶太人擊殺了五百人，又將哈曼的十個兒子全部殺死。當日將書珊城被殺的人數呈報在國王的面前，國王對王后以斯帖說：

「猶太人在書珊城殺死了五百人，又殺了哈曼的十個兒子。在各省不知如何呢？現在你要什麼，王一定賞賜給你，你還求什麼，王也一定爲你辦成。」

「如果王願意，如果王高興，」以斯帖說，「求你准許書

珊的猶太人，明日還像今天這樣，再殺一天仇敵，並將哈曼十
個兒子的屍首掛在刑架上。」

國王便依照以斯帖的話降下旨意，書珊人遵指把哈曼十個
兒子的屍首掛在絞架上。十四日這天，猶太人又在書珊城殺了
三百人。

在各省的猶太人，在十二月十三日這天，一共擊殺了仇恨
他們的仇敵七萬五千人。十三日殺完仇敵之後，十四日他們就
休息了，因此就以這日爲吉日。

可是書珊城的猶太人在十三日和十四日這兩天殺敵，十五
日休息，他們就以這日爲吉日。

末底改記錄此事，寫信給遠近各省的猶太人，指示他們每
年十二月十四日和十五日兩日爲吉日，紀念猶太人殺仇敵保平
安，轉憂爲喜，逢凶化吉。猶太人在這兩個吉日裏，要設宴歡
樂，彼此饋送禮物，賙濟窮人。

猶太人末底改平步青雲，在朝中居首，成爲亞哈隨魯王的
宰相，名聲傳遍各省，日益昌盛。

這一復仇事件是由於哈曼設謀殺害猶太人，掣普珥擇吉日
所引起的，因此猶太人就稱這兩日爲普珥吉日。王后以斯帖和
末底改在給全國一百二十七省的所有猶太人寫的第二封信中，
堅囑他們按時守普珥吉日。從此，普珥吉日便在猶太人中間世
世代代流傳下來。

# 五八　約伯禍福

烏斯地有一個義人，名叫約伯。約伯的妻子給他生了七個兒子和三個女兒。家裏擁有一千頭牛，七千隻羊，五百頭驢，三千匹駱駝。他還有漂亮的住宅和成羣的僕婢。在世界的東方，他是最有名望的富翁。他的兒子們經常輪流擺設家宴，請他們的三個姐妹來同吃同喝。每逢歡宴日期過後，約伯總是清早起來，爲每個兒女獻上一份焚化祭，行潔淨的禮儀。他習慣這樣做，因爲他想，說不定他們之中有誰無意中冒犯了上帝。約伯敬畏上帝，充滿信心。

## 撒但考驗約伯

有這麼一天，天使們侍立在上主面前，撒但也混在其中。上主問撒但說：

「你在做什麼呢？」

撒但回答說：

「我在地上散步，到處遛達，漫遊塵寰。」

「那你看見我的僕人約伯沒有哇？」上主問道，「他可是個忠誠老實的大好人，人世間誰也比不上他。他敬畏我，凡事謙卑，只做好事，不做壞事。」

撒但回答說：

「若不是有利可圖，約伯還會敬畏你嗎？你總是保護他，

保護他全家以及他所擁有的一切。你祝福他百事如意，賜給他滿山遍野的牛羊。假如你奪走他所擁有的一切，看他不當面罵你才怪呢！」

「好吧，」上主對撒但說，「現在他所有的一切全部交給你了，不過你一定不要傷害他本人。」

隨後撒但悄然離去。

有一天，約伯的兒女們正在長兄家裏吃喝玩樂，突然一個送信的跑來，向約伯報告：

「牛在耕田，驢在吃草，僕人們都在忙碌著的時候，示巴人突然闖來，又殺人又搶劫，你的僕人們全被殺死，唯有我一個人倖免於難，特地跑來向你報信。」

話音未落，只見另一個僕人跑來說：

「電閃雷鳴，你的羊羣和牧人全被擊死了。唯有我一個人倖免於難，特地跑來向你報信。」

話音未落，只見另一個僕人跑來說：

「三夥迦勒底強盜突然襲擊我們，駱駝全被他們搶走了，你的僕人已被殺個精光。唯有我一個倖免於難，特地跑來向你報信。」

話音未落，只見另一個僕人跑來說：

「你的兒女們正在長兄家裏吃喝玩樂，突然一場狂風暴雨從荒漠裏席捲而來。暴風吹倒了房屋，你的兒女們全被壓死在裏面。唯有我一個人倖免於難，特地跑來向你報信。」

聽到這一連串的噩耗，約伯悲痛欲絕。他站起來，撕裂衣服，剃光頭髮，趴在地上。他說：

「我赤身出世，也要赤身而去。上主賞賜，上主收回。上

主的名字是應當稱頌的。」

儘管遭遇到這許多不幸，約伯並沒有抱怨上帝，因此他没有犯罪。

又有一天，天使們侍立在上主面前，撒但也混在其中。上主問撒但說：

「你從那兒來呀？」

撒但回答說：

「我在地上散步，到處遛達，漫遊塵寰。」

「那你看見我的僕人約伯没有哇？」上主問道，「他可是個忠誠老實的大好人，人世間誰也比不上他。他敬畏我，凡事謙卑，只做好事，不做壞事。你曾向我遊說，要我同意你無緣無故擊打他，然而他依然崇拜和信仰我。」

撒但回答說：

「人爲了活命，不管什麼都捨得拋棄。假如你傷害他的身體，看他不當面罵你才怪呢！」

於是上主對撒但說：

「好吧，我把他交給你了。不過你可不能害他性命。」

於是撒但從上主面前退出，開始擊打約伯，使他渾身上下生瘡長癩，流血化膿。約伯坐在垃圾堆旁，撿起一塊破瓦片，刮自己身上的膿瘡。他的妻子對他說：

「你還像以前那樣對上帝信心十足，是不是呀？你爲什麼不咒罵上帝，然後死掉呢？」

約伯回答說：

「你在胡說八道些什麼呀！當上帝賜福給我們的時候，我們歡歡喜喜。怎麼能當他向我們降災的時候，我們就抱怨

呢？」

　　即使在這種艱難困苦貧病交加的情況下，約伯也沒有説出對上帝不滿意的話。

## 有朋自遠方來

　　約伯有三個朋友，他們是提幔人以利法、書亞人比勒達和拿瑪人瑣法。他們聽説約伯遭遇到種種不幸，便來安慰他。他們遠遠就看見約伯了，可是認不出他來。一經認出，他們便哇地一聲大哭起來，悲痛地撕裂衣裳，往空中和自己頭上揚灰。隨後他們跟他一起坐在地上，七天七夜不説一句話，因爲他們看見他太遭罪了。

## 約伯詛咒自己

　　約伯終於打破沈默，開始詛咒自己的生日。

　　約伯：

　　噢，上帝啊，我求求你，

　　詛咒我那出生的日子，

　　詛咒我那受胎的一夜。

　　上帝啊，叫那天昏昏沈沈，

　　永遠不叫它見到光亮。

　　要它成爲黑暗的日子，

　　要它烏雲壓頂不見太陽。

　　請把那夜排除在年輪之外，

　　永不記入歲月。

　　願那夜成爲一個石女，

不生不養没有歡樂。
令巫師們張開鼓脹的嘴巴，
呼喚來横行狂海的妖怪，
遮蔽住那天的日頭，
索下那金色的光芒。
願晨星不再閃爍眨眼，
叫那夜失去黎明的希望。
可恨哪，我出生的夜晚，
將我遺棄給苦難和憂傷。

但願我胎死在母腹裏，
要麼斷氣在呱呱墜地時。
爲什麼她把我摟在懷裏，
以那甘甜的乳汁哺育我呢？
倘若我那時早早夭亡，
現在我豈不長眠多時。
長眠啊，如同往昔的君王，
他們建造過遠古的殿堂。
長眠啊，如同逍遙的王子，
他們的金銀曾經充滿新房。
在那荒蕪人煙的墳墓裏，
强盜們舒展開罪惡的雙手，
疲憊者發現了理想的憩所，
連囚犯們也得享安寧，
永久告別那刺耳的責罵聲。

在那裏不分貧富貴賤，
奴隸和主人一樣自由。

爲什麼給憂傷者以生命的里程？
爲什麼賜痛苦者以陽光雨露？
他們切盼著死亡早早來臨，
然而它卻偏偏不肯露面。
在墳墓與財寶中間任選其一，
他們會奮不顧身地奔向墳墓，
他們的喜樂出現在入土之後。
上帝斷絕了他們的前途，
把他們層層困住不放。
我以嘆息代替了吃喝，
是必要無休止地呻吟。
令人生畏的事物紛至沓來，
不得安寧啊，也不得休息，
我的煩惱啊，無窮無盡。

## 第一場對話

以利法：

約伯啊，你討厭我講話嗎？
我再也無法保持沈默。
憶往昔，你教育過許多人，
使虛弱的手臂堅不可摧。
你的話曾給人以鼓舞和力量，

使失足者軟弱者疲倦者，
驟然奮起，威然屹立。
如今輪到你逢上災難，
你卻如轟雷貫頂一蹶不振。
你過去敬畏上帝，
這樣的生活無可指責。
因此你本應該充滿信心和希望。
回憶吧，一樁樁，一件件，
那有正人君子遭磨難？
我見過那些人耕種邪惡，
在田地裏播下有毒的種子，
如今他們正在自食惡果。
上帝的忿怒如急風暴雨，
一舉把他們沖擊得稀巴爛。
惡人張牙舞爪像獅子吼，
不料上帝敲碎他們的牙齒。
老獅子飢腸轆轆餓死了，
遺下的幼獅子四散奔走。

約伯啊，你呼喊吧，
看看是否有誰回答你，
難道某個天使會幫助你嗎？
焦慮而死者實乃愚人，
憂忿喪生者不足為訓。
飢餓者吞食愚人的莊稼，

連荊棘中的穀粒也不放過。
邪惡不會從田野裏長出來，
災難也不會從地面冒頭。
否！人啊，全是咎由自取，
如同火花向上飛升。

假若我是你，我就求助上帝，
向他陳述我的苦情。
我們無法了解他的偉業，
他的奇蹟層出不窮。
是的，上帝扶助卑微者，
並給愁苦人帶來歡樂。
他戳穿詭詐之徒的奸計，
使聰明人陷在自己的圈套裏。
蒙上帝管教的人得喜樂，
受他譴責時不可抱怨。
上帝包紮他給你的創傷，
他的手擊打你，他的手醫治你。
饑荒的時候，他要養活你，
戰爭的時候，他要保衛你。
在饑荒與暴亂中，你笑口常開，
在野獸面前，你無所畏懼。
約伯啊，此乃經驗之談，
實乃真理，望兄笑納吧。

約伯：
倘若把我的憂愁放在天秤上，
它們將比海沙還要沈重，
因此，請別見怪我的粗話。
全能者的箭簇射中我，
箭簇的毒液流遍我的周身，
上帝祭起恐怖的網繩套住我。

毛驢吃野草，心滿意足，
乳牛嚼飼料，悠然自得。
然而我毫無胃口，食不甘味，
吞下的食物令我作嘔。

爲什麼上帝不滿足我的祈求？
爲什麼他不回答我的禱告？
爲什麼我在絕望中活個沒完？
難道我是石頭做成的嗎？
難道我是青銅鑄就的嗎？
我一點自救的力量都沒有，
尋求幫助，又無處可求。
在如此這般的患難裏，
不管我是否離開了上帝，
我都需要真誠的友誼。
然而你們，我的朋友，
卻如同溪流一樣欺騙了我。

那溪流在天旱無雨時乾涸，
那溪流在刮風下雪時結冰，
那溪流在烈日曝曬下消失，
剩下的唯有那光禿禿的河床。

商隊因尋找水源而失散，
他們在沙漠裏遊蕩著死去。
示巴的商隊徘徊，
提瑪的客旅瞻望，
面對那乾涸的河床，
他們的夢想幻滅。
你們就像那乾涸的河床，
看見我的苦情就畏縮不前。

好吧，教訓我吧，
說說我有那些謬誤。
既然把我的話當做耳旁風，
那爲何還要回答我這絕望的言詞？
你們竟然擲骰下注要取孤兒爲奴，
企圖以出賣親朋好友來發財致富。
看看我臉上，我不會說謊，
然而你們卻認爲我在說謊，
以爲我分不清是非曲直。

人生在世，如同被迫當兵，

天天負重勞苦。
像奴隸渴望著涼亭,
像工人期待著工資。
月復一月,我難受煎熬,
夜復一夜,我痛苦憂傷。
我躺下睡覺,長夜難眠,
在百無聊賴中,我切盼天明。
我渾身上下,爬滿蛆蟲,
上面覆蓋著累累瘡疤,
從深處往外不斷流膿,
我的日子比梭還快,
全都在絕望中飛逝。

噢,上帝啊,請想想,
我的生命不過是一口氣,
我的歡樂已經一去不復返。
現在求你看看我吧,
不然就再也看不見了。
倘若將來你找我,
那時我已不在人間。
就像雲彩一樣地消失了,
人死了,永遠不再回家,
他已經被熟識自己的人遺忘了。
不,我不能再沈默啦!
我要訴說胸中的忿怒,

我要吐露內心的憂傷。
你爲什麼禁閉著我？
難道你認爲我是海怪？
我躺下來，想歇息一下，
期望解除身上的痛苦。

人算什麼，你這樣看重他？
幹麼那樣注意他的行爲呢？
朝朝暮暮，你觀察他，
時時刻刻，你考驗他。
你幹麼不轉過臉去不看我，
讓我嚥下一口氣呢？
監視人的主啊，
難道我的罪過傷害了你嗎？
爲什麼把我當箭靶來射擊？
你不能赦免我的罪過嗎？
你不能饒恕我的錯誤嗎？
我很快就要進入墳墓了。

比勒達：
你嘮嘮叨叨沒完沒了嗎？
上帝從不冤枉好人，
他的行爲一貫正確。
你的兒女肯定犯了背主之罪，
他們受懲罰乃是罪有應得。

現在是你回心轉意的時候，
趕快向全能的上帝祈禱吧。
假若你果真忠心純正，
那麼上帝準會來救你。
恢復你的家業田園，
上帝的賞賜必將超過你的損失。

請你回顧一下古代的智慧，
考查一下祖先們總結的真理。
我們的生命如此短促，
我們的知識如此貧乏，
如同忽悠晃過大地的影兒。
還是讓古賢們教導你吧，
聆聽吧，他們這樣說過。

「蘆葦不生無水之地，
它們永遠靠近池塘。
水一乾涸，它們立刻枯黃，
由於矮嫩，所以毫無用處。
惡人好比蘆葦，
他們忘記上帝之日，
正是希望幻滅之時。
他們信賴那易斷的絲線，
他們所依靠的是蜘蛛網。
他們依靠蜘蛛網，

蜘蛛網能把他們兜起來嗎？
他們抓住絲線，
絲線能使他們立起來嗎？」

惡人好比陽光下的雜草，
雜草叢生蔓延到花園外面，
它的根盤繞著岩石，
牢牢地扎在石縫裏。
但是如果把它往上一拔，
就再也看不出它生在什麼地方。
惡人的喜樂轉眼成空，
由別人把他們取代。

然而上帝永不拋棄忠信的人，
也從來不幫助邪惡的人。
他會使你再度笑逐顏開，
他會使恨你的人受辱蒙羞，
並且叫惡人傾家蕩產。

約伯：
不錯，這些道理我全懂。
但人怎麼能贏過上帝呢？
誰膽敢跟他辯論呢？
他能提出千百個問題，
這些問題誰也回答不上來。

上帝大智大能，無人可比，
不動聲色，他移動羣山，
一怒之下，他劈碎諸峯。
他使大地震動，離開原位，
他搖撼支撐大地的柱子，
他能叫太陽升不起來，
叫星星在夜空中黯淡無光。
上帝獨自鋪開諸天，
踩踏在海怪的背上，
上帝把羣星高掛在天際──
北斗星獵戶星昴星和南極星。
我們無法理解他的偉業，
他的神蹟奇事層出不窮。

上帝從我身邊經過，
而我卻看不見他。
他要拿什麼就拿什麼，
誰也不能阻止他的行動。
誰也不敢問他：「你要幹什麼？」
我怎麼敢回答上帝呢？
我怎麼敢跟他辯論呢？
儘管我是無辜的，也不敢頂嘴。
我只能祈求上帝的憐憫。
他是我的審判官，
即使他准許我說話，

也很難想像他會聽我一面之詞。
他用暴風雨摧殘我，
無緣無故將我擊得遍體鱗傷。
他不讓我喘一口氣，
使我的生活充滿憂傷。
我用暴力嗎？他多麼強大！
上法庭嗎？誰敢傳他出庭？
我是無辜的，開口便算有罪，
說的話愈多，罪過就愈重。
我是無辜的，然而這有何用？
無辜也罷，有罪也罷，
反正上帝要消滅我們。
上帝把世界交給了惡人，
他使所有的法官都瞎了眼。
難道這不是上帝幹的，
別人誰能幹得出來呢？

我的時光奔馳而去，
沒有一天好過的日子。
我的生命途程，如同一葉扁舟，
快得好像蒼鷹搏擊野兔。
假如我強做歡笑忘記痛楚，
種種不幸便統統向我襲來。
我知道上帝判定我有罪。
既然判定我有罪，

那我又何必煩惱？
肥皂洗不去我的罪過。
上帝將我扔在垃圾堆裏，
就連身上的衣服都爲我害羞。
如果上帝是人，我還可以答辯，
我們可以同上法庭解決糾紛。
然而我們中間沒有仲裁者，
在上帝和我中間難斷是非。

上帝啊，你的雙手塑造了我，
如今又用這雙手毀滅了我。
請想想，你用黏土造我，
現在又要把我搓成黏土嗎？
你使我父親有精力生我，
你使我在母腹中發育成胎。
你以筋骨造成我的體形，
又用皮肉將其包容豐滿。
你賦予我生命與忠貞之愛，
你照料我健康成長。
現在我才知道在這過程中，
你一直在秘密策劃著害我。
你一直在監視我是否犯了罪，
你定意不能寬恕我。
我一犯罪，你立刻降災於我，
即使我沒錯，也無名譽可言，

我悽悽慘慘受辱蒙羞。
倘若我有所成就，你立刻追捕，
如同追捕一隻獅子，
爲著害我，你不惜動用奇蹟。
你總是握有制裁我的證據，
你對我的忿怒有增無已，
千方百計策劃著新的攻擊。

上帝啊，你爲什麼讓我出世？
但願我出生前死於母腹之中。
從子宮裏直接進入墳墓，
如同根本不存在，豈不更好！
請別管我，我的生命就要完了，
讓我欣賞一下這彌留的時光吧。
我即將走了，並且一去不復返。
走到一片昏昏矇矇的地方，
那地方充滿黑暗、死蔭和迷茫，
在那裏，就連光也是黑的。

瑣法：
這些荒唐的言詞不好回答嗎？
難道廢話連篇就算有理嗎？
約伯啊，你以爲我們回答不了嗎？
這樣冷嘲熱諷能堵住人嘴嗎？
你斷定你的話就是真理，

你斷定你在上帝面前純潔無瑕。
但願上帝答覆你，
但願他能駁斥你。
他會將諸端智慧指示給你，
有些事太深奧，人理解不了。

你能測透全能者的智慧嗎？
它包羅萬象高深莫測。
你夠不著天，而上帝超出天外，
你不懂陰間，而上帝洞若觀火。
上帝的智慧比地廣比海闊，
如果上帝要扣留你審判你，
天底下還有人能夠阻止他嗎？
上帝知道那些人無足輕重，
他看透了他們的邪惡行徑。
野驢不會從小馴服，
愚人不會自幼聰明。

約伯啊，你要存心正直，
你要一心一意尋求上帝，
把邪惡與謬誤趕出自己的家門。
東山再起吧，要堅強要勇敢，
苦難將從你的記憶中消失，
就像過去的洪水一樣被人遺忘。
你的生活將更加明媚，

光輝燦爛得賽過正午的太陽。
上帝要保護你，使你安寧，
你不會懼怕自己的仇敵，
許多人將要有求於你。


約伯：
是的，你們真是人民的喉舌，
大限來臨時，
智慧將與你們一同埋葬。
然而我有著同你們一樣的聰明，
跟你們比較起來並不遜色，
你們的妙論不過是老生常談。
你們平安無事，卻要幸災樂禍，
你們擊打那快要跌倒的人。
然而盜賊和惡人卻在樂逍遙，
儘管他們把自身的力量當成神明。


去問飛禽走獸吧，
向陸海生物求教智慧吧，
它們當中有誰不知道，
正是上帝之手塑造了它們。
正是上帝指導萬物生存，
每個人的生命都在他的掌握中。


老年人有智慧，

然而上帝有智慧，又有能力，
老年人有見識，
然而上帝有見識，又有能力。
上帝拆毀的，誰能重建？
上帝囚禁的，誰能釋放？
上帝不降雨，大旱就來臨，
上帝開水閘，洪水就氾濫。

他奪走統治者的智慧，
他使領導者像個傻瓜。
他廢黜君王，使他們成爲囚徒。
他叫掌權者臉上無光，
他叫統治者衰微破敗。
他使首領們冥頑不化，
讓他們徬徨而不知所措，
他們如同醉漢一般，
在黑暗中踉踉蹌蹌胡亂摸索。

聽啊，當我陳訴的時候，
你們爲什麼準備說謊？
難道你們認爲謊言有益於上帝嗎？
難道你們想袒護他嗎？
你們的格言毫無用處，如同爐灰，
你們的辯詞軟弱無力，如同泥土。

我已經失去了一切希望，
即使上帝殺我，又有何妨？
我要在他面前爲自己申訴。
也許我的勇氣會使自己得救，
因爲惡人不敢面對上帝。
現在請聽我答辯的言詞，
我準備爲自己申訴，
因爲我知道自己有理。

上帝啊，你要指控我嗎？
如果這樣，我就住口，情願死去。
請允許我提出兩項要求：
求你別懲罰我，
求你別嚇唬我。

上帝啊，你做原告，我來答辯。
或者讓我起訴，你來答辯。
我究竟犯了何罪？做了什麼錯事？
讓我知道我的過錯，我的罪名。

你爲什麼迴避我呢？
你爲什麼把我當做敵人對待？
你嚴厲地指控我，
要我承當幼年所犯的過失。
你用鐵鏈拴住我的腳，

你監視我所走的每一步路，
甚至要測量我的腳印。
其結果是──
我萎縮得像一塊朽木，
如同一件蟲蛀的衣裳。

我們生來軟弱，孤立無援，
過著短暫而痛苦的生活。
我們難免凋謝，跟花朵一樣。
我們悄然逝去，跟影兒一樣。
如同停止奔流的江河，
乾涸的湖泊，
人死了，再也起不來。
即使天坍了，他們也不會睜眼。
他們長眠了，永遠不醒。
但願你把我藏在陰間，
我在那裏等待你息怒。
災難總會過去，我等待美好的時光。
你會召喚我，我會應聲，
你會喜歡你親手創造的我。
那時候，你還會觀察我的腳步，
但是你不再追究我的過失。
你會赦免我的過失，
把它們一筆勾銷。

山崩地裂，洪水滔滔，
岩石與泥土滾滾消融。
你以雷霆萬鈞之力，
一舉毀滅了人對生命的希望。
你征服人，把他永遠送走，
他的面孔扭曲著，慘不忍睹。
子孫得榮耀，他不知道，
後代受屈辱，他也不曉得。
他所感到的只是——
身體的痛楚與心靈的憂傷。

## 第二場對話

以利法：
約伯啊，你真是空話連篇，
聰明人不能像你這樣講話。
從你的言語中看出你的邪惡，
你以巧妙的言詞掩飾自己。
我用不著宣布你的罪過，
你自己的話已經判定你有罪。


約伯：
你們爲什麼盡說使我難過的話呢？
你們恬不知恥地羞辱我譴責我，
即使我有錯，那裏傷著你們了呢？
你們自以爲比我善良，

居然把我的禍患當成我的罪證。
我的熟人都不認識我了，
親戚朋友與我斷絕來往。
從前的客人也都把我遺忘，
我的使女把我當成陌生人。
我呼喚僕人，他拒絕回答，
毫不理會我的苦苦哀求。
我的妻子受不住我口中的氣味，
自家兄弟們再也不願走近我。
小孩們都在藐視我嘲笑我，
知心好友以厭惡的眼光看著我，
連最親愛的人也都與我翻臉。
我的皮膚鬆鬆垮垮地包著骨頭，
我幾乎已經失去了自己的生命。
你們是我的朋友，可憐我吧！

瑣法：
約伯啊，你使我心亂如麻，
然而我知道怎樣回答你。
自古以來，惡人的歡樂都不長久。
他生得高大，頭頂青天，
巨首在雲端裏來回搖動。
但他終歸被清除，如同一堆塵土。
連老相識都摸不清他的去向。
他忽然離去，好像一場夢。

他消失淨盡，如同夜裏的幻影。


約伯：
請聽聽我的話吧，
這就是我求你們對我的寬慰。
讓我有機會把話說透。
那時你們再隨心所欲地嘲笑我。


爲什麼上帝讓惡人活到老，
讓他們享受榮華富貴？
他們子孫滿堂，代代興旺。
上帝不把災難降在他們頭上，
他們家室安寧，無憂無慮。
他們的兒女出去玩耍，
歡蹦亂跳，好像小羊羔，
在豎琴和長笛伴奏下翩翩起舞。
他們的一生風平浪靜，
最後安安靜靜地壽終正寢。


惡人的燈熄滅過嗎？
他們當中有人遭災嗎？
上帝的忿怒擊過他們嗎？
他把他們吹得跟草一樣嗎？
他把他們颳得跟塵土一樣嗎？
你們呢，我的朋友，

你們説的全是胡謅八扯。
你們對我的安慰，純屬荒唐！
你們對我的回答，全是謊言！

## 第三場對話

以利法：
這是因爲你罪孽深重，
這是因爲你惡行昭著。
爲著向一位兄弟討還欠款，
你曾經剝過他的衣裳，
鬧得他赤身裸體一絲不掛。
口渴的人你不給他水喝，
飢餓的人你不給他飯吃，
你依仗權勢霸佔了所有的土地。
你拒不給寡婦以任何幫助，
並且還掠奪與虐待孤兒。
因此你周圍布滿深淵，
恐怖突然籠罩著你的身心。
無形的黑暗愈來愈濃重，
咆哮的洪水淹没了你的頭頂。

## 約伯最後申訴

我多麼希望再現那快樂的年華，
那時上帝關懷照顧我。
上帝與我同在，他用光照著我，

伴隨我走過幽暗的地方。
在那光輝燦爛的日子裏，
成羣的兒女們圍攏著我。
牛奶羊奶喝也喝不盡，
瘠薄的土地上長出了橄欖樹。
城裏的父老們每有聚會，
我準趕去參加，坐在他們中間。
當我到場時──
青年們側身禮讓，
老年人起立問候。
首領們停止談話，
會場裏鴉雀無聲。
有人見過我，有人傳說我，
他們津津樂道著我的種種善行。
窮人求援，我樂意幫忙，
孤兒無家，我主動資助。
我還使寡婦得到保護，
最低層的人們爲我祝福。
我的行爲光明磊落，
我是瞎子的眼睛，跛子的腿腳。
窮人把我當父親，
路人有難時，我竭誠相助。

我如同一棵樹，置根水泉旁，
青枝綠葉上掛滿露珠。

人人交口稱讚我，
我精力充沛，凡事順利。
每當我有所訓誨，
人們都洗耳恭聽，
細心琢磨我的話語，
講話結束時大家沒有任何補充。
我的話如同甘雨一樣滋人心脾，
男女老幼全都喜歡聽，
好像農民喜歡春雨一樣。
他們失意時，我向他們微笑，
我的笑容給人以信心和鼓舞。

## 以利戶駁四叟

　　由於約伯始終堅持自己是無辜的，他的三個朋友便不再跟他辯論。不料他們的言談話語惹惱了一位旁觀者，此人名叫以利戶，乃是布西人巴拉迦的兒子。他生約伯的氣，因爲約伯自以爲是，抱怨上帝。他也生約伯三個朋友的氣，因爲他們無法折服約伯，無異於默認上帝無理。雖然以利戶年輕氣盛，但他還是耐心等待著四位老叟把話講完了，方才發表自己的看法。他看那三個人難不倒約伯，便氣忿忿地開始講話了。

　　以利戶：
　　我年輕，你們年老，
　　因此不敢冒昧發表自己的看法。
　　我對自己說，你應該講話，
　　以便讓年老人分享你的智慧。

然而人的智慧來源於全能者之靈，
年齡的增長並不能給人帶來智慧，
也不能幫助他們認識真理。
既然如此，那我請諸位聽我講，
讓我向你們闡述自己的看法。

我耐心聆聽著你們的談話，
努力尋求那智慧的火花。
我全神貫注傾聽著，
我發現你們失敗了。
你們並沒有駁倒約伯的話，
那你們還談何自己找到了智慧呢？
上帝肯定能折服約伯，你們不能。

約伯啊，請你耐心聽我講，
我要把心中的話語傾吐給你。
我的話出於至誠，
我說的全是真理。
你方才這樣說過：
「我沒有罪，我沒做錯任何事，
我是無辜的，無罪可言。
然而上帝尋找藉口打擊我，
他待我如同仇敵一般。
他用鐵鏈拴住我的腳，
嚴密監視我的一舉一動。」

約伯啊，我告訴你，你錯了。
上帝比任何人都要偉大，
你爲什麼指責上帝，
說他總不悅納人的申訴呢？
儘管上帝一再開口，
可是無人傾聽他的話語。
在夜間人們睡覺的時候，
上帝在夢和異象中講話，
他使人們聽見他的話語。
他告誡人們不要犯罪，
叫他們不要狂妄自大。
上帝用疾病糾正人的過失，
用周身的疼痛管教他。
致使患者倒了胃口，
連最好的飯菜也覺得膩味。
病人的體力消耗殆盡，
渾身的骨頭歷歷可數。
他即將離開人世，
他即將走進冥府。

在上帝那上千個天使中，
也許會出來一位挽救他。
出於憐憫，這位天使會說：
「放了他吧！他不必死亡，

我有贖金，把他贖出來。」
於是他的身體返老還童了，
重新恢復了青春的活力。
他禱告，上帝悅納他，
他滿心歡喜，敬拜上帝。
上帝又重新保佑他諸事順利。

約伯啊，你問上帝：
「我犯罪，與你何妨？
不犯罪，與我何益？」
我現在就答覆你和你的朋友們。

仰望天空，看那雲彩有多高！
倘若你犯罪，那也無害於上帝。
假使你屢教不改，
那於他又有何損呢？
上帝並不有求於你。
你做壞事，受害者是人，
你做好事，受益者也同樣是人。

上帝何等偉大！但他不輕視人。
事無巨細，他全都知道，
他不容許罪人活下去，
他替窮苦人伸張正義。
他保護正直的人，

讓他們像君王一樣治理人間，
讓他們永遠受人尊敬。
但是人們如果行爲不軌，
被鎖鏈捆綁著受苦受難，
上帝就會指出他們的罪與狂傲，
發出警告，要他們遠離邪惡。
如果人們順服上帝，伺侯上帝，
他們就會安居樂業，興旺發達。
倘若不然，那他們就會死去，
在渾渾噩噩中渡過死河進入陰間。

上帝使地面水向上升騰化成雨，
又使雨從雲中降落，滋潤人類。
誰也不知道雲彩怎樣飄動，
誰也不知道霹靂如何畫過天空。
他手握閃電，命令它擊中目標，
轟雷預示著暴風雨即將來臨。
聽啊，你們都來聽上帝的聲音，
聽他口中發出的雷鳴。
他發出閃電，穿越長空，
從天南一直橫掃至地北。
隨後人們聽到了他那隆隆的吼聲，
那轟然霹靂的巨響，
那連續不斷的閃光。
他命令雪花降臨在大地上，

也使漫天的暴雨傾盆而下。
風暴從南方來，
寒流自北方到。
上帝吹氣，使水凝結，
他把流動之水化成了堅硬之冰。

約伯啊，你聽啊，
你知道上帝怎樣下命令，
怎樣使閃電在雲彩裏閃爍嗎？
你知道雲彩怎樣在天空中浮動
這件上帝驚人的傑作嗎？
不，當南風吹來，大地酷熱，
你只感到渾身燙得難受。
你能幫助上帝鋪開蒼天，
使它跟發亮的金屬一樣堅硬嗎？

天空晴朗，陽光燦爛，
耀眼的光輝使人不敢仰視。
一束金色的光芒出現在北方，
上帝的威榮使我們深感敬畏。
上帝的權能如此廣大，
實在令我們望塵莫及。
他以公正待人，
因此人人都敬畏他。

## 上主回答約伯

這時上主從旋風中向約伯說話。

上主：

你是誰呀，竟說些無知的空話，

對我的智慧加以問難？

站起來，像個男子漢，

回答我向你提出的問題。

我創造世界的時候，你在那兒呀？

既然你懂得那麼多，那就回答吧。

是誰制定了世界的規模？

是誰繫上了世界的準繩？

是誰奠定了世界的基石？

在那天早晨，羣星齊聲歌唱，

諸位天使們也都縱情歡呼。

我標定了大海的疆界，

並將其限定在閉鎖閘門的背後。

我吩咐它：「別再往前闖了，

你那洶湧澎湃的波濤，

就此止步吧！」

約伯啊，在你這一輩子裏，

你曾經命令過一天黎明的誕辰嗎？

你曾經命令過曙光威臨大地，

把邪惡之徒驅趕出藏身之處嗎？

日光使羣山和幽谷改變容顏，

狀如一件長袍的層層皺褶，

清晰艷麗，宛如泥土上的印迹。
光天化日，分外明亮，
迫使邪惡之徒不敢爲非作歹。
你到過深海之源嗎？
你曾在大洋之底散過步嗎？
有人向你顯示過死亡之門嗎？
你能想像出世界有多大嗎？
如果你知道，那就告訴我吧。

你進過裝滿雪花和冰雹的倉庫嗎？
你到過太陽升起的地方嗎？
你能把昴星繫在一起嗎？
你能解開獵戶星的腰帶嗎？
你能按季節領出羣星嗎？
你懂得天體運行規律嗎？
你能使它們應和大地嗎？

約伯啊，你曾向全能的上帝挑戰，
現在你是認輸呢，還是回答問題？

約伯：
上主啊，我方才說了些蠢話，
我能回答出什麼呢？
我什麼話也不想再說了，
我已經說了過頭話。

於是上帝又從旋風中向約伯講話。
上帝：
站起來，像個男子漢，
回答我向你提出的問題。
你企圖證明我不公正嗎？
你把我放在謬誤的位置上，
而把你自己放在真理的位置上。
你有我這樣強大嗎？
你的聲音能像我這樣如雷貫耳嗎？

看那巨獸河馬，我造牠也造你。
牠吃起草來像頭牛，
可是牠身上有多麼大的力氣呀，
牠的肌肉多麼堅實而富有彈性！
牠那尾巴豎起來像個香柏樹，
牠那大腿上的肌肉強而有力。
牠的骨頭像銅管，
牠的四肢像鐵棍。
誰能蒙住牠的眼睛捕捉牠？
誰能用圈套勒住牠的鼻子？

你能用魚鈎鈎起海怪嗎？
或者用繩子拴住牠的舌頭嗎？
你能用繩子穿透牠的鼻子嗎？

或者用鉤子穿透他的腮骨嗎？

凡是見過海怪的人都嚇怕了，
無不驚慌失措仆倒在地。
他一被驚醒，便異常兇猛，
誰也不敢站在他的面前。
誰能夠擊打他，而自己不受傷呢？
普天之下誰也做不到！

讓我把海怪的故事講給你聽吧，
同時描述一下牠是何等的強大。
誰也不能扯下牠的外袍，
或者刺透牠身上的鎧甲。
誰能叫牠張開腮頰，
敲敲牠那令人恐怖的牙齒？
牠的脊背由排排鱗甲組成，
牢牢結合在一起，堅如石塊。
牠一打噴嚏就閃出光來，
那眼睛宛如初升的太陽。
牠的口中噴出火焰，迸出火星，
牠的鼻子往外冒煙，像燒雜草。
牠的心堅實得像塊石頭，
不知恐懼，頑強而又剛毅。
牠一起來，連勇士也喪膽，
刀槍不入，箭簇傷不著牠。

對牠來說，棍棒無異稻草，
牠嗤笑人們投擲來的標槍。
牠那肚皮好像尖銳的瓦片，
宛如釘耙一樣拉動著泥土。
牠把海洋攪拌成一片沸水，
叫它像油鍋一樣汩汩冒泡。
牠在身後留下一條閃光的跑道，
牠把海洋變成白色的泡沫。
真乃一個無所畏懼的動物，
他是所有野獸的君王。

## 約伯回答上帝

約伯：
上帝啊，我知道你是全能的，
你想做什麼就做成什麼。
你叫我留心聽你講話，
爭取回答你提出的問題。
從前，我僅僅聽人談論過你，
現在，我親眼見到了你。
我對自己以前說過的話感到羞愧，
我很懊悔，灰塵滿面。

## 尾　聲

上帝跟約伯講完話以後，又對以利法說：
「我對你和你的兩個朋友很不滿意，因為你們對我的議

論，不如我的僕人約伯所説的真實。現在你們要拿七隻公牛和七隻公羊到約伯那裏去，爲你們自己獻上焚化祭。約伯要爲你們祈禱，我會悅納他的祈禱，不按你們應得的責罰你們。」

於是以利法、比勒達和瑣法按照上帝的吩咐辦，上帝悅納了約伯的祈禱。

約伯爲三個朋友祈禱以後，他的兄弟姐妹和親戚朋友們都來探望他，向他表示同情和慰問。每人資助他一些錢和一隻金環。

上帝喜歡約伯，使約伯從苦境中解脱出來。並且賜給他的，比他以前所有的加倍。

約伯苦盡甜來，身體康復如初。他的妻子又爲他生了七個兒子和三個女兒。他這三個女兒都是世界上最漂亮的美人兒。她們和兄弟們一起，共同分享父親的產業。約伯的家業又重新發達興旺起來，他擁有兩千頭牛，一萬四千隻羊，一千頭毛驢，六千匹駱駝。

此後約伯又活了一百四十年，得見他的兒孫，直到四代。闔家歡樂，晚景昌盛。

# 五九　夫唱婦隨

所羅門之歌乃是歌中之珍品。

## 第一支歌

〔新娘〕

願你用嘴唇親吻我，

你的情意比酒醇，

你的周身散發著濃郁的芳香，

你的名字悅耳動心弦。

那有少女不愛你？

帶著我吧，讓我們遠走高飛。

作我君王，把我領進你的臥房。

讓我們成雙成對，暢飲美酒，

陶醉在愛情的海洋裏。

難怪呀，少女們個個都愛你！

耶路撒冷的少女們哪，

別看我黧黑，但卻相當秀美。

黑得賽過基達荒野的帳篷，

美得宛如所羅門宮廷裏的帷幔。

請不要以膚色小瞧我，

那是太陽把我曬黑了。

兄弟們嗔怪我，

派我到葡萄園裏做苦工，

鬧得我沒有時間打扮自己。

親愛的，告訴我吧，

你在何處牧羊羣？

羊羣歇晌在何方？

幹麼叫我到處找，

闖進別家羊羣呼喚你？

〔新郎〕
最可愛的美女啊，
你怎能不知道那地方？
跟著羊羣腳踪走，
羊羣吃草上牧場，
牧場旁邊有帳篷，
裏邊住著牧羊人。

親愛的，你使青年們激動不已，
他們狂得好比法老戰車的公馬。
你那漂亮的頭髮披散在肩上，
蓬蓬鬆鬆繞過脖子和面龐，
宛如串串寶石懸垂在耳際，
我願爲你配上金項鍊，
銀花首飾任你挑選。

〔新娘〕
我的君王依在臥榻上，
我的香料散發出奇異的的芳香，
我的愛侶靠在我胸前，
真好像一袋子沒藥那麼誘人。
我的愛侶宛如爛漫的野花，
開放在隱基底的葡萄園裏。

〔新郎〕

親愛的，你真美呀，

你的眼裏閃爍著愛的光芒。

〔新娘〕

最親愛的，你多麼瀟灑英俊！

你給我帶來極大的歡欣。

讓我們把青青野草當床，

香柏木做棟梁，松樹蓋房頂。

我是沙崙的一朵小野花，

空山幽谷裏的一朵百合花。

〔新郎〕

我的愛人在少女中，

好比荊棘叢裏的一棵百合花。

〔新娘〕

我的愛侶在男子中，

好比大森林裏的一棵蘋果樹。

我喜歡坐在它的樹蔭下，

品嘗它那甘甜的果實。

他領我走進宴會廳，

在我頭頂上升起了愛情之旗。

害相思鬧得我形容憔悴，

葡萄乾給我提神，

紅蘋果使我康復如初。
他的左手置我頭下，
他用右手將我摟抱。
耶路撒冷的少女們哪，
請允許我指著小鹿和羚羊發誓，
你們絕不可以干涉我們的愛情。

## 第二支歌

〔新娘〕
我聽見愛侶的聲音，
他翻山越嶺向我奔來。
我的愛侶像羚羊像小鹿，
他站在牆外，
隔著窗子向裏張望，
他的目光透過窗櫺。
我的愛侶向我傾吐衷腸。

〔新郎〕
起來吧，親愛的，
我的愛人，跟我一起走吧。
冬去春來，雨過天晴，
郊外百花開，田野鳥唱歌，
斑鳩始合鳴，無花果熟了，
葡萄樹散發著淡淡的馨香。
起來吧，親愛的，

我的愛人，跟我一起走吧。
你好像一隻鴿子，
深藏在岩縫裏，
讓我看看你那可愛的面容，
聽聽你那迷人的聲音。

抓住狐狸呀，抓住小狐狸，
是必趕在葡萄開花前，
免得牠們糟蹋我們的葡萄園。

〔新娘〕
我的愛侶屬於我，我也屬於他。
他在百合叢中牧放羊羣，
清晨的微風徐徐吹來，
昨夜的黑暗悄悄逝去。
回來吧，我的愛人，
飛跑著像一隻羚羊，
又像一隻比特山上的小鹿。
我夜夜睡在床上，
夢見我的愛人，
我尋找他，可是找不著。
我走遍全城，到處徘徊，
穿過大街和小巷。
我尋找我的愛人，
找啊找，可是找不著。

巡城守夜者望見了我，
我問他們：「你們見過我愛人嗎？」
我一離開他們，便發現了他。
我拉住他，不讓他走，
一直把他領進我的老家，
走進了我出生的屋子。

耶路撒冷的少女們哪，
請允許我指著小鹿和羚羊發誓，
你們絕不可以干涉我們的愛情。

## 第三支歌

〔新娘〕
那是什麼呢？從荒漠裏冒出來，
像一股煙柱，香風吹人哪，
含著乳香和沒藥味兒，
那乳香可是從商人買的？
看哪，所羅門來了！
他坐在轎子上，
由六十名禁衛軍簇擁著，
全是以色列最傑出的勇士，
個個身經百戰，刀法純熟，
戎裝佩劍，時刻防備著夜襲。
所羅門王坐在轎子上，
金絲楠木作轎身，

轎竿上包著白銀，
頂篷上蓋著金花織錦呢，
坐墊上蒙著精緻紫色呢，
此乃耶路撒冷婦女們的傑作。
錫安的女子們出來觀看所羅門，
所羅門，頭戴王冠，
這是在他結婚的喜慶日子裏，
母后親手給他戴上的。

〔新郎〕
親愛的，你真美呀，
你的眼透過面紗閃著愛的光輝。
你那飄動的秀髮，
宛如羊羣奔下基列山崗。
你那潔白的牙齒，
宛如剛剛梳洗過的綿羊，
且又排列整齊，完美無缺。
你那熱烈的芳唇，
宛如一條嫣紅的絲帶，
開口說話時尤其美妙動人。
你那朝霞般的面頰，
在面紗後面閃著紅光。
你那不同尋常的頸項，
宛如大衛之塔，光滑圓潤，
上面掛著一圈項鍊，

好像上千隻盾牌在閃爍。
你那豐滿的乳房，
宛如羚羊，酷似雙鹿，
在百合叢中蠕蠕食草。
我要停在沒藥山上，
我要停在乳香山上，
清晨的微風徐徐吹來，
昨夜的黑暗悄悄逝去。
親愛的，你真美呀，
你是完美無缺的美人兒！

我的新娘子啊，跟我走吧，
離開黎巴嫩羣山，離開黎巴嫩，
從亞瑪拿山頂走下來，
從示尼珥山頂走下來，
從黑門山頂走下來，
那是獅子豹羣出沒的地方。
我的心肝兒，我的新娘，
你的眼睛顧盼生輝，
你的項鍊閃閃放光，
把我這顆心哪，攝去了。
我的心肝兒，我的新娘，
你的愛給我帶來極大的歡欣，
你的情意比酒醇，
你的香氣世間稀，

我的愛人哪，你的芳唇甜如蜜，
你的舌尖沁乳汁，
你的衣裳香啊，
囊括了黎巴嫩的全部芳香。

我的心肝兒，我的新娘，
你是一座幽閉的花園，
圍牆裏面有清泉，
草木青青，枝繁葉茂，
石榴樹，碩果累累滿枝頭，
還有鳳仙花，哪噠樹，番紅花，
菖蒲，肉桂，各種各樣乳香樹，
沒藥，沈香，羣芳爭豔多馨香，
你是滋潤花園的噴泉，
你是潺潺流水的小河，
你是叮咚喘息的小溪，
從黎巴嫩山上奔瀉而來。

〔新娘〕
北風啊，醒來吧！
南風啊，吹進我的花園吧，
把芳香的氣息帶進來，
瀰漫在透明的光流裏，
願我的愛人步入花園，
品嘗這最佳美的果實。

〔新郎〕

我的心肝兒，我的新娘，

我已經走進花園裏，

我正採摘著沒藥和香料，

我吃蜂蜜，又吃蜂窩，

我喝美酒，又喝乳汁。

〔少女們〕

情人們哪，吃吧，喝吧，

直到你們陶醉在愛情的海洋裏。

## 第四支歌

〔新娘〕

我在睡鄉裏，心裏卻清醒，

夢見我的愛侶敲門了。

〔新郎〕

親愛的，我的心肝兒，

讓我進來吧，我的小鴿子，

我的頭上掛著露珠，

頭髮被霧氣濕透了。

〔新娘〕

我已經脫了衣裳，

幹麼叫我再穿上呢？
我已經洗過腳，
幹麼叫我又弄髒呢？

我的愛侶把手放在門上，
他靠近了，鬧得我心驚肉跳，
我準備讓他進來。
我的手上塗著沒藥，
當我握住門柄時，
我的手指上浸著沒藥汁。
我給愛侶開開門，
不料他已經走了。
我多麼想聽到他的聲音啊！
我尋找他，但卻找不到。
我呼喚他，但卻聽不見回音。

巡城守夜者望見了我，
他們毆打我，把我打傷了，
城牆上的哨兵扯下了我的披肩。
耶路撒冷的少女們哪，請答應我，
如果你們遇見我的愛侶，
請你們保證告訴他，
我害相思病倒了。

〔少女們〕

最美的姑娘啊，
你的愛人出類拔萃嗎？
他有什麼了不起，
值得我們下保證？

〔新娘〕
我的愛侶英俊又威武，
萬裏挑一就屬他。
面似青銅有光澤，
頭髮捲捲起波浪，
黝光澄亮賽烏鴉。
兩眼清澈多明亮，
宛如奶鴿落溪邊。
臉頰含情如花圃，
芳草萋萋香氣濃。
嘴唇堪比百合花，
沒藥浸脂泛紅光。
雙手勻稱造形美，
寶石戒指一串串。
渾身光潔似象牙，
藍色寶石綴胸前。
兩腿酷似白玉柱，
足下穩踏黃金臺。
他呀，儀表堂堂，
好像黎巴嫩山的香柏樹，

巍然高聳入雲霄。
他的口啊，香甜可吻，
他的一切都令我心醉神迷。
耶路撒冷的少女們哪，
我愛侶的形像就是這樣。

〔少女們〕
最美的姑娘啊，
你的愛人上那兒去了？
請告訴我們，我們好幫你尋找，
你的愛人奔那條路去了？

〔新娘〕
我的愛侶進入了他自己的花園，
到了香花畦，他在那裏牧羊，
同時採摘百合花。
我的愛侶屬於我，我也屬於他。
他在百合叢中牧羊羣。

## 第五支歌

〔新郎〕
親愛的，你像得撒那麼美麗，
你像耶路撒冷那麼可愛，
你像這些大城那麼動人。
轉過臉去吧，別看我，

你的目光攝住我，把我俘虜了。
你那飄動的秀髮，
宛如羊羣奔下基列山崗。
你那潔白的牙齒，
宛如剛剛梳洗過的綿羊，
且又排列整齊，完美無缺。
你那朝霞般的臉頰，
在面紗後面閃著紅光。
君王擁有六十王后八十妃嬪。
還有多得數不清的童女！
但我只愛一個人，
她像鴿子那樣溫柔可愛。
她是母親的獨生女兒，
母親特別寵愛他
全世女子仰望她，讚美她，
王后妃嬪歌頌她。


那位顧盼若朝霞的是誰呢？
她明媚的目光，
像太陽那樣燦爛，
像月亮那樣秀麗。
我走進杏樹園，
來欣賞山谷中的小樹，
來欣賞葡萄樹的嫩葉，
還有石榴樹上的花蕊。

我禁不住心驚肉跳，
我激動得迫不及待地向你求愛，
活像一位勇士駕著戰車上戰場。


〔少女們〕
跳吧，舞吧，書拉密的少女，
跳吧，舞吧，
好讓我們欣賞你的舞姿。


〔新娘〕
當我在觀衆面前跳舞的時候，
你爲什麼盯住我不放啊？


〔新郎〕
雍容華貴的公主啊，
你那雙腳穿上涼鞋好漂亮，
踏出了優美動人的旋律。
你那渾圓的大腿，
多麼富有藝術家的曲線美！
在那鼓鼓如圓鉢的地方，
藏有取之不盡的甘露酒。
你那婀娜的腰肢，
宛如中間收緊的麥束，
周圍纏繞著朵朵百合花。
你那豐滿的乳房，

勻稱得如同雙生鹿，
彈跳得好像一對小羚羊。
你那脖子細膩無瑕，
宛如一座精雕細刻的象牙塔。
你那明淨的雙眸，
可比那希實本城門邊的深潭。
你那端莊俏麗的鼻子，
就像黎巴嫩塔那樣可愛，
巍然屹立，正對著大馬色。
你的頭，高昂著，好像迦密山，
頭頂上的髮辮真好看，
盤旋像紫螺，光潔如緞帶，
扣住了一位國王的心弦。

多麼端莊啊，多麼秀麗，
你的愛情給我帶來極大的歡欣。
你亭亭玉立，宛如一棵棕櫚樹。
你那飽滿的乳房啊，
恰似一對並蒂的椰果。
我要攀緣這棵棕櫚樹，
採摘那甘甜的果實。
你那乳房真像一串串葡萄，
你的呼吸跟蘋果一樣芳香。
你的口腔裏蘊涵著最醇的美酒。

〔新娘〕
讓這美酒流入我愛侶的口中，
溢滿在他的唇齒之間。
我屬於我的愛侶，他眷戀著我。
親愛的，來吧，我們到郊外去，
夜晚住宿在村莊裏。
我們清晨起得早，參觀葡萄園，
看看葡萄樹發芽了沒有，
看看葡萄樹開花了沒有，
再看看石榴樹，是否吐蕊放香。
在那裏，我要把愛情獻給你。
你會聞到催情果的香味，
各樣美果堆放在我家門前。
親愛的，不管陳的還是新的，
我都爲你保留著呢。

但願你是我的兄弟，
但願我的母親曾經哺育過你。
這樣，當我在街上遇見你的時候，
我就可以親吻你，誰也不見怪。
我可以把你領進我的老家，
讓你把愛情教給我。
我要給你喝香醇酒，
我的石榴酒可好喝了。

你的左手置我頭下，
你的右手將我摟抱。
耶路撒冷的少女們哪，請聽我説，
你們絕不可以干涉我們的愛情。


## 第六支歌

〔少女們〕
那位從曠野裏走來的是誰呢？
跟她的愛人手挽手？


〔新娘〕
在蘋果樹下，我叫醒了你，
這是你的出生地。
願你的心只向我一個人開放，
願你的手臂只摟抱我一個人。
愛情跟死一樣强而有力，
戀愛跟死一樣堅不可摧。
它爆出火花，
像烈火一樣熊熊燃燒。
水澆不滅它，
洪流也無法將它吞没。
假如有人想用金錢買愛情，
那他得到的只能是奇恥大辱。


〔新娘的兄弟〕

我家有個小妹妹，
雙乳拳拳未發育，
有個青年來求愛，
我們拿她怎麼辦？
假如她是一堵牆，
我們建座銀塔鎮住她。
假如她是一扇門，
我們建成杉木照壁擋住她。

〔新娘〕
我是一堵牆，
我的雙乳便是牆上的兩座塔尖。
我的愛侶知道，
跟他在一起我得到了安寧和滿足。

〔新郎〕
所羅門有一座葡萄園，
園址座落在巴力哈們。
佃戶們從他那裏租種葡萄園，
每人交出一千塊銀幣。
一千塊銀幣歸給所羅門，
兩百塊銀幣歸給佃戶們。
可我擁有自己的葡萄園。

我的愛人哪，

讓我從葡萄園裏聽見你的聲音，
我的同伴們都在等著聽你講話。

〔新娘〕
我的愛侶，快來吧，
像羚羊，像小鹿，
遨遊在長滿芳草的羣山上。

# 六〇　以馬內利

　　當著烏西雅、約坦、亞哈斯、希西家做猶大王的時候，亞摩斯的兒子先知以賽亞得耶和華的默示，談到猶大和耶路撒冷。

　　「你們的土地已經荒涼，你們的城邑被火焚毀，你們的田地爲外邦人所侵奪與傾覆，也淪爲荒涼。僅存錫安城，好像葡萄園的草棚，瓜田的茅舍，被圍困的城邑。你們的罪雖像硃紅，必變成雪白，雖紅如丹顏，必白如羊毛。錫安必因公平得蒙救贖，其中歸正的人，必因公義得蒙救贖。錫安哪，興起興起，披上你的能力！耶路撒冷啊，穿上你華美的衣裳！」

　　猶大王亞哈斯在位的時候，亞蘭王利汛和以色列王比加聯合攻打耶路撒冷。亞哈斯王和老百姓心裏都很恐慌，如同林中之樹被吹動一樣。這時先知以賽亞迎著亞哈斯說：

　　「你要謹慎安靜，不要害怕這兩個冒煙的火把。他們兩個

同盟設謀害你，必定失敗。」以賽亞讓亞哈斯向耶和華求個兆頭，亞哈斯説：

「我不求，我不試探耶和華。」

以賽亞説：

「大衛家啊，你們當聽，主自己要給你們一個兆頭。必有童女懷孕生子，給他起名叫以馬內利。到他曉得棄惡揚善的時候，他必吃奶油與蜂蜜。在這孩子還不曉得棄惡揚善之前，你們所厭惡的那二王之地，必致見棄。」

「他在耶和華面前生長如嫩芽，像出於乾地的根。他被人藐視，被人厭棄，多受痛苦，常經憂患。他誠然擔當我們的憂患，背負我們的痛苦。我們卻以他為受責罰，被上帝擊打苦待。那知他為我們的過犯受害，為我們的罪孽壓傷。我們因他受刑罰而得平安，因他受鞭傷而得醫治。我們如同羊羣走迷了路徑，偏離了正道。耶和華使我們眾人的罪孽都歸在他身上。他被欺壓，在受苦的時候卻不開口。他像羔羊被牽到宰殺之地，又像羊在剪毛人手下默不作聲。至於他的同世人，誰想他受鞭打，從活人之地被剪除，是因為我們百姓的罪過呢？他雖然未行強暴，口中也沒有詭詐，人們還使他與惡人同埋，誰知他死的時候卻與財主同葬！耶和華定意將他壓傷，使他受痛苦，以他為贖罪祭。他必將看見後裔，並且延長年日，耶和華所喜悅的事，必將在他的手中亨通。他必將看見自己勞苦的功效，從而心滿意足。」

「必有一位救贖主，來到錫安雅各族中轉離過犯的人那裏。耶和華説：至於我與他們所立的約，乃是這樣，我加給你的靈，傳給你的話，必不離你的口，也不離你子子孫孫的口，

從今直到永遠。」

「你們當從門經過，預備百姓的路，修築大道，撿去石頭，爲萬民豎立大旗。看哪，耶和華宣告到地極，對錫安的居民說：你的拯救者來到！他的賞賜在他那裏，他的報應也在他面前。人必稱他們爲聖民，爲耶和華的贖民。你也必稱爲被眷顧不棄之城。」

「從耶西之根所發的枝條必然結出果實。他必以敬畏耶和華爲樂，行審判不憑眼見，斷是非不憑耳聞。卻要以公義審判窮人，以正直判斷謙卑人，以口中的杖擊打全世界，以口中的氣殺戮惡人。公義必當他的腰帶，信實必當他脅下的帶子。」

當猶大王約坦、亞哈斯、希西家在位的時候，摩利沙人彌迦得耶和華的默示：

「末後的日子，聖殿之山必然堅立，超乎羣山，高過萬嶺，萬民都將流歸此山。必有萬國民衆前來，嘴裏說：『來吧，我們登耶和華之山，奔雅各上帝之殿。主必將他的道教訓我們，我們也要行他的路。』因爲教誨必出於錫安，耶和華的言語，必出於耶路撒冷。他必在萬國的民中施行審判，爲遠方強盛之國斷定是非。他們要將刀打成犁頭，把槍打成鐮刀。這國不舉刀攻擊那國，他們也不再學習戰爭。人人都要坐在自己的葡萄樹下和無花果樹下，安居樂業。耶和華說：『到那日我必聚集瘸腿的，召聚被逐的，以及我所懲治的人。我必使瘸腿的成爲剩餘之民，使趕到遠方的爲強盛之民。』耶和華要在錫安山做王治理他們，從那以後直到永遠。」

「伯利恆啊，你在猶大諸城中爲小，將來必有一位從你那裏出來，在以色列中爲我們掌權。他的根源從亙古從太初就

有。耶和華必將以色列人交付敵人，直等那生產的婦人生下子來。那時掌權者其餘的兄弟必歸到以色列人那裏。他必將起來，依靠耶和華的大能，並耶和華——他的上帝之名的權威，牧養他的羊羣。」

# 六一　圓夢解兆

巴比倫王尼布甲尼撒在王宮裏做了一個夢，百思不得其解，心裏煩悶，翻來覆去睡不著，好不容易熬到天亮。他吩咐太監長説：

「把那些迦勒底術士召來，給我圓圓夢！」

不一會兒，那些術士，用法術的呀，行邪術的呀，全被召來了，站在國王面前。國王發話道：

「我做了一個夢，心裏煩亂，要知道這是個什麼夢？」

「願王萬歲！」迦勒底人用亞蘭語對王説，「請王將夢告訴僕人，僕人好給王圓解。」

「夢我已經忘了，」國王説，「你們必須把我做了什麼夢告訴我，再把這夢圓解出來。」

「請王將夢告訴僕人，」他們第二次對王説，「知道夢以後，僕人好給王圓解。」

「我不是説過麼，」國王斥責道，「那夢我已經忘了。你們必須將夢和夢的圓解告訴我，這對你們有好處，我會大大地賞賜你們，不然的話，你們誰也別想活，我要把你們的房屋變

成糞堆！」

「願王萬歲！」迦勒底人回答説，「世上沒有人能將王的夢説出來，我們從來沒有聽説那位君王向術士們問過這樣的事情。王所問的事情太難了，除非神明，世人誰也回答不上來。」

尼布甲尼撒聽了這樣的話，勃然大怒：

「你們胡言亂語些什麼！支吾搪塞，故意拖延，企圖矇混過去，是不是？看我怎麼處置你們！護衛長，傳我的旨意，將巴比倫的所有哲士統統殺掉！」

旨意傳出，巴比倫所有的哲士都將被殺。國王的護衛長亞略奉旨出去捉拿哲士。死亡的陰翳籠罩在巴比倫哲士們的頭頂上，他們東奔西跑，無處藏身，妻兒老小哭天號地。有什麼辦法消除這來自國王的災危呢？他們全都無計可施。

唯有但以理鎮定自若，他對護衛長説：

「請你轉告國王，請王寬限時日，我可以將夢和夢的圓解告訴王。」

於是護衛長回去稟報國王。但以理回去禱告上帝。上帝將這件奧秘事在異象中向但以理指明。

但以理又找到亞略，對他説：

「不要滅絕巴比倫的哲士，求你領我到王面前，我要將夢和夢的圓解告訴王。」

亞略將哲士但以理領到國王面前，對王説：

「我在被擄的猶大人中遇見一個人，他能給王圓夢。」

國王問但以理：

「你能將我所做的夢和夢的圓解告訴我嗎？」

「能。」但以理回答說，「王所問的那奧秘事，哲士、用法術的、術士、觀兆的，全都不能告訴王。只有一位天上的上帝，能顯明奧秘事，他已將日後必有的事，指示尼布甲尼撒王。王啊，你夢見一個大像——」

「對，」國王如夢初醒，「我是夢見一個大像，那時怎麼忘了呢？對，你說下去吧，大像怎麼啦？」

「這大像非常大，矗立在王的面前，發出刺眼的光輝，形像極其可怕！這大像的頭是精金的，胸膛和臂膀是銀的，肚腹和腰是銅的，腿是鐵的，腳是半鐵半泥的。當你在觀看的時候，忽然從山上飛來一塊石頭，這石頭打在大像的腳上，把腳砸碎，嘩啦一聲巨響，金銀銅鐵泥都一同砸得粉碎，如同夏天禾場上的糠秕，被風吹散，無處可尋。打砸這像的那塊石頭，變成一座大山，充滿天下。」

尼布甲尼撒王回憶起夢中的情景，嚇得毛骨悚然，不敢作聲。

但以理繼續說：

「這就是那夢。我現在將夢的圓解告訴王。王啊，你是諸王之王！天上的上帝已將國度、權柄、能力、尊榮，全都賜給你了。凡世人所居之地的走獸，以及天空的飛鳥，都交在你的手上了，使你掌管這一切，你就是那大像的金頭。」

「這就好哇，」國王聽說自己是那金頭，這才鬆了一口氣，「哲士，你說下去吧。」

「你就是那大像的金頭，」但以理接下去說，「在你以後，必然興起一國，比你差一點，是銀的麼。又有第三國，就是銅的，必然掌管天下。第四國，必然堅強如鐵，鐵能剋制百

物，又能壓碎一切，那國也必然壓制列國。你看見那像的腳和腳趾頭，一半是鐵，一半是泥，那國將來也必然分開，半強半弱。你看見鐵與泥混雜，那國的民也必然是各種人混雜在一起，卻不能彼此融合，正如鐵與泥不能融合一樣。當那列國在位的時候，天上的上帝必然另立一國，永不敗壞，也不歸別國所管，卻要打碎滅絕那一切國，這國必然萬古長存。你既然看見那塊石頭從山上飛出來，打碎金銀銅鐵泥，表明那國堅如磐石。王的夢是這樣，圓解也一定是確實可靠的。」

但以理將王的夢和夢的圓解講完了，尼布甲尼撒王俯伏在地，向但以理下拜，並且吩咐太監給他奉上供物和香品。國王賞賜但以理許多上等禮物，派他管理巴比倫全省，又立他為總理，掌管巴比倫的一切哲士。

後來尼布甲尼撒又在夢中見到異象。他看見大地中央有一棵大樹，愈長愈高，上觸天下立地，以致天底下人都能看得見。這棵大樹青枝綠葉，上面結著許多豐碩的果實，又好看又好吃，足夠全世界人吃個飽。野獸在樹蔭下歇息，鳥兒在枝頭上做窩，孵卵，繁殖下一代。

尼布甲尼撒王感到詫異，思考著這是怎麼回事。忽見一位值班天使走下天庭，朗聲宣布：

「把這棵樹伐倒，劈下枝條，摘光樹葉，搖落果實，把樹下的野獸統統趕跑，把樹上的鳥兒統統轟散，只留下樹墩在地裏，周圍繞上一道銅鐵欄杆。」

在恍忽迷離之中，彷彿天使又在指著某個人說話：

「把這個人留在荒郊野外，讓他跟野獸在一起，讓露水落在他身上。他在這裏要幽禁七年。在七年之中，他不會有人的

心志，就跟野獸一樣。」

　　從驚愕中醒來以後，尼布甲尼撒王下令把宮廷謀士召到一起，給他圓夢。於是那些占卜家、術士、巫師、占星家，紛紛應召來見國王。國王把所見異象向大家複述了一遍，那些人聽是聽了，可是回答不上來。最後占卜家的領袖但以理到場了，國王請他爲自己圓夢。但以理回答說：

　　「陛下，但願這個夢不是對著你來的，而是對著你的仇敵。」

　　國王看見但以理那誠惶誠恐的模樣，怕他有所顧慮，便叫著他的別名安慰他說：

　　「伯提沙撒，用不著驚慌失措，你儘管實話實說，我不會怪罪你的。」

　　於是但以理有條不紊地說道：

　　「陛下，這棵大樹就是你呀。你的權力已經登峯造極，蓋世無雙了。你不是看見那位天使下來伐樹麽，又叫他在草叢裏禁閉七年麽。這就是說，你將被從人類社會中驅逐出去，到荒郊野外去跟野獸爲伍，長達七年之久。在這期間，你要像牛那樣吃草，睡在野地裏，承受露水，讓露水把你浸濕。」

　　「那我還有什麽盼望呢，」國王插話說，「這不就完了麽！」

　　「也不盡然，」但以理繼續說，「你還會東山再起，重新當國王。陛下，聽我跟你說，從今以後可別再做孽了，要做好事，關懷老百姓，特別是窮人。這樣做，你還會有出頭的日子，你的國家繼續興旺發達。」

　　所有這一切果然都在尼布甲尼撒身上應驗了。十二個月以

後，當他在巴比倫王宮平臺上散步的時候，他不無感慨地說道：

「看哪，巴比倫多麼雄偉！我建都於此地，足以顯示出我的雄才大略，我的威武與榮耀。」

話音未落，就聽見天上有聲音回答說：

「尼布甲尼撒王，你聽著吧！你的王權到此爲止。你即將被逐出人類社會，到自然界去跟野獸爲伍，像牛那樣吃草度日，長達七年之久。那時你才會認識到，至高上帝掌管著人類的邦國，他能把邦國隨意賜給他所選中的任何人。」

這些話立刻變成現實。尼布甲尼撒果真被放逐出了人類社會，跟野獸爲伍，像牛那樣吃草。露水降在他身上。他的頭髮愈長愈長，就跟老鷹的羽毛似的。他的指甲也愈長愈長，活像小鳥兒的爪子。

荒野幽居七年以後，尼布甲尼撒清醒過來，回到人類社會，重新當上了國王。這位國王說：

「七年過去了，我仰望著天，我的理智恢復了。我要讚美至高上帝，讓榮耀與尊嚴歸於永生之主。

他的統治永無盡期，

他的國度與世長存。

天使和世人全在他的掌握中，

他傲視塵寰，誰也不敢跟他作對，

誰也不敢詰問他的所做所爲。

「我的理智恢復了，我的榮耀，我的尊嚴，我的國度，又都重新回到我的身邊。我的臣僕和貴戚們也都擁護我，我重振朝綱，所得到的權力與榮耀比以前更大。如今，我尼布甲尼撒

稱頌、尊榮和榮耀天上的君王。」

尼布甲尼撒王壽終正寢以後，其子伯沙撒登上了巴比倫王的寶座。

有一天晚上，伯沙撒王舉行盛大的宴會，飲酒作樂。酒席宴前，伯沙撒王下令把他父親尼布甲尼撒從耶路撒冷聖殿裏搶來的金杯銀碗搬出來，以便他和他的大臣以及后妃們用來飲酒。侍從們不敢怠慢，立刻忙不迭地取出了金杯銀碗，供這些人享用。這些人一面喝酒，一面讚美那些用金銀銅鐵木石製成的神明。

突然間，出現了一隻人手，在王宮粉牆上刷刷寫字，那地方燈光明亮，字跡顯得格外清晰。國王看見那手在不停地寫字，嚇得臉色慘白，雙膝窣窣發抖，驚呼著命令侍從們去把巫師、術士和占星家們召來。這些人一到，國王便迫不及待地吩咐他們說：

「無論是誰，只要讀出這些字，並且把意思給我解釋明白，我就賜給他穿紫色的朝服，戴榮耀的金項鍊，並且讓他位列三公。」

可是那些宮廷謀士們一個個目瞪口呆，根本讀不出來那些字，更談不上解釋那些字的意思了。這使伯沙撒王非常失望，他的臉色益發慘白得怕人，達官貴人們不知如何是好，全都束手無策。

這時太后聞聲趕來，對國王說：

「陛下萬歲！請不要慌張，用不著嚇成這個樣子。國內有一個人，大有智慧，你父親在世時，曾經委派他爲占卜家、巫師、術士和占星家的領袖。此人名叫但以理，你父王又稱他爲

伯提沙撒。何不把他召來，讓他給你解釋這些字的意思呢？」

於是但以理應召來見國王，國王對他說：

「你就是我父王從猶大地帶來的猶大人但以理嗎？聽說神靈跟你同在，使你智慧過人。現在發生了一件奇事，謀士和巫師們全都不知所云，因此我才把你召來。如果你能把牆上那些字讀出來，解釋明白，我就賜給你穿紫色的朝服，戴榮耀的金項鍊，並且位列三公。」

但以理聽完後，回答說：

「請留著那些賞賜，送給別人吧，我分文不取。我要爲國王陛下朗讀這些字，也要把意思解釋明白。至高上帝使你父親成爲偉大的君王，威威烈烈，不可一世。但是他太驕傲了，變得愈來愈愚昧和殘忍。因此他被褫奪了王位，到曠野裏跟野獸一起生活，像牛那樣吃草，露宿在荒郊野外。最後他承認至高上帝有權駕馭人間邦國，能夠隨意把任何國家賜給任何人。然而你，做爲他的兒子，本來是知道這一切的，但是卻不肯檢點，居然膽敢跟天君作對，把聖殿杯碗搬出來飲酒作樂。你們君臣后妃們一邊用聖器飲酒，一邊讚美那些用金銀銅鐵木石製成的神明，就是不肯榮耀握有生殺大權、主宰一切的上帝。因此上帝便派這隻手來寫下這些字。這些字讀起來就是：『數，數，稱，分。』其意思是這樣：數──上帝數出了你的國運就此終止，稱──你被放在天秤上稱出的重量太輕了，分──你的國家要分裂，讓位給瑪代和波斯人。」

聽完這些話，伯沙撒王立刻命令侍從們給但以理穿上紫色的朝服，戴上榮耀的金項鍊，並且使他位列三公。

就在當天夜裏，巴比倫王伯沙撒被人殺死了。六十二歲的

瑪代人大利烏奪取了王權。

大利烏王在全國任命了一百二十位總督，又任命但以理等三人通管這羣總督，維護王室的利益。但以理大有靈性，很快表現出驚人的才幹。大利烏王還準備繼續提拔他，想讓他在一人之下萬人之上治理全帝國。

# 六二　魚腹三日

有一天，上主吩咐亞米太的兒子約拿說：

「你往尼尼微大城去，公開譴責那座城。我發現那裏的人太壞了。」

可是約拿卻往相反的方向去，他企圖逃避上主。約拿來到約帕港，找到了一艘開往西班牙的船。他付了船費，上了船，要跟水手們一起到西班牙去。他想，逃到那裏就可以遠離上主了。

不料上主派一股強風吹到海上，海上頓時掀起層層巨瀾，波濤洶湧澎湃。那船像一片樹葉似的被拋來拋去，眼看著就要被擊毀了，處境相當危險。水手們異常恐慌，哭喊著，紛紛向自己的神明呼救。為著減輕重量，他們把船上貨物往海裏亂拋。這時候，約拿已經下到底層，正在船艙裏呼呼睡覺呢。

船長發現約拿在船艙裏，便對他說：

「你怎麼還在這兒睡覺呢？快起來，趕緊向你的神明呼救吧。也許他會可憐我們，救我們活命。」

水手們互相議論著：

「我們抽籤吧，看看究竟是誰犯了罪，給我們帶來這樣的災難。」

於是他們就抽籤，結果是約拿的名字被抽中了。因此他們問他：

「喂，抽中你啦，老實說吧！這場災難是不是由你引起的？你來這裏幹什麼？你從那兒來？你是那國人？」

「我是希伯來人，」約拿回答說，「我們信仰天君上帝，他是創造陸地和海洋之主。」

約拿進而告訴他們，他正在逃避這位上主。

水手們聽了這番話，非常吃驚，連忙對他說，「唉呀，你可犯了滔天大罪啦！」那風暴益發大作，夾著腥味兒的浪花向他們劈頭蓋臉地猛撲過來，實在叫人抗不住。水手們不知如何是好，便問約拿說，「我們得怎樣處置你，才能平息風暴呢？」

約拿回答說：

「你們把我扔進海裏，風暴就會平靜。我知道，你們之所以遭此大風，全是我的過錯。」

可是水手們不忍心這樣做，他們拚命地搖櫓，想要把船攏到岸邊。然而那風暴愈來愈猛烈，他們被罩在一團騰空的浪花裏。船顛簸得太厲害，根本無法前進。看來靠人力是不行了，他們只好向上主呼救：

「上主啊，我們不得不要這個人的命了，我們求求你，赦免了我們吧，不要叫我們給這個人償命。上帝啊，因為這一切都是你做的，應該由你來負責。」

說著他們把約拿擡起來，喊著號子，往大海裏一扔！只聽撲騰一聲，隨著約拿落水，大海驟然間平靜下來。這真是奇蹟，水手們嘆服上主的威力，特意向他獻上一份祭禮，並且許願要順服他。

約拿落水以後，正在掙扎，這時有一條大魚奉上主之命騰出水面，乘風破浪而來，張開洞穴似的大口。約拿還沒有醒過勁兒來，就已經被吞進魚腹了。他在黑糊糊涼絲絲的魚腹裏待了三天三夜。

在魚腹深處，約拿開始向上帝禱告：

「上主啊，在以往遭難的時候，

我向你求救，你都救了我。

在那死亡的深淵裏，

我向你求救，你也垂憐了我。

如今你把我拋在大海裏，

使我落在海底最深處。

海水把我團團圍住，

你的洪波巨瀾在我頭頂上盤旋。

看來我已經從你面前被趕走了，

使我再也看不見你的聖殿了。

海水向我湧來，令我窒息，

大海把我徹底吞沒了，

水草纏繞著我的頭頂。

我沈入了羣山的根柢，

跌進了大門緊閉的幽冥。

可是上主啊，我的上帝，

求你把我活著帶出這個深淵吧。

上主啊，憶往昔，

當我感到自己生命快要完結時，

我曾經向你禱告，

那時你在聖殿裏垂聽了我。

那些崇拜無知偶像的人們，

他們早已把你忘記了。

然而我卻要唱歌讚美你，

我要向你獻上一份祭禮，

償還我向你許下的願心。

願救恩從上主而來吧！」

三天三夜以後，那條大魚又遵照上主之命，把約拿吐在海濱沙灘上。

上主再次吩咐約拿説：

「你往尼尼微大城去，向城裏人宣布我賜給你的信息。」

這回約拿乖乖地服從上主的差遣，轉身往尼尼微去了。尼尼微本是亞述國的首都，規模相當龐大，要通過全城需走三天的路程。約拿進城後走了一天，便當衆宣布：

「再過四十天，尼尼微就不復存在了，它將被毀滅，成爲一片廢墟！」

尼尼微人知道約拿是先知，又知道這位先知大聲疾呼宣布的是上帝的信息，他們全都深信不疑。因此他們決定，全城所有的人都要禁食，不分男女老少貧富貴賤，一律身著喪服，以此表明他們後悔了，知過必改。

消息傳到尼尼微王的耳朵裏，他立刻從寶座上站起來，脫

下長袍，換上喪服，坐在灰塵裏，表示悔過。他向尼尼微人發布一道通諭：

「國王和朝臣們向全城居民發布如下通諭：誰也不准吃東西，所有的人，以及牛羊，全都不准吃，也不准喝。所有的居民和牲畜，一律身著喪服。人人都必須誠心誠意向上帝祈禱，立即停止作孽，改邪歸正。這樣也許上帝會息怒，饒我們不死！」

上帝看見他們痛改前非，知道他們放棄了惡行，於是便改變了原來的計畫，決定收回成命，不再懲罰他們了。

這樣一來，約拿可就不高興了。他對此感到忿怒，他開始禱告：

「上主啊，早在離開家鄉之前，我不是說過，你肯定會這樣做的麼？這就是我處心積慮要逃亡西班牙的原因之所在。我很理解，你是一位博愛憐憫之神，你一貫耐心仁慈，隨時準備改變看法，而不施懲罰。如今果然被我言中，上主啊，眼看我的話不靈了，我還不如死了呢！對我來說，死了也許比活著更好受些。」

上主反問道：

「你有什麼理由生氣呢？」

約拿滿心委屈，走出城外，在城東面氣急敗壞地坐下來。接著，他為自己搭了一個棚，坐在棚子下面等著瞧，到底要看看尼尼微落個什麼下場。然而這個棚子搭得太簡陋，遮風擋雨全不濟事。於是上帝便在棚子旁邊種上一棵葫蘆。這棵葫蘆長起來，攀藤而上，很快蔓過約拿的棚頂，以它那碩大的葉片遮住了強烈的日光，給下面留下一片蔭涼。約拿坐在蔭涼裏，感

到格外舒服。他對這棵葫蘆喜愛極了，心裏喜孜孜的，仰望著那掩映在綠葉叢中的朵朵白花，暢想著不久的將來會有白裏透黃的細腰葫蘆從棚頂上垂掛下來，他會心地笑了。可是好景不長，第二天清早，有一條毛茸茸的大蟲子爬上葫蘆藤，牠奉上帝差遣，猛咬這棵葫蘆秧，從根上咬起，把藤蔓、葉片和花朵吃個精光。葫蘆死了，太陽升起來。上帝派來一股酷熱的東風，吹鼓著滾燙的氣浪。烈日炎炎，嬌陽似火，直射約拿的頭頂，都快把他曬暈了。若是那棵葫蘆活著多好哇，可惜它死了。約拿一陣傷心，恨不得早早死去。「我還不如死了呢，死了比活著好哇！」他自言自語地說著。

没想到上帝會質問他說：

「你有什麼理由為那棵葫蘆忿忿不平呢？」

約拿回答說：

「我很氣忿，都快憋死了！」

上帝開導他說：

「這棵葫蘆在一夜之間長大，第二天就枯死了。你一點力也沒有盡，水也不澆，肥也不施，憑它自己生長。儘管如此你尚且為它感到惋惜。那麼可想而知，我要為尼尼微這樣一座大城惋惜到什麼程度哇！在這座城裏，畢竟生活著十二萬以上的無辜兒童，還有許多牛羊呢！」

# 後典故事

# 一　多比行善

　　以色列人多比，原先家住在北加利利的賽斯比。他在這裏度過幸福的童年，長大成人以後，娶本族女子亞拿爲妻。亞拿給他生了一個兒子，取名多比雅。一家三口安居樂業，過著豐衣足食的日子。後來亞述王撒縵以色征服了以色列國。多比被俘，從家鄉賽斯比流放到亞述國尼尼微城。

　　國破家亡，背井離鄉，以色列人流放國外。隨著歲月的流逝，他們大部分被當地人同化了。然而多比與眾不同，他依然信守摩西律法，處處按上帝的旨意行事。上帝使亞述王撒縵以色抬舉他，任命他總管採購王室用品。這實在是一項美差，他可以採購的名義到各地去旅行。有一次，多比到瑪代的拉格斯城出差，乘機將許多銀幣寄存在甘比爾家裏。那些銀幣分裝在幾個錢袋裏，共有三萬塊。

　　儘管多比在亞述王的朝廷裏當官，然而他的心卻一直向著以色列人。同胞們有什麼需求，他總是極力關照。如果他們沒有吃的，他就把自己的食品送給他們；如果他們沒有穿的，他就把自己的衣服拿出來送給他們。

　　撒縵以色去世以後，其子西拿基立繼承王位。他領兵進攻猶大國，遭到慘敗。在逃回瑪代的路上，西拿基立惱羞成怒，下命令屠殺了許多猶太人。屍橫遍野，令人慘不忍睹，但誰也不敢來埋葬他們。而多比卻將生死置之度外，暗地裏將那些屍

體掩埋了。這使得尋查屍首的西拿基立大發雷霆，是誰敢替猶太人收屍呢？

　　事過之後，尼尼微目擊者向國王告密，說是多比安葬了遇難者。消息傳到多比的耳朵裏，他知道自己的生命危在旦夕，於是便趕在西拿基立的魔爪到來之前，攜妻帶子逃之夭夭了。他的家產全被抄沒，歸入王家府庫。多比的身邊只剩下妻子亞拿和兒子多比雅。

　　大約過了六個星期，西拿基立遇刺身亡。兇手是他的兩個兒子，作案以後畏罪潛逃。他的另一個兒子，名叫以撒哈頓的，繼承了王位。以撒哈頓任命多比兄弟安尼爾之子亞希卡統管王國的財務。由於這位財務大臣在國王面前不斷爲自己的叔叔進美言，因此國王最後允准多比返回尼尼微。

　　返回尼尼微以後，多比與妻子亞拿和兒子多比雅重整家業，日子又富裕起來。收割節時擺家宴，面對著餐桌上的美味佳餚，多比吩咐多比雅說：

　　「兒子，你出去找個以色列同胞來，我們一起過節。以色列人流放到這裏，過著貧困的生活。你把他請來，好讓我們一同分享這節日的宴席。你什麼時候回來，我們就什麼時候開飯。」

　　多比雅依照父親的吩咐，出去找人。可是他很快轉回來，失聲叫道：「爸爸，爸爸！」

　　「啊，怎麼回事？」多比問。

　　「我們一個同胞，剛被人殺了！有人把他勒死了，屍體拋在市場裏。」

　　一聽這話，多比立刻跳了起來，到街上，把那具屍體從市

場搬到小棚子裏暫時隱藏起來。要埋葬它，還得等到日落黃昏後。多比先回家沐浴更衣，在沉痛中吃過晚飯。他聯想起同胞們的一連串苦難，流下了傷心的眼淚。

日落黃昏，多比出去掘了一個墳墓，把那個人埋葬了。鄰居們都為他捏著一把汗，以為他發了瘋。

「你還沒有得到教訓嗎？」他們問道，「上次你一埋死人，人家很快就追捕你了。若不是你逃得快，那次你就沒命了。而今你又做這事……」

那天夜裏，多比沐浴潔身以後，走到院子裏，靠著牆根睡覺。天氣又悶又熱，他只好把頭露在被單外面。沒想到牆頭上的幾隻燕子把熱屎撒在多比的眼睛裏，使他的雙目蒙上一層白色的角膜翳，一時什麼也看不清。急得他到處求醫，可是愈治愈壞。直到最後，他全然失明了。

四年來，多比什麼也看不見。親戚朋友們都很關心他，侄子亞希卡供養他兩年，後來亞希卡有事到以攔地方去了。

亞希卡走後，多比的妻子亞拿不得不出去做工，就像許多別的婦女一樣，她也操起了紡織。她交活兒後，便會從雇主那裏領到一定的報酬。有一年春天，她照例從織機上割下一塊布拿去交給雇主。由於她的活計做得好，這次他們除了給她滿額的報酬之外，還特別獎給了她一隻山羊。

亞拿歡歡喜喜，把山羊牽回家，拴在樹下，忙給牠找吃的。山羊咩咩叫著，把多比驚醒了，也咆哮起來：

「這山羊是從那裏來的？你偷的，是嗎？趕快送歸原主，攫來之食不可吃，吃了就是不義！」

「不，」亞拿回答說，「這是人家送給我的禮物，作為我

織布的額外獎賞。」

可是多比並不相信她，一想到妻子竟會做出這種事來，他就氣得滿臉發脹，非要她把山羊送歸原主不可。然而亞拿這回並不示弱，她不僅拒絕丈夫的指責，反而忿忿不平地發起牢騷：

「現在我算看清你的真面目了！你平時對別人的所謂關心那兒去了？你平時所做的一切善行又是什麼呢？」

這些話使多比感到極度的難堪與羞愧，他嘆息著，流著眼淚。最後他強忍淚水，開始禱告：

「公正之主啊，

我的祖先背叛了你，

你將我們驅散在萬國裏，

這本是罪有應得。

我受折磨，遭凌辱，

沈淪在絕望之中。

主啊，我求求你，

將我的煩惱驅向盡頭，

使我得到永久的安息。」

在這同一天裏，在瑪代的伊克巴他拿城裏，發生了這麼一件事：有個名叫拉格爾的人，他有一個女兒，名叫撒拉，因受到女僕的嘲笑，痛不欲生。

原來撒拉生得特別美麗，雖然已經結過七次婚，卻依然是個處女。那七個丈夫均在與她合歡之前，猝死在洞房之中。因為惡魔阿斯摩得看中了她，誰要與她結婚，他就把誰殺死。這

使她心中異常難過，在無意中得罪了女僕，招來一頓嘲笑。

「你幹麼拿我們煞氣呀？你幹麼不跟那些亡夫一塊兒死去呢？你這個剋夫的女人，一連剋死了七個丈夫！你這不生不養的女人，連一個孩子也沒有留下！但願我們永遠見不到你的孩子！」

這些刻薄的言語像刀子一樣刺傷著撒拉的心，她痛苦到了極點，流著眼淚，走上樓去，準備上吊自盡。然而她轉念一想，又對自己說：

「不，我不能這樣地死去！這樣更給人家留下話把兒了，人家會譏笑我的父親說，『你只有一個女兒，你把她視若掌上明珠，可她還是懸樑自盡了，因為她感到非常不幸。』如此巨大的悲痛，會將白髮蒼蒼的父親送入墳墓，那我可就罪上加罪了。我不能自殺，我要向主祈死。死後我就再也聽不到那些譏笑的言詞了。」

撒拉站在窗前，向著天伸出雙臂，開始禱告：

「萬物之主啊，

求你救救我吧，

把死亡賜給我！

讓我超脫此生，

擺脫那些譏笑的言詞。

主啊，唯有你知道，

結婚七次以後，

我依然是個處女。

沒有同房，

沒有兒女。

　　我願告別此生，
　　與大地同眠。」


　　在痛苦與絕望裏，多比在尼尼微，撒拉在伊克巴他拿，同時向上帝祈禱。他們的禱告上達天庭，上帝聽見了，便派天使拉斐耳去幫助他們。拉斐耳奉派來到人間，他將治好多比的眼疾，使其重見光明；還將幫助多比之子多比雅同拉格爾之女撒拉巧結良緣。當時以色列盛行族內婚，多比雅係撒拉的表兄，理應娶她爲妻。至於惡魔阿斯摩得，他肯定鬥不過天使。


　　早年多比曾把好些銀錢寄存在瑪代拉格斯的甘比爾家裏，這時他想起來了。既然自己已經向上帝祈死了，那就應該把銀錢的事向兒子多比雅交代明白。

　　於是多比把多比雅叫過來，對他說：

　　「兒子，等我死了，你要把我妥善安葬。我走以後，你要孝敬你的母親，悉心照料她的晚年，等她死後，你要把她埋在我的身旁。記住吧，是她冒著生命危險把你帶到人間，你應該盡力使她過得幸福，凡事檢點，切莫使她憂慮。

　　「你要信守摩西律法，以公義行事，以誠實待人。你要仗義疏財，慷慨濟貧。關懷窮人實乃取悅上帝之道。

　　「兒子，你要警惕淫蕩的女人。至關重要的，是要找個本族女子結婚。因爲我們是先知們的後代，絕不能與無親無故的女子結親。你要牢記我的教導，時刻不忘。

　　「多比雅，我還要告訴你，我曾經在瑪代拉格斯的甘比爾那裏存了一大筆錢，有朝一日，你要把它取回來。」

聽了父親的話，多比雅回答説：

「請父親放心，我一定照辦。不過我怎樣才能取回那筆錢呢？我和他從來沒有見過面，他怎麼能隨便把錢交給我呢？再説，我也不認識去瑪代的路。

多比回答説，「甘比爾和我簽了一份文書。當時我把它一撕兩半，雙方各執其一。這已經是二十年前的事了，等你去時要帶上我們這一半文書。你沒出過遠門，也不認識去瑪代的路，這不要緊，可以雇一個人陪你去。」

依照父親的吩咐，多比雅出去雇人。這人要熟悉去瑪代的路，要誠實可靠，並且還要願意陪他同去。巧極了，幾乎是在他剛一出門，迎面便碰上了拉斐耳。拉斐耳打扮得跟普通傭工一樣，多比雅看不出他是天使，開始詢問他家居何處，尊姓大名。

「我是以色列人，」拉斐耳回答説，「是你們的親戚，我到尼尼微來找工作。」

「你知道去瑪代的路嗎？」多比雅問。

「知道，」拉斐耳回答説，「那裏我去過多次，所有的路我全熟悉。我去了就住在親戚甘比爾家裏。從首都伊克巴他拿至拉格斯至少有兩天的路程，因爲拉格斯在一座高山上。」

多比雅對拉斐耳説，「我的朋友，你在這兒等著我，我得先回去跟父親説一聲。我真喜歡你跟我同行，我將爲這趟旅行付給你工錢。」

「好吧，」拉斐耳説，「我等著你，你可快點回來呀。」

多比雅回家對父親説，「我已經找到了一位以色列同胞，要他陪我去，行嗎？」

「叫這人進來吧，」多比吩咐説，「我得弄清楚他屬於何家何族，看他是不是靠得住。」

於是多比雅出去把拉斐耳領進來，多比趕忙迎上去，表示歡迎。

「我祝你凡事如意！」拉斐耳一邊還禮一邊這麽説。

可是多比卻回答説，「我怎麽能凡事如意呢？我是一個盲人，什麽也看不見了，就跟死人一樣，其實還不如死了好呢！我聽得見聲音，看不見人啦。」

「振作起來，別發愁，」拉斐耳勸慰他説，「上帝很快就會給你光明的。」

接下來多比説道：「我的兒子多比雅要去瑪代，你能陪他去，給他帶路嗎？當然啦，我會給你工錢的。」

拉斐耳回答説：「我願意陪他去，保證沒有問題。那兒我去過多次，山地和平原，我全都走過，道路很熟。」

多比進一步問他：「朋友，請你告訴我，你屬於何家何族呢？」

「你問這個幹什麽？」拉斐耳反問道。

「對我説真話，」多比説，「你叫什麽名字，你是什麽地方人？」

「我是你們的親戚呀，」拉斐耳回答説，「我是老亞拿尼亞的兒子，名叫亞撒利亞。」

聽到這話，多比立刻親熱起來，他叫道：「我的兒，願上帝保佑你！請別見怪，方才盤問了你家底細。現在總算弄明白了，你是好人家出身，可巧又是我們的親戚。我認識老撒瑪亞的兩個兒子，亞拿尼亞和拿單。他們常和我一同上耶路撒冷作

禮拜。歡迎你和我兒子同行，祝你們一路平安。」

　　談到具體行程，多比又補充説，「親戚歸親戚，工錢歸工錢。你若成爲多比雅的得力助手，我還將在工錢之外加上獎賞。」

　　「請放心好了，」拉斐耳説，「我們會平安地出去，平安地回來，這條路一點風險也没有。」

　　「願上帝保佑你們！」多比祝念著，叫過多比雅，對他説，「兒子，準備妥當，你就可以起程了。願上帝與天使看顧你們兩個，指引你們歡歡樂樂回來見我。」

　　出發之前，多比雅吻別了他的雙親。多比再次説道，「祝你們一路平安！」

　　望著兒子遠去的背影，亞拿止不住哭泣起來。她喃喃地抱怨道：「你怎麼能輕易把我兒子打發走呢？我們老了，生活全靠他。現在他走了，誰來照顧我們呢？難道金錢就那麼重要，值得你拿親兒子去冒險嗎？我的兒呀，回來吧！」

　　「安靜點，」多比對她説，「親愛的，我保證他會平安地回來。善天使必將與多比雅同行。這將是一次成功的旅行，必將滿載而歸。」聽他這麼一説，亞拿就不再哭泣了，漸漸安靜下來。

　　且説多比雅和天使拉斐耳向著瑪代方向出發。多比雅的狗跑前跑後追隨著他們。日落黃昏後，夜宿底格里斯河畔。多比雅下河裏洗腳，有一條大魚躍出水面，衝過來咬牠的腳。「哎呀！」多比雅驚叫了一聲。

　　「抓住這條魚，」天使喊道，「別讓牠逃了。」

　　多比雅猛撲過去，一下逮住了這條大魚，兩手摳住魚腮，

把牠拖到岸邊。

「剖開魚腹，」天使指導著說，「取出膽囊、心臟和肝臟。這都是靈丹妙藥，帶在身邊，保管有用。」

「魚腸子呢，還要嗎？」多比雅問。

「魚腸子沒有用，扔掉算了。」

天使怎樣說，多比雅就怎樣做。隨後他烹好了這條魚，美餐一頓，把剩下的醃上，隨身帶走。

兩個人曉行夜宿，飢餐渴飲，不知不覺快到瑪代境內了。這時多比雅問道，「亞撒利亞，我的朋友，你說魚膽、魚心和魚肝，都能治什麼病呢？」

天使回答說：「這魚心肝可是寶貝，具有驅魔避邪的功效，不管多麼兇狠的惡魔，只要一嗅到這種香味，就會立刻逃跑，並且永遠不敢回頭。」

「那麼這魚膽呢？」多比雅問。

「魚膽也有用，」天使一邊走路一邊說，「它能醫眼痛，專治白內障，只要拿它往眼睛上一抹，往角膜翳上一噴，患者便會立刻重見光明。」

進入瑪代境內，他們向著伊克巴他拿城逼近。在行進中拉斐耳說道，「多比雅，我的朋友。」

「啊，有事嗎？」多比雅問。

「今天晚上，」拉斐耳繼續說，「我們要住在你的親戚拉格爾家裏。他有一位獨生女兒，名叫撒拉。她爲人聰明、勇敢，並且長得很漂亮。她的父親也是個大好人。既然你是她的至親，那就有權娶她爲妻，同時還有權繼承她父親的全部財產。今天晚上我就替你向她父親求婚，我估計他準能同意。」

「如果人家不同意呢？」多比雅反問道。

「如果他不同意，那他就違犯了摩西律法，應被處以極刑。現在拉格爾既不可能同意別人娶她，也不可能拒絕你娶她。他知道現在你是唯一有權娶他女兒並繼承他的財產的人。你就只管聽我的話吧。我今天晚上就和拉格爾商量這件事，安排你和撒拉結婚。」

多比雅接過話題對拉斐耳説：「亞撒利亞，我的朋友，你可知道，撒拉的七個前夫，是怎麼一個個死於新婚之夜的嗎？據説他們是被一個惡魔殺死的。這個惡魔並不傷害撒拉，只是殺死任何企圖貼近她的人。我可害怕這個惡魔。我是獨生子，我死了，誰來贍養雙親呢？噩耗會把他們推入墳墓，恐怕那時他們連一個送葬的兒子都沒有了。」

天使回答説：「多比雅，難道你已經忘了你父親的教導嗎？他叫你找一位本族女子結婚。因此你要聽我的話，不必害怕惡魔，勇敢地與撒拉結婚！我料定今天晚上拉格爾會同意你和撒拉結婚。只要你適時燃起魚心肝，我保管你喜上加喜。具體做法是這樣：當你在新婚之夜舉步走進臥室的時候，要把帶在身邊的魚心肝擱在香火上，這樣香氣就瀰漫在整個屋子裏。那惡魔一聞到香氣，就捂著鼻子逃了，並且永遠不敢再來攪鬧。別害怕，撒拉生來就注定是你的。你將她從惡魔手中營救出來，她將陪你一同回家。撒拉將會給你生兒育女，這些兒女個個活潑可愛。好了，高興起來吧，別再愁眉苦臉的。」

多比雅聚精會神地聆聽著拉斐耳的每一句話。他知道撒拉是他父系家族方面一個親戚。他開始愛上了她，盼望著和她結婚。

剛走進伊克巴他拿城，多比雅就迫不及待地對天使拉斐耳說：

「亞撒利亞，我的朋友，請你快些領我去見拉格爾吧。」

天使領他向親戚家走去，老遠就望見拉格爾在大門口坐著呢。拉斐耳和多比雅先向他打了招呼，他趕忙站起來回答說：

「請進吧，我的朋友。歡迎你們到我家裏來。」

拉格爾把他們領進家裏，對妻子愛德娜說，「你看這個青年，是不是長得跟我表弟多比一模一樣？」

「真像啊，」愛德娜問候他們，「你們從什麼地方來呀？」

「我們是拿弗他利族的以色列人，」多比雅和拉斐耳回答說，「不過我們目前流放在亞述國尼尼微城。」

「在尼尼微呀，」愛德娜說，「那你們認識我們表弟多比嗎？」

「我們當然認識他。」他們回答說。

「他好嗎？」她問道。

「他還健在。」他們回答說。

接著多比雅補充道：「多比是我父親。」一聽這話，拉格爾便重新站了起來，眼裏含著激動的淚花，不住地吻著多比雅，親切地對他說：

「上帝保佑你，我的孩子。你的父親是一位品德高尚的人，像這樣一位誠實而善良的人，竟然失明了，多麼可怕的悲劇呀！」

他伸出雙臂摟著多比雅的脖子，伏在他的肩上哭起來。他的妻子愛德娜和女兒撒拉也在一旁為多比啜泣著。

拉格爾宰了一隻公羊，熱情款待多比雅和拉斐耳。客人們

洗過澡，坐下來準備吃飯的時候，多比雅對拉斐耳説，「亞撒利亞，我的朋友，什麼時候你求拉格爾，讓我和撒拉結婚呢？」

不料這話被拉格爾無意中聽見了，他對多比雅説：「先喝酒吃飯吧，今天晚上好好休息一下。你有權與撒拉結婚，因爲你是我的至親嘛。不過我要把實話告訴你，我的兒呀，我曾把她許配過七個人，他們都是我的親戚。不幸得很，他們一個個全死在新婚之夜，就在一進臥室的時候。不過現在，我的兒呀，且先吃點喝點吧，但願上主會照顧你們兩個。」

多比雅回答説：

「在你把話説定之前，我不能吃喝。」

拉格爾欣然允諾。「我當然願意了，」他説，「我將她許配給你，這完全是在履行摩西律法。至高上帝已然締結了這椿婚事，那你就只管娶她爲妻吧。從現在開始，你們彼此屬於對方。今天以至永遠，撒拉都是你的。願上主保佑你們夫妻今夜平安。」

説著拉格爾把女兒撒拉叫過來。他拉著她的手，把她送到多比雅的面前，同時祝福道：

「依照摩西律法，你娶她爲妻吧。希望你把她平平安安領回家裏。願至高上帝賜你們喜樂和美滿。」

拉格爾請愛德娜取出空白卷幅，他在上面書寫婚約。婚約上這樣寫著：「依照摩西律法，將撒拉許給多比雅。」直等儀式完了，他們方才開始進餐。

拉格爾對愛德娜説：「親愛的，快把空房子收拾好吧，把撒拉領進去。

　　愛德娜按照拉格爾的吩咐鋪好了床舖，隨後領撒拉走進新房。撒拉嗚嗚咽咽哭起來。愛德娜勸慰她說：「撒拉，別害怕。我斷定這一次定會使你快樂，而不是悲傷。振作起來，親愛的。」說罷她便離開了新房。

　　晚飯過後，夜幕降臨。撒拉的雙親把青年多比雅送進新房。多比雅牢記拉斐耳的教導，從袋子裏掏出魚心肝，擱在香火上。剎時間，一股香氣飄散出來，瀰漫在新房裏。正準備惡作劇的惡魔阿斯摩得一聞到這股香氣，便立刻逃出了新房。

　　原來惡魔阿斯摩得來無影去無蹤，凡人看不見，天使拉斐耳卻看得清清楚楚，在後面緊緊追趕。阿斯摩得被追得無處藏身，逕直向遙遠的埃及逃去，那裏有魔鬼與幽靈之家。天使拉斐耳一直追到那裏，把惡魔阿斯摩得劈胸揪住。阿斯摩得還想掙扎，立刻被捆住了手腳，動彈不得。

　　夜靜更深，拉格爾把他的僕人們召集起來，出去掘一座墳墓。因為他想，「恐怕多比雅這一夜也得死吧，得預先準備著，免得外人又要笑話我們，拿我們開心。」

　　墳墓掘好以後，拉格爾進屋對妻子說：「派個使女去看看吧，多比雅是不是還活著？如果他死了，那我們就趁早人不知鬼不覺地把他埋了吧。」於是他們派一個使女端著燈去察看。使女小心翼翼地開開門，舉目向床上一看，只見兩個人正在合歡睡覺呢，睡得好香。看明白了，她又縮手縮腳地退了出來，向主人報告：

　　「放心吧，多比雅安然無恙。」

　　「看清了嗎？」女主人心有餘悸地問。

　　「看得清清楚楚，新郎和新娘──」使女停頓了一下，接

下去說，「甜甜蜜蜜的，打著呼嚕……」

聽了這話，拉格爾便唱起了讚美詩，隨後吩咐僕人，在天亮以前把墓穴填平。

人逢喜事精神爽，拉格爾樂不可支，他立刻吩咐妻子，爲大宴席烤好足夠的麵包。然後走進畜羣，親自牽出兩頭公牛和四隻公羊，叫僕人宰了，準備結婚宴席。全家人都動員起來了，個個忙碌著，喜氣洋洋。

新郎新娘起床以後，拉格爾把多比雅叫過來，開口便說：

「我發誓，在兩週之內，絕對不能放你走！住下來吧，我們一同吃喝。這次我女兒因禍得福，應該讓她高興高興。兩週過後，你們小夫妻帶著我的半數家產，快快樂樂地返回尼尼微。在愛德娜和我入土之後，你們還將繼承另一半財產。至於我們是不是愛你，那用不著懷疑，從現在開始，你就是我們的兒子，就像撒拉是我們的女兒一樣。我的兒，你就相信我的話吧。」

盛情難卻，多比雅只好把拉斐耳叫過來說：

「亞撒利亞，請你帶上四個僕人和兩匹駱駝，到拉格斯城甘比爾家裏去，把這份文書交給他。他見到文書，就會把錢交給你。然後你把他請來參加婚宴。我的朋友，你知道我的雙親一直數算著我回家的日期，那怕我晚回去一天，他們都會感到非常不安。你也知道，拉格爾又多麼堅決留我住下來，我不能使他失望。」

於是拉斐耳和四個僕人便出發去瑪代的拉格斯了。拉斐耳不是追阿斯摩得到埃及去了嗎，他怎麼回來得這麼快呢？其實這毫不奇怪，因爲他是天使，天使的速度不是日行千里，也不

是日行萬里，而是要多快有多快，根本不受時間和空間的限
制。至於他夜擊惡魔一節，多比雅一點也不知道。且說拉斐耳
帶著四個僕人，趕著兩匹駱駝，來到拉格斯城，住進甘比爾的
家裏。天使把那份署名文書交給甘比爾，甘比爾深信不疑，立
刻點清了原封未動的錢袋，交給拉斐耳。拉斐耳轉達了多比雅
的邀請：

「多比之子多比雅最近結婚了，邀請你參加婚宴。」

「那好哇，」甘比爾欣然同意，「我和你們一塊兒去。」

第二天早晨，他們把錢袋駄在駱駝背上，由僕人們牽著，
趕回伊克巴他拿。

當拉斐耳和甘比爾走進拉格爾家門的時候，他們看見多比
雅正在坐席。多比雅馬上站起來歡迎甘比爾：

「歡迎你呀，甘比爾，我的朋友，感謝你來參加我們的婚
宴。」

甘比爾閃著淚花，答詞還禮，並且補充道：

「你長得真像你的父親，體貌像，言談舉止也像，都是這
麼老實厚道。我能活著見到我的表弟多比雅，心裏非常高
興！」

住在尼尼微的多比夫婦，天天計算著多比雅的行程，往返
拉格斯需要多少時間。按著他們的計算，多比雅早該回來了，
怎麼還沒有到家呢？多比對妻子說：

「什麼事情把他絆住了呢，難道那兒無人付錢，甘比爾已
經死了？」

「不，是我兒子死了，我敢肯定！」亞拿比丈夫還焦急，

她一想到兒子死在外地，便哭泣起來，「我的兒呀，你是我的希望，你是我的歡樂，你一去不復返了……我真傻呀，當初爲什麼放你走呢？」

多比竭力勸慰她。「冷靜點，親愛的，」他説，「別著急。他會回來的，保證平安無事。也許某些意想不到的事情把他拖在那兒的時間比我們計算的長些。再説，他的旅伴是個誠實可靠的人，又是我們的親戚。親愛的，你別爲他著急上火。我肯定，他已經踏上了歸程。」

可是她卻回答説：「住嘴，離我遠點！別想愚弄我，我的兒子死了。」

每天她都衝出家門，到兒子出發的路上，舉目遙望，直至日落黃昏，才拖著疲憊的腳步，搖搖晃晃回到家裏。誰安慰她，她也不聽，總是默默地流著傷心的眼淚，吃不下飯，睡不好覺，終日思念他的兒子。

她的兒子正在伊克巴他拿歡度新婚，爲了不使拉格爾夫婦失望，他不能不參加持續兩星期的結婚宴席。兩星期過後，多比雅向拉格爾請求説：

「現在請你讓我回家吧。我料定，我在家的父母已經打消了再見我的念頭了。拉格爾，請讓我回家看望父母吧，我已經向你説過，他們在我離家時的處境多麼困難。」

「住著吧，」拉格爾回答説，「我的兒，住在這裏吧，跟我們在一起。我要給你父母送個信，告訴他們，你在這裏萬事大吉。」

「不，我不能住！」多比雅堅持説，「有言在先，我在這裏只能住兩星期。現在兩星期已過，該讓我回家見父母了。」

　　拉格爾不好再留，只得把新娘子交給多比雅帶走。他把全部家產樣樣分出一半——奴僕、牛、羊、驢、駱駝、衣服、錢，以及家具。收拾妥當，送新郎新娘上路。分別時，拉格爾擁抱多比雅，說著祝福的話：

　　「再見吧，我的兒子。祝你們一路平安！」

　　接著拉格爾又對撒拉說：

　　「和你丈夫同去，好好過日子。公婆如父母，希望你們和睦相處。讓我在有生之年，不斷聽到你們的喜訊。」

　　這時愛德娜囑咐多比雅說：

　　「多比雅，我的孩子，願上主保佑你們平安到家。我把女兒交給你了，撒拉是你的妻子，我是你的母親。在你這一生中，無論何時何地，你都不可傷害她的心。一路平安，多比雅，願我能活著看見你們的兒女。祝你們凡事如意！」

　　話別之後，多比雅和撒拉就高高興興地出發了。送親的隊伍浩浩蕩蕩，多比雅口唱讚歌，讚美這天地之主，蓋世之君，感謝上帝使他們的旅程如此順利。他保證永遠尊敬拉格爾夫婦，願他們晚年幸福。

　　一路上婢僕們前呼後擁，登山涉水，宛如行進在藍天白雲之間，蜜月旅行，十分愜意。不知不覺間，尼尼微郊外的喀什林出現在眼前。這時拉斐耳把多比雅拉到一旁，對他說：

　　「我們應該趕在你妻子前面，在其他人到達之前，先把家整理好。你還記得我們離家時你父親的處境吧，別忘了，把魚膽帶在身邊。」

　　說著他們走在前頭，把其他人遠遠拉在後面，只有多比雅的狗緊跟著他們跑。

此時此刻，亞拿正坐在門前，眼睛凝望著遠方，尋覓著她的兒子。突然間，她看見他走過來，她立刻對多比喊道：

「看哪，我們的兒子回來啦，還有他的朋友！」

亞拿驚喜地向前奔著，雙臂摟住自己的兒子，放聲說道：

「你可回來了，我的兒，我總算活著看見你了，現在我死也甘心了！」她興奮得啜泣起來。

多比摸索著，跌跌撞撞走出大門。多比雅趕忙迎上來，扶住父親，吹著他的眼睛叫道：

「爸爸，現在別愁了，我有好藥。」多比雅說著從懷中取出魚膽，輕輕敷在父親的眼睛上。眨眼間就有一層薄膜從眼球上剝落下來，多比雅小心翼翼地揭去薄膜。父親伸出雙臂，摟住多比雅，興奮得老淚縱橫。然後他睜開眼睛，放聲說道，「我能看見啦！我的兒呀，我的眼中之光！」

多比老人聽說兒子在拉斐耳陪同下，不僅取回了錢，而且還娶回了拉格爾的女兒撒拉，喜上加喜，心情無比激動，他朗聲讚美上帝，俐俐落落走出去，在城門口迎接兒媳撒拉。

尼尼微的居民們看見多比老人獨自行走，不用人拉手引路，都感到非常吃驚。多比目光明亮，逢人便說，仁慈的上帝如何使他重見光明。

多比看見撒拉走來，趕忙迎了上去，熱情地對她說：

「歡迎你呀，我的女兒，歡迎你來到新家。願上帝保佑你的父母健康長壽！」

這一天對於所有住在尼尼微的以色列人來說，實在是一個大喜的日子。多比的侄子亞希卡也帶著拿答專程來祝賀，大家一起分享多比家的歡樂。

　　盛大的婚宴在尼尼微結束以後，多比把他的兒子叫到面前，對他說：

　　「兒子，快給你的旅伴付工錢吧，別忘了加上一份獎賞。」

　　多比雅問他：「爸爸，你說我們應該給他少錢呢？他替我從甘比爾那裏把錢取回來，他把我的妻子從惡魔手下解脫出來，他還治癒了你的眼病……我應該給他多少獎賞呢？」

　　「把他幫你帶回來的東西分一半給他。」多比回答說，「這是他應得的報酬。」

　　於是多比雅把拉斐耳請過來，指著剛分出來的東西對他說：「這是你幫我帶回來的東西的一半，你已經掙到了這些錢。請你帶著這些東西回家吧，祝你一路平安！」

　　這時拉斐耳把他們父子叫到一起，對他們說：

　　「我要把事情的真相源源本本告訴你們。多比，當你和撒拉向主祈禱的時候，是我將這些禱詞傳到上帝的寶座之前。我是在寶座前侍奉上帝的七天使之一，名叫拉斐耳。」

　　多比父子一聽這話，嚇得魂不附體，渾身顫抖著俯伏在地，不知說什麼才好。只聽拉斐耳對他們說：

　　「別害怕，前程是美好的。你們要牢牢記住，是上帝派我來搭救你們的，並不是我自己要來的。現在我必須回天去了。」

　　說話間，拉斐耳平步青雲，消失在蔚藍色的天空裏。

　　多比和多比雅誠惶誠恐地站起身來，眼望著萬里晴空，唱起了讚美詩。

　　多比又過上豐衣足食的日子，他不斷接濟窮人，讚美上

帝，終生信守摩西律法。在一百一十二歲這年，多比平平安安地死去了，住在尼尼微的以色列人爲他舉行了隆重的葬禮。後來，多比的妻子亞拿也死了，人們把她埋葬在她丈夫的身旁。

雙親死後，多比雅攜妻子撒拉遷居瑪代的伊克巴他拿，跟拉格爾夫婦生活在一起。多比雅照顧岳父岳母安度晚年。他們去世以後，多比雅繼承了全部家產。

若干年後，多比雅親耳聽見了尼尼微毀滅的消息，親眼看見瑪代王西亞扎羅把尼尼微的亞述人當作俘虜押走了。

# 二　猶滴救國

尼布甲尼撒王在位第十二年，亞洲西部發生了一場大規模的戰爭。亞述王尼布甲尼撒與瑪代王阿法扎得在拉格斯郊外的大平原上兵戎相見。許多國家加入了阿法扎得陣營，這些國家大都位於底格里斯河和幼發拉底河流域，因此號稱「兩河聯軍」。面對這種形勢，尼布甲尼撒採取了相應對策，他派使臣聯合波斯以及地中海沿岸諸國，使臣們帶著國王的詔書，涉足約旦河，直達尼羅河三角洲一帶，到過撒瑪利亞、耶路撒冷以及蘇丹和埃及諸城。然而萬萬沒有想到，這些國家全都拒絕參戰。當時他們根本沒有把尼布甲尼撒放在眼裏，認爲他不可能贏得這場戰爭，紛紛打發他的使臣們臉上無光地空手而歸。

這使尼布甲尼撒王異常震怒，他在滿朝臣僕面前發誓，要向所有這些國家的人民報仇雪恨，那怕丟掉他的整個王國也在

所不惜。他揚言，要將基利家、大馬色、敍利亞、摩押、亞捫、猶大和埃及的全體居民──從地中海直至波斯灣的每一個人，統統處死。

戰爭持續了五年之久，直至尼布甲尼撒王在位第十七年，方才徹底打敗了阿法扎得王的「兩河聯軍」。在拉格斯戰場上摧毀了他的整個騎兵和全體車兵，緊接著尼布甲尼撒揮軍東進，占領了瑪代國土上的所有城鎮，最後圍攻都城伊克巴他拿。這座都城修得相當堅固，四周築起一道三十二米高的石牆，在每座城門上都築有高達四十五米的石碉。這是一座名副其實的石頭城，在冷兵器時代，幾乎是堅不可摧的。無奈阿法扎得的精銳部隊已經在前線被全部殲滅，逃回來的殘兵敗將已經潰不成軍，加之全國各地烽煙四起，嚇得王城守軍無心戀戰，個個準備逃。在這種情況下，尼布甲尼撒王指揮亞述軍架雲梯，首先攻取了石碉，登上制高點，然後居高臨下，衝進市場，大殺大砍，到處放火，將這座美麗壯觀的都城化爲一片廢墟。在搜索中不見了阿法扎得王，亞述人四出追捕，終於在拉格斯山地裏將他俘獲，當場殺死。阿法扎得王死後，尼布甲尼撒王率領全軍，滿載著戰利品，凱旋尼尼微。尼尼微當時是亞述的都城。爲慶賀勝利，文武百官乃至出征士卒齊集這裏吃喝玩樂，歷時長達四個月。

尼布甲尼撒王在位第十八年正月二十二日，國王在首都尼尼微大會羣臣，向他們講述了那些沿海國家是如何地背叛了他，使他蒙受奇恥大辱。此仇不報等待何時？於是他和滿朝臣僕一致決定，將他針對那些拒援國家而發出的報復言論付諸實施。既然亞述以東已經平定，那就向西進發，踏平約旦河乃至

尼羅河三角洲的廣大地區，把那些在東線戰爭中拒絕援助他的每一個人處以死刑。決定向西宣戰之後，尼布甲尼撒又對他的攻擊計劃作了簡單扼要的說明。

會議結束以後，尼布甲尼撒王向全國領兵元帥何樂弗尼下達作戰命令：

「我，尼布甲尼撒，全世界的大君與主宰，命令你選出精壯的武士，步兵十二萬，騎兵一萬二千。然後整隊出發，攻擊西方各國，因為他們拒不響應我的求援呼籲。同時警告他們必須獻出水陸貢品，並接受懲罰，否則我絕不稍息我的雷霆之怒。我的軍隊要踏過西方的每一寸土地，所到之處寸草不留。我要用他們的屍體填平山谷，橫斷江河。我絕不放過任何人，我要全力追逐他們直至天邊地極。

「然而你，何樂弗尼，受命為我開路，率先占領他們的每一寸國土。倘若他們向你投降，那就把他們統統看押起來，等我來懲罰他們。如果他們反抗，那就不要姑息，全部殺光，洗劫一空。我曾莊嚴發誓，並以我的生命與王權擔保，我決心按照我的誓言去做。在任何情況下，均不得違背我的命令。我是你的國王，這個你要記住，你要毫不遲疑地執行我下達給你的每一項命令。」

領兵元帥何樂弗尼遵照國王的旨意，召集諸軍各級將領，立刻行動，嚴格挑選了十二萬精銳步兵和一萬二千騎兵射手，並將他們納入戰時編制。各軍都配備有大量的駱駝和驢騾，運載軍需物資，另外還攜帶許多牛羊，以供食用。這支遠征軍還從王宮府庫裏支取了相當數量的黃金和白銀，每個出征者都領到足夠的口糧和優厚的薪餉。

　　一切整備就緒，何樂弗尼元帥率領亞述遠征軍在國王之前先行出發了。隨同他們一起出發的，還有外國雇傭兵，他們多得如同蝗蟲一樣，鋪天蓋地。戰車、騎兵、步兵，長驅直入，踐踏在整個西方的土地上。

　　亞述遠征軍從尼尼微開拔三天以後，抵達基利家北部山地附近的貝克特利郊外平原，稍事休整，便大舉開進了這個高山之國。他們憑藉著軍事上的絕對優勢，徹底摧毀了利比亞國和呂底亞國，鐵蹄踏過大漠邊陲的賽林地南部，住在那裏的羅斯人和以實瑪利人慘遭蹂躪。

　　緊接著，何樂弗尼揮軍橫渡幼發拉底河，穿越美索不達米亞平原，一舉蕩平了亞伯倫河沿岸直至地中海的所有城堡。他們在基利家的領土上逢人便殺，一直橫行靠近阿拉伯的雅弗地南部邊界。他們包圍了瑪代人，燒毀帳篷，屠宰羊羣。

　　在麥收時節，何樂弗尼領兵衝入大馬色周圍的平原，放火燒莊稼，舉刀砍牛羊，把青年男子殺個精光。恐怖籠罩著地中海沿岸的所有居民，住在推羅、西頓、書珥、奧西納、亞美尼亞、亞實突和亞實基倫的老百姓一聽說何樂弗尼的名字就嚇得發抖。何樂弗尼英勇善戰，所向披靡。

　　那些從前不把尼布甲尼撒放在眼裏的拒援國家，這時紛紛向他派出了和平使團，表示願意無條件投降：

　　「尼布甲尼撒大君，我們依然忠實於你。我們時刻準備爲你效勞，服從你的命令。我們的房屋、土地、麥田、家畜以及帳篷，全都聽你發落，你可以隨意取用。我們的人民將成爲你的奴僕，如果你高興的話，你可以派兵駐守我們的城鎮。」

　　自從和平使團帶來上述信息之後，何樂弗尼便督軍往地中

海岸邊去了。他派兵鎮守著每一座城鎮，並且選派一定數量的
當地人充當留守部隊。何樂弗尼元帥以占領者的姿態出現在歡
迎者的面前，看著城鄉人民身著花環，載歌載舞，他益發趾高
氣揚，隨意發號施令。他下令搗毀了各處的禮拜堂以及這塊土
地上的所有神祇，砍倒了當地人的聖樹。他規定，所有國家和
民族都得向尼布甲尼撒頂禮膜拜，奉他爲神祇。

　　然後何樂弗尼穿過猶太山區主峯對面多坦附近的耶斯列谷
地，在基巴和西昭波利之間安營紮寨。他在這裏歇兵一個月，
待後方運來給養，再繼續向前推進。

　　剛剛從流放之地返回家園的猶太人聽到何樂弗尼的所作所
爲，感到十分震驚和恐懼。他們從耶路撒冷向全國各地發出警
報，號召以色列人緊急動員起來，迅速占據山頭，築起要塞，
儲存糧食，準備打仗。值得慶幸的是，他們最近已經收割完
畢。

　　當時正在耶路撒冷的大祭司約雅金給伯夙利亞以及與耶斯
列谷地遙遙相對的貝托麥斯居民寫信，命令他們占據通往猶太
腹地的山路，這裏地勢險要，易守難攻。

　　大祭司約雅金率領衆祭司在聖殿前燒香獻祭。他們全都身
穿喪服，往頭巾上撒灰，跪拜著，哭喊著，誠心誠意地向主禱
告，乞求上主垂顧以色列人。以色列人不分男女老少，一律禁
食，身穿喪服，頭上蒙灰，集體禮拜，懇求上主保佑，使他們
的家鄉免遭蹂躪。

　　以色列人認真執行大祭司約雅金和耶路撒冷公會下達的戰
爭動員令，他們行動起來，封鎖了山路，築起了山頭要塞，並
在平地上設置了路障。

　　亞述元帥何樂弗尼聽說以色列人膽敢與遠征軍對抗，氣得暴跳如雷。他立刻召集了所有的摩押頭目，亞捫首領以及地中海沿岸的各總督，共同研討對策：

　　「你們住在迦南，那就請你們把這些山民的情況告訴我吧。他們占據著幾座城邑？他們的軍隊有多少？誰是領兵元帥？爲什麼在整個西線戰場上只有他們膽敢抗拒遠征軍呢？」

　　這時亞捫首領亞吉奧站出來回答說：

　　「元帥閣下，如果你高興，樂意聽我講的話，那我就把住在你營盤附近的山民情況告訴你。我不會向你撒謊。這些人原是某些巴比倫人的後裔，這些巴比倫人爲了崇拜天君上帝而拋棄了他們祖先的生活方式。後來，他們被趕出了故土，因爲他們拒不崇拜他們祖先的神明。於是他們逃到了美索不達米亞，在那裏定居下來，住了一段相當長的時期。後來他們在上帝指引下離開美索不達米亞，遷往迦南地，在這裏定居下來，日子過得很富足，有黃金有白銀還有家畜。後來，有一場饑荒席捲了整個迦南地，這些以色列人——後世人這樣稱呼他們——便遷到埃及去了。那裏有足夠的食物，他們便安居下來。在這期間，他們逐漸形成一個龐大的民族，人口衆多。因此埃及國王便轉而反對他們，千方百計占他們的便宜，强迫他們燒磚作苦工，把他們當成奴隸。然而他們向上帝禱告，上帝降下天災，使埃及人陷入絕境。當埃及人把他們逐出這個國家的時候，上帝使紅海在他們面前乾涸，開出一條路來，並且指引他們沿著這條道路走向西奈和加低斯巴尼亞。以色列人驅逐了住在迦南南部的所有居民，占領了亞摩利人的土地，清除了希實本人，橫度約旦河，占據了整個山區。他們趕跑了迦南人、比利洗

人、耶布斯人、示劍人以及所有的吉爾蓋人。如今,以色列人已經在這些山區裏生活一個相當長的時期了。每當他們遵行上帝旨意的時候,他們就興旺發達;每當他們背離上帝旨意的時候,他們便在戰爭中慘遭失敗,最後被當作俘虜遣送到外國。不過現在,他們又歸順上帝,從流放之地返回家園。他們又占據了聖城耶路撒冷,並且在山區重新定居下。閣下,他們的成功與失敗,完全取決於是否遵行上帝的旨意。如果我們確信他們犯了某些罪過,那我們就能夠成功地攻擊他們;但是如果他們沒有違背上帝的律法,那就不要動他們好了。」

亞吉奧講完話,所有站在帳篷周圍的人全都開始反對他。何樂弗尼手下的高級將領及摩押人和來自地中海沿岸的人們,全都請求處死亞吉奧。

「爲什麼我們要懼怕這些以色人呢?」他們問道,「他們是脆弱的,不可能組成一道堅固的防線,我們的大軍可以輕而易舉地把他們蕩平。」

當會場周圍的聲浪平息下去的時候,何樂弗尼便開始訓斥亞吉奧:

「亞吉奧,你可知道你是什麼人嗎?裝模作樣的,像個先知?你竟敢叫我們不向以色列人開戰,以爲某個神明會保衛他們?尼布甲尼撒就是我們的神明,這就是一切問題的關鍵。他要派出軍隊把以色列人鏟出地面。他們的神明不能幫助他們。然而我們侍奉尼布甲尼撒,我們打他們全軍如打一個人那樣容易。我們的騎兵一到,他們的陣地就會土崩瓦解。羣山將沈浸在他們的血泊之中,山谷將爲他們的屍體所填滿。我們的攻擊過後,他們將被徹底清除乾淨,連一個腳印也不會留下。這就

是世界之主尼布甲尼撒的命令，他不說廢話。亞吉奧，你不過
是亞捫的雇傭兵，你說起話來像個叛徒。我暫時讓你活著，叫
你親眼看看我如何懲治這些逃亡奴隸的子孫。到那個時候，我
的士兵會把你處死，你將以全然不同的名字出現在傷亡者的名
單上。現在我的人要把你押進山區，讓你留在以色列人那裏，
好叫你和他們同歸於盡。亞吉奧，爲什麼這樣發愁哇？難道你
不再認爲他們的城邑會在我面前巋然不動嗎？我將把自己的威
懾付諸行動，這點你可以相信！」

　　說罷，何樂弗尼下令把亞吉奧逮捕起來，解送伯夙利亞，
把他交給以色列人。於是亞吉奧被士兵們推推搡搡，押出營
盤。亞述人押解著他走出谷地，進入山區，一直來到伯夙利亞
城下的水源。

　　當城裏人看見來人走進的時候，便拿起武器，跑上山頂，用
甩石器甩下石頭來，雨點似地砸向何樂弗尼的士兵。亞述人無
法往山上爬，便隱蔽在山崖下，掏出繩子，把亞吉奧五花大綁
捆起來，留在山腳下。然後他們就溜走了，回去向何樂弗尼元
帥交差。

　　亞述兵走後，以色列人從高高的伯夙利亞城上走下來，他
們解開了亞吉奧的綁繩，把他帶進城裏，交給城邑官。當時城
邑官是西緬族彌迦的兒子烏西雅、哥昭尼爾的兒子查博理和麥
爾切爾的兒子查米斯。城邑官召集本城長老開會，會場外面圍
著好些趕來看熱鬧的青年、婦女和兒童。亞吉奧被帶到衆人
面前，烏西雅開始審問他。

　　亞吉奧告訴他們，在何樂弗尼的戰地會議上都討論些什麼
問題，他自己對亞述官員講過那些話，以及何樂弗尼如何吹噓

他將對以色列人採取的行動。

衆人聽到這裏，全都跪下來朗聲禱告：

「哦，高天之主啊，看看那個狂妄之敵是如何污辱你的人民！可憐可憐我們，救救我們吧！」

隨後他們一再安慰亞吉奧，稱讚他的果敢。散會以後。烏西雅把亞吉奧領回家裏，同時設宴款待長老們。

天剛拂曉，何樂弗尼便揮軍直抵伯夙利亞城下，在水源旁邊紮下營盤。這個營盤十分寬廣，縱橫擴展開去，一眼望不到邊，實在令人望而生畏。何樂弗尼手下的亞述軍連同附庸國的軍隊，總共擁有作戰部隊十八萬多人（其中步兵十七萬，騎兵一萬二千），另外還有相當數量的運送軍需品的後勤部隊。

以色列人看見如此强大的軍隊，的確嚇一跳，他們彼此說道，「這麼多士兵，只要一張口就會把眼前的一切全都吃光，把高山深谷的食物統統收集起來，也填不飽他們的肚皮呀！」然而伯夙利亞城裏的居民很快鎮定下來，他們拿起武器，在碉樓上燒起信火，通宵值班戒備。

第二天，何樂弗尼在伯夙利亞城下檢閱騎兵，爲的是讓以色列人看看他的軍威。他還大搖大擺地察看了進城的通道和水源。在返回營地之前，他派兵占據了水源，並且置崗守衛在那裏。

全體以東人和摩押人的軍事首領，會同地中海部隊的將軍們，一起進見何樂弗尼元帥，對他說道：

「元帥閣下，如果你聽從我們的勸告，你就會不戰而勝。這些以色列人的防衛，靠的不是手中的武器，而是居高臨下的地勢，因爲這些山陡峭，很難往上爬。既然這樣，那麼何樂弗

尼將軍，如果你不直接攻擊他們，你的軍隊便不會遭到傷亡。其實你用不著出兵，只要派一些人封鎖住山腳下的水源就夠了。因爲那是伯夙利亞人打水的地方，封鎖以後他們打不到水，渴得要命的時候，就會主動把城交給你了。等到那時，我們再派人爬上周圍的山頂，扼守要路，不放任何人出城，把他們悶在裏面，不分男女老少，統統餓死渴死。甚全還没等我們進攻，街道上就已經屍體狼藉了。用這種辦法，你可以要他們付出反叛與拒絕投降的代價。」

何樂弗尼及其全體參謀人員都很欣賞這個建議，於是他下令執行這項計劃。根據這項計劃，亞述人和摩押人控制水源，以東人和亞押人占據周圍的山區。他們的營盤布滿了整個郊野。亞述遠征軍將伯夙利亞團團圍住，嚴密封鎖達三十四天之久。伯夙利亞城裏斷水了，蓄水池的水用光了。人們乾渴得要命，紛紛擁到城邑官烏西雅的身邊，大聲向他提出抗議：

「我們快要渴死了，你們爲什麼還不與亞述人講和？」

「趕快投降吧，叫何樂弗尼進城搶劫吧！」

「我們寧可當俘虜做奴隸，也不忍心看著妻子兒女在眼前死去。」

人們哭泣著，祈禱著，咒罵城邑官不顧老百姓死活。

「朋友們，」烏西雅開始對公眾講話，「別自暴自棄，振作起來，讓我們再堅持五天吧，看看上帝是否會幫助我們。如果五天以後還不來幫助，那我就照你們的話去辦。」

烏西雅勸散眾人，青壯年返回崗位守城，婦女和兒童也都各自回家了。全城士兵士氣十分低落。

且說在本城住著一位年輕美貌的寡婦，名叫猶滴。她的丈

夫瑪拿西在麥收季節裏死於霍亂，埋在田間家墳裏了。丈夫死後，給她留下萬貫家產，有的是黃金和白銀、僕人和奴隸、家畜和田地。她居喪守寡，經營產業，嚴格遵守以色列人的宗教傳統，受到全城人的尊敬。

她聽說人們強烈地抱怨烏西雅，也聽說烏西雅爲了平息衆怒，答應在五天之後向亞述人投降。於是她派女奴把幾位城邑官請到家裏。城邑官進門以後，猶滴對他們說：

「請聽我說，你們是伯夙利亞的首領，但是像你們今天這樣對人民講話是錯誤的。你們不應該說，如果幾天之內上帝不來援助我們的話，就把城邑交給敵人。人只能接受上帝的考驗，怎麼能反過來去考驗上帝呢？你們是什麼人，竟敢在處理人間事務時將自己置身於上帝的位置上？難道你們不知道麼，你們所考驗的正是全能的上帝呀！被造者怎麼能揣度造物主的意志呢？不能，我的朋友，任何人也辦不到。如果上帝決定五天之內不來援助我們，他仍然可以在他所選擇的任何時間裏營救我們。或許他會叫敵人消滅我們。在任何情況下，我們都不能替上帝規定條件！難道你們認爲能跟上帝簽定合同，或者迫使他做出某些決定嗎？不！我們應該代之以祈求，耐心地等待他來營救我們。如果我們的城邑被敵人拿下，那麼猶太的整個領土就保不住了。現在向敵人投降，我們不可能贏得他們的青睞。我的朋友，上帝正在考驗我們，我們應爲全國同胞作出榜樣。」

聽了猶滴這番話，烏西雅回答說：

「你說得完全正確，而且無可辯駁。這並非是你第一次顯示智慧，早在孩提時代，我們就很佩服你處理事務的公正與成

熟。但是眼下我們的人民快要渴死了，他們強迫我們許下諾言，這個諾言是不能打破的。鑒於你是一位虔誠的婦女，那就請你為自己的民族祈禱吧，請求上主快快降下雨露，使我們恢復元氣吧。」

「好吧，」猶滴爽快地回答說，「我就去做一件流傳千古的事。今天夜裏，你們三個人必須在城門口站崗，以便放我和女奴順利出城。至於我去做什麼，你們可不能過問。事過之後，我會向你們解釋清楚。」

城邑官們對她說，「祝你成功，願上主引導你向敵人報仇雪恨。」隨後他們離開猶滴家，返回各自的崗位。

獻晚香的時候，猶滴身穿喪服，俯伏在地，朗聲禱告：

「主啊，我祖西緬之上帝呀，想想你是如何以刀劍武裝西緬向劫持底拿的外邦人復仇的吧。底拿本是一個處女，被外邦人搶去。他們撕開了她的衣服，把她扒個精光，調戲她，強姦她，使她丟臉。於是你讓西緬去殺死他們的首領，讓底拿的哥哥們暴怒起來，向敵人報仇雪恨。如今亞述人兵臨城下，他們兵強馬壯，企圖憑藉手中的武器褻瀆聖殿，用刀劍砍下聖壇之角。主啊，願你大發雷霆之怒，把他們一舉毀滅！我是一個寡婦，求你給我智慧，給我力量，讓我用花言巧語蒙騙敵人，使他們兵敗如山倒。全能之主啊，唯有你能保護以色列人。」

禱告結束以後，猶滴沐浴更衣，換上節日盛裝，抹香膏，噴香料。耳環戒指手鐲，滿身珠翠。裝備妥當以後，猶滴顧盼自身，覺得實在漂亮，她確信，任何男人看見她都會骨酥肉麻。接著猶滴吩咐女奴，帶上油瓶、酒袋、大麥餅、麵餅和無花果乾，把食品和餐具一並包好。

夜靜更深，猶滴和女奴整整齊齊離家出走，接近城門的時候，她們看見烏西雅等三個城邑官正在站崗。月色星光之下，他們看見凝裝打扮後的猶滴益發美麗動人，齊聲說：

「祝你成功，希望你此行為耶路撒冷爭光，為以色列爭氣！」

猶滴走上前去，對他們說：

「叫人把城門開開吧，我們出去辦事情。」

烏西雅命令青年人開開城門，猶滴在女奴的陪伴下走出伯夙利亞。城上的人一直注視著她，看她走下山坡，進入谷地，漸漸消失在夜色的樹影裏。

一隊亞述巡邏兵正在山腳下巡邏，意外地發現了她們，喝斥道：

「你們是那國人？從那兒來上那兒去？」

「我們是以色列人，」猶滴回答說，「剛從山上逃下來。」

「逃下來幹什麼？」巡邏兵把她們逮住盤問，「是不是刺探軍情？」

「我要見你們元帥何樂弗尼，有要事相告。上帝派我來幫助你們消滅猶太人。我將給你們元帥引路，告訴他如何進山，如何占領山區，保你們不傷一兵一卒。」

這話聽起來多麼悅耳呀，他們目不轉睛地盯著她，關心地說：

「你算保住一條命啊，幸虧你下來見我們元帥。別害怕，我們這就把你送到中軍帳。見到他的時候，就把你剛才對我們說的講給他聽，他準會優待你。」

　　說罷他們分出一百人護送猶滴和她的女奴去中軍帳，面見何樂弗尼元帥。

　　猶滴的到來，立刻轟動整個亞述營盤，消息在各個帳篷間傳播開來。士兵們裏三層外三層地圍過來看她，他們全都被她的美麗征服了，紛紛議論著：

　　「產生這樣美女的民族，實在可畏，不可辱啊！」

　　「我們最好把所有的男人都殺死，如若不然，這些猶太人就要惑亂全世界了。」

　　猶滴在何樂弗尼的帳篷前稍站片刻，便有傳令兵出來把她領進去。何樂弗尼正躺在裏間綴滿珠光寶石的紫金色蚊帳裏休息。聽說猶滴到了，他便在銀燈引導下走到外間，一眼望見猶滴，使他大吃一驚！猶滴欲上前施禮，僕人們趕忙把她扶起來。

　　面對著雍容大度的人間美女猶滴，何樂弗尼不由得感到一陣心驚肉跳，他鎮靜了一下自己，平靜地對她說：

　　「別害怕，別發愁，我從不傷害願意歸順蓋世君王尼布甲尼撒的人。如果你們那些山民不曾冒犯我，我本不會對他們宣戰的。他們完全是咎由自取。不過請你告訴我，你爲什麼要離開他們來投奔我們呢？」

　　猶滴這樣回答說：

　　「元帥閣下，請允許我對你說幾句話。我要把真實情況源源本本告訴你。如果你採納我的意見，上帝就會同你幹一番大事業。我在你面前，向著蓋世君王尼布甲尼撒發誓，他派你整飭天下臣民，你的功勞蓋世！你不僅使人民侍奉他，就連家畜和鳥獸都歸服在他的腳下。因爲有了你，尼布甲尼撒的王國才

得以繁榮昌盛。我們早已聽説，你是何等的精明強幹而又足智
多謀。在全亞述王國裏，你是一位最完美的常勝將軍。亞吉奧
被伯夙利亞人營救出來後，告訴我們，他在戰地會議上説了什
麼話。閣下，請你不要把亞吉奧的話置若罔聞，這話可是真的
呀。誰也征服不了以色列人，除非他們自己觸犯了上帝。現在
耶路撒冷人已經犯罪了，他們公然破壞摩西律法染指祭肉。在
斷水缺糧的情況下，伯夙利亞人也在蘊釀著這樣做。我的天
哪，這會招來滅頂之災呀！我一聽見這個消息，便立刻逃出城
來。上帝派我來幫你幹一番驚天動地的大事業。我將住在你的
軍營裏，每天夜間去山谷祈禱。什麼時候伯夙利亞人吃了供
物，上帝會來告訴我的。我一聽到這個消息，就馬上通知你，
你就可以揮軍出動了。我將作爲你的嚮導，指引你穿越猶太腹
地，長驅直入耶路撒冷，並且在城中加冕你爲王。上帝已經把
這事啟示給我了，並且派我來向你報告。」

　　聽見猶滴講出這番話，何樂弗尼和他的侍從們都很高興，
不住地讚揚猶滴機智勇敢。

　　「她是世界上最聰明最美麗的女人！」他們互相議論著。

　　何樂弗尼笑逐顏開，他對猶滴説：

　　「太好了，上帝派你給我們帶來勝利，消滅那些冒犯尼布
甲尼撒的人。你不僅長得漂亮，而且很會演説。如果大功告
成，那麼你的上帝就是我的上帝。你將生活在王宮裏，並且揚
名於全世界。」

　　何樂弗尼設宴款待猶滴，準備拿自己專用的食品和美酒來
招待她。但是猶滴婉言謝絕了：

　　「我不能吃你們的食品，那樣我就犯誡了。我只能吃隨身

帶來的東西。」

「可是你的食品用完以後怎麼辦呢？」何樂弗尼問道。

「我們這兒又沒有以色列人，上那兒給你弄吃的呢？」

「閣下，」猶滴回答說，「這你就放心好了，我有足夠的食品吃到完成任務。」

當晚她和女奴住在帳篷裏。一直睡到黎明前敲晨鐘的時候。猶滴起床後，派人給何樂弗尼送個信，要求允許她到山谷裏去作禱告。何樂弗尼命令哨兵讓猶滴離開營盤。如此一連三天，猶滴住在營盤裏，每天夜裏她都要到伯夙利亞附近的山谷裏去，在水源處洗澡。洗完澡後，她就開始祈禱。然後她返回營盤，循規蹈矩，一直待在帳篷裏，直到吃晚飯以後。

猶滴來到營盤第四天，何樂弗尼宴請他的高級將領，除了值勤的都來參加。他對內務宦官巴勾斯說：

「去把你照料的那個希伯來女人請來吧，好好說服她來陪我們吃喝。放過向這樣女人求愛的機會，那簡直是怯懦。如果我不變著法兒調戲她，那她會笑話我的呀！」

巴勾斯奉命去請猶滴，他細聲細氣地說：

「可愛的小姐呀，將軍請你到他帳篷裏喝幾杯。趕快出來尋歡作樂吧，就像亞述宮女那樣。將軍看中你，這可是無上光榮啊！」

「好吧，」猶滴回答說，「我很高興接受這樣的邀請。難道我能拒絕嗎？我一輩子也忘不了這個快樂的良宵。」

猶滴穿上最漂亮的衣裳，打扮得花枝招展，渾身散發著誘人的芳香，在女奴和宦官的簇擁下前來赴宴。猶滴走進帳篷，坐在女奴為她鋪好的羊羔皮上。

何樂弗尼一看見猶滴就心情蕩漾，再也遏制不住向她求愛的欲望。

「快來跟我們喝一杯，」他對她說，「今天好好玩一玩，尋歡作樂嘛！」

「我真高興，閣下，」猶滴回答說，「這是我一生中最快樂的日子。」

即使在這種場合，猶滴也没有喝他們的酒，她只是吃喝女奴爲她預備的餅和酒。何樂弗尼簡直給她迷住了，興高采烈地猛喝酒，他要在酒席宴前顯示一下自己的海量，一杯又一杯，喝得暈頭轉向。

天黑了，客人們紛紛告辭。最後只剩下猶滴一個人陪伴著昏昏欲睡的何樂弗尼元帥。她的女奴在帳篷外等候著，準備像往常一樣，夜裏陪她出去做禱告，宦官巴勾斯明白猶滴要陪何樂弗尼過夜，爲了避免僕人們闖進來，便把帳篷的門從外面反扣上了。猶滴對他說：

「巴勾斯呀，我今晚上照例出去做禱告，請你關照一下守營衛士。」

「這個自然，」巴勾斯尖著嗓子説，「時候不早了，服侍將軍睡覺吧。」

何樂弗尼橫躺在床上，爛醉如泥，不住地打著呼嚕。推也推不醒，看來這傢伙實在是睡過去了。

這時猶滴默默祈禱著，從床柱上輕輕摘下何樂弗尼的寶劍，寶劍在燈影裏閃著寒光。她一手提著寶劍，一手抓住何樂弗尼的頭髮，對準他的脖子，猛擊一劍！使勁連拉兩下，割下了敵酋之首。她把屍身推下床，扯下蚊帳，迅速擦淨濺在自己

身上的血跡，然後提著何樂弗尼元帥的人頭走出帳棚，交給女奴，女奴急忙把它裝在食品袋裏。

夜色蒼茫，這兩個女人像往常出去做禱告一樣，暢行無阻地通過戒備森嚴的亞述營盤，橫越山谷，爬上山坡，匆匆走向伯夙利亞的城門。

「開門，開門！」猶滴向守門衛兵喊道，「上帝與我們同在，我們成功了！」

城上人一聽是猶滴的聲音，立刻去招呼城邑官。猶滴回來了！他們為主僕二人開開城門，熱烈歡迎她們勝利歸來。燈籠火把照耀著她們神采煥發的面孔，人們紛紛圍攏過來，驚奇地打量著她們。猶滴莊重地對大家說：

「讚美上帝呀，感謝他對以色列人的恩典！今天夜裏，祂用我取來了敵首！」

說著她從食品袋裏取出人頭，拿給眾人看：

「看哪，這就是亞述領兵元帥何樂弗尼的腦袋，這是他床上的蚊帳。我在眾人面前發誓，何樂弗尼從來沒有摸到我，我並沒有被他玷污或者侮辱。」

城邑官烏西雅說道：

「猶滴，我親愛的，願上帝永遠與你同在！你冒著生命危險，挽救了以色列的危亡，人民感謝你呀，願上帝賜給你永久的榮耀！」

眾人同聲回答：「阿門，阿門！」

猶滴對大家說：

「朋友們，請聽我的意見。早晨把這顆人頭掛在城牆上。太陽出來的時候，我們的勇士們要武裝出城，做出準備襲擊敵

人前哨陣地的樣子。這樣亞述哨兵就會回營盤去叫醒他們的軍官，軍官就會進何樂弗尼的帳篷，可是找不到他了。趁他們驚慌失措的時候，你們就猛衝下去，撲向他們的陣地，追殺他們，把他們徹底打敗。不過在你們動身之前，要把亞吉奧給我送來，我要看看他認識不認識這位口出狂言的領兵元帥。」

於是人們把亞吉奧從烏西雅家裏叫過來。没想到他一看見元帥的人頭，便暈了過去。清醒過來之後，他恭恭敬敬地俯伏在猶滴的腳前。

「你是女中豪傑，」亞吉奧說，「願以色列人歌頌你，願世界列國懼怕你！請告訴我，你是如何收拾他的呢？」

這時衆人也都想聽聽獵取敵酋首級的詳細經過。猶滴便把如何盛裝出城，如何騙取敵人信任，如何趁何樂弗尼醉臥時割下他的首級，源源本本敍述了一遍。聽起來驚心動魄，聽完了，全都歡呼起來，滿城回蕩著喜悅之音。亞吉奧深受感動，從此便成爲上帝的一個堅定的信奉者。他接受了割禮，成爲一個以色列人。

這天早晨，以色列人把何樂弗尼的人頭掛在城上。勇士們手持兵器，雄糾糾氣昂昂地走下山坡。敵人哨兵瞧見了，便逐級向上報告。

「快把將軍叫醒！」有人對巴勾斯說，「以色列人下山來襲擊我們了，他們這不是來送死麼！」

宦官巴勾斯走進帳篷，停在居間門前拍手，考慮到將軍正摟著美女睡覺，不便貿然闖進。可是等了好久不見動靜，他便掀開門簾走進去──啊，一具血肉模糊的屍體。

「咦？有這種怪事！」巴勾斯哭喪著臉，跟跟蹌蹌衝進猶

滴住過的帳篷一看，傻眼了，空的！他回過身來，向軍官們咆哮著，「我們受騙了！一個以色列女人竟然羞辱了尼布甲尼撒的整個王國！看看這兒，何樂弗尼倒在血泊中，腦袋不見啦！」

軍官們一聽這話，立刻哇哇地哭喊起來，整個亞述遠征軍營盤裏頓時響起了一片嚎啕聲。士兵們一個個嚇得渾身哆嗦著，在營盤裏亂竄。

這時以色列勇士們衝下山崗，撲向敵人的陣地。亞述人驚慌失措，亂糟糟的，潰不成軍，滿山遍野地奔逃。

烏西雅派人給各地送信，敦促以色列人四出圍剿逃跑之敵。敵人被殺得七零八落，屍橫遍野。基列和北加利利的人民封鎖了亞述敗兵的退路，一直追殺到大馬色附近。

伯夙利亞城的男女老少一起出動，掠奪戰利品。東西太多，搬不完取不盡，勝利歸來的以色列士兵們也都各自取得了剩餘物資。

伯夙利亞大捷振奮了全國的以色列人，大祭司約雅金和以色列公會專程從耶路撒冷趕來祝賀，並且親自會見了救國女英雄猶滴。他稱讚她說：

「你是我們民族的女英雄，你是耶路撒冷的光榮！全能之主喜歡你，永遠與你在一起！」

搬運戰利品的行動歷時三十天方才結束。猶滴得到了何樂弗尼的帳篷和床榻、銀杯銀碗以及他的全套家具。她將這些東西全部獻給了耶路撒冷聖殿。

從此，救國女英雄猶滴的名字傳遍整個以色列。好些男人向她求婚，她全都謝絕。自從丈夫瑪拿西死後，她一直沒有結

婚。在她臨死之前，她把財產分給親屬，並且讓她的女奴獲得自由。她在一百零五歲那年死於伯夙利亞，人們把她埋葬在她丈夫的身旁，以色列人民爲她致哀七日。猶滴的名字及其英雄業績代代相傳，千古流芳。

# 三　蹈火少年

尼布甲尼撒鑄了一個二十七米高的金像，豎立在巴比倫郊外的平原上。他召集全國各級官員前來參加落成典禮。官員們到齊後，全部肅立在金像前，傳令官高喊道：

「全國各族人民聽了，有國王的命令傳與你們知悉。你們一聽見喇叭、長笛、風笛、豎琴、七弦琴等樂器合奏的聲音，就當立刻頂禮膜拜尼布甲尼撒王所立的金像。凡不遵守此令者，一律投入火窰燒死。」

事過之後，有幾個迦勒底人來控告猶太人。他們對國王說：

「國王陛下，你曾下令，樂聲起時全國各族人民都當禮拜金像。可是有三個猶太少年，名叫哈拿尼雅、米沙利和亞撒利雅，膽敢違抗王命，他們硬是不侍奉你的神明，也不敬拜你所立的金像。」尼布甲尼撒一聽這話，面露慍色，登時吩咐說：「膽子不小哇，快把這三個猶太人帶上來！」三個猶太少年被帶到國王面前，尼布甲尼撒審問道：「聽說你們不侍奉我的神明，也不敬拜我所立的金像，是不是故意的呀？」

「是故意的。」他們異口同聲回答。

「既然是故意的，」國王沉吟了一下說，「那就應該把你們投入火窯燒死。姑念你們年輕不諳事理，且是初犯，饒過你們這一次。下次再犯，定然不赦！你們聽著，當樂聲再起的時候，你們必須向我的金像頂禮膜拜，否則就把你們立刻投入火窯。我倒要看看，什麼神明會把你們救出火坑！」

「國王陛下，」三少年回答說，「我們相信上帝會搭救我們脫離火坑。即使不然，我們寧可赴湯蹈火，也絕不向你的金像低下信仰的頭顱！」

「好哇，」國王被激怒了，變了臉色說，「我叫你們立見分曉！傳我的旨意，叫窯工們把火窯加熱七倍。武士們，把這三個少年捆起來，連衣服帶人，一股腦兒扔到火窯裏去吧！」

窯工們謹遵王命，把火窯燒得如同火山一般，烈焰呼呼直冒。那幾個武士不敢怠慢，肩扛著三個少年，把他們一一扔進火窯。不曾想那火燒得太旺，當武士們投擲完畢，剛想往回跑時，半邊身子已經烤焦了，隨即被噴出的烈火燒成灰燼。

落在火窯裏的三個少年，哈拿尼雅、米沙利和亞撒利雅，足踏烈火，開始轉圈兒行走，口中不住地唱著讚美詩。

國王的窯工們不住地往裏加油、加瀝青、加亞麻、加木柴，那火愈燒愈旺。冒出的火焰高達二十二米，就連站在附近看熱鬧的巴比倫人都被噴出的火焰燒焦了。然而聖天使降臨在火窯裏，跟這三個少年待在一起，他將火焰吹到一邊去。這麼一來，窯中如同吹進了習習的涼風，火焰根本燒不著他們，他們毫無損傷地齊聲歌唱：

「上蒼之主啊，

我們唱歌讚美你，

歌頌你的崇高榮耀。

天堂聖殿裏，

飛禽翅膀上，

凌駕著你的寶座。

你坐在寶座上，

俯視著塵寰，

接受對你的讚美。

諸天世界讚美你呀，

榮耀永無疆！」

聽見這樣的歌聲，尼布甲尼撒王感到異常吃驚，他對身旁的謀士說：

「我下令捆起來扔進火窯裏的是不是三個人哪？」

「是的，國王陛下。」他們回答說。

「仔細看看，」國王說，「我明明見到四個人，在烈火中遊行，這第四個人，像貌非凡，好像神子。」

說著尼布甲尼撒走近窯門，衝裏面喊道：

「至高上帝的僕人，哈拿尼雅、米沙利和亞撒利雅，出來吧，上這兒來吧！」

於是這三個少年就從火窯裏走出。那些官員們、謀士們全都圍過來，注目觀看，他們的身體完好如初，頭髮沒有燒焦，衣服沒有變色，渾身上下見不到一顆火星，就連一點火燎的氣味也沒有。

尼布甲尼撒王被眼前的景象感動了，他和顏悅色地說：

「亞拿尼雅、米沙利和亞撒利雅，你們順從上帝，不順從

王命，捨身殉教的精神實在令人欽佩。我要將親眼所見的神蹟奇事宣揚出來，」

當時尼布甲尼撒不僅赦免了這三個蹈火少年，而且還提升了他們在巴比倫的地位。

# 四　蘇撒拿傳

在巴比倫住著一家富有的猶太人，丈夫名叫約亞金，妻子名叫蘇撒拿。他們有一幢豪華的住宅，住宅周圍有幾座鬱鬱葱葱的花園。猶太人常常來約亞金家裏聚會，那些想打官司的人也都紛紛到這裏來告狀，因爲有兩個士師在這裏坐堂。

每天中午，當人們離去吃飯的時候，蘇撒拿常常到花園來散步。她的美麗賽過羣芳，在百花叢中益發顯得嬌艷動人。這兩個士師簡直給她迷住了心竅，總是故意等在周圍瞧她。他們被自己的情慾弄得神魂顛倒，以致對禱告和履行士師職責全都不感興趣了。他們各自心裏想著蘇撒拿，但誰都不肯把自己的想法告訴另一個人。這樣日復一日，他們總是心急如焚地巴望著瞄上她一眼。

有一天中午，他們互相説道：

「該吃午飯了，我們回家吧。」

説罷兩個人起身告辭，各走各的路，可是很快又分別轉回來，想瞧上蘇撒拿一眼。可也湊巧，他們倆剛好碰到一塊兒了。開始兩人都竭力表白自己回來另有公幹，可是最後呢，他

們又各自承認了迷戀蘇撒拿。

「那女僕有些礙眼，總伴隨著她。」一個這樣說。

「我看也是，若是她自個兒出來就好了。」另一個這樣回答。

於是這兩個傢伙千方百計尋找機會，伺機下手。不久，機會終於來了，

這天中午，蘇撒拿和往常一樣，在兩個女僕的陪伴下，邁著輕盈的步伐走進花園。天氣悶熱得很，驕陽似火，使人喘不過氣來。晶瑩的汗珠在她那粉嫩的臉上閃爍著，她漫步水泉旁，俯身撩水，洗了一把臉，回頭吩咐女僕說：

「我想洗個澡，你們去把浴油和香水給我取來吧。」

「好的，我們這就去。」她們爽快地回答著，轉身便走。

「別忘了，把園門鎖上，免得有人來打擾我。」

豈不知，那兩個傢伙正暗藏在對面樹叢裏注視著她的一舉一動，流著口水大飽眼福呢。那兩個女僕向四下望了一眼，沒有發現什麼人，便把園門鎖上，從角門出去了。

蘇撒拿站起身來，理了一下頭髮，脫下衣服，掛在樹下泉邊青石上，淌著水花，向碧波蕩漾的水中央走去。

這時那兩個看呆了的士師，猛然間從隱身處跳了出來。

「誰呀？」蘇撒拿聽見腳步聲，擡頭一看，見兩個士師嘻皮笑臉地向她來，把她嚇了一跳，趕緊回身上岸穿衣服，一邊對他們說，「你們這是幹什麼？」

「幹什麼，和你玩玩吧！」他們進前來厚著臉皮說，「大門鎖上啦，誰也看不見我們啦。你的美貌鬧得我們慾火中燒，實在受不住啦，因此求你滿足我們的性慾。」

「不行！」蘇撒拿整理好裙帶，站在石頭上說，「你們走吧！」

「如果你不從，」那兩個傢伙望著她，威脅說，「那我們就到法庭上控告你，說你把女僕打發走了，關門落鎖，跟一個美少年在樹下相會。請注意，我們是士師，只要我們當衆發誓，我們說什麼，人們就會相信什麼。到底是從呢，還是不從，由你自己選擇吧！」

「真是没辦法，」蘇撒拿嘆息著說，「如果我依從了你們，那我就犯了通姦罪，可能被處死；如果我拒絕呢，你們又會誣陷我……」她躊躇片刻，斬釘截鐵地回答他們，「我寧可做你們的無辜犧牲品，也不犯罪背叛主。」

說著她拚命喊叫起來。士師們見事不成，便大聲恫喝著，跑去開了園門。

屋子裏的僕人們聽見這般嘈雜，便立刻從角門衝進了花園要看看蘇撒拿究竟出了什麼事。這時士師們站在高台上，向來人講述了他們編造的故事。僕人們感到非常吃驚，一個個羞得無地自容。過去從未聽說，蘇撒拿幹過這種事呀！

那兩個士師企圖輪姦蘇撒拿，未能得逞，便大肆散布流言蜚語，決心執行他們的罪惡計畫，務將蘇撒拿置於死地。

第二天，當人們又在約亞金家裏聚會的時候，那兩個士師便在衆人面前發話道：

「傳約亞金的妻子蘇撒拿！」

蘇撒拿聽見傳喚，便跟著她的父母、兒女和親戚們一起進來了。在莊嚴肅穆的廳堂裏，蘇撒拿鎮定自若，光彩奪目的身影令那兩個壞蛋心驚肉跳，他們情不自禁地喝道：

「蘇撒拿，到前邊來，揭開面紗！」

他們貪婪地盯著她，那目光像錐子一樣刺傷著蘇撒拿及其家屬們的心，他們默默地流著眼淚。

然後這兩個士師站起來，把手放在蘇撒拿的頭上，開始控告她。他們提供了如下證詞：

「當這個女人由兩個女僕陪伴著走進花園的時候，我們正在裏面散步。她鎖上大門，吩咐僕人離開。隨後，一個預先藏在花園裏的美少年向她走來，兩個人摟摟抱抱，躺在草地上。當時我們正在花園的角落裏，親眼目睹這對男女發生肉體關係，便過去捉姦。我們竭力想捉住那個男的，不料那傢伙驃悍得很，我們不是他的對手。他跑去打開園門，逃走了。不過我們有能力捉住這個女的。我們當時問過她，那個男的是誰？可是她守口如瓶，拒不告訴我們。我們以士師的名義當衆起誓，我們的證詞真實無僞。」

鑒於這兩個不僅是公會的頭目，而且是士師，人們便相信了他們編造的故事，宣判了蘇撒拿的死刑。

蘇撒拿一直哭泣著，仰望著蒼天，默默地祈禱著。當她聽見宣判她死刑的時候，便高聲哭喊著說：

「永生之主啊，什麼秘密也瞞不過你。你通曉過去、現在和將來所發生的一切。現在我就要死了，唯有你知道，我是無辜的，這些人在撒謊。爲什麼必定叫我死呀？」

上主聽見了她的禱告，便啓發一個名叫但以理的青年出來講話。蘇撒拿正要被拉出去處死，他站起來，大喝一聲：

「且慢，我絕不同意把她處死！」

大夥都回過頭看他，並且問道：

「你要講什麼呀？」

但以理站在眾人面前，從容說道：

「以色列人哪，你們愚蠢到什麼程度？憑這種證據，你們就要把一個以色列婦女處死嗎？難道你們不想把事實真相弄個水落石出嗎？我提議，把這個案子重新審理，這些人所提供的證詞是虛假的。」

於是人們又都匆匆趕回方才審判的地方。官吏們對但以理說：

「上帝給你的智慧超過了你的年齡，那就過來跟我們坐在一起吧，請把你的意思向我們解釋明白。」

「先把這兩個士師隔離起來，」但以理對他們說，「讓我一個一個地審問他們。」

士師被隔開以後，但以理叫過第一個士師，對他說：

「你這個老壞蛋，現在叫你自食惡果！你剛剛做了一個不公正的判決。你陷害無辜，逃避罪責，竟然不顧主所講過的話──切莫將無辜者處死。好吧，假如你真地看見了這對男女通姦，那麼我問你，你看見他們在什麼樹下作的案？」

「在一棵乳香樹下。」他回答道。

「妙極了！」但以理說，「這個謊言就要你的命了。上帝的天使已經接到命令，要將你劈成兩半。」（在希伯來語中，「乳香樹」剛好與「劈」字同音。）

第一個士師被押走以後，第二個士師又被押到了但以理的面前。

「與其說你是個猶太人，倒不如說你像個迦南人。」但以理目光炯炯地望著他說，「這個女人的美貌歪曲了你的審判，

而情慾則敗壞了你的思想。你一貫採取這種手段對付以色列的婦女，因爲他們懼怕你。可惜這是個猶太婦女，她不會讓步。好吧，請你告訴我，你看見他們在什麼樹下通姦？」

「在一棵大橡樹下。」他回答道。

「妙極了！」但以理說，「這個謊言就要了你的命了。上帝的天使正在手握寶劍等著你，準備把你切成兩半。那就讓我們把你們兩個收拾掉吧。」（在希伯來語中，「大橡樹」剛好與「切」字同音。）

這時大家高呼著讚美上帝，上帝救助那些信主之人。他們轉而反對那兩個士師，因爲但以理已經證實兩個人在法庭上宣誓時撒了謊。根據摩西律法，誰做了假證詞，誰就應該「反坐」被告可能受到的同樣懲罰。因此，這兩個誣人通姦的士師被判處了死刑，而一個無辜婦女的生命則立刻得救。

蘇撒拿的父母、丈夫、兒女以及親戚們，一起歡呼著讚美上帝，因爲她已經被證實無罪。從那天以後，但以理更加受到人們的尊敬。


# 五　彼勒大龍


波斯王古列非常器重但以理，把他當做自己的好朋友，然而他們有著不同的宗教信仰。

巴比倫人擁有一尊著名的偶像，名叫彼勒。人們每天都要給彼勒上供，供品包括十二袋精麵粉，四十隻綿羊和六桶葡萄

酒。古列王相信彼勒是一位神明，天天向祂頂禮膜拜。然而但以理卻要禮拜自己的上帝。

有一天，國王對但以理說：

「你爲什麼不拜彼勒呀？」

「我不拜人手所做的偶像。」但以理回答，「我只拜永生的上帝。上帝創造了天、地、海和人類，是宇宙的主宰。」

「難道你不相信我們的彼勒確實活著嗎？」國王問道，「難道你沒有看到他每天多麼能吃能喝嗎？」

「國王陛下，」但以理笑著說，「切莫上當受騙。你們稱爲彼勒的這個神不過是貼著青銅的黏土，它從來沒有吃過任何東西。」

聽了這話，國王勃然大怒，他立刻派人召來了彼勒的七十個祭司。

七十個彼勒祭司一起來到國王面前，聽他厲聲問道：

「你們天天給彼勒上供，彼勒吃得完嗎？」

「國王陛下，」祭司們誠惶誠恐地回答說，「彼勒食量大，那些供品不多不少，剛好夠他吃飽。」

「此話當真？」

「的的確確，」祭司們異口同聲回答說，「臣僕們侍奉彼勒多年，深知他的胃口有多大。」

「不，」但以理插話說，「彼勒根本不會吃東西。」

「彼勒是活神，」祭司們爭辯說，「他能吃東西！」

「可是我要警告你們，」國王對祭司們說，「你們將被處死，除非你們向我表明，吃掉這些祭物的確實是彼勒。如果你們向我證實了是彼勒吃的呢，那我就把但以理處死，因爲他斷

言彼勒不是神。」

「好極了，」祭司們回答說，「這很公道。」

「完全同意。」但以理說。

緊接著，他們陪同國王走進了巍峨壯觀的彼勒廟。祭司們指著一旁預備好的供品對古列王說：

「國王陛下，一會兒我們出去，由你把食品擺在供桌上，把酒斟好。等你出去的時候，請你隨手把門鎖好，貼上蓋有王璽的封條。明天早晨你回來看，如果發現彼勒沒有把這一切吃光，你就可以把我們處死。但是如果他吃光呢，但以理就得死，因爲他誣告了我們。」

原來祭司們是有準備的，他們在廟裏供桌下面早已開下秘密通道，以便他們每天夜裏進來偷吃供品。

祭司們走後，國王爲彼勒擺上了食品。這時但以理吩咐僕人取些草木灰撒在廟堂地上。這些事情只有國王看在眼裏，局外人一概不知。布置完畢後，大家全都走出去，把廟門鎖上，貼上了蓋有王璽的封條。

當天夜裏，和往常一樣，祭司們帶著妻子兒女從秘密通道魚貫走進廟堂，狼吞虎嚥，把供品吃光了，酒也喝乾了。

第二天早晨，古列王和但以理來到廟門前。

「但以理，」古列王問道，「你看這封條，撕破了沒有哇？」

「國王陛下，」但以理回答說，「這封條完整無缺，原封未動。」

「那好，打開封條，讓我們進去看看吧。」古列王命人撕下封條，打開廟門。

廟門開開了，古列王一眼看見那空蕩蕩的桌子，便高呼道：

「啊，彼勒，你真偉大！你果真是活神！」

「且慢，」但以理笑著對國王說，「在你踏進廟門之前，請先看看地面。請你告訴我，你看見這兒是誰的腳印？」

「啊，這麼多腳印，」國王仔細辨認著，說，「我看這是男人女人和孩子們的腳印。」

有這等事！古列王異常震怒，他立刻下令把祭司們連同家眷逮捕起來，押解到他的面前。

「你們說吧，」國王威嚴地審問他們，「彼勒廟裏的腳印是誰踩出來的？」

「是我們以及我們的老婆、孩子踩出來的。」在確鑿的證據面前，他們不得不低頭認罪。

「那些供品呢？」國王追問。

「全是我們吃了，」祭司們供認，「被勒從來沒有吃過任何東西。」

「廟門鎖得好好的，封條也未動，你們是怎麼進去的呢？」

祭司們情知瞞不過去，便索性供出了秘密通道，「我們每天就是經過這些通道進廟偷吃供品的。」

於是國王把這些祭司們統統處死了。至於彼勒，國王把祂交給但以理發落。但以理摧毀了這尊偶像，鏟除了彼勒廟。

巴比倫有一條大龍，受到人們的崇拜。有一天，但以理陪同古列王路過大龍廟前。古列王向著大龍恭恭敬敬行過禮，回頭對但以理說：

「你既然不能説這不是活神，那你就拜祂吧！」

「我拜上主，」但以理回答説，「他是永生的活神。可這大龍不是神，如果國王陛下允許的話，我能不費吹灰之力，把這條大龍殺死，用不著刀槍和棍棒。」

「一言爲定，」國王回答説，「你得到我的允許啦！」

於是但以理弄來一些肥肉、瀝青和毛髮，統統一鍋粥地煮了。他把這些混合物炮製成糕餅，餵給大龍吃。那大龍張開血盆大口，狀如一個巨大的漏斗，來者不拒，把這些糕餅一一吞進肚裏。這些東西到了肚裏，不能消化，益發膨脹起來，把肚皮脹得鼓鼓的。撐破了肚皮，大龍死了。

「這就是你們巴比倫人崇拜的玩藝兒！」但以理指著僵死的大龍説。

所有這一切全都傳進巴比倫人的耳朵裏，他們掀起了一場聲勢浩大的示威遊行，反對國王袒護但以理。

「國王變成猶太人啦，」他們呼喊著，「上回他毀掉了彼勒，殺戮了彼勒祭司；這回他又殺死了我們的大龍！」

他們成羣結隊，氣勢洶洶，來見古列王，請求把但以理交給他們。

「如果你拒絕的話，」他們警告國王説，「我們就要把你和你的全家斬盡殺絕！」

這時國王看出來，這些人説得出來就幹得出來。他被逼無奈，只得忍氣吞聲地把但以理交給他們。

他們不容分説，就把但以理扔進了獅坑。坑裏有六隻獅子，往常這些獅子每天要餵食兩個人和兩隻羊。自從但以理落

入獅坑以後，他們連續六天不給獅子吃東西，以便確保但以理被飢餓的獅子吃掉。

當時先知哈巴谷正在猶太地。他熬好了菜，菜裏撒好了麵包屑，盛在盆裏，準備送給田裏的農民吃。突然一位天使走來對他説：

「哈巴谷，把這些食品送給但以理吧，他正在巴比倫的獅坑裏。」

「先生，」哈巴谷回答説，「我從來沒有到過巴比倫，也不知獅坑在什麼地方。」

於是這位天使便抓住哈巴谷的頭髮，在疾風中把他帶到巴比倫。天使把他放下來，剛好落在獅坑邊上。

「但以理！」哈巴谷朝獅坑裏喊著，「但以理，上帝給你送食物來了。在這兒，來吃吧。」

但以理聽見哈巴谷叫他，便禱告道：

「上帝呀，你牢記著我呢，你從不拋棄那些愛你的人。」

説罷他站起身，吃了飯。

完成任務以後，天使又把哈巴谷送回家裏。

在但以理被扔下獅坑七天以後，古列王不忘舊交，到獅坑邊上來悼念他。國王走近前沿，往坑裏一看，發現但以理正在那兒坐著呢。那些獅子緊閉著嘴，飢腸轆轆地蹲在他的身旁。古列王見此情況，大爲驚訝，他高呼道：

「啊，上蒼之主啊，但以理的上帝，你多麼偉大呀！」

於是他派人取來長繩，把但以理拽出獅坑。

古列王調兵遣將，局勢穩定以後，他便下令將那些預謀殺害但以理的人們逮捕起來，一一扔進了獅坑。國王親眼看著，

這些人一落獅坑，就被獅子撕成了碎片，頃刻之間，就被連骨帶肉吞掉了。

# 六　金甲騎士

　　耶路撒冷大祭司奧尼亞和首席守殿官西門就市場管理規則問題發生過一場爭論。西門去見大敍利亞總督阿波羅尼，告密説：

　　「聖殿裏存著這麼多錢，也花不了哇，既然買祭品不需要這筆錢。那就最好把它上交給國王吧。」

　　當阿波羅尼面見國王西流古的時候，他便講了關於這筆錢的事。於是西流古王命令總理大臣海里奧道拉來替自己取錢。海里奧道拉奉旨來到耶路撒冷，向大祭司詢問他以前聽到的傳聞是否屬實。

　　大祭司奧尼亞回答説：

　　「那個惡人西門講的不是真話。聖殿庫裏確實存著一筆錢，可是其中一部分是寡婦孤兒的備用金，另一部分是屬於多比雅之子許爾堪的。這筆錢的總額不過一百二十萬塊銀幣和六十萬塊金幣。聖殿舉世聞名，這些人出於對聖殿的神聖與安全的信任才把錢放在這裏，任何人想要提取這筆錢，都是絕對不能允許的。」

　　然而海里奧道拉堅持説：

　　「這筆錢應該拿到王宮府庫去，因爲國王下過這樣的命

令。」

於是這位總理大臣轉身走進聖殿，去檢查這筆錢的數目。

這件事在全城引起軒然大波，人們從屋子裏跑出來，聚衆禱告：

「聖殿不可褻瀆啊！」

街道上的婦女們穿上了喪服，不敢抛頭露面的少女們從窗戶裏向外張望。看見大祭司渾身顫抖著，臉色蒼白，遇上這樣的煩惱與挫折，他是多麼痛楚啊！看見人們慌亂不堪地匍匐在地，這是多麼淒慘可憐的景象啊！

正當人人都在祈求全能之主保護這筆錢的時候，海里奧道拉卻在執行著他的既定計劃。他在衛兵的簇擁下走進寶庫，剛要伸手，就被一種奇異的景象驚呆了。那些大著膽子跟隨海里奧道拉闖進寶庫的衛兵們，一個個嚇得毛骨悚然，渾身癱軟。

他們看見了什麼呢？他們看見了金甲騎士。這位騎士金盔金甲，手執寶劍，寒光閃閃，殺氣騰騰。座下馬銀鞍紫韀，裝飾豪華，足踏風聲……驟然間，只見這匹馬向著海里奧道拉俯衝過來，尥蹶子，嘶鳴著，揚起後蹄子踢他。緊接著，又出現兩位衣著華麗的美少年，一邊一個，左右開弓，不住地擊打他。他登時暈倒在地，不省人事。隨行人員把他放在擔架上，擡了出去。剛才此人帶著包括全體衛兵在內的大批隨從人員闖進寶庫，是何等地威風凜凜，可是現在呢，他失魂落魄地被人擡出來了。

海里奧道拉閉著眼躺在那裏，看來他已經沒有希望甦醒過來了。他的朋友們束手無策，只得請求大祭司奧尼亞替他禱告，希望至高者饒恕這位瀕臨死亡者。大祭司本不想得罪國

王，不想讓國王怪猶太人對他們不恭，於是便獻上一份祭禮，開始禱告。這時那兩位華衣美少年又出現在海里奧道拉的面前，對他說：

「你得感謝大祭司，看在他的面上，上帝才饒恕你。你要記住，這是上帝懲罰你。現在去吧。把上主的大能告訴給所有的人。」

這樣海里奧道拉就活過來了。他說了好些感謝話，然後便領兵回見國王去了。

當國王西流古問海里奧道拉，誰是奉派出使耶路撒冷的最佳人選時，他這樣回答說：

「陛下，如果你有一個敵人，或者知道誰在陰謀反對你的政府，那你就派這個人去吧。他準被打得鼻青臉腫，倘若他完好地回來，那就算是奇蹟啦。全能之主看守著聖殿，他要消滅任何破壞者。」

以上就是聖殿如何受保護，免遭海里奧道拉破壞的故事。後來金甲騎士再次出現，使耶路撒冷全城居民大飽眼福。

那是在安提阿哥四世第二次遠征埃及的時候，耶路撒冷全城居民都看見了奇異的景象。

陽光燦爛，彩雲飄飄，金盔金甲的騎士們，揮刀舞劍，躍馬長空。他們在廣闊的天空裏擺開戰場，雙方對陣，有退有進，奮勇衝殺。

黎民百姓舉目仰望著，看得見各種各樣的金盔金甲，金籠頭在馬身上閃閃發光。聽得見，盾牌玎璫響，長矛如雨下，箭簇呼嘯著，穿過萬里長空。

居民們心裏明白，此乃戰爭之幻影，因此並不指望從天上

掉下一支雕翎箭來。此情此景一直持續了四十天之久，男女老少焚香禮拜，都在祈禱，祝願這些幻影預示著一個好的兆頭。

# 七　經師就義

自從安提阿哥·伊皮法紐當上敍利亞國王以後，屢次派兵進犯耶路撒冷，無惡不作，大肆搶劫聖殿裏的金銀財寶。國王派人在聖殿山北面築起一座壁壘森嚴的城堡，收買猶太叛徒，鎮壓以色列人民，致使耶路撒冷籠罩在一片恐怖之中，哀聲動地。新郎唱喪歌，新娘泣空房。

安提阿哥王大力推行希臘化運動，下令在全國各地普遍建立異教壇、廟宇和祠堂。他把聖殿奉獻給宙斯神（希臘最高神），把基利心山禮拜堂改名爲宙斯廟，公然在裏面舉行酒會，帶著妓女在那兒胡搞，祭壇上蓋滿了烏七八糟的祭物。强迫猶太人放棄傳統的宗教信仰和風俗習慣，取消安息日，禁止行割禮。有兩個婦女被逮捕了，因爲她們爲自己的嬰兒行了割禮。她們被遊行示衆，胸前吊著自己的嬰兒，隨後她們被人從城牆上推了下去。國王派駐耶路撒冷的總督腓力，聽説好些猶太人躲在附近的岩洞裏秘密守安息日，便派兵圍攻，把他們盡數燒死。

在希臘酒神節期間，規定人民必須頭戴常春藤花冠，列隊遊行。每逢國王生日的那個月，都要慶祝一番，用暴力强迫猶太人吃祭牲的腸子。凡不接受希臘生活方式的猶太人，按照國

王的命令，一律處死。

有一位年高德劭的經師，名叫以利亞撒，被人撬開嘴，強迫他吃祭牲豬肉。然而他寧可光榮地死去也不肯屈辱地活著。他把別人硬塞進他嘴裏的豬肉吐出來，欣然走向刑場。掌管祭物的人本是以利亞撒多年的老朋友，出於這樣友誼，他們私下裏悄悄地告訴他：

「我們不會難爲你，這是上邊的規定，不得不如此呀。你將依法該吃的豬肉帶回去，只要裝出個吃肉的樣子就行了，這樣你就不會被處死啦。」

然而以利亞撒不聽勸告，他回答說：

「現在就地殺了我吧！此種欺騙手段與我這麼大年紀不配呀。假如我裝模作樣吃這種肉，也不過是多活那麼一點兒時間，卻給自己帶來了屈辱和羞愧，還會導致許多青年人誤入歧途。許多青年人會認爲我在九十歲以後放棄了信仰。儘管眼下我可以躲過你們對我的迫害，然而不管我活著或是死了，我都不可能躲過全能的上帝。如果我現在英勇就義，那就表明，我沒白活這麼大年紀。這將爲青年人樹立一個良好的榜樣，心甘情願爲我們莊嚴而神聖的律法而獻身。」

說完這些話，他就走過去受刑。幾分鐘之前還同情他的人，現在轉而反對他了，因爲他們覺得他說話像個瘋子。他們打他，快要把他打死了，只聽他呻吟著說：

「上主知道我本來可以逃過這些可怕的酷刑和死亡，然而他也知道我樂意遭此厄難，因爲我敬畏上主。」

以利亞撒就這樣死去了。然而他的英勇就義將作爲一個光輝榜樣留在人們的記憶裏，不僅留給青年人，而且也留給整個

民族。

# 八　母子殉教

有一位猶太母親和他的七個兒子被逮捕了，押到國王安提阿哥面前。國王下令打他們的嘴巴，強迫他們吃豬肉。

「你們快把這些豬肉吃了，」國王命令道，「吃完就放你們回家。」

「不吃！」猶太母親的大兒子回答說，「你這樣幹，想得到什麼呢？我們寧可死也不拋棄祖先的傳統。」

聽了這話，國王勃然大怒，一疊聲下命令：「把大鍋燒紅！」大鍋燒紅了，他叫人割下說話人的舌頭，剝下頭皮，砍斷手腳，同時叫他的母親和六個兄弟看著。這位青年被肢解了，剩下一堆活肉。國王命人把他舉起來，投入燒紅的大鍋裏，鍋裏吱啦冒出一股青煙。

兄弟們和母親互相激勵著，準備英勇就義，他們說：

「上主正在看著，知道我們受難。」

這樣弄死第一個兄弟之後，士兵們又開始拿第二個取樂。他們揪下他的頭髮，剝下他的頭皮。然後問他。

「現在你是願意吃豬肉，還是願意讓我們一塊一塊切下你的手腳呢？」

他用本國語回答說：

「我就是不吃！」

　　於是士兵們折磨他，就像他們對付第一個那樣。然而他用最後一口氣衝著國王呼喊道：

　　「你這個屠夫！你可以殺我們，可是宇宙之主要把我們從死亡中超脫，讓我們獲得永生，因爲我們遵守他的律法。」

　　士兵們又開始拿第三個兄弟尋開心。當人命令他伸出舌頭的時候，他馬上就伸出來了。接著他勇敢地舉起雙手，大無畏地說道：

　　「上帝給我雙手。然而對我來說，他的律法比雙手更可貴，我知道，上帝會將這些重新恩賜給我。」

　　看見他的勇氣，看見他情願受刑，國王及在場的人全都驚得目瞪口呆。

　　他死了以後，士兵們又用同樣殘酷的手段捉弄第四個人，不料他的最後言詞卻是：

　　「我高高興興死在你們手裏，因爲我們確信，上帝會提升我們脫離死亡。但是你卻不得復活，安提阿哥！」

　　當士兵們抓過第五個孩子，開始給他動刑的時候，他睜大眼睛，直視國王說：

　　「你有權對我們爲所欲爲，儘管你也是必死的人。可是別想上帝已經拋棄了我們的人民。你等著吧，上帝定會運用他的大能，折磨你和你的子孫後代。」

　　接著士兵們抓過第六個孩子，他在臨死前說道：

　　「別弄錯了！我們的遭遇是罪有應得，因爲我們得罪了自己的上帝。這就是我們遇難的原因之所在。可是你們休想逃避即將來臨的懲罰，因爲你們是在跟上帝作戰。」

　　在他們之中，最令人驚奇地就是這位母親，她在我們的記

憶中應該享有特殊的位置。盡管她眼看著自己親生的六個兒子死於一天之內，她還是以十足的勇氣忍受了，因爲她相信上主。她將女人的感情同男人的勇氣結合在一起，她對每一個兒子都用本國語説出了慷慨激昂的話語。

「我不知道你的生命是如何在我腹中開始的，」她説道，「我不是給你生命與呼吸並將你的身體各部分結合在一起的人。做這事的是上帝，上帝創造了宇宙萬物和人類。他是仁慈的，他會重新給你生命和呼吸，因爲你愛祂的律法勝過愛你自己。」

安提阿哥認爲這位母親是在跟他開玩笑，於是便千方百計叫她最小的兒子省悟過來，從而拋棄他們祖先的傳統。他不僅允許這孩子發財和成名，而且還答應叫他掌權，賜給他大公爵位。可是這孩子根本不理睬他。於是安提阿哥便企圖勸孩子的母親跟他講話，叫他救自己的命。經過好一陣開導之後，她才同意了這樣做。她俯下身子，緊貼著兒子的頭頂，用本國語言愚弄了這位暴君。

「我的兒呀，可憐可憐我吧。你要記住，我懷胎你九個月，撫養你三年。我一直關心你，照看你的一切，直到如今。我的孩子呀，我勸你看看天和地。想想我們看到的一切，你就會認識到，上帝從一無造出萬有，他創造人類也是如此。不要懼怕安提阿哥，心甘情願地捨棄自己的生命，從而證實你配得上自己的哥哥們。這樣，依靠上帝的憐憫，在復活之時，我還會把你們接回來。」

還沒等母親把話説完，這孩子就説道：

「安提阿哥王，你等著什麽呀？我拒不服從你的命令！我

只服從摩西留給我們祖先的律法上的誡命。你竟想出各種各樣的殘酷刑罰來對付我們的人民，但是你終究逃不出上帝爲你預備的懲罰。因爲我們犯了罪，爲了改正和訓練我們，我們的永生之主對我們發怒並使我們受難，這是事實。但是這很快就會過去，因爲我們仍然是祂的僕人，他會饒恕我們的。而你却是在所有的生物中最殘忍最令人作嘔的傢伙。所以說，當你虐待上帝之民時，就別用偉大的夢幻來騙自己了。你無法逃避全能之主的懲罰。我兄弟們的苦難是短暫的，因爲我們忠於上帝的聖約，所以他們現在已經進入了永生。但是你却要墜落在上帝的審判裏，受到罪有應得的懲罰。我現在和我的兄弟們一樣，爲著我們祖先的律法，捨棄我的身體和生命。不過我還是要祈求上帝快些憐憫他的人民，並且折磨你們，直到你們被迫承認，唯有他才是上帝。」

這些嘲諷的言詞使安提阿哥益發暴怒，他更加殘忍地折磨這個孩子，比對他的哥哥們還厲害。這個孩子就這樣死去了，滿懷著對上主的信念，絲毫沒有喪失信心。

最後，這位母親也被處死了。


# 九　猶太暴動


敍利亞王朝的種種暴行激起了猶太人的無比憤怒，在忍無可忍的情況下，瑪他提亞和他的兒子們嘯聚山林，公開反抗壓迫者，終於掀起了一場波瀾壯闊的猶太大起義。

　　瑪他提亞本是耶路撒冷的祭司，他有五個兒子，名字分別叫約翰（又名迦地）、西門（又名太西）、猶大（又名馬加比）、以利亞撒（又名阿弗倫）和約拿單（又名亞腓斯）。在安提阿哥王血洗耶路撒冷的時候，他們被迫遷居山村小鎮莫得因。

　　不久，國王的官吏們來到莫得因，強迫當地人民向異教壇獻祭。這些官吏們對瑪他提亞說：

　　「你是此地受人尊敬的首領，為什麼不帶頭出來執行國王的命令呢？所有的異教徒，猶太老百姓，還有留在耶路撒冷的人們，都已經這麼做了。如果你也這麼做，那麼你和你的兒子們就將獲得大公爵位，同時還會得到許多金銀財寶的賞賜，有享不盡的榮華富貴。」

　　瑪他提亞高聲回答說：

　　「至於異教徒是否服從國王的命令，我全然不管。可我的兒子、我的親戚以及我本人，則要繼續恪守聖約。我們不會服從國王的命令，至少我們不會改變傳統的禮拜方式。」

　　他的話音剛落，就有一個莫得因人走出來，當眾向異教壇獻祭，以示效忠國王。瑪他提亞見此情形氣得渾身發抖，他衝上去，當場就把這個叛徒殺死在祭壇旁。一怒之下，他還殺死了強迫人獻祭的朝廷命官。

　　隨後瑪他提亞走上街頭，高聲呼喊著：

　　「忠於聖約服從律法的人們，跟我來呀！」

　　他和他的兒子們拋棄了全部家產，領著一夥人逃進了荒山。他們在那裏過著野獸似的生活，採集山林植物和花果充飢。

　　然而敵人到處搜捕猶太人，使他們逃沒處逃，躲沒處躲。

有些猶太人聚集在岩洞裏守安息日，被敵人堵在裏面全部燒死，殉難者達千人之多。

瑪他提亞聽到後，萬分悲痛地說：

「如果我們猶太同胞都像殉難者那樣，任憑敵人宰割，一點也不反抗，那我們很快就會被從地面上掃除乾淨。」

因此他做出決定，如果任何人再在安息日襲擊他們，他們就要奮起自衛，決不像殉難者那樣全數死在洞穴裏。

後來有一批虔誠的猶太愛國者參加到瑪他提亞及其朋友們的隊伍裏來，這些身強力壯的以色列人，全都自願當兵保衛聖約。接著還有一些逃避迫害的人們陸續參加進來，壯大了他們的力量。他們組成一支軍隊，襲擊猶太叛徒，發洩自己的憤怒。這就使得那些順從王命的倖存者們不能安生了，他們紛紛逃到異教徒那裏避難。瑪他提亞及其朋友們到處拆毀異教壇，追逐異教徒官吏，發現未經割禮的男孩，便強行割禮。他們卓有成效地打破了昏君安提阿哥的強權統治。

瑪他提亞臨終之前對他的兒子們說：

「現在是暴力與災難的時刻，狂妄之徒當道，把我們當做嘲笑的對象。可是我的兒呀，你們要遵守律法保衛聖約。你們要牢記我們祖先的光輝業績，並以他們爲榜樣，去贏得崇高的榮譽和不朽的英名。你們要牢記亞伯拉罕在接受考驗時是如何地堅定信主，主是如何地喜歡他。約瑟在艱難困苦的時刻裏，服從上帝的命令，成了埃及全地的統治者。非尼哈由於火一樣的忠心而得到這樣的許諾，他的子孫後代永遠當祭司。約書亞被立爲以色列的士師，因爲他服從摩西的命令。迦勒給公社帶回了佳音，從而得到一份土地的賞賜。大衛由於堅定地忠於上

帝，被立爲國王，並且得到其子孫後代永遠作王的許諾。以利亞，由於他非常熱衷於律法，被接到天上去了。哈拿尼雅、米沙利和亞撒利雅，由於他們充滿信心，而被從火焰中救了出來。但以理是一位完美誠實的人，上主把他從獅口中解脫出來。以我們祖先爲榜樣，你們就會認識到，信主之人永遠强而有力。不要懼怕壞人，他們必將滅亡。他們的業績亦將隨著軀體的腐爛而煙消雲散。今天他們可能轟轟烈烈，而明天他們就會銷聲歛迹。我的兒呀，你們要堅強勇敢地保衛律法，因爲只有通過律法你們才能贏得崇高的榮耀。

「你們的兄弟西門足智多謀，你們要永遠聽他的話，就像聽我的話一樣。猶大・馬加比英勇善戰，他將成爲你們的統帥，率領你們衝鋒陷陣。你們要向敵人報仇雪恨，討還血債，永遠保衛聖約。」

接著瑪他提亞爲兒子們祝福，然後便停止了呼吸，結束了他戰鬥的一生。


# 十　首戰告捷


猶大・馬加比接續他父親瑪他提亞作首領。他帶領猶太軍隊轉戰各地，襲擊城市和村莊，攻克戰略要地，尤其善於夜戰。人們到處傳頌著他的英雄事蹟。

耶路撒冷總督腓力發現馬加比一小塊一小塊地蠶食土地，其勝利愈來愈頻繁，覺得實在難以應付，便給大利亞總督寫了

一封信，要求他保衛王室的利益。因爲當時國王出征波斯，不
在首都安提阿，大利亞總督便自作主張，立刻派大公爵尼迦挪
元帥統領兩萬名各國雇傭兵，浩浩蕩蕩向猶太地開來。他們在
以馬忤斯平原上安營紮寨，有一股以土買和非利士的武裝加入
了他們的行列。

尼迦挪元帥考慮到國王欠羅馬人六十八噸銀子，便籌算著
把猶太戰俘賣爲奴隸，以便用這筆錢來償還債務。於是他馬上
派人給紅海岸邊的一些城市捎話：

「你們去通知那些商人，我要拍賣猶太人，四百克銀子一
個人。」

「真便宜呀！」商人們覺得有利可圖，估計這支實力雄厚
的多國部隊肯定會抓到不少猶太俘虜，便冒著風險趕到尼迦挪
的營地。他們隨身帶著鐐銬和大量金銀，準備做成這筆交易後
把新到手的猶太奴隸用鐐銬牢牢鎖住帶走。

猶太首領馬加比獲悉了尼迦挪的罪惡計劃，並把這一消息
通知了自己的部下。聽說大軍壓境，有些膽小害怕的人逃了。
馬加比把那些剛結婚的，蓋新房子的，以及種上葡萄園的人，
打發回家。他把留下來的六千人進行改組，分成四個師，每個
師大約一千五百人，他本人以及兄弟西門、約翰和約拿單，每
人負責一個師。師以下再分成十人、五十人、百人乃至千人的
團隊，各個團隊都有相應的軍官。然後馬加比和他的兄弟們把
這支軍隊開到以馬忤斯的南部山地駐紮下來。

馬加比在這裏對他們説：

「各自作好準備，迎接戰鬥，要勇敢呀！明天拂曉與那些
異教徒開戰。對我們來説，戰死疆場要比目睹國破家亡强得

多。」

他的話鼓舞了手下人的士氣，他們情願爲自己的宗教和國家而犧牲。

這天夜裏，偕同尼迦挪作戰的高吉亞將軍帶領五千步兵和一千騎兵前來偷營劫寨。幾個從耶路撒冷城堡裏來的嚮導爲他們引路，摸索前進，步步進逼，猶太營地出現在眼前了。他們正準備發聲喊，往裏面衝，這時高吉亞將軍方才發現：

「這裏面沒有人，我們撲空了！」

「他們不會跑得很遠，」嚮導告訴他說，「八成是逃進附近山裏藏起來了。」

於是高吉亞命令手下人分頭搜索，務將猶太人捉拿歸案。

原來馬加比早已獲悉了他們的偷襲計劃，預先指揮部隊轉移出去，迂迴攻打駐紮在以馬忤斯的王軍。

天剛拂曉，馬加比率領三千人出現在平原上。他們看見能征慣戰的異教徒軍隊，盔甲鮮明，由騎兵護衛著，甚是威武雄壯。相比之下，猶太人並沒有稱心如意地武裝起來，個別人未免有些恐懼。這時馬加比對部下說：

「不要怕，不要考慮敵軍規模有多大，他們是拼湊起來的烏合之衆，不堪一擊！」

異教徒們發現他們擺開陣勢，準備打仗，便嚷嚷著從營地裏出來迎戰。這時猶太軍猛然間吹響號角，發起攻擊。異教徒們頓時亂了陣腳，向平原逃竄。以色列人緊追不捨，大殺大砍，一直追殺到基色、以土買平原、亞實突和亞美尼亞諸城。

馬加比領兵追剿歸來，對部下說：

「先別圖戰利品，高吉亞和他的軍隊還在山地裏，前頭還

有惡仗好打呢。我們必須堅持戰鬥，等打完仗再收拾戰利品。」

這時高吉亞的巡邏兵從山頭上向下瞭望，望見了馬加比的追剿部隊，也望見了自己營地方向冒出的青煙，並由此推斷出營地著火了。

「老營著火啦！」巡邏兵們呼喊著。

這時馬加比軍隊正在平原上，準備衝上來廝殺。高吉亞手下的異教徒軍隊不敢迎戰，他們慌慌張張地向著非利士方向逃跑。

此次交兵，猶太軍前後共擊斃敵軍九千餘名，打傷多人，迫使敵軍全線潰逃。領兵元帥尼迦挪，甩掉身上漂亮的軍服，像個逃亡奴隸似的，赤條條地狂跑著，一直跑回安提阿。

那些帶著鐐銬和金銀來購買奴隸的商人們吃了大虧。他們被搶劫一空，險些喪了性命。

猶大・馬加比大獲全勝，繳獲了大批的戰利品──金子、銀子、武器、裝備、藍色布、紫色布……他們勝利而歸，慶賀安息日。讚美主，感謝主，因為主在這一天給他們帶來了勝利，帶來了平安。


# 十一　縱橫馳騁


戰勝尼迦挪之後，猶大・馬加比回歸耶路撒冷，一度攻克了異教徒盤據的城堡。他們清潔了聖殿，重修聖壇，點起聖

火。全體人民匍匐在地，讚美主賜給他們的勝利。

　　周圍各國聽説猶太人按原樣修復了聖殿，都感到異常憤怒，他們一致決定消滅生活在他們中間的猶太人。以土買人開始封鎖以色列人，因此馬加比到阿克拉伯坦去與他們開戰，粉碎了他們的封鎖。還有伯安人，他們總是設下埋伏，等待著捕捉以色列旅行者。馬加比領兵將伯安人圍困在城堡裏，放起火來，把他們盡數燒死在裏面。緊接著，他們向亞押地區進軍，與提摩太統率的大軍遭遇，雙方展開激烈的攻防戰，經過多次較量，最後把這股敵人徹底打敗。馬加比征服了亞扎及其周圍谷地，滿懷著勝利的喜悅返回耶路撒冷。

　　在基列，異教徒們集中全力圍剿居住在這片土地上的猶太人。猶太人逃進大司馬的城堡裏避難。他們派人給馬加比和他的兄弟們送來一封信。信裏説：

　　「異教徒正在追捕我們。我們逃進這座城堡裏藏身。現在他們正往提摩太手下集結兵力，準備攻下城堡消滅我們！我們當中的許多人已經被殺害了。快來救救我們吧！多比境内的猶太人已經全部遇難了，他們的妻子兒女已經成爲俘虜，他們的財產已經被搶光。大約一千名猶太人已經在那裏被消滅了。……」

　　這封信還沒有讀完，又有另一批信使帶著加利利的報告來到了。他們撕裂衣服，悲痛地説：

　　「從多利買、推羅、西頓和加利利調來的一支聯合部隊就要消滅我們啦！」

　　聽完了這些報告，馬加比立刻召集軍官們開會，商討對策，最後一致決定派兵援助。馬加比對兄弟西門説：

「你挑選一批人，去營救我們在加利利的猶太同胞。我們的兄弟約拿單和我將去基列。其餘的人留下來保衛猶太地。」

他指定兩名首領亞撒利雅和約瑟負責留守，吩咐他們說：

「我把你們留在這裏負責指揮，干係重大，切勿輕舉妄動。在我們回來之前，千萬不要出去與異教徒打仗。」

說罷，選拔三千人給西門向加利利進軍，八千人隨馬加比向基列進軍。

西門領著三千人馬開進加利利，多次與異教徒戰鬥，所向披靡，一路打到多利買城，斃敵三千餘人，繳獲了大量戰利品。然後他領著住在加利利和阿巴塔的猶太人及其妻子兒女歡歡樂樂滿載而歸。

與此同時，猶大・馬加比和他的兄弟約拿單已經率隊渡過了約旦河，經過三天跋涉，穿過了沙漠。路上他們遇見幾位友好的拿巴提人，這些拿巴提人告訴他們：

「有許多猶太人被禁固在波茲拉、波碩、阿利馬、恰司弗、梅克得和卡奈姆的堅固城裏；同時還有另外一些人被圍困在基列的一座城堡裏。敵人已經整裝待發，明天就要向猶太城堡發起總攻，發誓要將全部猶太人統統消滅在一天之內。」

於是馬加比領兵閃電般地突襲沙漠路旁的波茲拉，迅速占領全城，血洗異教徒。他們將這座城劫掠一空，放火燒掉。緊接著他們馬不停蹄，急行軍一整夜，抵達大司馬城堡。

黎明時分，馬加比及其部下看見一大批軍隊正在攻打這座城堡，正忙著架設雲梯和圍台，亂推著撞城車，猛往城牆上撞。噪雜聲、喊叫聲、喇叭聲混成一片。

「戰鬥已經開始了，」馬加比對部下說，「為我們猶太同

胞，戰鬥在今天！」

　　他下令，兵分三路縱隊前進，從背後包抄敵人。他們一邊前進，一邊吹喇叭，大聲禱告。正在攻城的提摩太軍看見猶大·馬加比來了，顧不得攻城，扭頭便跑。馬加比揮兵追殺，提摩太留下了八百具屍體。

　　隨後，馬加比轉側攻打阿利馬城，免不得又燒殺搶掠一番。緊接著，他們連續攻克了恰司弗、梅克得、波碩以及基列的其他城鎮。

　　且說提摩太兵敗以後，重整旗鼓，糾集新軍，在河對岸衝著拉弗恩安營紮寨，擺出決戰的架勢。

　　猶大·馬加比派人去刺探敵人營地。這些人回來報告說：

　　「當地所有的異教徒都集合在提摩太麾下，又組成了一支龐大的隊伍，其中還有相當數量的阿拉伯雇傭兵。他們在河對岸安營，準備攻擊我們。」

　　於是馬加比決定，在此處與他們決以死戰。

　　正當馬加比領兵逼近水邊的時候，提摩太對自己的軍官說：

　　「如果他們繼續前進渡河的話，我們就無法打敗他們的進攻，他們就會把我們打敗。但是如果他們害怕了，停在河對岸，我們就可以過河出擊，打敗他們。」

　　說話間，猶大·馬加比率先登上河堤，向軍官們傳下命令說：

　　「不准任何人畏縮不前，要督促所有人衝入戰場！」

　　馬加比身先士卒，涉水過河，他的部下緊隨他過河殺敵。在這種磅礴的氣勢面前，異教徒們嚇垮了，慌作一團，紛紛丟

下武器，拚命逃往卡奈姆的異教廟。

　　馬加比率領部下一路追殺，一鼓作氣攻下卡奈姆，放火燒毀了異教廟。由於卡奈姆的陷落，異教徒們再也抵擋不住猶大・馬加比的凌厲攻勢了。

　　馬加比將基列的猶太人召集到一起，帶領他們及其妻子兒女浩浩蕩蕩勝利歸來。途徑以弗倫，這座大城固若金湯，無論從城外那一面都繞不過去，只有穿城一條道。可是城門被石頭封閉了，城裏人不讓他們通過。這時，馬加比派一名友好使者去跟他們説：

　　「放我們過去吧，我們只是路過，不會傷害你們。」

　　「不行，」城裏人説，「我們絕不放你們過去！」

　　於是馬加比吩咐非戰鬥人員就地休息；戰鬥人員立刻攻城。他們奮勇爭先，猛攻猛打，經過整整一天一夜的激戰，終於拿下該城。城破之後，猶大將城裏人全部處死，劫掠一空，夷爲平地。然後他率領全軍，踏著屍體，穿城而過。他們橫渡約旦河，勝利而歸。

　　當馬加比和約拿單在基列，他們的兄弟西門在加利利攻打多利買的時候，留守司令官約瑟和亞撒利雅聽説他們節節勝利，便再也坐不住了。他們互相鼓勵説：

　　「這周圍就有異教徒，我們也去打吧，好給自己爭點名氣呀！」

　　於是他們領兵攻打亞美尼亞。高吉亞將軍領兵出城迎戰，打敗了約瑟和亞撒利雅，並且一直追殺到猶太邊界。那天至少有兩千以色列人喪生。之所以遭到如此慘敗，大概是因爲他們忘記了馬加比臨行時的吩咐，光想當英雄了。這兩個人不屬於

馬加比家族。

光榮歸於馬加比家族，猶大‧馬加比及其兄弟們領兵向南方的以東人開戰。他們一舉攻克希伯崙及其周圍諸誠，搗毀其防衛工事和碉堡。然後，他們進入非利士人的土地，穿過了撒瑪利亞。那天有一批祭司戰死了，因爲他們想當英雄，愚蠢地出去作戰。馬加比轉側指向非利士的亞寶突，大獲全勝，光榮返回猶太地。

# 十二　昏君駕崩

敍利亞國王安提阿哥‧伊皮法紐領兵橫渡幼發拉底河，穿越美索不達米亞平原，抵達波斯境內。波斯有一座城，名叫埃利麥斯。城裏有一座廟宇，極其富麗堂皇。廟裏有一座寶庫，寶庫裏收藏著四樣稀世珍寶——金盾、金盔、金甲和寶刀，乃是希臘帝國第一代統治者馬其頓國王腓力之子亞歷山大遺留之物，價值連城。安提阿哥王很想奪來據爲己有。於是他便揮軍攻城。出乎意料的是，此城防守甚嚴，絕難攻取。原來這是一座富豪之城，廣有金銀，兵精糧足。城裏人早已獲悉他的罪惡企圖，調集大批兵力與國王對抗。他們拿起武器，迎頭痛擊安提阿哥四世，打得他丟盔棄甲狼狽不堪。在巨大的挫折中，他只好撤兵返回巴比倫。

當他途經伊克巴他拿的時候，方才聽説尼迦挪和提摩太軍隊慘敗的消息。怎麼處處碰壁？他感到非常惱火，決定向猶太

人發泄他的憤怒。於是他命令戰車馭手不要停車，直撲耶路撒冷。他咆哮著：

「我要把耶路撒冷變成猶太人的墳場！」

這句話剛一出口，萬物之主便給了他無形的但卻是致命的一擊。他患了嚴重的絞腸痧。當時這是一種無可救藥的絕症。但這並不能使他放棄自己的驕傲，與此相反，他變得更加狂妄了。他嘴裏喘著粗氣，咬牙切齒地威脅著猶太人。

「快，」他命令馭手，「把戰車開得快些，再快些！」

馭手甩響鞭，策馬飛奔，砰的一聲，把國王顛出了戰車，把他渾身上下的每一塊骨頭都顛得生疼。不可一世的狂傲使他認為，他具有超人的力量，足以令高山低頭，令大海息波。不料他一個跟頭摔倒在地，再也爬不起來，不得不被人抬上了擔架。從此病入膏肓，他的眼睛上爬滿了蟲子，臭味難聞，幾乎把全軍都薰倒了。誰也不能靠近身邊抬他走了。

在極度的沮喪與疼痛之中，安提阿哥終於明白過來，他嘆息道：

「對呀，所有的人都得服從上帝。起初我曾反躬自問，為什麼這些煩惱的巨瀾不斷地衝擊著我呢！自從我登基以來，我一向是以寬厚仁慈待我臣民的呀，難道我不是一代明君嗎？可是後來我想起來了，我曾一度想把耶路撒冷夷為平地，把那座聖城化為猶太人的墳場。然而現在我宣布，它是一座自由的城市。原先我計劃把猶太人斬盡殺絕，把他們的屍體丟給野獸和鳥兒吃，因為我覺得他們根本不值得埋葬。然而現在我決定，給他們以同樣的照顧，就像雅典市民所享受的那樣。我曾一度將聖殿搶劫一空，掠走了裏面的聖器。然而現在我要使它充滿

珍貴的禮物和比先前更加美好的器具，我要從自己的財源中支付祭品的費用。除此以外，我本人要成為一個猶太人，走遍天涯海角，讚美上帝的大能。」

安提阿哥王在絕望中，無法解脫自己的痛苦，便給猶太人寫了下面這封信：

「安提阿哥致猶太人，我最優秀的臣民。為你們的身體健康和繁榮昌盛致以熱情的問候和良好的祝願！我以十分欣慰的心情回憶起你們曾經給予我的尊重和善意。

「在我從波斯回國的路上，我得了暴病。因此我想，最好開始執行一些旨在為舉國臣民謀幸福的計劃。我並沒有放棄痊癒的希望，實際上，我對自己的康復充滿信心。

「不過我回想起，每當我父王出征在外的時候，他總是指定一位繼承人。其目的在於以備萬一發生什麼不測事件時，他的臣民能有所依託。因此我曾經指定了我的兒子安提阿哥五世繼承我的王位。現在我要特別提醒你們，記住我對你們無論從個人還是從國家角度所做過的好事，你們要繼續以良好的意願來待我和我的兒子。我相信，他會以公正和仁慈來對待你們，就像我過去一貫所做的那樣。」

然後安提阿哥·伊皮法紐將自己最忠實的謀士腓力召到跟前，任命他掌管全帝國。敘利亞國王將自己的王冠、朝服和戒璽交給他，授給他全權教育王子安提阿哥五世並將其撫養成人繼承王位。

就這樣，這個十惡不赦的殺人魔王，昏君安提阿哥，在絕望的深淵裏死在異國的土地上。他的屍體由腓力護送回國。

國王駕崩的消息一經傳出，當朝監國的大利亞總督呂西亞

立刻輔佐年輕的安提阿哥五世繼承了他父親的王位。

# 十三　勇士刺象

　　曾經被猶太人打敗的提摩太，又東山再起了。他從亞細亞召聚一大批騎兵和步兵，向猶太地開來。猶大·馬加比領兵離開耶路撒冷，前去迎敵。

　　拂曉時候，兩軍在半路上相遇，打起仗來。在激烈的戰鬥中，提摩太發現——在馬加比周圍有五個美男子騎著金轡駿馬，頂盔貫甲，手搭弓箭，射出霹靂閃電，雨點般地橫掃提摩太雇傭軍。雇傭軍招架不住，節節敗退，其落伍者被猶太軍剁為肉泥，有六百名騎兵和兩萬餘名步兵死於刀下。

　　提摩太全軍覆沒，他本人逃進了基色城堡。此城堡由他兄弟查理鎮守，設防相當堅固。馬加比領兵把城堡團團圍住，連攻四天，沒有打下來。敵人憑藉著險要地勢，高聲喊叫，百般辱罵猶太人。

　　第五天拂曉，二十名怒不可遏的猶太人爬上城垣，一鼓作氣，見人就劈。與此同時，其他人從另一面城垣爬上了城堡，放火燒塔樓。火焰迅速蔓延開來，許多人葬身火海。第三股力量擊破城門，讓餘下的猶太人衝進去大殺大砍。提摩太藏在一個水池裏，哆哆嗦嗦，剛一露頭，便被削去了半個天靈蓋，身子一歪，倒在污水裏，立時斃命。他兄弟查理也被猶太人殺死在基色。

　　國王安提阿哥五世聽説猶太人南征北討，不斷襲擊列國，感到非常惱火。他和國務總理兼敍利亞首席總督呂西亞商討對策，最後決定御駕親征，務必將耶路撒冷變成一座希臘城。

　　安提阿哥五世在呂西亞陪同下，盡起傾國之兵，浩浩蕩蕩向猶太地進發。國王的武裝力量包括：十二萬步兵，兩萬騎兵，還有三十二隻大象。這些大象經過專門訓練能夠打仗。國王騎著大象，領兵穿過以土買，包圍了伯夙城。王軍在這裏架起了圍城台，推著撞城車，不住地發起攻擊。不料守城者進行著頑強的抵抗，並且衝出城來，燒毀了圍城台。

　　這時猶大・馬加比從耶路撒冷城堡裏撤出軍隊，開到伯士撒迦利雅，組成一道防線，封鎖了王軍的前進之路。

　　第二天拂曉，國王揮軍急馳伯士撒迦利雅。在這裏擺開陣勢，吹起進軍的號角。只見王軍漫山遍野而來，中間是三十二隻大象，每隻大象周圍簇擁著一千名頭戴青銅盔身披鎖子甲的武士和五百名特種騎兵，其餘的騎兵布置在隊伍的兩翼，一左一右策應著步兵前進。象背上固定著護甲木台，木台上騎著一名馭手和三名武士。太陽照在青銅金盾上，閃閃放光，映襯在羣山之間，燦燦爛爛，如同燃燒著的火把一般。他們井然有序，邁著堅定的步伐向前推進。武器的玎璫聲和行軍的腳步聲交織在一起，令人聽了膽戰心驚。

　　王軍逼近了，馬加比領兵衝入戰場，大殺大砍，眨眼之間殺敵六百餘名。這時馬加比的親兄弟以利亞撒・阿弗倫擡頭看見，象羣中有一隻象特別高大，象身上披蓋著王室甲冑——啊，國王，國王騎在象背上！

　　以利亞撒・阿弗倫向著這隻大象猛衝過去，揮刀殺開一條

血路，直奔大象跟前，騰身跳躍躲閃著，繞過象鼻子，從側面
鑽進大象的肚子底下，舉刀對準軟腹部猛刺進去！大象一聲長
鳴，身子搖晃了一下，咕咚倒在血泊裏。以利亞撒・阿弗倫用
力過猛，躲閃不及，被大象壓死了。以利亞撒・阿弗倫，馬加
比的親兄弟，這位大能的勇士，爲自己的人民獻出了寶貴的生
命，贏得了永久的英名。

　　然而王軍是如此強大，其戰鬥意志又是如此堅決，猶太人
估計到自己打不過，便主動撤出了戰場。

　　安提阿哥五世揮軍前進，直抵耶路撒冷，將聖城團團圍
住。在這期間伯夙失守了。因爲這是安息年，不種莊稼，城裏
糧食吃光了，只好和國王講和，讓猶太人撤出伯夙。國王一面
派兵駐守在那裏，一面加緊圍攻耶路撒冷。王軍架起了圍城
台，驅動撞城車，不斷向裏面投擲石子、火焰和矛槍。守城的
猶太人也向外面投擲武器，堅決與王軍對抗。因此這次戰役持
續了一段相當長的時間。可是聖殿庫裏的糧食已經所剩無幾，
因爲從異教徒那裏逃來的難民把貯存的食物吃光了。由於缺
糧，許多人疏散回家，只留下少數人守城。

　　在這期間，護送國王靈柩的腓力領兵從波斯和瑪代回國
了。他受國王臨終囑託，教育王子並將其扶上王位。這次他領
兵歸來，就是要獨攬朝廷大權。

　　呂西亞聽到這一消息，十分恐慌，很想早點撤兵離開耶路
撒冷。他對年輕的國王說：

　　「我們在這裏久攻不下，糧食都快吃光了，而對方卻又相
當強大。此外，長期出兵在外，恐怕朝中有變，聽說腓力已經
回到首都，我們可不能不防啊！依我看，倒不如跟他們談判停

戰，同猶太人簽訂和約吧。我們允許他們保持自己的宗教信仰和風俗習慣，因爲這是引起麻煩的根源。」

這一進諫被國王毫無保留地接受了。於是呂西亞選派幾位使節去見猶太人，竭力說服他們接受一項公正的解決辦法，並且答應盡最大努力促使國王友好地對待他們。猶大・馬加比考慮到如何對人民更爲有利，便同意了呂西亞所提出的和平條款。在國王和他的官吏們莊嚴地宣誓遵守這些和平條款以後，猶太人便走出了他們的防禦工事。可是當國王登上錫安山走進聖殿區看見防禦工事如此堅固的時候，他便取消了自己的諾言，下令拆毀了聖殿周圍的城牆。

然後國王安提阿哥五世領兵離開耶路撒冷，匆匆忙忙回到安提阿。到這裏他才發現，原來是腓力在控制著這座城邑。國王下令攻城，用武力奪取了首都安提阿。腓力懾於新王和呂西亞的威力，不敢在國內停留，逃到埃及投奔多利梅王去了。

# 十四　約帕沈船

位於耶路撒冷西北方的大海邊上，有一座港口城邑，名叫約帕。約帕人想消滅住在本城裏的猶太人。他們假裝對猶太人友好，邀請猶太人及其家屬跟他們一道航海，乘他們所提供的船隻。由於全城人都準備這麼做，所以猶太人便毫不猶豫地接受了這一盛情邀請。

約帕人爲他們準備了幾隻大船，每隻船上都派有約帕水手

掌舵搖櫓。事先在船底下鑿出洞眼，用木塞塞住，又蓋上一層木板，使人看不出來。

全城二百名猶太人分坐在幾隻大船上。大船駛離約帕港，乘風破浪，開到海中央。這時約帕人發出暗號，各船同時揭開木板，拔開船底木塞，海水汩汩往上直冒，灌進船艙。約帕水手們跳上別的船隻，哈哈大笑：

「船沈嘍，猶太人淹死嘍！」

猶太人知道上當受騙了，可是已經晚了，船沈了，他們全都葬身海底了。

猶大・馬加比聽到猶太同胞遇難的消息，非常悲痛，他撕裂衣裳，發誓要向約帕人報仇雪恨。

在夜幕的掩蓋下，馬加比率領著猶太軍去襲擊那些謀殺者。他們來到約帕海港，放火燒船，逢人便殺，在港口和船上的約帕人措手不及，全都被殺死了。

馬加比怒氣未消，本想攻進約帕城，可是城門緊閉，一時又難以攻下，只好退兵了。

豐收節過後，馬加比領兵討伐以土買總督高吉亞。高吉亞率領三千步兵和四百騎兵出來迎戰。雙方開兵見仗，有幾名猶太人不幸陣亡。這時猶太營裏衝出一位勇敢的騎士，名叫多西修，一把抓住了高吉亞的斗篷，猛一用力，把他拖了過來，打算活捉這個賤貨。不料，一位特萊西騎士突然衝到多西修的身旁，舉刀砍斷了他的一隻胳膊，奮力救出了高吉亞。

戰鬥結束以後，馬加比帶領猶太人唱著歌來到亞杜蘭。這是安息日的前一天，他們按照猶太人的風俗習慣，潔淨自己，隨後在那裏守安息日。

　　第二天是個忙碌的日子，他們把陣亡者的屍體埋葬在墳墓裏。不料他們在每具屍體的衣襟裏都發現了小神像，這是異教徒所崇拜的，律法禁止猶太人佩戴這種東西。人們這才恍然大悟，這些人爲什麼會被殺死呢，原來是因爲佩帶了這種玩藝兒。因此，他們讚美公正之主以這種方式揭示了隱藏的秘密。他們祈求主，將這一罪惡徹底抹掉。馬加比告誡人民：

　　「要遠離罪惡。現在我們都親眼目睹了在這些罪犯身上所發生的一切。」

　　隨後他從全體部下募集到一筆捐款，總額爲兩千克銀子，派人送到耶路撒冷準備贖罪祭，以便超脫死者的罪惡。猶大‧馬加比相信死人復活。如果他不相信死人復活，而又爲死者祈禱，那將是愚蠢的。他堅定而誠實地相信，信主之人會得到美妙的報賞。

# 十五　梟首示衆

　　公元前161年，西流古的兒子底米丟領兵乘船在地中海岸邊的特里波利斯登陸，並且在這裏宣布稱王。在他向王宮進發的途中，武士們搶先逮捕了安提阿哥五世和呂西亞，想要把他們交給底米丟。底米丟聽到這消息時說道：

　　「我不想見他們！」

　　於是武士們便將安提阿哥五世和呂西亞殺死了。

　　底米丟奪得了王位。

　　追求希臘生活方式的阿爾西莫想當大祭司，他領著一羣猶太叛徒去謁見國王底米丟。在謁見中，他獻給國王一頂金冠和一枝棕櫚枝，還有一些按照傳統應該獻給聖殿的橄欖枝。可是關於自己的計劃，他卻隻字未提。後來，底米丟召他去參加謀士會，詢問他猶太人想幹什麼，他便抓住這個機會來實施他的愚蠢計劃。

　　阿爾西莫搖頭晃腦地說道：

　　「猶大·馬加比一夥自稱是虔誠的愛國者。他們好戰，不斷地煽動老百姓造反，永遠不想讓國家得到安寧。我生來就有資格當大祭司，可是我再也無法履行大祭司的光榮職責了，這完全是他的過錯。所以我來到這兒，首先是出於對國王陛下利益的真誠關心，但也考慮到我的本國同胞，考慮到猶大·馬加比一夥所奉行的愚蠢政策業已給我們全國帶來了何等可怕的災難。當國王考察了這些事實的全部細節之後，請你以慣有的仁慈和慷慨的風度採取行動，把我們國家和人民從壓迫下解放出來。只要馬加比活著，我們國家就不可能享受到和平。」

　　阿爾西莫的話剛一講完，其他謀士們便立刻抓住這個機會，慫恿國王向馬加比發怒，因為他們也恨這個人。於是底米丟王立刻任命象隊元帥尼迦挪為猶太總督，派他去那裏誅殺猶大·馬加比，遣散其追隨者，立阿爾西莫為世界最高聖殿的大祭司。

　　尼迦挪率領大軍向著耶路撒冷開來。馬加比領兵前去迎敵，在阿大沙村附近與尼迦挪開仗。不料戰場上漸漸沈寂下來，敵人轉移了。原來尼迦挪聽說馬加比及其部下為祖國而戰是何等的英勇果敢時，他便決定不在戰場上賭輸贏了。反過

來，他派出幾名代表去跟猶太人談判，簽定了一項條約。

然後確定一天，雙方領導人會面。各自營地裏都擺出了儀仗椅。馬加比在各個戰略要地裏布置了備戰部隊，嚴密警戒，以防對方突然變卦。

兩位領導人見面的時候，互相交換了彬彬有禮的問候，充滿了和平友好的氣氛。

會見後，尼迦挪在耶路撒冷逗留了一段時間。這兩個人朝夕相處，成了莫逆之交，馬加比形影不離地陪伴著尼迦挪。

「馬加比，我的朋友，」尼迦挪微笑著說，「你結婚了沒有哇？」

「没有。」馬加比回答說。

「爲什麼不結婚呢？」

「因爲跟你打仗呀！」馬加比笑著回答說。

「現在停戰了，」尼迦挪勸他說，「你可以娶妻生子啦。」

猶大‧馬加比覺得此話有理，便與一位猶太女子結了婚。新婚蜜月，他們安居下來，過著和平的生活。

大祭司阿爾西莫發現尼迦挪和馬加比處得愈來愈熱火，便設法弄到了一份條約的副本，去面見國王底米丟。他告訴國王說：

「尼迦挪對王室不忠，因爲他指定叛徒猶大‧馬加比作自己的繼承人。」

這些誣告的言詞激怒了國王，底米丟在盛怒之下給尼迦挪寫信，通知他說：國王不滿意這項條約，命令他逮捕猶大‧馬加比，並將其立即押送安提阿。

　　尼迦挪接到詔書以後，感到很傷腦筋，不知如何是好，因為他不願意打破一項與一位誠實的人所立的協議。然而他又不能無視國王的命令，於是他便尋找機會逮捕馬加比。馬加比這方面也注意到尼迦挪對他愈來愈懷有敵意並且態度粗暴，他預感到這是一個不祥之兆。因此他糾集一大批追隨者，跟他一起隱藏起來了。

　　尼迦挪發現馬加比蒙騙了他以後，便在祭司們獻祭的時候闖進了聖殿，命令他們將馬加比交給他。可是祭司們發誓說，他們根本不知道馬加比藏在什麼地方。這時尼迦挪衝著聖殿舉起右臂，嚴厲地威脅說：

　　「如果你們不把猶大‧馬加比當作一名囚犯交給我的話，那麼當我勝利歸來之時就要把這個聖殿夷為平地，並在此處建起一座光榮的酒神廟。」

　　說完，他就憤憤地離開耶路撒冷，將他的司令部設在伯和侖。

　　祭司們立刻向天空舉起手臂，向上帝祈禱：

　　「上主啊，你什麼也不需要，然而將你的聖殿置於此地並在我們中間生活會使你高興。現在，請你向這個人和他的軍隊復仇吧！」

　　尼迦挪為了清楚地表明自己是多麼不喜歡猶太人，便派出五百多名士兵去逮捕拉吉。拉吉乃是一位德高望重的耶路撒冷領導人，在暴動初期曾為自己的人民冒過生命危險。人民非常尊敬他，稱他為「猶太人之父」。在尼迦挪看來，逮捕此人就會給猶太人帶來沈重的打擊。士兵們奉命撲向拉吉的城堡。他們衝開大門，湧進院子，在門前放火。拉吉意識到，逃不出去

了，想拔劍自刎。由於時間太倉卒，他的劍沒有刺中要害，自殺未遂。敵人潮水般湧進屋子，他驟然躍上城牆，朝著下面的人羣跳去，人羣呼啦閃開，他落在中間的空地上。人還活著，燃燒著火一樣的勇氣，他站了起來，傷口處冒著鮮血。他越過人羣，像一位大能的勇士，爬上了一塊陡峭的石崖。他趔趄著，吃力地用雙手扯出自己的腸子，向人羣拋去。他寧可光榮地死去，也不活著落入敵人之手。

尼迦挪還不肯罷休，當他聽說馬加比及其追隨者們正在撒瑪利亞地區時，便決定在安息日那天襲擊他們。可是那些被迫隨軍的猶太人懇求他不要這麼幹，他們說：

「要尊重這個日子，這是萬物之主所榮耀的最聖潔的日子。」

尼迦挪反問道：

「難道天上有一位命令你們守安息日的君王嗎？」

「是的，」猶太人回答說，「統治天堂的永生之主命令我們遵守安息日。」

不料尼迦挪卻回答說：

「我是地上的君王，我命令你們拿起武器，照王命行事！」

然而猶太人不聽他的指揮。

狂妄自大的尼迦挪吹噓說，他要樹起一座紀念碑，來榮耀他對馬加比的勝利。而馬加比此時卻在滿懷信心地鼓舞自己的部下，他給大家講律法書和先知書，引導他們回憶走過的戰鬥歷程，同時指出異教徒是如何不可相信，因爲那些人從來不遵守條約。

　　猶大‧馬加比用豪言壯語激勵自己的部下，還把自己所做的夢講給他們聽：

　　他看見了前大祭司奧尼亞的幻影，那是一位具有崇高道德品質的謙虛而又文雅的偉大人物。奧尼亞伸出手臂，爲猶太全國祈禱。這時出現一位威風凜凜的白髮老人。「這就是先知耶利米，」奧尼亞介紹說，「他愛自己的猶太同胞，曾爲我們和聖城耶路撒冷作過祈禱。」接著，先知耶利米伸出右手，遞給馬加比一把金劍，同時說道：「此聖劍乃是上帝所賜，拿著它去消滅你的仇敵吧！」

　　馬加比希望人人成爲大能的勇士，大膽地襲擊敵人，在面對面的格鬥中勇敢地決定自己的命運。

　　敵軍開過來了，騎兵居兩翼，大象居中央。尼迦挪耀武揚威，揮軍前進，吹著喇叭，唱著戰歌。馬加比昂然奮起，帶領著勇士們衝入陣地。他們用手戰鬥，用心祈禱，個個奮勇爭先，銳不可擋，直殺得敵人七零八落，紛紛倒斃，留下了三萬五千多具屍體。

　　在打掃戰場的時候，方才發現，尼迦挪全副戎裝，躺在戰場上死了。猶太人繳獲了大量的戰利品。隨後他們將尼迦挪的人頭和右臂砍下來，拿到耶路撒冷郊外示眾。

　　勝利了，猶太人感到極大的歡欣。從此，猶太的土地上出現了短暫的和平。

# 十六　馬加比嘆

　　猶大‧馬加比聽說羅馬人以其雄厚的軍事實力而著稱於全世界。他們遠征高盧，進而控制了西班牙的金礦和銀礦，依靠周密的計劃和卓絕的努力，逐漸降伏了這一整個地區。他們把遠方諸王打得一敗塗地，迫使其倖存者年年納稅進貢。馬其頓王腓力聯合諸邦反對羅馬人，結果被羅馬人打得大敗。敍利亞王安提阿哥大帝，前來進攻羅馬，動用了一百二十隻大象，以及騎兵、戰車和強有力的軍隊，結果被羅馬人生擒活捉，強迫他和他的繼承者們繳納重稅，抵押人質，並割讓印度、瑪代、呂底亞及其它一些美好的土地。他們將這些東西賜給了別迦摩國王優米尼二世。希臘人計劃攻擊和消滅羅馬人，羅馬人獲悉此項計劃後，便派一位將軍前去討伐，殺得希臘人血染江河，其倖存者全部成爲羅馬人的奴隸。他們使一切敢於反抗他們的人聞風喪膽。然而他們卻保持了對於盟國和附屬國的友好往來，和睦相處。猶大‧馬加比很想跟羅馬人結盟，於是便派出約翰之子優波拉姆和以利亞撒之子耶孫去跟羅馬人訂立友好同盟條約。他這樣做是爲了擺脫敍利亞人的壓迫，免得自己的民族淪爲奴隸。

　　優波拉姆和耶孫經過長途跋涉到達羅馬，進了元老院。他們向元老們說出如下的言詞：

　　「猶大‧馬加比和他的兄弟們以及猶太人民，派我們來到

貴國，想跟你們簽訂一項友好同盟條約，這樣我們就會以你們的朋友和盟邦的身分而正式地載入史冊。」

羅馬人欣然接受了這項提議，跟猶太人簽訂了一項條約，其內容大致是這樣：

願羅馬國與猶太國在陸上和海上永遠和睦相處，願他們永遠不彼此為敵，願他們永遠不走向戰爭！但是如果戰爭首先臨到羅馬或者她的任何同盟國，那麼猶太國將要根據形勢的需要全力以赴援助她。對於她的交戰對方，猶太人將不給予或供應食品、武器、金錢和船隻，亦如在羅馬所達成的協議。猶太人必須無償地履行他們的義務。

與此相對等，如果戰爭首先臨到猶太國，那麼羅馬人將要根據形勢的需要全力以赴援助她。對於她的交戰對方，這裏將不給予或供應食品、武器、金錢和船隻，亦如在羅馬所達成的協議。羅馬人必須毫無欺瞞地履行他們的義務。

鑒於底米丟王正在虐待猶太人，我們已經給他寫去了這樣的話語：「為什麼你這樣粗暴地對待我們的朋友和盟邦？倘若猶太人再向我們控訴你們，我們就將支持他們的事業，並在陸上和海上與你們作戰。」

然而底米丟王並沒有理睬羅馬人的忠告，在尼迦挪全軍覆沒以後，他又派巴克西得和阿爾西莫率領著敘利亞援軍來到猶太地。他們沿著吉甲路前進，於公元前160年正月，面對著耶路撒冷安營紮寨。從這裏，他們又帶著兩萬步兵和兩千騎兵向庇哩亞進軍。

馬加比率領三千名有經驗的士兵在伊拉沙安營紮寨。可是當他們看見敵軍如此強大時，便被嚇住了，逃的人很多，只剩

下八百名猶太兵。馬加比看到自己的軍隊愈來愈少，知道重整隊伍已經來不及了，他只好對剩下來的人說：

「準備戰鬥吧，也許我們仍然能夠打敗他們。」

他的部下竭力說服他放棄幻想。「我們的力量不足，」他們說，「現在讓我們撤退保命吧。等以後我們帶來援軍，再和敵人鬥。」

「我不能讓人家以後說我從戰場上逃跑了。」馬加比回答說，「如果我們的大限來臨了，那就讓我們為猶太同胞英勇地戰死疆場吧，不能給我們的榮耀留下任何污點。」

敘利亞軍對著猶太人擺開戰場。射手和弦機手在突擊隊前面打頭陣，步兵居中前進，左右兩翼由騎兵護衛著，司令官巴克西得騎著高頭大馬置身於右側督戰。戰鬥號角吹響了，兩軍相遇，喊殺聲震撼著大地，他們從早晨一直廝殺到日落黃昏。

當馬加比看見巴克西得及敘利亞軍主力均在右翼的時候，他便集中一批勇士猛衝猛打敵人的右翼，一舉將其徹底粉碎，追殺到山腳下。可是當敘利亞軍左翼發現右翼潰敗逃跑的時候，他們便從背後包抄猶太軍。戰鬥變得益發激烈，雙方均有大量傷亡。最後，猶大‧馬加比本人也在戰場上壯烈殉國。

約拿單和西門將兄弟的屍體擡回來，埋葬在莫得因的家墓裏。全以色列人懷著極其悲痛的心情哀悼猶大‧馬加比，他們泣不成聲地說：

「這不可能！以色列的大能英雄竟然被殺！」

猶大‧馬加比，這位愛國愛民愛教的大能勇士，走完了光輝的戰鬥歷程，長眠地下了。安息吧，民族英雄馬加比。

# 十七　前仆後繼

猶大・馬加比死後，巴克西得精心挑選一些猶太叛徒充當國家領導人。這些人大肆搜捕馬加比餘黨，把以色列人投入災難的深淵。這時，馬加比的追隨者們聚合到一起，對約拿單說：

「自從你兄弟馬加比死後，我們沒有他那樣的帶頭人了，這怎麼行呢？因此，我們今天選舉你接續他作我們的首領和統帥，領導我們反對巴克西得。」

於是約拿單從那天起就成了猶太人的首領。

巴克西得聽到這一消息，便加緊追捕約拿單。約拿單和他兄弟西門領著一些追隨者逃到提哥亞的曠野，在阿斯發的水泉旁安營紮寨。約拿單派兄弟約翰去跟老朋友拿巴蒂亞聯繫替他們保存大批行裝的事宜，不料中途遭到詹姆波利人的襲擊，約翰被俘，全部行裝都被劫走。約拿單聽到這一噩耗，十分悲痛，決心為他兄弟約翰報仇雪恨。

不久，他們聽說住在拿答巴城裏的詹姆波利人要娶親了，新娘子是迦南地一個大王子的女兒。這真是一個好機會，約拿單和西門領人爬上了路邊的一座山，埋伏起來，準備襲擊娶親的隊伍。他們隱藏在樹叢中岩石背後，耐心地守候著。遠處山崗小路上出現一隊人影，有車，有馬，還有大批的行裝，看來這是送親的隊伍。突然間，響起了樂器和鑼鼓聲，迎親的隊伍

從對面走來了，全副戎裝，個個頭戴青枝綠葉冠，手執梭標和長矛，中間高頭大馬上坐著一位新郎官。等到雙方合攏，額手稱慶的時候，約拿單大吼一聲，如同怒濤一般，領人衝下山崗！婚禮隊措手不及，被殺得七零八落。其餘的人嚇得抱頭鼠竄，逃進深山老林裏去了。這樣，詹姆波利人的婚禮就成了葬禮，他們的行裝全都成了猶太人的戰利品。約拿單和西門爲兄弟約翰報仇雪恨以後，率領隊伍撤退到約旦河沿岸的沼澤地裏。

巴克西得聽到這一消息，便親統大軍，在安息日趕到約旦河岸邊。

約拿單對手下人說：

「現在我們必須爲活命而戰鬥。我們所處的形勢比任何時候都更加險惡，前面有敵兵，後面有河流，沼澤和叢林在我們兩旁，無路可逃了。現在讓我們祈禱，求上主救我們脫離敵手吧。」

戰鬥開始，約拿單和手下人拚命殺敵，直取巴克西得，嚇得巴克西得慌慌張張躲到隊伍後面去了。這時約拿單領人跳進了約旦河，游到對岸逃走了。敍利亞軍也沒有渡河追蹤他們，白白地損失了一千人。

巴克西得領兵返回耶路撒冷，開始在猶太各地修築防禦工事，並且加固了伯夙、基色和耶路撒冷的城堡。在這些城堡裏派駐兵團，積草囤糧。然後他把各地首領們的兒子抓來作人質，關在耶路撒冷城堡裏。

大祭司阿爾西莫做盡了壞事，中風癱瘓了，在極度的痛苦折磨中一命嗚呼。阿爾西莫死後，巴克西得回到國王底米丢那

裏去了。在猶太的土地上出現了兩年的和平。兩年以後，猶太叛徒們沆瀣一氣，互相串通説：

「看哪，約拿單及其同黨們平安無事了。如果把巴克西得請來，他在一夜之間就會把這些人全都捉拿歸案。」

他們去與巴克西得商量此事，巴克西得果真領著大軍出動了。他派人給猶太地的黨羽們送去密信，要求他們把約拿單及其同夥抓住。不料這個陰謀敗露，約拿單先下手逮住了五十名參與陰謀的叛徒首領，把他們處死了。隨後，約拿單、西門及其武裝人員撤到了曠野裏的伯士巴西。他們在這裏修復防禦工事，加固城堡。巴克西得向猶太各地的支持者們發出警報，集合全軍，從四面攻打伯士巴西，架起了圍城台。久攻不下，戰鬥持續了很長時間。約拿單帶著一小股人從裏面溜出來進入鄉村，留下他兄弟西門負責守城。約拿單打敗了奧得麥拉及其部下，又攻擊並消滅了法西瑞特營。這些人失敗後便加入了約拿單的隊伍，跟他一起襲擊巴克西得。與此同時，西門領人從城裏衝出來，燒毀了圍城台。裏外夾擊，逼得巴克西得毫無辦法，只好領著殘兵敗將潰退了。他的一切計劃全部落空，感到非常惱火，把一腔忿怒潑灑在那些慫恿他出兵的叛徒們身上。叛徒們裏外不討好，許多人被他處死了。欲進不能，巴克西得決定回國。約拿單抓住這個機會，派出使節去跟他談判和平，要求遣返猶太戰俘。巴克西得表示同意，交出了戰俘，准許他們安度和平的生活。戰爭在以色列的領土上結束了。約拿單在密抹定局，開始治理他的人民。

# 十八　爭相結盟

公元前152年，安提阿哥四世之子亞歷山大·伊皮法紐領兵在多利買登陸，以迅雷不及掩耳之勢占領全城。城裏人歡迎他來作王。這一消息傳到底米丟王的耳朵裏，使他感到異常震驚，惟恐亞歷山大和約拿單結成友好同盟來共同對付他。於是他一方面集合大批軍隊開赴前線，一方面派人給約拿單送去一封極盡諂媚的友好信。他希望趕在亞歷山大與其結盟反對他之前，贏得約拿單和猶太人站在自己一邊。爲了彌補前愆，消解猶太人的怨恨，底米丟讓約拿單作他的盟友，授權約拿單招募一支新軍，並且答應將因禁在耶路撒冷城堡裏的人質交還給約拿單。約拿單接到這封信後，來到耶路撒冷城堡，公開宣讀國王詔書。城堡裏的官兵們聽說國王已經授權約拿單招募一支新軍，全被嚇住了。他們乖乖交出人質，讓其自由自在地回家了。

約拿單在耶路撒冷設立司令部，並著手修復這座城市。外國人放棄了巴克西得所建立的要塞和城堡，紛紛離開哨所回國了。

亞歷山大獲悉底米丟王搶先跟約拿單和解，便給約拿單寫來一封要求結盟的信，信裏說：

亞歷山大王向好朋友約拿單致意。我聽說你是一位大能的勇士，實在令人欽佩。因此我決定，任命你爲本國大祭司，並

授予大公爵位。從今以後，你就是我的盟友，我相信你會支持我的。

亞歷山大同時還派人給約拿單送來一件朝服和一頂金冠。於是約拿單在當年七月的住棚節期間穿上了大祭司服。他招募了一支新軍，積蓄了大量的武器給養。

底米丟聽到這一消息後，沮喪地說：

「我怎麼能讓亞歷山大走在我的前頭呢？他跟猶太人結盟，加強自己的地位。那我就要再給他們寫去一封友好信，奉上高位和厚禮，爭取他們支持我。」

他在這封信中寫道：

底米丟王向猶太國致意。我們欣悉，你們一直按照我們的條約履行著自己的義務，保持著對我們的忠誠，並沒有投到敵人那一邊去。現在如果你們繼續忠實於我們，我們便會大大地賞賜你們。我們允許猶太人免除常例稅、鹽稅以及其它苛捐雜稅。從今以後，我們不再從猶太地區以及加利利地區徵收錢糧，耶路撒冷及其周圍地區將被視為聖城，一切租稅全免。我還將放棄耶路撒冷城堡的主權，並將其置於大祭司的管轄之下。我還批准從國庫中每年撥款一萬五千塊銀幣，作為歲禮，獻給聖殿。

約拿單和猶太人接到底米丟的詔書以後，覺得他不可信賴，因為他曾經殘暴地對待過他們，給猶太人帶來那麼多可怕的災難。比較起來，他們還是喜歡與亞歷山大結盟。

亞歷山大調集了一支龐大的軍隊，對著底米丟擺開了戰場。兩支王軍開兵見仗。底米丟軍訓練有素，愈戰愈兇猛，亞歷山大軍漸漸招架不住，轉背逃跑。底米丟身先士卒，揮軍追逐

他們，眼看要贏得這場戰爭。亞歷山大王浴血奮戰到黃昏，快要被逼得走投無路了。這時底米丟王一馬當先衝入敵羣，把護駕親兵甩在後面，不料被這羣殘兵敗將團團圍住，中劍身亡。這樣，亞歷山大王就穩坐江山了。

# 十九　聯姻改嫁

改朝換代以後，亞歷山大王想和埃及王多利梅聯姻，派使節送去這樣的信息：

「我已經打敗底米丟，取得了王位，並且卓有成效地控制著這個國家。現在我準備跟你聯姻，請將你的女兒嫁給我爲妻，我會給你們父女應得的禮物。」

埃及王多利梅回答道：

「你回國取得了王位，我深感欣慰。我同意你的倡議，不過首先你得在多利買見我，我將在那裏把女兒許配給你。」

公元前150年，埃及王多利梅攜公主克流巴特拉·西婭離開埃及到達多利買。亞歷山大王會見了他們。多利梅王把公主許配給亞歷山大爲妻。婚禮在多利買舉行，王室聯姻，自然有一番豪華景象，其慶祝活動持續了好多天。

亞歷山大王寫信邀請約拿單前來相見。在一片興高采烈的氣氛中，約拿單來到多利買，會見兩位國王。他向兩位國王獻上金銀禮物，同時還向兩國隨行大臣贈送了許多禮物。他給顯貴們留下了非常良好的印象。國王有意榮耀約拿單，賜給他穿

朝服，讓他坐在自己身邊。國王將他列入一品大公爵位的名冊，任命他爲本省將軍和總督。約拿單榮歸耶路撒冷，心裏喜悅，諸事順利。

三年以後，底米丟一世之子底米丟二世離開革哩底，到達敍利亞。亞歷山大聽見這事，憂心忡忡地回到首都安提阿。底米丟任命阿波羅尼爲大敍利亞總督。

阿波羅尼招募了一支龐大的軍隊，在亞美尼亞附近安營紮寨。他派人給約拿單送信説：

「因爲有了你，我才被人嘲笑。你只能盤據在山地裏繼續作亂，你敢到平原上來跟我較量一番嗎？這裏可没有你賴以藏身的鵝卵石，也没有逃跑之路哇！」

約拿單被激怒了，他從耶路撒冷率領一萬精鋭部隊，開到約帕城外跟他兄弟西門率領的軍隊會合一處。原來約帕城裏駐守著阿波羅尼的分遣隊，約拿單向他們發起攻擊。城裏人害怕了，他們打開城門，讓約拿單占領約帕。潰逃的分遣隊向阿波羅尼報告約帕失守了。阿波羅尼率領三千騎兵和一支龐大的步兵向亞實突以南撤退，他分出一千騎兵埋伏在平原上，以便從背後襲擊約拿單的部隊。約拿單領兵追趕，一直追到亞實突，與敵人交戰。等到約拿單發現自己中了埋伏，他的軍隊已經被包圍了，敵人的箭鏃如同飛蝗一般，直往他們身上落。然而約拿單臨危不懼，他嚴令全軍堅持戰鬥，從早晨一直到晚上，與敵人拚命廝殺，迫使前來攻擊的騎兵漸漸軟弱下來。就在敵人騎兵疲憊不堪的時候，西門領兵出現在戰場上，一路猛衝猛打，摧垮了敵人的步兵。散布在戰場上的騎兵見勢不妙，紛紛向亞實突逃竄，躲在大袞廟裏避難。約拿單領兵隨後趕到亞實

突，放火焚燒大衮廟，把藏在裏面的人馬一股腦兒燒成了灰燼。

約拿單及其部下攜帶著大量的戰利品返回耶路撒冷。亞歷山大王聞訊後，派人給他送來一副金質肩章。原來此物僅僅頒發給那些榮獲親王爵位的人，象徵著很高的榮譽。

且說埃及王多利梅率領著一支强大的軍隊，乘船渡海，來到敘利亞，受到當地居民熱烈歡迎。因爲他是敘利亞國王亞歷山大的岳父，亞歷山大事先通知全國各地，要格外尊敬這位國王。致使多利梅得以暢行無阻地領兵北上，並且在所過之處留下數量可觀的分遣部隊。當這位國王抵達亞實突的時候，人們指給他看了化爲灰燼的大衮廟以及城邑周圍遭到破壞的景象。那些人故意把在戰爭中被約拿單燒死的人體堆放在多利梅行軍的路上。那些人紛紛向多利梅告狀，希望他能追究約拿單的責任。可是多利梅什麼也不説。約拿單特地前往約帕，迎接這位國王。他們彬彬有禮地互致問候，並在那裏過夜。約拿單在返回耶路撒冷之前一直陪送著他，遠至伊流瑟魯河。

埃及王此行的目的是企圖用欺騙的手段奪取亞歷山大的領土。他一路上控制了沿海諸城，往北直達西流基海濱。

多利梅王從那裏給底米丟王送信説：

「我們訂個條約吧。我女兒現在是亞歷山大的妻子，不過我要把她接回來送給你，讓你統治敘利亞王國。我真後悔把她嫁給了亞歷山大，因爲他想殺她。」

於是多利梅便將女兒從亞歷山大那裏接出來，送給了底米丟。他領兵闖進安提阿，僭取了敘利亞的王冠。這樣他就既戴上了埃及王冠，又戴上了敘利亞王冠。

　　當時亞歷山大王正在基利家處理騷亂事件。忽然聽說多利梅王幹出這種事來，他便不顧一切地向多利梅猛撲過來。多利梅領兵與他交戰，贏得了決定性的勝利。當多利梅的權利達到頂峯時，亞歷山大束手無策了，只得逃亡阿拉伯去尋求保護，不料被一個名叫吉布底耳的阿拉伯人斬了頭，送給了多利梅。多利梅本人在兩天以後也死了。他過去留在城堡裏的分遣部隊也隨即土崩瓦解。於是底米丟二世便在公元前145年堂而皇之地登上了國王的寶座。

# 二〇　流芳百世

　　底米丟二世看見在他治理下的土地上出現了太平景象，沒有必要再蓄養那麼多兵了，於是他遣散了全部軍隊，只留下少量的希臘雇傭兵。那些被遣散的士兵們失去了生活來源，對國王很不滿，鬧得怨聲載道。

　　這時約拿單給底米丟寫信，要求他把耶路撒冷和猶太各地城堡裏的駐防部隊一起調走。底米丟回答說：

　　「我可以滿足你的要求，等有機會的時候，我還要給你以最高的榮譽。不過現在，我的軍隊已經嘩變了，求你急速派兵來給我解圍。」

　　於是約拿單向首都安提阿派出了三千名訓練有素的士兵。當他們到達首都的時候，發現這裏已經麕集了十二萬暴徒。他們散布在大街小巷，鬧鬧嚷嚷，準備衝進王宮，刺殺國王。正

當國王生命危在旦夕的時候，猶太人趕到了。他們橫衝直撞，大肆殺伐。暴徒們措手不及，被殺得哇哇亂叫，紛紛倒斃。這本是些烏合之衆，不堪一擊。猶太人走遍全城，殺人放火搶東西。爲救國王一條生命，他們至少殺了十萬人。暴亂平定以後，猶太人帶著大批戰利品返回耶路撒冷。

底米丟鞏固了自己的王位，國家在他的治理下又出現了和平。不料他恩將仇報，不僅沒有賞賜約拿單，反而繼續騷擾猶太地。

早在暴亂還在蘊釀之中的時候，就有一個名叫特利弗的人感到有機可乘，他企圖輔佐一位新王登基坐殿。特利弗原先是亞歷山大舊部，如今他去找負責養育亞歷山大幼子安提阿哥六世的阿拉伯人伊馬爾克，在那裏待了好長時間，不斷地慫恿伊馬爾克把幼童交給他，以便他爲這孩子取得他父親的王位。他還告訴伊馬爾克，士兵們如何痛恨底米丟王，暴亂一觸即發。

果然被他言中，暴亂真的發生了，然而很快又平定了。阿拉伯人伊馬爾克看他出言不謬，便把孩子交給了他。

特利弗帶著幼童安提阿哥六世回到敘利亞，並且加冕他爲國王。那些過去被底米丟王遣散了的士兵們這時又都麇集在年輕國王的周圍，幫助他趕跑了底米丟王，特利弗捕獲了象隊，控制了首都安提阿。

年輕的國王安提阿哥六世寫信給約拿單，承認他是大祭司兼猶太及加利利地區首領，並且授予他大公爵位。國王送給他一套金質餐具，授權他用金杯飲酒，穿朝服，佩戴金質肩章。國王同時還任命約拿單的兄弟西門爲總督，管轄從腓尼基至埃及邊界的地區。

　　約拿單隨後領兵穿越了大敍利亞全地，各個城邦的駐軍都
與他結爲盟友。他來到亞實基倫，受到當地人民的熱烈歡迎。
接著他來到迦薩，不料這裏人把他拒之門外。於是他揮軍圍
城，並在周圍地區放火搶東西。迦薩人害怕了，方才求和。約
拿單把迦薩首領們的兒子逮住，送到耶路撒冷當人質。馬不停
蹄，約拿單領兵風馳電掣般遠征到大馬色。他以雄厚的軍事實
力威震四方，成爲特利弗陰謀政變的巨大障礙。

　　特利弗企圖廢掉親手扶植起來的安提阿哥王，以便由他自
己取而代之。不過他恐怕約拿單用戰爭來阻止他的行動。於是
特利弗領兵來到伯夙，想探探虛實，乘機先幹掉約拿單。正趕
上約拿單帶著四萬訓練有素的軍隊也來到伯夙。特利弗看見約
拿單擁兵自重，便不敢動手了。他隆重地接待了約拿單，把他
介紹給自己的全體謀士，送給他禮物，又吩咐謀士和士兵們服
從約拿單就跟服從他本人一樣。他問約拿單：

　　「我們也沒有打仗，你幹麼帶軍隊呀，亂糟糟的？你幹麼
不送他們回家呢？選一小部分留在你身邊，然後陪我到多利買
去。我要把這座城送給你，連同其要塞、軍隊和全體官員。我
到那裏轉個圈就回來。事實上，這就是我來此地的目的。」

　　約拿單相信了他的話，採納了他的意見，把士兵們遣送回
猶太地。他只留下三千人，又將其中的兩千人留在加利利，陪
他上多利買的只有一千人。不料當約拿單走進多利買以後，城
裏人便將城門鎖住了，將他捉住，把隨他一起來的人全部殺
死。

　　西門聽説親兄弟約拿單被捉，特利弗領兵壓境，便意識到
局勢的嚴重性。於是他來到耶路撒冷，用下面的話來鼓舞士

氣：

「你們知道，爲著保衛聖約，我的父親，我的兄弟們以及我本人，曾經付出過多麼大的代價。你們還知道，我們所進行的戰爭以及我們所遭受的苦難，我的所有兄弟都爲著我們的聖約和國家而戰死疆場了，我是唯一活下來的人。但是我永遠不能讓人說，我在危難時刻企圖保全自己的生命。我並不認爲自己比兄弟們高貴，一點也不！現在敵人已經聯合起來要消滅我們了，這是事實，但是我要爲保衛自己的聖殿、國家和同胞而戰鬥到底！」

慷慨激昂的言詞立刻喚起了人民的鬥志，大家異口同聲地回答說：

「你現在就代替你兄弟馬加比和約拿單作我們的首領吧！率領我們戰鬥，我們一切聽你的！」

於是西門立刻行動起來，整軍備戰。

特利弗率領大軍離開多利買，開進猶太地，將西門的兄弟約拿單當作俘虜押在身邊。他派人給西門送信說：

「我這裏正拘留著你的兄弟約拿單，因爲他欠下國債不還。不過我打算把他放了，如果你付給我三十萬塊銀幣並且送他的兩個兒子來當人質的話。」

西門明知道敵人是在搞欺騙，但他還是把錢和人質送去了，因爲他不願惹起衆怒。他恐怕有人會說，約拿單之所以被殺是因爲西門不肯把錢和孩子送去。無可奈何，他滿足了特利弗的要求。結果特利弗不信守自己的諾言，沒有釋放約拿單。最後他把約拿單處死埋掉了。

西門派人把他兄弟約拿單的屍首運回莫得因，埋葬在祖先

的墳地裏。全體以色列人爲失去約拿單而深感憂傷，他們爲他
哀悼了很長時間。西門在父親和兄弟們的墓地上豎起一座高高
的紀念碑。他爲父親、母親和四個兄弟修了七座金字塔。金字
塔背後襯著一組高大的圓柱形浮雕，有些雕著盔甲，有些雕著
船隊。這是一座勝利的豐碑，海外旅行家們可以前來憑吊瞻
仰。

# 二一　婿弑翁舅

特利弗殺死約拿單以後，領兵返回首都安提阿，派人暗殺
了年輕的國王安提阿哥六世，篡奪了王位。然而他並沒有得到
普遍的承認，各地人民依舊把底米丟看成是名正言順的國王。

接續約拿單作猶太首領的西門派使節到外地去謁見底米丟
二世，獻上一頂金冠和一枝金質棕櫚枝，請求國王減免猶太地
區的稅收，因爲特利弗除了掠奪他們之外什麼也不幹。底米丟
王立刻通知稅務官免去猶太人的賦稅，並且恩准猶太人可以在
朝廷裏作官。異教徒壓迫者的枷鎖解除了，時值公元前142
年，猶太人在自己的文書和契約上用這樣的言詞標明日期——
猶太人的首領和統帥、崇高的大祭司西門元年。

西門重修基色城，在這裏爲自己建造了一座宮殿。他不僅
擴大了本國的版圖，控制了全國局勢，而且還要回了許多戰
俘，占領了基色、伯夙和耶路撒冷城堡。他派兵扼守約帕港，
打開了通往希臘島的門戶。西門向各城裏源源不斷地供應食

品，提供防禦武器，從而使他的英名傳揚四方。他給國家帶來了和平，以色列人喜樂無窮。他們以傳統的方式耕種著自己的土地，五穀飄香，瓜果滿園。人們在自己的葡萄園裏、無花果樹下，過著幸福而寧靜的生活，享受著天倫之樂。老年人坐在城市廣場的周圍，談論著往昔的大事，年輕人炫耀著光彩奪目的軍服。周圍列國諸邦都被打敗了，在這塊土地上再也沒有誰敢欺侮猶太人了。

公元前140年，國王底米丟二世領兵去瑪代，爲他反對特利弗的戰爭尋求援助。瑪代王阿沙西派一個將軍領兵前去迎擊，活捉了底米丟。他們押他去面見阿沙西王，阿沙西王下令把他關進了監獄。

底米丟王之子安提阿哥從希臘島給西門寫了如下這封信：

安提阿哥王向猶太總督西門大祭司致意。衆所周知，我祖先的王國已經被叛徒纂奪了。我決定收回故國，恢復先前的榮耀。我業已招募了一支龐大的外國雇傭軍，裝備了船隊。我計劃突入國土，襲擊那些蹂躪廣大城鄉的傢伙。

因此現在，我確認前代國王所允准你們的免除所有賦稅的決定。我授權你們鑄造貨幣在你們國內流通。另外，你們目前所欠國庫的債務或將來可能償付的款額，全都永久性地一筆勾銷。一當我執掌朝綱，我就賜給你和你的國家乃至聖殿以崇高的榮譽，貴國的光榮必將傳遍全世界。

公元前138年，安提阿哥突入了他祖先的國土。國內絕大多數士兵都投奔到他的麾下，留在特利弗身邊的寥寥無幾。安提阿哥指揮大軍追逐特利弗，特利弗逃到沿海城市多珥。隨後安提阿哥以十二萬訓練有素的部隊和八千騎兵趕到多珥城下，

在船隊的協同下，將其嚴密地封鎖起來。

　　西門派兩千名能征慣戰的士兵支援安提阿哥，還送去了金銀以及大量的軍需物資。不料安提阿哥拒不接受這一切，他單方面地撕毀了以前和西門所訂立的協議，反目爲仇了。他派自己最信任的雅典挪比將軍來和西門交涉。

　　雅典挪比來到耶路撒冷。聖城宮廷的豪華氣派，宴會廳裏的金銀餐具，以及隨處可見的巨大財富，都使他嘆爲觀止。他向西門轉達了國王的旨意：

　　「你們占據著本來屬於王室的約帕、基色和耶路撒冷城堡。現在你們必須把這些地方交出來。如果你們不願意這麼做，那你們就得付給國王十七噸銀子，外加十七噸追加銀，用以彌補漏稅和賠償損失。倘若你們那一樣也不同意，那我們可就要跟你們打仗了。」

　　西門回答説：

　　「我們從來沒有奪取過別國的土地或者查抄過屬於別人的財物。與此相反，我們僅僅奪回了先人的遺產，收復了失去的土地。至於你所談到的約帕和基色，我們願意給你們三千四百千克銀子，且不論這些市民給我國造成的巨大傷害。」

　　雅典挪比當時沒作回答，只是忿忿地回見國王去了。他向國王如實匯報了他與西門交涉的全部過程，附帶把西門宮廷的豪華氣派描繪了一番。國王聽完，大發了一通脾氣。

　　在這期間，詭計多端的特利弗從多珥城裏潛逃出來，暝夜乘船，逃亡到奧兆西亞去了。這時安提阿哥匆匆任命辛迪比爲沿海總司令，命令他率領騎兵和步兵向猶太地推進。而國王本人則繼續追趕特利弗。

　　辛迪比奉命入侵猶太地，重建汲淪城，派駐兵團，扼守要衝。

　　這時猶太領兵元帥約翰將軍離開設在基色的大本營，前來向他父親西門報告軍情。西門對兩個大兒子約翰和猶大説：

　　「你們的祖父、叔叔和我，都爲以色列戰鬥一輩子了，立下了赫赫戰功。如今他們不在了，我也老了。然而你們，感謝上帝，風華正茂，你們必須代替我兄弟們和我爲國爭戰。願上帝與你們同在！」

　　於是約翰將軍率領著大隊人馬出征。他們夜宿莫得因，第二天拂曉開進平原。這時辛迪比的大軍從對面迎上來，中間隔著一條河，兩軍隔河相望。約翰命令全軍列隊前進，可是士兵們面對敵軍和滔滔河水，呆愣愣的，畏縮不前，左顧右盼，詢問水有多深？只見約翰挺槍躍馬，搶先踏入水中，士兵們急忙跟了上來。約翰將隊伍分開，把騎兵置於步兵中間，因爲敵人騎兵特別多。進軍號吹響了，猶太軍士氣大振，捨生忘死，拚命廝殺，殺得敵人大敗而逃，丟盔卸甲地滾回了汲淪城要塞。猶大在戰場上中箭負傷，他的兄弟約翰繼續追擊敵人，敵人紛紛倒斃，逃得性命的鑽進了亞實突郊外的塔樓。約翰放火燒城，取得斃敵兩千名的輝煌戰果，勝利返回猶太地。

　　大祭司西門任命亞巴巴之子多利梅爲耶利哥平原總司令。多利梅是西門的女婿。這個人野心太大，他企圖篡奪國家政權，伺機暗殺西門父子。機會終於給他等來了，猶太總督西門大祭司在他的兩個兒子瑪他提亞和猶大的陪同下視察平原諸城，於公元前134年抵達耶利哥。多利梅聽説西門父子駕到，事先做了周密的安排，在一座名叫道克的小城堡裏埋下伏兵。

恭候西門父子光臨，多利梅把他們接進道克城堡裏，爲他們舉行盛大的歡迎宴會。西門和他的兩個兒子開懷暢飲，喝得酒醉醺醺。他們萬萬沒有料到，就在這時，多利梅轉身帶著士兵從埋伏處走出來，手握利刃衝進了宴會廳。西門父子措手不及，慘遭殺害。他們的隨行人員也大多當場斃命。

緊接著，多利梅寫了一份有關事變的詳細報告，派人送給了國王。在這份報告裏，他請求國王派兵來援助他，同時將國家和城市轉交給他。他還給軍隊司令官們寫信，許下金銀禮物，邀請他們前來投奔。然而至關重要的，是他馬上派人去基色刺殺領兵元帥約翰將軍以及其他控制著耶路撒冷和聖殿山的人們。

幸虧有人在多利梅刺客之前趕到基色，向約翰報告：他的父親和兄弟已經遇難了！聽到這一消息，約翰感到毛骨悚然，不過，既然事先得到了通知，他還是能夠把那些隨之而來的刺客們捉住處死的。

約翰繼承父志以後所做的事情，他的爭戰，他的英雄業績，他的重修城牆，以及他的其它成就，全都寫在他執掌大祭司職的歷代志上。

# 二二　故土佳音

公元前124年，住在耶路撒冷的猶太人給僑居埃及的猶太同胞寫信，向他們報告故土佳音：

我們感謝上帝，因爲他把我們從危難中解救出來。當時我們的處境如同乞丐鬥國王，幸虧上帝把敵人從我們聖城裏趕跑了。當安提阿哥王抵達波斯的時候，他的軍隊似乎是不可戰勝的，不料他們在娜妮婭女神廟裏遇上了女神祭司們的叛亂，被一舉切成了碎片。

原來安提阿哥王率領著實力雄厚的騎兵步兵和象隊遠征波斯。波斯有一座著名的娜妮婭女神廟，建築得極其巍峨壯觀，富麗堂皇。娜妮婭女神端坐在廟堂當中的寶座上，雍容大度，栩栩如生。身後及左右兩側靠牆櫃子裏珍藏著大量的金銀財寶。

擁兵自重的安提阿哥王來到女神廟，在一羣親信謀士的陪同下，大搖大擺地走進廟堂，向娜妮婭女神求婚：

「我安提阿哥王要跟娜妮婭女神結婚，婚後把這些金銀財寶當作嫁妝拉走！」

女神祭司們不敢怠慢，忙著掀開帷幕，把金銀財寶亮出來，請國王一一過目。就在他和幾位隨行人員全神貫注地觀看奇珍異寶的時候，廟門被哐啷一聲關死了。

原來祭司們早有準備，他們爬上天花板暗道，從上面居高臨下甩石頭，劈頭蓋腦地砸他，砸得他和手下人無處躲無處藏，哇哇亂叫。那石頭像冰雹似的直往下落，眼見得國王的聲音愈來愈小了……看來差不多了，女神祭司們從天花板上跳下來，不論死活，一律亂刃分身。然後打開廟門，把幾顆血淋淋的人頭拋出廟外，在台階上咕嚕嚕打轉轉。

官兵們發現國王已死，波斯人又呼嘯著圍了上來，情知不是對手，便發聲喊，轟轟然作鳥獸散。

追溯往昔，古波斯皇帝聽人傳說，猶太祭司們在流放之前把聖火藏在一個地方，居然有人在這個地方發現一種液體。尼希米及其朋友們正在利用這種液體焚燒聖壇上的祭品。皇帝將此事調查屬實之後，便下令把這塊地方圍起來列爲聖地。此處成了他的收入的可靠來源，他用這筆錢作禮物賞賜給他所喜悅的人。尼希米和他的朋友們管這種液體叫做「拿弗他」。

同樣的記錄還告訴我們，先知耶利米在天意指引下，命令聖幕和約櫃跟著他離開至聖所，登上一座高山——摩西曾經站在這座山上俯視過上帝應許給以色列人的土地。耶利米到達以後，在這座山上發現一個巨大的岩洞，他就將上主的聖幕、約櫃和香壇藏在這個岩洞裏了。藏好之後，耶利米就把洞口封住了。

耶利米的一些朋友們企圖尾隨他標記路徑，可是他們怎麼也找不到這個岩洞。耶利米聽說他們這麼幹，便斥責他們說：

「在上帝重新召聚選民並賜給他們恩典以前，這個地方絕不會被任何人發現。必須等到那時候，上帝才會讓人知道這些東西藏在什麼地方。那時上主的榮耀將會在雲彩裏顯現，如同摩西在世時一樣。」

我們相信，仁慈的上帝很快就會把我們從陽光照耀下的各個邦國裏召集到一起，走向他的聖殿。

# 二三　御前辯論

　　大利烏皇帝舉行盛大的宴會，款待朝廷大臣、全體皇族、
親王、大公以及從印度直至蘇丹一百二十七省的諸位元帥、省
長和總督。在金碧輝煌的宴會廳裏，皇帝和羣臣們舉金杯、擎
玉盞，品味著美酒和佳餚。酒足飯飽，玉兔東昇，大利烏皇帝
攜皇妃送走賓客，回寢宮歇息。

　　皇帝睡入夢鄉，床前侍立著三名英俊威武的青年衛士，他
們竊竊私語著：

　　「什麼是世上最強者呢？讓我們每人選出一樣，由皇帝來
評判吧，看誰選得最佳。」

　　「誰選得最佳，誰就獲重獎。」

　　「那獎品由誰來出呢？」

　　「皇帝呀，皇帝陛下富有蒼海，他一高興，就會讓優勝者
穿朝服、飲金杯、睡金床……」

　　「對了，還有金鞍寶馬大戰車，高級頭巾金項鍊。」

　　「是呀，優勝者將成為皇帝的謀臣，榮獲親王爵位。」

　　這三名青年衛士一時說得興起，果真背對背地寫下了自認
為是最理想的答案，密封好，等皇帝翻身的時候，就勢壓在他
的枕頭底下。

　　「當皇帝醒來的時候，」他們說，「這些答案就會呈現在
他的面前，他和波斯三公就會決定誰是優勝者。優勝者就會本

著寫下的東西獲獎了。」

　　第一名衛士寫道：

　　「世上最強者莫過於酒。」

　　第二名衛士寫道：

　　「世上最強者莫過於皇帝。」

　　第三名衛士寫道：

　　「世上最強者莫過於女人，然而真理可以征服一切。」

　　旭日東升，朝霞滿天，大利烏皇帝醒來，三份答案卷呈現在他的面前。聰明不過帝王家，大利烏一看就懂。他很想藉此機會選拔人才，立刻派使者把波斯和瑪代的高官顯貴們召集到一起，其中包括元帥、省長、總督和欽差大臣。皇帝在議會大廳裏就座，命人高聲宣讀了三篇答卷。

　　「召三個青年人進來吧，」皇帝說，「讓他們公開答辯。」

　　於是這三名青年衛士被引進議會大廳，分別解釋他們所寫的內容。

　　[論酒]　那位寫酒是最強者的衛士首先講話：「皇帝陛下，」他開始說，「酒在世界上明明是最強有力的東西。它攪亂每個醉漢的頭腦。它對每個人都具有完全同等的效力，不管是國王或者孤兒，奴隸或者自由民，財主或者窮人。它使每個人感到快樂而無憂慮，使人忘卻一切煩惱和責任。它使每個人感到富有，無視國王和官吏的權威，講起話來好像自己擁有全世界。當人們喝酒以後，便忘記了誰是朋友誰是鄰居，接著他們很快就會拔出劍來與之格鬥。當他們清醒以後，便不記得他們剛才的所作所為了。皇帝陛下，諸位閣下，」他總結道，

「既然酒能這樣支使人，那麼理所當然，它是世上最强者。」

［論皇帝］　那位寫皇帝是最强者的衛士接著講話：「皇帝陛下，世上最强者莫過於人，因爲他們統治著大地和海洋，實際上，統治世上的一切。然而皇帝是所有人中的最强者，他是他們的主人，不管他命令什麼，人們都得服從。如果他叫人互相打仗，人們就得互相打仗。如果他派他們出去殺敵，那怕叫他們摧毀羣山、高牆或城堡，他們也得去。他們可能殺人或者被殺，但卻不能違背皇上的旨意。如果他們勝利了，他們會給他帶回來所有的戰利品。農民不去打仗，然而也得將各種收穫物的一部分獻給皇帝，並且互相督促著向皇帝納稅。雖然説皇帝只是個人，如果他命令人們殺戮，人們就得殺戮；如果他命令人釋放囚犯，人們就得釋放囚犯；如果他命令人攻擊，人們就得攻擊；如果他命令人建設，人們就得建設；如果他下令毀壞莊稼或者農田，人們也得照辦。所有的人，不論武士或者文官，都得服從皇帝。當他坐下來吃喝，隨後又躺下來睡覺的時候，他的僕人們得站在周圍保衛著他，不得去照料自己的事務，因爲他們從不違背他的意志。皇帝陛下，諸位閣下，」他總結説，「既然人們如此這般地服從皇帝，那麼理所當然，世上沒有比它再强的了。」

［論女人］　那位寫女人和真理的名叫所羅巴伯的衛士最後講話：「皇帝陛下，皇帝固然强而有力，男人有的是，酒是强烈的，可是由誰來統治和控制所有這一切呢？是女人！女人生出皇帝和所有治理大地和海洋的男人。女人將他們帶到世上來。女人養育男人，男人種植葡萄園，葡萄園產葡萄，用葡萄釀酒。女人做男人穿的衣服，女人給男人帶來榮耀，實際上，

没有女人，男人便無法生活。

「男人可以積攢金銀財寶，然而當他看見一位面貌漂亮體型苗條的女人時，他就會情不自禁地目瞪口呆，他對她的貪慾遠遠超過金銀財寶。一個男人可以離開養育自己的父母，去跟女人結婚。他會忘記自己的父親、自己的母親，去跟自己的妻子共度美景。所以説，你們必須認識到，婦女乃是你們的主人。難道你們不是將辛辛苦苦所得的一切奉送給自己的妻子嗎？一個男人會出征打仗，涉水渡江，漂洋過海，乃至明火執杖地搶劫。他有時不得不面對獅子或者在黑夜裏行走。然而他終歸要把戰利品拿回家去送給他所愛的女人。有的男人被女人弄得神魂顛倒，有的男人成爲女人的奴隸。因爲女人，有些人被處死了，毀掉了他們的生命。説到這裏，你們相信我嗎？

「皇帝的權力固然可畏，那個國家也沒有膽量攻擊他。可是有一次我看見他跟自己的愛妃阿佩米在一起。阿佩米坐在皇帝右邊，她從他頭上取下皇冠，戴在自己頭上，隨後用左手打他嘴巴子。皇帝所能做的，只是張嘴望著她。每當她對他微笑的時候，他總是報以微笑；每當她跟他生氣的時候，他便奉承她，逗她笑，直到她情緒好轉。皇帝陛下，諸位閣下，既然女人能力如此強大，那麼可以肯定，世界上沒有比女人再強的了。」

聽了這話，皇帝和大臣們只好面面相覷。

[論真理]　接著所羅巴伯開始講真理。「是的，」他説，「女人是很強大。可是想一想，地面是何等廣闊，天空是何等高遠！想一想，太陽的運行是何等快捷，它在一天之內迅速地繞天一圈。既然太陽如此能行，那它當然是偉大的啦。然而真

理比所有這一切都更加偉大更加強而有力。世界上人人尊重真理，天堂讚美真理，萬物在真理面前誠惶誠恐。

「真理大公無私。你們能在酒、皇帝、女人，乃至全人類的所作所爲中，在萬事萬物中，發現不公。他們之中沒有真理，他們是不公正的，他們行將滅亡。然而真理是永恆的，它將繼續存在並且永遠居於統治地位。真理不偏不倚，它處事公正，從來不做邪惡與非義之事。人人贊成真理的所作所爲，它的決定永遠是公正的。真理是堅強的、高貴的、有力量的，並且永遠是威嚴的。讓萬物讚美真理的上帝吧！」

[回答]　青年衛士所羅巴伯的講話剛一結束，會場裏就歡呼起來：

「真理是偉大的，世上最強者屬於真理！」

皇帝對所羅巴伯説：

「你有什麼要求就説吧，那怕是過去不能同意的，我也會給你。你將成爲我的謀臣，我授予你親王爵位。」

所羅巴伯回答説：

「皇帝陛下，請允許我提醒你回憶一下，你在登基加冕那天所發表過的莊嚴誓詞。你答應重建耶路撒冷，並歸還從該城掠走的寶物。請記住，當古列發誓消滅巴比倫的時候，他把這些聖器放在一旁，莊嚴許諾將其歸還耶路撒冷。你也答應過重建聖殿，此殿在巴比倫人蹂躪猶大地時被以土買人燒毀。那麼，陛下，因爲你是一位慨慷大度的人，所以我乞求你，實現你向天君所發過的莊嚴誓詞吧！」

這時大利烏皇帝站起來，親吻所羅巴伯，並且立刻向各省總督和官吏發詔書，命令他們爲重建耶路撒冷的人們提供安全

通行證。皇帝還致函大敍利亞和腓尼基的全體總督，特別指示黎巴嫩總督，向耶路撒冷運送香柏木，幫助所羅巴伯重建聖殿。皇帝重申了古列的諭旨，過去古列擺在一邊的聖器和寶物統統得歸還耶路撒冷。

　　所羅巴伯拿著皇帝的詔書來到巴比倫，把最新消息告訴自己的猶太同胞。

# 二四　追本溯源

　　耶路撒冷淪陷三十年後，薩拉鐵（又名以斯拉）住在巴比倫。他躺在床上，心裏煩躁不安。對於耶路撒冷的淪陷與巴比倫人的得勢，他怎麼也想不通，開始向至高者表白自己內心的恐懼。他說道：

　　「全能之主啊，你起初創造世界。你用塵土做出亞當，又吹入生命氣息，他就活起來了。你把他放在伊甸園裏。你只給他一條誡命，可是他卻沒有遵守，你判定他和他的子孫後代必然死亡。

　　「從亞當生出無數的邦國、民族、宗派和家庭。各個邦國全都為所欲為，拒不服從你的命令。後來你興起洪水，毀滅了地上的生靈。然而你赦免了挪亞全家，留下了這個義人的子孫後代。

　　「地上的人口繁衍增長，家庭、民族和邦國愈來愈多。他們也陷入罪惡之中，一代比一代壞。幸虧這時你選擇了亞伯拉

罕。在死亡之夜裏，你只向他一個人透露了世界將要如何結束的秘密。你與他立下聖約，你賜給他以撒，你賜給以撒的是雅各和以掃。你選擇雅各，使其子孫後代成爲大國。

「你從埃及救出雅各的子孫後代，領他們來到西奈山。在那裏，你使天空低垂，大地震動，海水顫抖，宇宙陷入紊亂。你顯現的燦爛光輝穿過火焰、地震、風和霜四道大門，將律法及其誡命賜給以色列人。然而你並沒有挪去他們的罪惡，只是讓律法來指導他們的生活。雖說律法深入人心，可是惡根也隨之深入人心。

「多年以後，你派來了你的僕人大衞。你吩咐他建造一座城市，好在其中爲你獻祭。不料城裏的居民拒不服從你，他們存在惡念，繼續犯罪。所以你把自己的城市交給了你的仇敵。我曾自言自語：或許巴比倫比耶路撒冷强吧！可我來到巴比倫三十年來，目睹了不計其數的罪惡。我發現你是何等地寬容罪犯而不施懲罰，你是如何地保護仇敵而消滅自己的人民。除了以色列，其它國家根本不認識你，更談不上接受你的聖約。可是以色列永遠得不到賞賜，永遠得不到自身勞動的收益。我遠涉列國，看見他們是何等的繁榮昌盛，儘管他們並不遵守你的誡命。我對此感到迷惑不解。」

奉派來見以斯拉的天使烏瑞爾回答說：

「你連這個世界上發生的事情都不懂，怎麼能夠理解上帝的方式方法呢？」

「閣下，」以斯拉回答說，「我懂！」

天使繼續說道：

「我奉派來叫你解釋世上發生的三個謎。那怕你只解出其

中之一，我就回答你關於上帝的方式方法問題。」

「閣下，」以斯拉説，「我同意。」

「好，」天使對他説，「那麼我問你，你能稱出一團火嗎？你能量出一陣風嗎？你能把過去的一天拉回來嗎？」

「你爲什麼要問這些呢？」以斯拉説，「世人誰也解決不了這樣的問題。」

天使接著説道：

「那麼我若問你，海底有多少居所呢？多少江河流歸地下水呢？穹蒼之上有多少江河呢？陰間的出口在何處呢？天堂的入口又在何處呢？我這樣問你，你也可能回答説：『我從未進過地下水，我從未到過陰間，我也從未上過天。』然而我所問你的有關火呀風呀以及剛剛過去的日子呀，則全都是你所經歷過的事情。顯見你不能回答。你連自幼熟悉的事物尚且不懂，怎麼能憑你那小小的頭腦理解得了上帝的方式方法呢？」

聽了這話以後，以斯拉匍匐在地，對天使説道：

「假如我沒有出生，倒要比生活在這個罪惡與苦難之世而又不知其所以然來要强得多了。」

天使烏瑞爾回答説：

「我曾一度走進森林，聽見樹木在一起密謀策劃。它們説：『讓我們向海洋開戰吧，把它們打退，那我們就有更大的地盤了。』可是海浪也在一起密謀策劃。它們説：『讓我們征服森林吧，好擴展領土。』然而樹木的一切陰謀全都無濟於事，因爲火來把它們燒光了。海浪的陰謀也毫無用處，因爲沙灘封鎖了它們的前進之路。現在，假若你是審判官，必須在這兩者之間作出抉擇，你宣判誰有理呢？」

「它們都錯了，」以斯拉回答說，「因爲樹木屬於陸地，波浪屬於海洋。」

「你說對了，」天使說，「那你爲什麼回答不了自己的問題呢？這正如樹木生在陸地上，波浪生在海洋裏一樣。所以說，此世之人只知此世之事，唯有天上的人才能知道天上的事情。」

「我没有興趣探索天上的問題，」以斯拉說，「我只關心發生在身邊的事情。爲什麼上帝不來幫助以色列人呢？我們還要等多久呢？爲什麼我們的生命如此短促而又如此多災多難呢？」

烏瑞爾回答說：

「你所問的問題與義人死魂靈所問的問題完全相同。這些義人死後被置於等候之處，他們的死魂靈急不可耐地問：『我們在這兒還得等候多久呢？審判之日什麼時候來呀？我們什麼時候才能得到報償呢？』天使長耶利米爾回答他們說：『上帝要稱稱這世代，量量這年歲，數數這日期。在時間跑完其預定旅程之前，不會發生什麼變化。』」

「可是，閣下，」以斯拉說，「怎麼能由於我們的過犯而讓義人死後久等呢？」

天使反問道：

「難道一個孕婦懷胎九個月以後還能不生孩子嗎？」

「不能，閣下，」以斯拉回答說，「她不能不生。」

天使繼續說道：

「在陰間，上帝保存靈魂之處如同一個子宮。此處急切地想歸還從創世之初就委託它保存的靈魂，就像一個孕婦想結束自

己的產痛一樣。當它歸還它所保存的全部靈魂的時候，你就會得到全部答案。」

「請問，閣下，」以斯拉問道，「是不是未來的時間比過去的時間還長呢？我知道過去的時間多麼長，可我不知道未來。」

「過來吧，站在我的右邊。」天使命令道，「我要向你顯示一個夢幻，並將其意義解釋出來。」

以斯拉站在天使的身旁，看見一股烈焰從面前經過，烈焰過後，煙還在冒著。接著是一片烏雲帶來一陣傾盆大雨，大雨過後，那裏還在下著霏霏細雨。

「想想看，」烏瑞爾說，「傾盆大雨要比後面的霏霏細雨猛烈，火焰要比後面的煙氣猛烈。同樣道理，已經過去的時間比未來的時間長多啦，剩下的時間如同細雨和煙氣。」

「請你告訴我，」以斯拉問道，「你是否認為我能活到那個時候呢？如果不能，那麼誰能活到那個時候呢？」

「這個我不知道，」天使回答說，「我現時還不能告訴你將活多久。不過我可以把世界末日的信號告訴你。當世上所有的人都處於巨大的混亂之中時，那時間就要到了。突然間，夜晚出太陽，白天出月亮。樹木淌血，石頭說話，星星改變了原來的航向，大地要裂開，向外噴火。野獸要離開原野和森林，婦女將在經期生出怪物，到處蔓延著邪惡與暴力。這就是我奉命顯示給你的末日信號。」

這時以斯拉醒了，渾身劇烈地顫抖，幾乎暈倒。幸虧那位天使抱住了他，把他扶起來。

# 二五　泣婦幻影

　　以斯拉來到一個名叫阿達特的田野裏，坐在野花叢中，吃野生植物，這對他來說就是美好的食品了。七天以後，他躺在草地上，思緒波瀾滾滾而來。他祈禱著，往周圍望了一眼，看見一個婦人站在他的右邊。只見她衣衫襤褸，蓬首垢面，哀哭呼喊著，悲痛欲絕。以斯拉好生奇怪，立刻將自己的煩惱置諸度外，轉向婦人問道：

　　「你爲什麼這樣哭泣？你爲什麼這樣悲傷？」

　　「求求你，先生，」她回答說，「離開我吧，讓我繼續哭泣悲傷吧，我痛苦到了極點。」

　　「請你告訴我，出了什麼事？」以斯拉關切地問她。

　　「先生，」她回答說，「我結婚三十年，可是我至今未能留下一個孩子。在那三十年裏，我每天每夜每日每時地祈求至高上帝給我一個孩子。三十年後，上帝答應了我的祈求，賜給我一個兒子。這給我丈夫和我以及周圍鄰居們帶來莫大喜悅！我們歌頌全能者。我盡心盡意把孩子撫養成人。待他成年，我爲他擇了一位妻子，準備舉行婚禮。當新婚之夜，我兒子步入臥室的時候，便猝然倒地死去了。因此我們熄滅了所有的花燭，鄰居們都來安慰我。我一直控制著自己。直到第二天傍晚，人們全都離去了。這天夜裏我起來，走到這塊田野裏，這你都看見了。我下定決心永遠不回家了。我要待在這裏，不停

地哀悼，什麼也不吃，什麼也不喝，直至死去。」

聽她講完以後，以斯拉便嚴厲斥責她說：

「我從未見過你這樣愚蠢的女人。難道你沒有看見我國人民正在受苦受難嗎？難道你不知道我們所遭遇的一切嗎？我們大家的母親耶路撒冷，正蒙受著恥辱和憂傷。你應該爲她而悲傷，分擔大家的痛苦和憂愁。而你卻爲自己的兒子悲傷不已。問問大地吧，她才應該爲自己所生的廣大民衆悲傷不已呢！我們全人類都起源於她，還有許多未來人。幾乎我們所有的人都將直達毀滅——大地喪失了衆多的兒女。所以說，誰更有資格哀悼呢，是爲了自己兒子的你呢，還是損失慘重的大地？我知道你正在想什麼，你在想你的憂傷超過了大地。你在想，大地衆生的生與死不過是一種自然現象，而你卻失去了在如此艱難困苦之中生養出來的親骨肉。不過我要告訴你，自從上帝造出大地以來，她就一直忍受著巨大的痛楚，爲上帝生產人類，就像你生孩子一樣。所以請你忍住自己的眼淚吧，勇敢地面對著你所遭遇到的一切吧。如果你接受上帝這個正當的決定，你就會在適當的時候重新得到自己的兒子，你就會受到一位母親應該受到的讚美。回家吧，回到你丈夫身邊去吧。」

「不，」她回答說，「我不回去，我要在這裏等死。」

「可別那樣，」以斯拉繼續說，「想想耶路撒冷的不幸與憂傷，你不應該爲自己這麼難過。你可以看看，我們的聖城已落敵手，我們的祭司已被燒死，我們的處女已被姦污，我們的妻子已被蹂躪，我們的兒童已被拋棄，我們的青年已成奴隸。因此，我奉勸你把個人的辛酸與悲傷放到一邊去吧。」

當以斯拉對這位婦女訓話的時候，她的臉突然放出光來，

如同閃電一般。以斯拉有些膽怯，感到莫名其妙，這到底意味著什麼呢？驟然間，她大聲驚叫起來，震撼著大地。以斯拉抬頭一看，再也看不見那位婦女了，只見一座城市拔地而起。他驚恐地呼叫：

「烏瑞爾天使，你在那裏呀？剛才是誰來見我呀？我沒有什麼希望了，只有死亡。」

天使烏瑞爾再次出現，看見以斯拉躺在那裏，不省人事，像具死屍，便握住他的右手，給他力量，把他扶起來。隨後天使問道：

「怎麼啦，你爲什麼這樣驚慌失措？」

「你把我徹底拋棄啦！」以斯拉回答說，「我照你的話來到這塊田野裏，可是我無法解釋所見到的事情。」

「站起來，像個男子漢，」天使回答說，「我要把這個解釋給你聽。」

「閣下，」以斯拉說，「請你快給我解釋明白吧，我弄不清耳聞目睹的事情。也許是我的幻覺作怪吧，難道這僅僅是個噩夢嗎？我求求你，告訴我這個幻影意味著什麼。」

「靠近點聽，」天使說，「我要把你害怕的事情解釋給你聽。至高上帝向你揭示了許多秘密。因爲他已經看見，你過著義人的生活，並且一直爲著你的人民和耶路撒冷而痛苦和悲傷。幻影的意思是這樣：剛才有一位婦女出現在你的面前，當你看見她悲哀的時候，你竭力安慰她。這位婦女告訴你，她的兒子死了。隨後她在你面前消失了，出現了一座完整的城市。意思是，你所看見的婦女就是耶路撒冷，你現在看見它是一座完整的城市。她告訴你說，她已經三十年沒有孩子了，就是說

在那裏已經有三千年沒有獻祭了。後來所羅門建成了這座城市，開始在那裏獻祭。在那時候，沒有孩子的婦女生出了兒子。她告訴你說，她小心翼翼地把孩子撫養成人，這指的是那時候耶路撒冷住上了居民。她告訴你說，她的兒子在新婚那天死去了，這就意味著耶路撒冷淪陷。這就是幻影向你揭示的事情。至高上帝看見你以全部心靈爲這位婦女而痛心疾首以後，便向你顯示了她的全部榮耀與端莊之美。我之所以叫你住在杳無人煙的田野裏，乃是因爲我知道至高上帝要向你顯示這些事情。我叫你來到這毫無建築基礎的田野裏，是因爲在即將顯露上帝之城的地方，任何人手所造的建築物都站立不住。走進上帝之城去看看吧，這裏的建築物多麼莊嚴多麼美麗。你比大多數人幸運多了，你被召到上帝面前，獲得此種殊榮的人只是極少數。留在這裏到明天夜裏吧，他將在異象中向你顯示未來的事情。」

於是以斯拉遵照天使的吩咐，當天夜裏和第二天夜裏都在那地方睡覺。


# 二六　奇鷹怪翼


第二天夜裏，以斯拉做了一個夢。他看見從海上飛過一隻鷹。這隻鷹有三個腦袋和十二個大翅膀。翅膀張開來，鋪天蓋地，風從四面八方吹來，把雲彩推向它的翼下。眼看著，翼下生出了敵對的小翅膀，新翅膀很小，而且微不足道。這隻鷹的

三個腦袋昏昏欲睡，中間那個最大的睡著了，似乎已經酣然入夢。看著看著，這隻鷹愈飛愈高，成為人間塵寰的統治者。大地上所有的一切全都納入了它的卵翼之下，膽敢跟它分庭抗禮者絕無僅有。只見這隻鷹攤開爪子站起來，對翅膀説道：

「你們大家不必全都醒著，可以輪流值班，其餘的統統睡覺，腦袋必須最後醒來。」

看上去，這聲音不是來自頭部，而是來自它的腹部。數數它剛長出的小翅膀，一共有八個。這時右邊一個大翅膀立起來，統治全世界。當其統治結束時，它便消失了，無影無蹤，一點痕跡也沒有。接著下一個翅膀立起來，統治好長時間。當其統治結束時，它正要像第一個翅膀那樣消失，不料有聲音對它説：

「聽著，你已經統治世界好長時間了，我想叫你在離任之前聽到這樣的信息——今後無論哪一位也沒有你統治得這麼長久，連你的一半也趕不上。」

第三個翅膀立起來，像前任翅膀一樣地實行統治，隨後也消失了。所有翅膀也都照例實行統治：一個接一個地起來執政，跟著消失。

過了一會兒，那些右側的小翅膀起來奪權。其中有一些瞬息即逝，還有一些雖然起來，却又不能掌權。

後來十二個大翅膀和兩個小翅膀全然不見了。鷹身上只留下六個小翅膀和三個昏睡不醒的腦袋。驟然間，六個小翅膀中的兩個小翅膀越位了，移到右側頭下，其餘四個留在原位。這時方才發現，這四個小翅膀正在密謀奪權。其中一個站起來，可是很快消失了。第二個也站起來，不料它比第一個消失得更

快。剩下的兩個小翅膀還在琢磨著爲自己奪權。當它們正在擬定計劃的時候，一個睡覺的腦袋突然醒了。這是居中的一個，比左右兩個都大。這個大頭得到左右二頭的支持，扭頭吞吃那兩個陰謀奪權的小翅膀，其餘二頭給它助威。這個大頭駕馭著全世界，建立了對各地人民的殘暴統治，在世界上推行強權，其程度遠遠超過了以往的任何翅膀。隨後，這個大頭突然消失，其速度就跟那些翅膀一樣快。剩下的兩個頭也取得了統治世界和人民的政權。看著看著，只見右側的頭吃掉了左側的頭。

這時有一個聲音說：

「以斯拉，一直往前看，看看你看見了什麼？」

以斯拉舉目觀看，看見一隻發怒的獅子，咆哮著走出森林。它向著巨鷹口吐人言，說道：

「鷹啊，聽我對你說，此乃至高上帝的信息：我曾經指定四個動物統治我的世界並將其世代推向末日，你是其中唯一剩下的一個了。你是第四個動物，你已經征服了先前的所有動物。你平生在世上稱王稱霸，奉行恐怖、壓迫和欺詐，將真理置之度外。你蠻橫無理地攻擊和平居民，你痛恨那些講真話的人，你喜歡那些說假話的人。你毀壞了富貴榮華者的家園，你拆除了那些與你無害的牆垣。至高上帝知道你是何等的狂妄自大。全能者回顧了他所創立的世界。末日已經來臨了，最後的世代即將過去。因此，鷹啊，你滅亡的時刻已經來臨，連同你那大而可怕的翅膀，你那小而邪惡的翅膀，你那罪孽的頭顱，你那威嚴的利爪和你那整個毫無價值的軀體，一起滅亡吧。整個世界將要擺脫你的暴政，獲得自由與新生，將希望寄

託在創世上帝的審判與憐憫上。」

當獅子對著鷹這樣說話的時候，以斯拉一直注視著，他看見最後一個鷹頭退位了。隨後，那兩個移到頭部的翅膀起來統治，不過它們的統治很短，並且充滿著動亂。眼看著它們消失了，鷹的全身燃燒起火，把世界嚇了一跳！

以斯拉在惶恐之中驚醒了。他說道：

「我這是自找麻煩，因為我企圖研究至高上帝之道。我精疲力竭了。今天夜裏我所經歷的巨大恐懼已將我的最後一點力氣耗盡了。現在我所能做的便是祈求至高上帝給我到末日的力量。」

接著以斯拉祈禱說：

「上主啊，我求求你給我力量。請你向我指明這一可怕幻影的全部意思，並使我的思緒得到安寧。」

這時天使過來，對以斯拉說：

「你看吧，這就是該幻影的解釋。你看見從海上飛來的這隻鷹代表著你兄弟但以理所見異象中的第四王國。不過他沒有得到過現在我給與你的這種解釋。時間快到了，在地上即將建立一個帝國，比以往任何帝國都更為可怕。十二位國王將統治這個帝國，一個接著一個。其中第二位國王統治的時間將超過其他任何國王。這就是你所看見的十二個翅膀的意思。

「你聽見聲音來自鷹體中部而不是來自頭部。這意味著在第二位國王統治之後，將發生一場大規模的權力之爭，該帝國將要瀕臨崩潰的邊緣。但是並沒有崩潰，該帝國將要重新獲得先前的勢頭。

「你看見這隻鷹的巨翅上長出八個小翅膀。這意味著在帝

國之內將要興起八王，不過他們的統治將是短暫的而且微不足道。其中二王將要暫時地出現於靠近這一階段的中期，其中四王將出現於靠近末期，有兩個將剛好留到末期。

「你看見三個睡頭。這意味著在該帝國的末日，至高上帝將要安插三位國王，他們將恢復該帝國的勢頭，以超過已往的暴力統治世界及其人民。他們之所以被稱爲鷹首，乃是因爲這三位國王將要把此鷹的惡行推進到登峯造極的地步。你看見這最大的頭不見了。這意味著其中有一位國王將在極大的苦惱中死在自己的床上。其餘的兩位將死在戰場上。這其中一位將殺死另一位，隨後他也將在終了的戰場上被殺。

「你看見兩個小翅膀移到右側頭下。這意味著至高上帝要將他們保留到末日，不過他們的統治將是短暫的而且充滿著動亂，就像你所見到的那樣。

「你看見一隻發怒的獅子咆哮著走出森林，你聽見它對鷹講話，譴責其罪惡行徑。這獅子代表彌賽亞，至高上帝將他一直保留到末日。他將是大衛的後裔，將出來對統治者訓話。他將譴責他們的罪惡行徑及其對上帝之道的褻瀆。當他們還活著的時候，他就審判他們，判定他們有罪，把他們消滅。不過他將憐憫其餘的人，這些人被留在我的土地上。他將使他們獲得自由和幸福。

「這就是你做的夢和夢的圓解。然而你是唯一被至高上帝看中，認爲配得上向之透露此項秘密的人。因此你要把所看見的一切寫在書裏，把這書藏在安全的地方。以後你要把這些秘密教給你們人民中間的聰明人，教給那些能夠聽得懂並且保得住秘密的人。」

天使講完話以後，便離開了以斯拉。

# 二七　榮耀冠冕

　　以斯拉遵照天使的吩咐，在田野裏停留七天。這些天，他除了野花之外什麼也不吃，簡直成了一位素食主義者。七天過去了，那天夜裏，他做了一個夢。

　　夢見一陣風從海上刮過來，掀起一股巨大的波瀾。波瀾中湧出一物，狀如男子，向上升騰，在雲彩裏飛翔。他左顧右盼，凡是目光所及之處，全都開始顫抖。他開口說話，凡是聽見聲音的，全都如同蠟在火中那樣熔化了。

　　從世界各地麇集來一大羣人，人數多得不計其數。他們聯合起來，要跟這個從海中上來的男子較量。可他並不示弱。他開闢一座高山，飛了上去。這座高山雲霧繚繞，看不清位於何處。那些聯合起來跟他打仗的好像給嚇住了，有些畏縮不前，但是依然要跟他爭鬥。當這位男子看見大羣人攻擊上來的時候，他並沒有拿起任何武器。只見從他口腔裏噴出一股火流，嘴唇裏噴出紅風，舌頭上噴出暴雨。這火流、紅風和暴雨結合在一起，向著前來攻擊他的人羣掃射過去，將他們全都燒著了。片刻之間，大得無計其數的人羣消失了，蕩然無存，只留下灰燼和煙味。致使目睹這一切的以斯拉，感到毛骨悚然。

　　隨後，這位男子走下山來，把另一大羣人召集到自己的周圍——此乃熱愛和平之民。各種各樣的人全來了：有的樂觀，

有的沮喪，有的手腳捆綁著，有的拿他人作禮物獻給主。

以斯拉被驚醒了，他向上帝祈禱說：

「上主啊，方才你向我顯示了這許多駭人聽聞的事情。現在還得請你向我點明此夢的意思。我一直在想，對於活到那些日子的人來說，情景是何等可怕呀！更爲糟糕的是，那些活不過來的人，肯定會感到異常的悲哀，因爲他們享受不到末日保留的歡樂。然而對於那些倖存者來說，他們將要面臨巨大的風險和許許多多的麻煩，就像這些夢境裏所顯示的那樣。不管怎麼說，經歷這場風險而到達末日，總要比消失得如同當世之雲永遠見不到末日事件強多了。」

上主回答說：

「我要向你解釋這幻影的意思，回答你提出的問題。你提出了有關於末日倖存者的問題，回答是這樣：這位在那些日子帶來災難的人物也會保護那些在全能的上帝那裏存有善工和信心的人免於災難。你可以相信，倖存者遠比死亡者幸運得多。

「這就是幻影的意思。你所看見的這位從海裏上來的男子，代表著至高上帝預備了許多世代的那一位。他將釋放自己所造的世界，並爲倖存者建立新秩序。你看見從這位男子嘴裏噴出紅風、火流和暴雨，你看見他不用矛槍或其它武器便一舉消滅了前來進犯的人羣。這就意味著，至高上帝開始釋放世人的時代臨近了。到那時，人人都得驚慌失措。他們將開始互相爭戰，城市對城市，地區對地區，民族對民族，國家對國家。這些事情發生以後，我早就跟你講的信號就要出現了。隨後我將派我的兒子出世，你所看見的從海裏上來的男子就是他。人們聽見他的聲音以後，各個民族都將離開他們自己的國土，忘

卻了彼此的爭戰，集合成一堆大得數不過來的人羣，就像你在
夢中所見的那樣。各民族將以同一的目的聯合起來，向我兒子
開戰。他將站在錫安山頂上，新耶路撒冷將出現於每個人的面
前。它將被建築得完美無缺，正如你在夢中所見到的被開闢出
來的山峯一樣，但不是人手所造的。最後我的兒子將要判定這
些集羣的民衆犯了滔天大罪。這就是暴雨的意思。他將使他們
見到他們過去制定的邪惡計劃，也要使他們見到他們必將忍受
的苦刑。這就是紅風的意思。接著他將以法律手段輕而易舉地
消滅他們。這就是火流的意思。當大限來臨時，我的兒子要顯
示許多偉大的奇蹟。」

在此之前，以斯拉曾經親眼看見一大羣人站在錫安山上，
人多得不計其數。他們都唱歌讚美主。在人羣中間，站著一位
非常高大的青年人，比其他任何人都高。他正在給每人頭上戴
一頂冠冕。以斯拉被這種景象迷住了，他問天使：「閣下，這
些人是誰呢？」

天使回答説：

「這些人脱下了易朽的衣裳，穿上了不朽的之裳。他們承
認自己信仰上帝，如今被授予榮冠和棕櫚枝，作爲他們得勝的
記號。」

接著以斯拉又問天使：

「這給人加冕的青年人是誰呢？」

「他是上帝的兒子。」天使回答説，「這些人在世時全都
信仰他。」

於是以斯拉便開始讚美那些曾經勇敢地捍衛過主的人。天
使對以斯拉説：

「以斯拉，把你所見所聞的告訴我的人民吧，主有許多驚人的奇蹟。」

# 新約故事

# 一　天使報信

　　大希律王在猶大執政的時候，亞比雅班裏有一位祭司，名叫撒迦利亞，他有一個妻子，名叫以利沙伯，是亞倫的後代。他們夫妻倆都已上了年紀，卻還沒有兒子，因為以利沙伯不能生育。

　　祭司撒迦利亞在聖殿裏燒香的時候，有一位天使出現在香壇的右邊，這使他異常惶恐。

　　天使對撒迦利亞說：

　　「不要害怕，你的祈禱已經被聽見了。你的妻子以利沙伯將給你生下一個兒子，你要給他起名叫約翰。他的出世，將給許多人帶來喜樂。他將有以利亞的心志能力，走在主的前面，為主開闢道路，又為主預備合適的百姓。他在主面前將要為大，淡酒濃酒都不喝，從母腹裏就被聖靈充滿了。」

　　撒迦利亞戰戰兢兢地對天使說：

　　「怎麼會有這樣的事呢？不可能吧，我都老了，我的妻子也成老太太了。」

　　天使回答說：

　　「我是站在上帝面前的加百列，奉遣而來，特向你報個信。你看著吧，這話到時候一定應驗。可是你不相信，那你的嘴巴可就被封住了，從現在開始直到此事成功，這期間你就別想說話了。」

及至他從聖殿裏出來，已經變成啞巴，人們和他說話，他再也不能回答，只是比比劃劃地打著手勢。看到這個情景，人們就明白，他在聖殿裏遇見異象了。

等他回家以後，他的妻子以利沙伯真個懷孕了，一直隱藏了五個月。她驚喜地說：

「感謝主顧念我的生活，使我後繼有人。這樣就除去了我在人間的羞恥，使我在晚年有了希望。」

到了第六個月，天使加百列奉上帝差遣，來到加利利的拿撒勒城。拿撒勒城裏住著一位童貞女，名叫馬利亞。天使對馬利亞說：

「蒙大恩的女子呀，我向你問安！主和你同在了。」

聽見這樣的話，馬利亞心裏非常驚慌，反覆思考這問安是什麼意思。她已經許配給大衛家的約瑟了，可是還沒有出嫁。

天使又對她說：

「馬利亞，不要害怕，你在上帝面前已經蒙恩了。你要懷孕生子，可以給他取名叫耶穌。他要爲大，稱爲至高者的兒子。上帝要將大衛的王位給他，他要作雅各家的王，直到永遠。他的國運沒有窮盡。」

馬利亞對天使說：

「我還沒有結婚，怎麼會有這種事呢？」

天使回答說：

「聖靈要臨到你身上，至高者的能力要蔭庇你。因此你所要生的聖者必定稱爲上帝的兒子。況且你的親戚以利沙伯，雖然年老，一直沒有生育，現在也懷了男胎，已經六個月了。出於上帝的話，沒有一句不靈的。」

「我是主的使女，」馬利亞說，「甘心情願讓你的話在我身上應驗。」

報完信，天使就離開馬利亞走了。

馬利亞急忙動身，往山地裏去，來到猶太的一座城，進了撒迦利亞的家，向以利沙伯問安。

「大喜呀，以利沙伯！託主的福，晚年得子。」

以利沙伯一聽馬利亞問安，就感到一陣胎動，腹中已被聖靈充滿。她欣喜地對馬利亞說：

「福啊福啊，你問安的聲音一入我耳，我腹中的胎兒就歡喜跳動。這信主的女子是有福的，因爲主對她說的話，句句都要應驗。」

談話之中，以利沙伯明白馬利亞已被聖靈感孕，便對她說：

「你所懷的胎是有福的，你在婦女中也是有福的。我主的母親到我這裏來，這眞是難得呀！」

「我的心唯尊我主，」馬利亞說，「我的靈以救主爲榮，上帝使我喜樂。他施展大能，驅散那心懷惡念的狂傲之人，他叫有權柄者失位，叫卑微者升高，叫飢餓者得食溫飽，叫富足者空手而回。他扶助了他的僕人以色列，爲要紀念亞伯拉罕和他的後裔，廣施憐憫，直到永遠。」

馬利亞在以利沙伯家裏住了三個月，然後回家了。

以利沙伯的產期到了，她生了一個兒子。親族鄰里們獲悉她晚年生子，紛紛前來祝賀，和她一同歡樂。

孩子出生第八天，他們要給他行割禮，並照他父親的名字，想叫他撒迦利亞。

他母親對衆人説：

「不行，他的名字要叫約翰。」

「約翰？」他們感到奇怪，「在你們的親族中，那有叫這名字的啊！」他們説著，又向他那啞巴父親打手勢，意思是問他這孩子要叫什麼名字。

儘管撒迦利亞給他們打手勢，想説明孩子的名字，可是大家還是不懂。他只好要過一塊板子來，在上面寫出孩子的名字——約翰。

正當大家感到新鮮有趣的時候，撒迦利亞的口張開了，舌頭也舒展靈活了，突然説出話來：

「稱頌上帝！」

這使周圍的人都很畏懼，一傳十，十傳百，這件奇事很快傳遍了猶太的山地。凡是聽見的人，都將這事存在心裏，説：

「這孩子將來會怎麼樣呢？一定與衆不同啊，因爲有主與他同在。」

他父親被聖靈充滿，嘴裏發出預言來：

「上帝是應當稱頌的，因爲他眷顧他的百姓，爲他們施行救贖。在他僕人大衛家中，爲我們興起了拯救之角，拯救我們脱離仇敵之手，向我們列祖施憐憫，紀念聖約。孩子啊，你要稱爲至高者的先知，因爲你要行在主的前面，預備他的道路。叫他的百姓因罪得赦，知道救恩。叫清晨的日光從高天照臨我們，把我們的腳引到平安的道路上。」

約翰漸漸長大，心靈體健。他住在曠野，直到他顯身揚名的日子。

# 二　耶穌降生

童貞女馬利亞回來以後，果然覺得身子懷孕了。她已經許配給了約瑟，還沒有迎娶。約瑟是一個義人，察覺自己的未婚妻懷孕了，不願意公開羞辱她，想暗暗把她休了。

正在約瑟思念著要休馬利亞的時候，有主的使者在夢中向他顯現，對他說：

「馬利亞是一個聖潔的童貞女，她所懷的孕，是從聖靈而來的。她將要生一個兒子，你要給他起名叫耶穌。你不要害怕，只管把馬利亞娶過來吧！」

約瑟醒來，遵照主的使者的吩咐，把童貞女馬利亞娶了過來。但是他們沒有同房，要一直等到孩子生下來。

在孩子出生之前，羅馬皇帝凱撒亞古士督有旨意下來，叫天下人民都報名上冊。於是眾人各歸本地，按著本族本家報名上冊。約瑟本是猶太大衛家的人，因此便攜著妻子馬利亞，離開加利利的拿撒勒城，到伯利恆去居住。

可是當他們到達伯利恆的時候，城中的客店裏全都住滿了人，無處安身。他們兩人只好暫時棲息在馬棚裏。這個馬棚本來是給牛馬修的，裏面沒有床榻，隨隨便便地放著馬槽子。

童貞女馬利亞的產期到了。

嬰孩呱呱墜地，連個乾淨的地方都沒有，只好把他放在馬槽裏。

人子就這樣降生在人間。

這天夜裏，伯利恆郊外的牧羊人正在按著更次守護著羊羣，忽然天空明亮如同白晝，天使光臨在牧羊人的身旁。牧羊人誠惶誠恐，不知如何是好。天使對他們説：

「不要害怕，我向你們報告一個特大喜訊。今天在伯利恆生下一位救世主，這就是基督。你們要看見一個嬰孩，包著布，臥在馬槽裏，那就是記號了。」

霎時間，夜空裏萬紫千紅，有天兵伴隨著悅耳的樂聲盤旋而來，與那天使一起，同聲讚美：

「在至高之處，

榮耀歸於上帝。

在大地之上，

平安歸於父所喜悅之人！」

衆天使離開人間，緩緩升天去了。餘音繚繞的天空漸漸寂靜下來，月冷星稀，偶爾傳來幾聲咩咩的羊叫。

牧羊人回味著，互相議論説：

「這可是天大的奇事兒，從來沒有聽見過。」

「我們到伯利恆看看去！」

「這是主的指引，我們快去吧！」

於是這些牧羊人急急忙忙從城外趕到城裏。果然給他們尋到了，只見那嬰孩渾身包著布，臥在馬槽裏，馬利亞和約瑟在旁邊守護著他。

牧羊人回去把這事傳播開來，人們都感到十分驚異。馬利亞把這一切事存在心裏，反覆思量。

孩子出生滿八天，給他行了割禮。依著天使的預報，給他

取名叫耶穌。滿了潔淨的日子，他們把孩子抱到聖殿裏，讓頭生的男孩稱聖歸主。又按照律法，用一對斑鳩獻祭。

在耶路撒冷有一位名叫西面的人，又公正又虔誠，在聖殿裏遇見耶穌的父親抱著孩子進來，就用手接過，給他祝福，又對孩子的母親馬利亞說：

「這孩子被立，是要叫以色列中許多人跌倒，許多人興起，又要作誹謗的話柄，叫許多人心裏的意念顯露出來，你自己的心也要被刀刺透。」

又有一位女先知，是一位八十四歲的寡婦，常常在聖殿裏禁食祈禱，她見到孩子的奇蹟真而且實，逢人便說：

「這是使耶路撒冷獲得救贖之人。」

過不多久，有幾個博士從東方來到耶路撒冷，聲言說：

「我們要見猶太人之王，我們在東方觀察到它的星，特來拜見！」

這話傳到大希律王的耳朵裏，使他坐立不安。當時猶太是羅馬的屬國，由以土買族的大希律王統治著。他一方面竭力向羅馬皇帝討好，一方面又深怕猶太人將他推翻，因此一有風吹草動，便十分驚慌。於是他便暗暗召見了東方博士，詳細詢問：

「那星是什麼時候出現的呢？是在伯利恆嗎？那你們就去仔細尋訪那小孩子吧，尋到了就來報信，我也正要去拜他呢！」

聽了大希律王的話之後，他們又出去尋找，在東方看見的那顆星，忽然又出現在他們的前方。他們跟著那顆星，一直來到小孩子住的地方。他們終於在伯利恆找到那個小孩子和他的

母親馬利亞。博士們欣喜若狂，倒身下拜，並且把帶來的禮品獻上來，揭開寶盒，取出黃金、乳香、沒藥，恭恭敬敬地交給孩子的母親。

東方博士回去的時候，沒走原路，也沒有去見大希律王，因爲主在夢中指示他們不要回去見大希律王。

東方博士走後，有主的使者在約瑟的夢中顯現，對他說：「快起來吧，大希律王要根除這孩子啦，趕緊帶著孩子和他母親逃往埃及去吧！」

約瑟一覺驚醒，急忙起來，叫醒了馬利亞，抱著孩子，連夜逃跑了。

大希律王等了好久不見東方博士回來，知道自己被他們愚弄了，便怒不可遏地下命令，將伯利恆城裏城外的男孩子，凡在兩歲以內的，統統殺掉！一時間，號咷痛哭之聲響徹伯利恆。

等到大希律王死了，約瑟才帶著小孩子和馬利亞回到以色列。又聽說亞基老接替他父親作了猶太王，他們不敢回伯利恆，便轉往加利利境內，住在拿撒勒城，因此耶穌又被稱爲拿撒勒人。

# 三　聖母尋子

拿撒勒位於加利利南部，在一座高山上，山下有水泉，風景秀麗。耶穌一家在這裏定居下來。雖然說是王族後裔，可是

如今卻和普通勞動者一樣了。父親約瑟是個木匠，埋頭苦幹，終日勤勤懇懇地勞作。母親馬利亞溫柔慈愛，她一方面操持家務，一方面盡心盡意地撫育耶穌。耶穌漸漸長大，跟著父親做木工，日子過得挺富裕，全家生活得和諧美滿。耶穌從小沒有上過學，可是一打開書卷，他就能讀，而且會講解。

　　每年逾越節，父母都要帶著耶穌到耶路撒冷去，按照猶太人的宗教習慣，在那裏住上幾天。逾越節的慶祝活動分兩個地方舉行，男的跟男的在一起，女的跟女的在一起，不許混雜。唯有孩童可以自由跑來跑去，不受性別限制。願意跟父親就跟父親，願意跟母親就跟母親。長到十來歲，還可以單獨活動，或聽講，或看熱鬧，任其活蹦亂跳地玩耍。

　　耶穌十二歲這年，父母照例帶他去過節。耶路撒冷在拿撒勒的南方，中間隔著撒瑪利亞，路上要走好多天。人們帶著祭禮以及吃穿用度，翻山越嶺，涉水渡河，在辛苦中透著無比的樂趣，如同旅遊一般。到耶路撒冷，開始了豐富多采的慶祝活動，循規蹈矩，吃羊羔，聽音樂，唱歌跳舞，大人孩子都快活，獲得了心靈上的滿足

　　節期滿了，父母分別隨著潮水般的人流往回走，男的跟男的結伴同行，女的跟女的結伴同行。耶穌仍然留在耶路撒冷，卻沒有被發覺，父親約瑟以為他跟著母親馬利亞，母親馬利亞以為他跟著父親約瑟。他們往北走了一天，直到宿營地，夫妻方才會合。耶穌呢，不是在同行人中間，這時他們才發覺孩子不見了，急急忙忙到處找，問那些親戚朋友，有沒有看見耶穌？人們都說沒有看見。他們著了慌，踏遍了宿營地，也沒有找到他的蹤影。

　　既然附近找不到，那就回到耶路撒冷吧。過了三天，他們總算在聖殿找到了他。他正坐在教師們中間，一邊聽，一邊問。在場的人，看見他聰明過人，對答如流，都感到非常驚奇。他的父母見到這種情景，也都莫名其妙。

　　那時一個十二歲的孩童，是很少到聖殿裏聽講的，一方面貪玩，一方面他們也聽不懂那些高深莫測的律法書和先知書，更不要說向教師發問和答辯了。他們那裏知道，人子是生而知之的，無所不通，無所不曉。他所發揮出來的智慧以及給人看得見的身量，都在與日俱增。上帝和人，也都益發喜愛他。

　　他的母親看見愛子失而復得，非常高興，把他抱在懷裏，對他說：

　　「我兒，你悄悄留下來，爲什麼不告訴我們呢？看把你父親和我急的，到處找不見你，我們多傷心哪！」

　　「幹麼要找我呀？」耶穌回答說，「難道你們不知道，我應當以我父的事爲念嗎？」

　　對於這樣的話，他們當時還不能理解。母親馬利亞只能把這一切全都記在心裏。

　　「我兒，」馬利亞說，「快跟我們回去吧！」

　　「好吧。」耶穌順從他的父母，跟著他們回到拿撒勒。


# 四　施洗約翰


　　比耶穌提前六個月出生的約翰，漸漸長大，心靈體健，住

在猶太的曠野裏。

這約翰穿著駱駝毛衣服，腰束皮帶，吃的是蝗蟲野蜜。

撒迦利亞的兒子約翰從曠野裏來到約旦河一帶地方，宣講悔改的洗禮，使罪得赦免。

那時耶路撒冷以及猶太全地的人，紛紛來到約翰這裏，承認他們的罪，在約旦河裏接受約翰的施洗。

約翰對出來受洗的法利賽人和撒都該人説：

「毒蛇的種類，誰指示你們逃避將來的忿怒呢？你們要結出果子來，與悔改的心相稱。現在斧子已經放在樹根上，凡不結好果子的樹，就砍下來，丟在火裏。」

衆人問他説：

「這樣我們可怎麼辦呢？」

「應該這樣，」約翰回答説，「有兩件衣裳的，就分給那沒有衣服的一件；有食物的，也當如此。」

又有税吏來受洗，問他説：

「我們應該做些什麼呢？」

約翰回答説：

「除了定例的税額，不要多收！」

又有兵丁問他説：

「我們應該做些什麼呢？」

約翰對他們説：

「不要以強暴待人，也不要訛詐人。自己有錢糧就應該知足。」

百姓指望彌賽亞到來的時候，都在心裏猜疑：「或許約翰就是彌賽亞吧？」

約翰明確地說：

「我是用水給你們施洗。但有一位能力比我大的要來，我就是給他解鞋帶也不配。他要用靈與火給你們施洗。他手裏拿著簸箕，要揚淨他的場，把麥子收在倉裏，把糠用不滅的火燒盡。」約翰又用別的話勸慰百姓，向他們傳福音。很多百姓都受了洗。

那時耶穌從加利利的拿撒勒來到約旦河，見了約翰，要受他的洗。

約翰攔住他說：

「我應當受你的洗，你反倒上我這裏來麼？」

耶穌回答說：

「你暫且許我，因為我們理當這樣盡諸般的義。」

約翰聽了這話，便允許耶穌受他的洗。於是耶穌在約旦河裏受了約翰的施洗。

當耶穌從水裏上來的時候，天忽然開了，聖靈從天上飛下來，像鴿子一樣，落在耶穌的身上。天空中傳下聲音來：

「你是我的愛子，我喜悅你！」

此事發生以後，法利賽人從耶路撒冷來到約翰這裏，質問他說：

「你是誰？」

「我不是基督。」約翰回答說。

「那你是以利亞嗎？」來人繼續問。

「也不是。」約翰回答說。

「那麼你到底是誰呢？告訴我們，我們回去也好有個交代。說吧，你到底是誰？」法利賽人不住地刨根問底。

約翰只好這樣回答他們：

「在曠野裏有人喊，修直主的路！我就是那修路之人。」

「這麼說來，」法利賽人說，「既不是基督，也不是以利亞，更不是先知，那你爲什麼要給人施洗呢？」

「我不過是用水施洗，」約翰回答說，「可是有一位站在你們中間，你們也不認識他。就是那在我以後來的，他要用聖靈給你們施洗。」

這是約翰在約旦河外伯大尼爲耶穌所作的見證。

後來耶穌領著門徒又來到猶太地，他們也在那裏居住施洗。這時約翰正在哀嫩施洗，那裏水多，衆人也去那裏受洗。約翰的門徒對他說：

「從前你在約旦河外所見證的那位，現在也給人施洗，衆人都往他那裏去啦！」

約翰說：「若不是從天上賜的，人就不能得著嘛！我曾說過，我是奉差遣在他前面開路的，你們自己可以給我作見證。娶新婦的，就是新郎。新郎的朋友聽見新郎的聲音就高興，故此我也心滿意足了。他必興旺，我必衰微。」

門徒們問耶穌：

「文士們爲什麼說以利亞必須先來？」

「以利亞先來，復興萬事。」耶穌回答說，「經上不是指著人子說，他將要受許多苦，被人輕慢麼？我告訴你們，以利亞已經來了。他們也必然如此待他，正如經上所指出的。」耶穌這裏所說的以利亞，指的就是施洗約翰。

正當約翰在曠野傳道施洗，名聲大震的時候，發生了這麼一件事——加利利的分封王希律有個兄弟名叫腓力，腓力有個

妻子名叫希羅底。希羅底被分封王希律看中了，兩個人結爲夫妻。他們結婚的消息傳到約翰的耳朵裏，約翰公開指出他們犯了罪，責備希律王說：

「你娶兄弟之妻，是悖理的！」

改嫁後的希羅底惱羞成怒，鼓動希律王殺掉約翰。可是希律王不敢，因爲猶太老百姓都把約翰看成先知，所以他不敢輕易殺他，只是把他關進了監獄。同時希律王也知道約翰是個義人，不得不敬畏他，保護他，聽他講論，並且有的還照著約翰的話去做。

後來希律王過生日，他在王宮裏大擺筵席，大臣和千夫長以及加利利的首領們都應邀赴宴。在酒席筵前，希羅底的女兒進來跳舞，使希律王和同席之人酒興大發，分外歡喜快樂。

希律王酒醉醺醺，對女子說：

「不管你向我要什麼，我都給你。」又對她起誓說，「隨便你向我要什麼吧，就是國土的一半，我也一定給你！」

「太好了，」希羅底的女兒說，「我回去問問我母親，看看我應該要什麼？」說著回轉身，邁著輕盈的舞步，飄然離去。

時間不長，她從希羅底那裏急匆匆地回來了，站在希律王面前說：

「我要約翰的人頭！願王立時把施洗約翰的人頭，放在盤子裏給我！」

希律王聽見這話，感到特別難辦。但是在大庭廣衆之中，誓言已出，不好反悔，推辭不掉了。他猶豫了一下，便吩咐衛兵到監獄裏去取約翰的人頭。

　　衛兵過一會兒回來，手裏捧著一個盤子，盤子裏盛著約翰的人頭。那女子接過來，送給她的母親希羅底。

　　施洗約翰的門徒後來把他的屍首領去，葬在墳墓裏。

　　（此係後話，爲了敍述的方便提前説了。在其後的故事裏還要屢次提到活著的施洗約翰。）


# 五　撒但試探


　　耶穌受了約翰的施洗以後，離開綠草如茵的約旦河畔，進入了冷漠荒蕪的曠野。這裏溝壑縱橫，怪石林立，到處是荊棘，蒿萊和蒺藜。乾涸河道上的虺蛇與蜥蜴，蠢蠢蠕動著，這是人跡罕到之處，就連空中的飛鳥也不敢輕易降落，不得不拖著疲倦的翅膀飛向遠方的枯樹林。枯樹林裏偶爾傳來幾聲獅吼，彷彿要與呼嘯的狂風爭個高下。

　　耶穌基督，出生後便在恐怖中隨父母逃亡埃及，回國後定居拿撒勒城，跟著父親作木工，漸近成年時，至約旦河受約翰的洗禮，一直奔波在人羣之中。現在他獨處天涯，遠離塵寰，該是何等的寂寞而空虛啊！更何況他在荒野裏整整四十晝夜，一點東西沒吃，腹中飢餓難忍。

　　正在這時，魔鬼撒但走上來，吹著耶穌的耳朵，對他説：

　　「你若是上帝的兒子，可以吩咐這些石頭變成食物！」

　　人生在世，物質上的第一需要便是食物，尤其對於飢餓之人，那食物的誘惑力，實在是難於抗拒的。撒但明明知道，只

要耶穌一閃念，石頭就會立刻變成美餐。可是耶穌斷然拒絕了，他這樣回答說：

「經上記載著——人活著，不是單靠食物，而是靠上帝口裏所出的一切話。」

魔鬼看一計不成，又生一計，他把耶穌帶進了耶路撒冷，叫他站在聖殿頂上，對他說：

「你若是上帝的兒子，可以跳下去，因爲經上記載著——主要爲你吩咐他的使者，用手托著你，免得你的腳碰在石頭上。」

撒但企圖以此來試探人子，看他有沒有逞強好勝之心。

耶穌對他說：

「不可試探主，你的上帝。」

又失敗了。魔鬼並不甘心，他把耶穌帶上一座高山，那山峯雲霧繚繞，立在天際。

撒但在人子面前指指點點，將世界上的萬國，以及萬國裏的榮華富貴，全都指給他看。看遍之後，魔鬼最後對他說：

「看見了吧，上帝已經把這一切全都交給我了。如果你俯伏在地，向我跪拜，我就把這一切全都賜給你！」

可是耶穌視榮華富貴如同糞土，毫不爲之所動，他對撒但說：

「經上記載著——當拜主你的上帝，單要侍奉他。堂堂人子，焉有跪拜撒但之理！撒但，退去吧！」

魔鬼撒但三次試探耶穌基督，全都失敗了。各樣試探盡數用完了，只好灰溜溜地暫時離開耶穌。魔鬼退到幽暗的角落裏，不見了。天使又出來伺候耶穌。

世界上一切聖人君子，都要經過魔鬼的引誘與試探。最初，魔鬼引誘亞當夏娃偷食禁果，後來用美女絆倒了英勇善戰的大衛王，就連智慧之王所羅門也難免拜倒在異邦偶像的腳下，撒但又在上帝面前控告義人約伯，鬧得他家敗人亡牢騷滿腹……可見一切血肉之軀，要想抵擋住撒但的蠱惑，談何容易呀！然而耶穌是屬靈的，他視一切物質皆如無物，因此他能經得起撒但的各種各樣的試探。

# 六　初收門徒

施洗約翰和兩個門徒在約旦河外伯大尼看見耶穌從前面走過，他就指著耶穌對兩個門徒說：

「看哪，這就是上帝的羔羊！」

兩個門徒聽見這話，就跟從了耶穌。耶穌轉過身來，看見他們跟著，就問他們說：

「你們要幹什麼呀？」

「老師，」他們說，「我們想知道你在什麼地方住？」

「你們來吧，跟我看看住處。」耶穌招呼他們來到自己的住處。這時候已經接近黃昏，他們兩個就一同住在耶穌那裏，聆聽他的教誨。

他們兩個最先作了耶穌的門徒。這兩個門徒一個叫安得烈，另一個據說叫約翰。（這一個約翰和施洗約翰同名，其實同名同姓者有的是，不足爲怪。）

　　安得烈和約翰當晚聆聽了耶穌的教誨，認定他就是猶太人
所盼望的彌賽亞（救世主）。

　　第二天，天剛亮，他們便分頭去找自己的哥哥。

　　安得烈找到了自己的哥哥西門，對他說：

　　「我遇見彌賽亞了，快跟我去見他吧！」

　　於是安得烈領著哥哥西門來見耶穌。耶穌看見西門非常高
興，對他說：

　　「你是約翰的兒子西門，以後你就叫彼得吧！」

　　彼得是第一個得主賜名的人，後來在眾門徒中大有作為。

　　約翰也把自己的哥哥雅各找來了，雅各又被稱為「雷
子」。

　　過了一天，耶穌又遇上了一個名叫腓力的人。耶穌對腓力
說：

　　「你來跟從我吧！」

　　這腓力是伯賽大人，與彼得和安得烈是同鄉。

　　腓力又找到一個名叫拿但業的迦拿人，對他說：

　　「摩西律法上所寫的、眾位先知所記的那一位，我們遇見
了，就是約瑟的兒子拿撒勒人耶穌。」

　　拿但業回答說：

　　「拿撒勒還能出什麼好的麼？」

　　「你來看看吧！」說著，腓力就領著拿但業來見耶穌。

　　耶穌一看見拿但業，就指著他說：

　　「看哪，這是一個真正的以色列人，他的心地坦白，沒有
一點詭詐。」

　　「你從那裏知道我呢？」拿但業莫名其妙。

耶穌對他説：

「在腓力還沒有招呼你，你在無花果樹底下的時候，我就看見你了。」

「老師，」拿但業驚喜地説，「你是上帝的兒子，你是以色列的王。」

耶穌對拿但業説：

「我説在無花果樹下見過你，你就相信我啦？這算得了什麼呢，以後你還會看到比這更大的奇事呢。」接著耶穌又對幾個門徒説，「我實在告訴你們，你們將要看到天開了，上帝的使者從天上飛下來，落在人子的身上。」

就這樣，耶穌在約旦河畔收下了最初的幾個門徒，他們是彼得、安得烈、雅各、約翰、腓力和拿但業。


# 七　變水爲酒


耶穌帶著最初收下的幾個門徒，從約旦河畔來到加利利。

在加利利的迦拿，有一家娶媳婦，擺設結婚的喜宴。耶穌的母親馬利亞在那裏。耶穌和他的門徒也被邀去赴席。

酒席筵上，大家開懷暢飲，正喝得起勁，突然發現酒喝光了。這可怎麼辦呢？現買也來不及呀，把新郎急得團團轉。

母親馬利亞過來對耶穌説：

「他們沒有酒了！」

耶穌回答説：

「母親，我與你有什麼相干？我的時候還沒有到。」

原來耶穌並不想管這樣的事，可是母親不容他不管，她對耶穌的話有所省悟，便轉身對傭人說：

「你們聽他的，他怎麼說，你們就怎麼做吧。」

依照猶太人愛清潔的習慣，那家擺著六口石缸，每口石缸大約可盛兩三桶水。

「看見那些缸嗎，」耶穌指著石缸對傭人說，「你們去打水來，往缸裏倒，把缸全都倒滿了。」

傭人們按著他的吩咐去打水，往缸裏倒，一缸一缸的，全都倒滿了水。

「現在可以舀出來，」耶穌對傭人說，「送給管筵席的。」

於是他們把水舀出來，送給管筵席的。管筵席的人接過來，呷了一點，連聲說：

「好酒，好酒，味道美極了！」

原來傭人打水的事，管筵席的並不知道，也不知道剛嚐的酒是水變的，因此他對主人的待客方法不大滿意了。

「請新郎過來一下，」管筵席的招呼新郎，「原來你有好酒哇，爲什麼不早拿出來呢？人家辦喜事，都是先把好酒擺上來，讓客人盡情喝足了，再把次的擺上來，留自家喝。可是你呢，你把好酒留在後邊……」

人逢喜事精神爽，新郎見有了這許多好酒，喜出望外，就勸大家儘量喝。

喜酒散後，耶穌與他母親兄弟和門徒，離開迦拿，一起到迦百農去，在那裏住了不多幾天。猶太人的逾越節到了，耶穌

就上耶路撒冷去過節。

# 八　清潔聖殿

猶太人的逾越節快到了，耶穌上耶路撒冷去過節。

走進聖殿一看，嗬！這裏鬧烘烘一片，作買賣的，吆喝之聲此起彼伏。有賣牛羊鴿子的，有兌換銀錢的，空氣裏充滿了一股腥臊腐臭的氣味……看這些人把聖殿糟踏成這個樣子，耶穌登時大怒。他操起一根繩子當鞭子，由門徒們幫著，噼嚦啪嚓，一頓抽打，打得那牛羊帶著疼痛，掀著尾巴，跌跌撞撞往外跑。耶穌回過頭來，推倒了銀錢桌子，掀翻了賣鴿人的凳子，那些商販不敢正視，紛紛作鳥獸散。

有些人不知好歹，手裏拿著烏七八糟的器具，想抄近路，從殿裏穿行，被耶穌的門徒頂了回去。

耶穌教訓他們説：

「經上不是記著，説『我的殿，必稱爲萬國禱告的殿』麼？你們倒使它成爲賊窩了！」

在場的衆人都很稀奇他的教訓，可是祭司長和文士聽了這話卻覺得臉上無光，要想辦法除掉他。

耶穌對那些人説：

「不要將我父的殿，當作買賣市場！」

這使他的門徒想起了經上記載的話──「我爲你的殿心裏焦急，如同火燒！」

當時撒都該人向耶穌說：

「你清潔聖殿，這當然是一個壯舉！」他們表面上不得不讚許一下，骨子裏卻要使這無可指責的行動黯然失色，所以他們又這樣難他：「你既然能做這件事，還能顯什麼神蹟給我們看看嗎？」

耶穌回答說：

「你們拆毀這殿，我三日內要再建立起來。」

撒都該人便說：

「這聖殿花了四十六年的工夫方才告竣，你三日之內就能建得起來嗎？」

原來耶穌這話是以他的身體爲殿，含有死後三日之內復活的意思。

耶穌在耶路撒冷過逾越節的時候，行了許多神蹟。好些人親眼看見，都很佩服他。

可是祭司長和文士以及長老們卻想揶揄他難住他。他們看見耶穌在聖殿裏行走，便對他說：

「你仗著什麼權柄做這些事？是誰給了你這個權柄呢？」

耶穌對他們說：

「我要問你們一句話，你們若能回答我，我就告訴你們，我仗著什麼權柄做這些事。請你們回答這樣一句話──約翰的洗禮，是從天上來的呢，還是從人間來的？」

這可把他們難住了，他們彼此商議說：

「我們若說從天上來的吧，他就會說，那麼你們爲什麼不相信他呢？若說從人間來的吧，又怕老百姓不許，因爲衆人真把約翰看成先知了……」他們商量來商量去，左右爲難，只好

硬著頭皮回答説，「我們不知道。」

　　耶穌説：

　　「既然你們回答不上來，那你們就別想聽到我的回答了。我也不告訴你們我憑什麼權柄做這些事。」

　　耶穌在逾越節清潔聖殿，大獲全勝。

# 九　尼哥底母

　　有一個法利賽人，名叫尼哥底母，是猶太人的官。這人深夜來訪耶穌，對他説：

　　「老師，我知道你是由上帝那裏派來的，因爲你所行的神蹟，如果沒有上帝與你同在，那是誰也行不了的。」

　　耶穌對尼哥底母説：

　　「我實在告訴你，人如果不重生，他就不能見上帝之國。」

　　「唉，」尼哥底母説，「人已經老了，怎麼還能重生呢？難道還能進母腹重新生出來嗎？」

　　「我實在告訴你，」耶穌説，「人如果不是從水和聖靈生的，就進不了上帝之國。從肉身生的，就是肉身；從聖靈生的，就是聖靈。我説，你必須重生，你不要以爲稀奇。風隨著意思吹，你聽見風的聲音，卻不知道從那裏來往那裏去。凡是從聖靈生的，也是如此。」

　　「怎麼能有這事呢？」尼哥底母問。

耶穌回答說：

「你是以色列人的長官，還不明白這事麼？我實在告訴你，我們所說的，是我們知道的；我們所見證的，是我們見過的。你們卻不領受我們的見證。我對你們說地上的事，你們都還不信，若說天上的事，那就更不能相信啦！除了從天而降仍舊在天的人子，沒有人升過天。摩西在曠野怎麼樣把蛇舉起來，人子也一定能夠照樣舉起來，叫一切信他的人都得永生。」

耶穌的意思無非是說：你既然是以色列人的先生，就應該懂得國家興亡的道理。要想在以色列建立上帝之國，就必須受水和聖靈的洗禮，使人心屬靈，與上帝同在。

尼哥底母雖然敬仰耶穌，但他當時還不能透徹了解耶穌這番話的深意。由於自己所處的地位，他還沒有勇氣公開追隨耶穌，只是在心裏暗暗地相信他。直到耶穌死而復活了，他才公開承認自己是一個基督的信徒。

在法利賽人中，尼哥底母是最早接近耶穌的人。

法利賽人是猶太人中最有勢力的一個宗派，由文士和律法師組成。他們居高自傲，目空一切，專門以研究律法著稱，墨守陳規，常常挑撥是非，姑息羅馬人的統治。後來這個派別幾乎成了偽善的代名詞，耶穌曾多次提到「偽善者」，指的就是法利賽人。但也不能一概而論，其中也有極少數人傾向耶穌，尼哥底母就是值得注重的一位。

# 十　敍加古井

　　由於耶穌門徒也給人施洗，甚至超過了施洗約翰，引起了約翰門徒的不滿與法利賽人的注意，所以耶穌決定暫時離開猶太地，起身往加利利去。途經撒瑪利亞的敍加城，城外有一眼雅各古井。耶穌走路困乏，坐在井邊休息。

　　這時有一個撒瑪利亞婦人來井邊打水。

　　耶穌對他說：

　　「請你給我點水喝吧！」

　　「你是猶太人，」撒瑪利亞婦人說，「怎麼能向一個撒瑪利亞婦人要水喝呢？」

　　原來猶太人與撒瑪利亞人素無來往，自從猶太與以色列分國之後，以色列人與異族通婚，已經被外邦人同化，成爲一羣雜種人，因此被猶太人深惡痛絕，認爲他們不是人。反過來，撒瑪利亞人對猶太人也有根深柢固的成見，因此這個婦人才用上邊的話回敬耶穌。

　　耶穌卻回答說：

　　「如果你知道對你說話的是誰，那你早就一疊連聲地求我了，我也早就給了你活水。」

　　「先生，」婦人說，「你從那裏得到活水呢，你隨身沒帶打水的器具，這井又深。你知道嗎，這井是我們祖先雅各給我們留下的，他本人和兒子以及牲畜，全都喝過這井裏的水。難

道你比他還大麼？」

耶穌回答說：

「凡喝這水的，還會再渴。而我所賜的水，人若喝了，就會永遠不渴。我所賜的水，要在人裏面成爲泉源，直湧到永生。」

「是這樣麼，先生？」婦人說，「那就請你把這樣的水賜給我吧，好叫我不渴，也免得再跑這麼遠打水了。」

耶穌說：

「你去叫你丈夫到這裏來！」

「我沒有丈夫。」婦人說。

「這話不錯，」耶穌說，「你確實沒有丈夫。你已經有過五個丈夫，你現在有的，並不是你的丈夫。你這話倒是真的。」

「先生，」婦人說，「我認出你了，你是先知！我們世世代代在這山上禮拜，可你們卻說，應該禮拜的地方是耶路撒冷。」

「婦人，」耶穌說，「你應該相信我，時候快到了，你們拜父，也不在這山上，也不在耶路撒冷。你們所拜的，你們不知道；我們所拜的，我們知道，因爲救主是從猶太人出來的。時候快到了，也可以說已經到了，那真正拜父的，要用心靈和誠實去拜。上帝是個靈，因此拜他的，必須用心靈和誠實去拜。」

「我知道彌賽亞要來，他若來了，一定會把什麼事情全都告訴我們。」

耶穌對婦人說：

「這和你説話的，就是他。」

耶穌和撒瑪利亞婦人正説著話，門徒上城裏買食品回來了。他們看見耶穌和婦人説話，感到莫名其妙，可也沒有問這是爲什麼。

那婦人留下水罐子，往城裏去了。她在敍加城裏對衆人説：

「你們來看，有一個陌生人，把我的根根柢柢，一古腦兒説出來了，莫非這人就是基督吧！」

聽她這麼一説，城裏人就往這裏來了。

在他們來到之前，門徒對耶穌説：

「老師，請吃吧！」他們把剛買來的食品擺在耶穌面前。

「我有食物吃呀，」耶穌説，「這食物是你們不知道的。」

門徒們感到奇怪，互相嘀咕：

「莫非有人拿什麼東西給他吃了？」

耶穌對門徒説：

「我的食物，就是遵行差我來者的旨意，完成他的工作。你們不是説，到收割的時候還有四個月麼？我告訴你們，你們看看田裏，莊稼已經成熟，可以收割了。收割者得工價，積蓄五穀到永生。叫播種的和收割的一同歡樂。俗話説，那人播種，這人收割。這話可是真的。我差你們去收割你們所沒有付出過勞動的。別人勞動，你們坐享其成。」

耶穌和門徒正在談論的時候，敍加城裏來見耶穌的人到了。他們請耶穌進城裏住下，耶穌就在這裏住了兩天。他在敍加城向撒瑪利亞人講話，有很多人聽了他的話，就信奉了他。

他們對那報信的婦人說：

「現在我們相信他，可不是由於你那麼一說，而是我們親眼看見了，親耳聽見了，我們明白了，他就是救世主！」

在敍加城傳了兩天道後，耶穌就離開那裏，率領著門徒，繼續向加利利進發。

# 十一　舊地重遊

加利利的迦拿，本是耶穌初顯神蹟之地。從前他在這裏變水爲酒，現在他舊地重遊，又率領門徒來到這裏。

迦拿的人們也曾去耶路撒冷過逾越節，耶穌在逾越節期間所行的許多神蹟，他們至今還記憶猶新。因此他們高興地接待了耶穌和他的門徒。

耶穌蒞臨迦拿的消息很快傳開，有一位大臣慕名而來。

「我們知道你在耶路撒冷行了好些神蹟，」大臣對耶穌說，「現在請你到我家裏去行吧！我的兒子病了，到處求醫，總不見效，看見他面黃肌瘦的，喘不過氣來，我多揪心哪！就這麼一個兒子，我能眼睜睜看著他死嗎？我的兒子快死了……」

「快要死了麼？」耶穌對大臣說，「若不看見神蹟奇事，你們總是不信。」

「先生，」那大臣說，「求你趁我孩子還沒有死，就走一趟吧！」

「不用去了，」耶穌說，「你回去吧，你的兒子活了。」

那大臣得了這麼一句話，如獲至寶，因爲他知道耶穌說的話沒有不準的，所以不再多說，扭頭就往回走。

正走在半路上，就有他的僕人迎上來說：

「你的兒子活了！」

「有福啊！」大臣向僕人說，「什麼時候活過來的？」

「昨天，」僕人回答說，「在未時以前，眼看就不行了，只剩一口彌留的氣了。正在這時，大約就是未時吧，他突然睜開眼睛笑了，翻個身，坐起來，說話了。」

「那麼說，」大臣邊走邊思量著，「昨天未時，他的燒就退下去了？」

「是的。」僕人回答說。

大臣心裏明白，正是在昨天未時，耶穌對他說「你兒子活了」。

他回到家裏，看見兒子正在地上活蹦亂跳地玩，一點也看不出有病的樣子。他和他的全家，就都相信了耶穌。

這就是耶穌在迦拿行的第二個神蹟。

以後在迦百農，又發生過類似的情況。有一個百夫長進來對耶穌說：

「主啊，我的僕人害病癱瘓，躺在家裏，痛苦不堪。」

「我去醫治他！」耶穌說。

百夫長又說：

「主啊，你到我舍下，我可擔當不起，只求你說一句話，管保我的僕人就好了。因爲我在人家的手下做事，兵丁在我的手下做事。我對手下的這個說，去，他就去；對那個說，來，

他就來。我對僕人說，你做這件事吧，他就立刻去做。僕人這樣聽話，我爲他的疾病擔憂……」

聽見百夫長的話，耶穌很覺稀奇，對跟從他的人說：

「我實在告訴你們，這麼大的信心，就是在以色列中，我也沒有遇見過。我還要告訴你們，從東到西，將有許多人來，在天國裏與亞伯拉罕、以撒、雅各一同坐席。唯有本國的子民，竟被趕到外面黑暗裏去，在那裏必定要哀痛切齒了。」

耶穌轉過身來，對百夫長說：

「你回去吧，你的信心，給你成全了。」

說話的時候，百夫長的僕人就痊癒了，起來服侍他的主人。

# 十二　在迦百農

在施洗約翰被關進監獄以後，耶穌離開猶太地，來到加利利，宣傳上帝的福音。

耶穌說：

「日期滿了，上帝之國近了，你們應當悔改，相信福音！」

耶穌順著加利利湖邊行走，看見西門彼得和他弟弟安得烈在湖裏撒網捕魚，便對他們說：

「跟我走吧，我叫你們得人如得魚一樣。」

他們就立刻捨了網，跟耶穌一起往前走。他們又看見西庇

太的兒子雅各和約翰兄弟倆在船上坐著補網呢。耶穌向他們招手，他們立刻丟下手裏的活計，跳下漁船，樂顛顛地加入了耶穌的行列。耶穌領著門徒來到加利利的迦百農。

迦百農是一座小城，剛剛建立不久，位於加利利湖的北岸，耶穌就在這裏落腳。

安息日，耶穌進會堂傳道。對於他的說教，衆人都很驚訝。因爲他教訓他們的話，很能感動人，並不是一般文士們所能説得上來的，言談舉止，都像一個有權威的人。

在會堂裏有一個被鬼附體的人，那鬼藉著人的口説道：

「拿撒勒人耶穌，我們與你有什麼相干，你來這裏消滅我們嗎？我知道你是上帝的聖者！」

耶穌責備那鬼説：

「別嚷嚷啦，從人家身上出來吧！」

於是那人登時倒地，渾身顫抖，口角抽噎，大聲喊叫：

「是，我出來啦！」污鬼説了這麼一句，叫那人抽了一陣瘋，就像空氣一樣，從那人口裏出來了。

那人立時清醒過來，跟好人一樣，對剛才發生的事毫無知覺。

衆人驚得目瞪口呆，過了半天，才互相議論起來：

「這是什麼事兒呀？」

「是個新道理啊！」

「他能驅趕污鬼，連污鬼都聽他的了！」

耶穌從會堂裏一出來，就同著雅各和約翰進了西門彼得和安得烈的家。

有人過來指著臥病在床的老太太説：

「你看啊，這是西門的岳母，這樣子多難受啊？她害著熱病，正在發昏。」

耶穌走上前，拉著老太太的手，扶她起來，她起來了，身上的燒頓時消退，如同剛剛驚醒的健婦一樣，忙著招待客人。

日落黃昏，人們扶老攜幼，帶著患病和污鬼附體的人，紛紛來到耶穌跟前。一會兒，全城的人都陸陸續續聚集到門前，有的求治病，有的來看熱鬧，黑壓壓一片，擠得水洩不通。

耶穌治好了各種各樣的病人，又趕出許多鬼，不許鬼說話，因為鬼認識他呀，不然怎麼叫鬼呢！

翌日早晨，天剛矇矇亮，耶穌就起床了，到郊外去祈禱。

西門彼得和同伴們隨後追來，對他說：

「大夥都在找你！」

「這樣吧，」耶穌對他們說，「我們往別處去走走，到附近的村子裏看看，我也好在那裏傳道，因為我就是為這事出來的嘛。」

於是耶穌帶著門徒走遍了加利利的城邑和鄉村，進了各處的會堂，傳道趕鬼。

有一個渾身長著白嘟嚕大痳瘋的患者，艱難地走過來，在耶穌面前撲通跪倒，哀求說：

「我相信你一定能夠叫我潔淨，如果你肯這麼做的話。」

「我肯，」耶穌伸手摸他，「你潔淨了吧！」

大痳瘋即時離開他，他就潔淨了。身體完好如初，皮膚光滑柔潤，精神清爽愉快。

「等一會兒走，」耶穌嚴肅地跟他說，「出去以後，什麼話也不要說，只要去把身體給祭司看看就行了，另外獻上摩西

所吩咐的禮物，證實你潔淨了。行了，你去吧。」

可是那人出去，管不住自己的嘴，竟把這事傳揚開了。

這事被當權者知道，他們怕把這些患者引進城來，便不叫耶穌再公開地進城了。耶穌只好在郊野傳道。

過了些日子，耶穌又回到迦百農。人們聽説他在屋子裏講道，紛紛圍過來，門口又擠得水泄不通。

有人帶著一個癱瘓病人來見耶穌，是由四個人抬著來的。因為人太多了，實在擠不進來，他們就想個辦法，拖著癱瘓病人爬上房頂，把房頂拆個大窟窿，把病人放在褥子上，褥子四角拴上繩子，人們牽著四根繩子，從房頂窟窿裏往下縋，縋落在耶穌講道的地上。

耶穌見他們這樣誠心誠意，就對癱瘓病人説：

「小伙子，你的罪赦免了！」

聽見這話，旁邊有幾個文士在心裏嘀咕：

「講道人怎麼能説出這樣僭妄的話呢？除了上帝之外，誰能赦罪呢？」

他們的心裏活動，全被耶穌看穿了。耶穌對他們説：

「你們心裏為什麼這樣嘀咕呢？説你的罪赦免了，或者説你拿起褥子走路，這兩個那一個容易呢？」為了證實人子在地上有赦罪之權，耶穌便對那癱瘓病人説：

「我吩咐你起來，拿起你的褥子回家去吧！」

話音剛落，那個癱瘓病人就立時痊癒了。他站起來，拿起褥子，當著眾人的面，踏踏實實地走出去了。眾人看了，全都驚訝不已。

講完道以後，耶穌走出來，到海邊去。經過稅關的時候看

見亞勒腓的兒子利未坐在那裏，便對他說：

「你跟我來吧！」

那稅吏利未就跟了過來，把耶穌領到他的家裏。坐席的時候，有好些稅吏和罪人同耶穌的門徒坐在一起。衆人也都跟了過來，看他們吃飯，其中夾雜著法利賽人的文士。文士問耶穌的門徒說：

「他怎麼能和稅吏與罪人一同吃喝呢？」

聽見這話，耶穌回答說：

「健康的人用不著醫生，只有生病的人才用得著醫生。我來本不是召義人的，而是召罪人。」

逢安息日，耶穌又進了會堂。會堂裏坐著一個人，他的一隻手枯乾了，僵硬得如同一段燒焦的木頭。

衆人的眼睛全都盯著耶穌，看他給不給治？如果給治，他們就要控告他，因爲按規定，安息日是不准做工的。

「起來，」耶穌對那人說，「站在當中！」又回過頭來問衆人，「你們說，安息日行善還是行惡？救命還是害命？那樣好呢？」衆人默不作聲，耶穌怒視著周圍的人，看他們的心這樣剛硬，耶穌的心裏實在難過。他對那人說，「伸出手來吧！」那人把手一伸，果然和好手一樣，復了原，跟過去一樣靈活了。

法利賽人看在眼裏，出去同希律黨人一起商量怎樣除掉耶穌。

# 十三　廊下患者

　　耶穌率領門徒，離開加利利，上耶路撒冷去。

　　在耶路撒冷，靠近羊門有一個池子，池子旁邊有五個廊子，廊下躺著一些病人，有瞎眼的、瘸腿的、血氣枯乾的……其中有一個人，病得最重，足足病了三十八年。

　　耶穌見他躺著，知道他病了許久，就問他説：

　　「你想痊癒嗎？」

　　「先生，」病人回答説，「水動的時候，沒有人把我放在池子裏。我正在爬去的時候，就有別人比我先下去了……」

　　聽他答非所問，耶穌對他説：

　　「好啦，你起來吧，拿起褥子走吧！」

　　那人立刻痊癒，真個拿起褥子走了。身輕體健精神爽，完全和好人一樣了。

　　正趕上這一天是安息日。猶太人對那廊下患者説：

　　「今天是安息日，你拿褥子是不行的！」

　　「這是治病人叫我這麼做的呀！」他回答，「那人使我痊癒了，對我説：你拿起褥子走吧！」

　　「是誰叫你拿褥子的？」他們追問道，「他是什麼人？」

　　痊癒者答不上來，因爲那裏的人多，耶穌已經躲開了。

　　後來耶穌在聖殿裏遇見他，對他説：

　　「你已經痊癒了，不要再犯罪。如果再犯罪，恐怕你的遭

遇更加不幸。」

那人聽了這話就去告訴猶太人，使他痊癒的是耶穌。

所以猶太人就來質問耶穌：

「你爲什麼在安息日做這事？」

耶穌回答説：

「我父做事直到如今，所以我也做這事。」

聽了這話，猶太人就認爲他不僅犯了安息日，而且還稱上帝爲父，因此他們想要殺他。

耶穌對他們説：

「我實在告訴你們，父怎樣叫死人起來，使他活著，子也照樣隨意使人活著。父不審判什麼人，而是將審判全權交給子，叫人敬子如敬父一樣。不尊敬子的，就是不尊敬差子來的父。那聽我話的，便獲永生，不至於定罪，並且已經出死入生了。你們不要把這事看作希奇，時候一到，凡在墳墓裏的，都要應聲而出，行善的復活得生，作惡的復活定罪。我的審判也是公平的，因爲我不依自己的意思，只依那差我來者的意思。」

那些猶太人拿他沒有辦法，只好暫時作罷。


# 十四　登山寶訓


耶穌從耶路撒冷回到迦百農，繼續傳道。在追隨耶穌的人們中，各種各樣的人都有，耶穌要從中選出一些人來，以便要

他們常和自己同住，也要差他們出去傳道。

耶穌上了山，徹夜禱告上帝。直到天亮，他把諸多門徒叫上來，從他們中間選出十二個人，稱他們爲使徒。

這十二使徒的名字是：

彼得、安得烈、雅各、約翰、腓力、巴多羅買、多馬、馬太、雅各（亞勒腓之子）、達太、西門（奮銳黨人）、猶大（加略人）

到耶穌這裏聽講道的人很多，耶穌登上一座山，門徒和衆人都隨他上山，圍著他坐下來。耶穌開口教訓他們説——

虛心的人有福了，因爲天國是他們的。

哀慟的人有福了，因爲他們必得安慰。

溫柔的人有福了，因爲他們必承受土地。

饑渴慕義的人有福了，因爲他們必得飽足。

憐恤人的有福了，因爲他們必蒙憐恤。

清心的人有福了，因爲他們必得見上帝。

使人和睦的人有福了，因爲他們必稱爲上帝的兒子。

爲義受迫害的人有福了，因爲天國是他們的。

人若因我辱罵你們，逼迫你們，捏造各樣壞話毀謗你們，你們就有福了，應當歡喜快樂。因爲你們在天上得到的賞賜是大的，以前的先知，人們也是這樣逼迫他們。

但你們富足的人有禍了，因爲你們受過安慰。

你們飽足的人有禍了，因爲你們將要飢餓。

你們喜笑的人有禍了，因爲你們將要哀哭。

人都誇你們好的時候，你們就有禍了，因爲他們的祖宗待假先知也是這樣。

你們是世上的鹽，鹽若失了味，怎能叫它再鹹呢？以後無

用，不過丟在外面，被人踐踏了。

你們是世上的光。人點燈，不能放在斗底下，而要放在燈台上，就照亮一家人。你們的光也當這樣照在人前，叫他們看見你們的好行爲，便將榮耀歸給你們在天上的父。

莫想我來要廢掉律法和先知，我來不是廢掉，乃是要成全。所以無論何人廢掉這誡命中最小的一條，又教訓人這樣做，那他在天國要稱爲最小的。但無論何人，遵行這誡命，又教訓人遵行，那他在天國裏要稱爲最大的。

我告訴你們，你們行義，若不勝過文士和法利賽人，斷然不能進天國。

你們聽見那吩咐古人的話說，「不可殺人」，又說「凡殺人的，難免受審判」。只是我告訴你們，凡向弟兄動怒的，難免受審判。你同你的對頭還在路上，就趕緊與他和息。恐怕他把你送交審判官，審判官交付衙役，你就給關進監獄了。我實在告訴你，若有一文錢沒有還清，你斷不能從那裏出來。

你們聽見有話說，「不可姦淫」。只是我告訴你們，凡看見婦女就動淫念的，這人心裏已經犯姦淫了。

若是你的右眼叫你跌倒，就剜出來丟掉。寧可失去百體中的一體，也不叫全身陷進地獄。

若是右手叫你跌倒，就砍下來丟掉。寧可失去百體中的一體，也不叫全身墮入地獄。

又有話說，人若休妻，就當給她休書。只是我告訴你們，凡休妻的，若不爲淫亂的緣故，就是叫她做淫婦了。人若娶這被休的婦人，也是犯姦淫了。

你們又聽見那吩咐古人的話說，「不可背誓，所起的誓，

總要向主遵守」。只是我告訴你們，什麼誓都不可起，不可指著天起誓，因爲天是上帝的座位。不可指著地起誓，因爲地是他的腳凳。也不可指著耶路撒冷起誓，因爲耶路撒冷是大君的京城。又不可指著你的頭起誓，因爲你不能使一根頭髮變黑變白。你的話，是就說是，不是就說不是。若再多說，就是出於邪惡。

你們聽見有話說，「以眼還眼，以牙還牙」。只是我告訴你們，不要與惡人作對。有人打你的右臉，連左臉也轉過來由他打。有人想要告你，拿你的裏衣，連外衣也由他拿去。有人強迫你走一里路，你就同他走二里。有求你的，就給他。有向你借貸的，不可推辭。

你們聽見有話說，「當愛你的鄰居，恨你的仇敵」。只是我告訴你們，要愛你的仇敵，爲那迫害你們的禱告。這樣，就可做天父的兒子。因爲他叫日頭照好人，也照歹人，降雨給義人，也給不義的人。你們要單愛那愛你們的人，有什麼賞賜呢？就是稅吏，不也是這樣麼？你們若單請你兄弟的安，比別人有什麼長處呢？就是外邦人，不也能這樣麼？所以你們要完全，像你們天父的完全一樣。

你們要小心，不可將善事行在人的面前，故意叫他們看見。你施捨的時候，不要叫左手知道右手所做的。

你們禱告的時候，不可像那偽善者，愛站在會堂裏和十字路口上禱告，故意叫人看見。我實在告訴你們，他們已經得了他們的賞賜。你禱告的時候，要進你的內室，關上門，禱告你在暗中的父，你父在暗中察看，必然報答你。你的禱告，不可像外邦人，用許多重複的話，他們以爲話多了必蒙垂聽。你們

不可效法他們，因爲你們沒有祈求以前，你們所需要的，你們的父早已知道了。所以你們禱告，要這樣說：我們在天上的父，願人都尊你的名爲聖，願你的國降臨，願你的旨意行在地上，如同行在天上。我們日用的飲食，今日賜給我們。免我們的債，如同我們免了人的債。不叫我們遇見試探，救我們脫離險惡。因爲國度、權柄、榮耀，全是你的。阿門！

你們饒恕他人的過犯，你們的天父也必饒恕你們的過犯。你們不饒恕他人的過犯，你們的天父也必不饒恕你們的過犯。

你們禁食的時候，要梳頭洗臉，不要叫人看出是在禁食，只叫你暗中的父看見。你父在暗中察看，必然報答你。

不要爲自己積攢財寶在地上，地上有蟲子咬，能銹壞，也有賊挖洞來偷。而要積攢財寶在天上，天上沒有蟲子咬，也不會銹壞，也沒有賊挖洞來偷。因爲你的財寶在那裏，你的心也在那裏。

眼睛就是身上的燈。你的眼睛若明亮，全身就光明。你的眼睛若昏花，全身就黑暗。你裏頭的光若黑暗了，那黑暗是何等大呢！

一個人不能侍奉兩個主，不是惡這個愛那個，就是重這個輕那個。你們不能又侍奉上帝，又侍奉瑪門（財利）。

所以我告訴你們，不要爲生命憂慮，吃什麼，喝什麼，穿什麼，爲身體憂慮。生命不勝於飲食麼？身體不勝於衣服麼？你們看那天上的飛鳥，也不種，也不收，也不積蓄在倉裏，你們的父尚且養活牠。你不比飛鳥貴重得多麼？你們哪一個能用思慮，使壽數多加一刻呢？何必爲衣食憂慮呢？你想野地裏的百合花，怎麼長起來？它也不勞苦，也不紡線。然而我告訴你

們，就是所羅門極榮華的時候，他所穿戴的，還不如這一朵花呢！你們這小信的人哪，野地裏的草，今天還在，明天就丟在爐裏，上帝還給它這樣的裝飾，何況你們呢！所以不要憂慮，說吃什麼，喝什麼，穿什麼？這都是外邦人所求的。你們所需用的一切東西，你們的天父是知道的。你們要先求他的國和他的義。這些東西都要加給你們了，所以不要爲明天憂慮。因爲明天自有明天的憂慮，一天的難處一天當，這就夠了。

你們不要論斷人，免得被人論斷。因爲你們怎樣論斷人，也必怎樣被論斷。爲什麼看見你兄弟眼中有刺，卻不想自己眼中有梁木呢？你這僞善之人，先去掉自己眼中的梁木，然後才能看得清楚，去掉你兄弟眼中的刺。

不要把聖物給狗，也不要把你們的珍珠丟在豬前，恐怕牠踐踏了珍珠，轉過來咬你們。

你們祈求，就給你們；尋找，就尋見；叩門，就給你們開門。因爲凡祈求的，就得著；尋找的，就尋見；叩門的，就給他開門。你們中間，誰有兒子求餅，反給他石頭呢？求魚，反給他蛇呢？你們雖然不好，尚且知道拿好東西給兒女，何況你們在天上的父，豈不把更好的東西給求他的人麼？所以無論何事，你們願意人怎樣待你們，你們也要怎樣待人。因爲這就是律法和先知的道理。

你們要進窄門，因爲引向滅亡之門是寬的，路是大的，進去的人也多；引向永生之門是窄的，路是小的，找著的人也少。

你們要防備假先知，他們到你們這裏來，外面披著羊皮，裏面卻是殘暴的狼。憑著他們的果子，就可以認出他們來。荊

棘上豈能摘葡萄呢？蒺藜裏豈能摘無花果呢？這樣，凡好樹都
結好果子，凡壞樹都結壞果子。好樹不能結壞果子，壞樹不能
結好果子。善人因他心裏存善，就發出善來。惡人因他心裏存
惡，就發出惡來。心裏所充滿的，口就說出來。

　　所以凡聽見我這話就去行的，好比一個聰明人，把房子蓋
在磐石上。雨淋、水沖、風吹，衝擊那房子，房子總不坍塌，
因爲根基立在磐石上。凡聽見我這話不去行的，好比一個無知
的人，把房子蓋在沙丘上。雨淋、水沖、風吹，衝擊那房子，
房子就坍塌了，並且坍塌得很厲害。

　　——耶穌講完了這些話，就下山了。他的門徒和衆人，也
都跟著他下了山。

# 十五　玉瓶香膏

　　耶穌應邀，到一個法利賽人家裏去坐席。

　　那城裏有一個女人，本是個罪人。她聽説耶穌在法利賽人
家裏坐席，就沐浴更衣，披散著蓬蓬鬆鬆的長髮，手裏捧著玉
瓶香膏，來到酒席筵前。她站在耶穌的背後，俯下身去，挨著
他的腳哭泣，淚花撲簌簌滴落在耶穌的腳背上，腳被溫熱的淚
水浸濕了。

　　那女人又用自己的長髮刷抹著耶穌的腳，腳被纖細柔軟的
頭髮擦乾了。她益發低下頭去，用嘴唇連連親吻著耶穌的腳，
把香膏從玉瓶裏挖出來，塗抹在耶穌腳上。

　　請耶穌吃飯的法利賽人把這一切都看在眼裏，心裏説：

　　「如果這吃飯的人是個先知，那他就該知道摸他的是誰了。她是個什麼樣的女人哪，是個浪蕩的罪人！」

　　耶穌望穿了法利賽人的心思，他故意對那請吃飯的西門説：

　　「我有句話對你説。」

　　「老師，」西門説，「請説吧！」

　　「你聽啊，」耶穌説，「有這麼一個債主，他有兩個債戶，一個欠五百塊銀幣，另一個欠五十塊銀幣。因爲他們很窮，無力還債，所以債主就開恩，免除了他們兩個人的債務。你想想看，在這兩個債戶之中，那一個更感激這位債主呢？」

　　「這很簡單，」西門回答説，「當然是那多受恩免的人嘍！我這樣判斷，對吧？」

　　「對，」耶穌表示贊許，「你斷的不錯，完全正確。」説著轉過臉來，望著那女人，對西門説，「你看見這女人麼，當我進你家的時候，你沒有給我打水洗腳，可是這個女人卻用眼淚滋潤了我的腳，又用頭髮擦乾。你沒有與我親吻，可是這個女人，從我進來的時候，就一直不住地用嘴唇親吻我的腳。所以我告訴你，她的許多罪都得赦免了，因爲她的愛多。可見那赦免少的，是由於他的愛少哇！」

　　於是耶穌對那女人説：

　　「你的罪赦免了！」

　　同席的人心裏説：

　　「他是什麼人，竟然能夠赦免人罪呢？」

　　耶穌對那女人説：

「你的信心救了你，平平安安地回家去吧！」

# 十六　羣豬跳崖

他們乘船到達湖那邊格拉森人的地方，把船灣在岸旁。

只見遠方有一堆墳塋，墳墓裏嗖地吹出一股涼風，蹦出一個衣衫破爛的人來，披頭散髮，嘴角泛著白沫，兩眼直直的，衝著耶穌，風馳電掣般跑過來。

這人分明是被鬼附體了，他不管白天黑夜，常常住在墳塋裏，叫他不去也不行，沒有人能攔得住他。人們屢次用腳鐐和鐵鏈捆鎖他，鐵鏈竟被他掙斷了，腳鐐也被他砸碎了。他經常出來嚇唬人，鬧得膽小的都不敢從這裏經過了。他晝夜在山中或墳塋裏嗥叫，又用石頭砸自己，弄得滿臉血污。一直沒有人能制伏他。

他衝到耶穌腳前，撲通跪倒在草地上，大聲呼叫說：

「至高上帝的兒子耶穌啊，我與你有什麼相干？」

耶穌吩咐說：

「污鬼啊，從這人身上出來吧！」

「我懇求你，」污鬼藉著那人的口說，「不要叫我受苦！」

「你叫什麼名字？」耶穌問。

「我名叫羣，」那鬼回答說，「因爲我們多的緣故，所以叫羣。」那鬼再三哀求耶穌，不要叫他們離開那地方，可憐可

憐這些浪蕩遊魂，實在無家可歸。在那山坡上，有一大羣豬在吃草。鬼就央求耶穌說，「求你打發我們往豬羣裏附著豬去吧！」

「那就去吧！」耶穌准了他們。

汙鬼就從那人身上出來，進入豬羣裏去。那些生豬，個個被汙鬼附體，頓時狂奔亂跑起來，紛紛闖下山崖，投在湖裏淹死了。生豬的數目約有兩千。

放豬的逃跑了，去告訴城裏和鄉下的人。人們陸續趕來，要看個究竟。他們來到耶穌那裏，看見那被汙鬼附體的人，心裏明白過來，正坐著自己穿衣服呢。他們察看明白，就將那被汙鬼附體之人的遭遇和豬羣的去向報告給更多的人。衆人都很害怕，一起央求耶穌離開他們的境界。

耶穌上船的時候，那從前被汙鬼附體之人追過來，懇求和耶穌同行：

「先生，請你准許我跟你走吧！」說著便要上船。

耶穌不准，對他說：

「你回家去吧，到你親戚那裏，將主爲你做了何等大事，怎樣憐憫你，全都告訴他們。」

那人只好離開船弦，在低加波利傳揚耶穌爲他做了何等的大事。

他逢人便說：

「羣豬跳崖啦！」

等人們問他，他便將自己的親身經歷，源源本本地講給衆人聽。

# 十七　少女還陽

　　格拉森人央求耶穌離開他們的境界，耶穌又坐船到另一處去傳道。他下船之後，便有好些人向他身邊聚集。耶穌還在湖邊上，就有一個管會堂的人，名叫睚魯的趕來見他。

　　睚魯俯伏在耶穌腳前，再三央求他說：

　　「我的小女兒要死了，求求你，把手按在她身上，使她痊癒，讓她活過來！」

　　耶穌隨他同去，許多人跟著他們，擁擁擠擠。

　　其中有一個女人，患了十二年的血漏，經過好些醫生的手，受了許多苦，錢也花盡了，可是病卻一點也不見好，反倒日漸加重了。她聽見耶穌來了，就從後面追上來，雜在人羣中，伸手摸耶穌的衣裳，意思說，只要我摸著他的衣裳，就一定會痊癒。於是她的血漏源頭，立刻就乾了，她立時覺得身上的災病解除了。這時耶穌心裏覺得，有能力從自己身上出去，便回轉身來說：

　　「誰摸我的衣裳？」

　　「那裏有人摸你，」他的門徒說，「這是大夥擠你，你看，這麼多人！」

　　往周圍觀看，耶穌發現了做這事的女人。

　　那女人戰戰兢兢，過來俯伏在耶穌的跟前，將實情全部告訴他。耶穌對她說：

「女兒，你的信心救了你，平平安安地回去吧，你的病痊癒了。」

正在說這話的時候，有人從管會堂的家裏出來說：

「你的女兒已經死了，何必勞動先生呢？」

聽了這話，耶穌就對管會堂的說：

「不要怕，只要信。」

於是耶穌帶著彼得、雅各和約翰同去，不許別人跟隨。他們來到睚魯家裏，看見那裏亂糟糟的，有人哭泣，有人哀號。進到裏面，耶穌對他們說：

「爲什麼這樣亂嚷嚷，這樣哭泣呢？孩子不是死了，是睡著了。」

聽耶穌這樣說，那些人就嗤笑他。他把他們全都攆出去，只帶著孩子的父母和跟隨的人進了孩子所在的地方。耶穌拉著孩子的手，對她說：

「大利大古米！」這話翻譯過來，就是說：「閨女，我吩咐你起來！」

那閨女立時起來，能夠行走了。她已經十二歲了，是父母的掌上明珠。

父母看見自己的女兒還陽了，滿心歡喜，忙叫女兒過來拜見耶穌。

耶穌切切地囑咐他們，不要叫人知道這事。又吩咐他們說：

「現在你們可以給她吃東西了。」

# 十八　家鄉見棄

耶穌在加利利巡迴講道，有一次來到拿撒勒。這是他的家鄉，他從小在這裏長大，因此有人稱他爲拿撒勒人。

在安息日，耶穌按照常規進會堂裏講道。他站起來要念聖經，有人把《以賽亞書》遞過來，交到他手上。他打開來，找到一處，念道：

「主的靈在我身上，因爲他用膏膏我，叫我傳福音給貧窮的人，差遣我報告被擄的得釋放，瞎眼的得看見，叫那受壓制的得自由，報告上帝悅納人的禧年。」

念過之後，耶穌把書捲起來，交還執事，自己坐下。會堂裏的人都定睛看他。

耶穌對他們説：

「今天念的這段經文，應驗在你們耳中了。」

衆人聽見耶穌的教訓，都感到很希奇，他們説：

「這人從那裏得來的本事呢？」

「這樣的智慧，這樣的異能，是誰賜給他的呢？」

他們開始稱讚他，感謝他口裏的恩言。可是又有人説：

「這不是木匠的兒子麼？不是馬利亞的兒子雅各、約西、猶大和西門的長兄麼？他妹妹不是也在我們這裏麼？」

一想到他是本地人，他們就厭棄他了。

耶穌對他們説：

「你們必定會引用俗語對我說：醫生，你醫治自己吧！我們聽見你在迦百農所行的事，它們也應當行在自己的家鄉。我實在告訴你們，沒有先知在自己的家鄉能被悅納的。大凡先知，在本地親屬本家，是不被人尊敬的。

「實話告訴你們吧，當先知以利亞在世的時候，天閉塞了三年零六個月，遍地都是饑荒。那時候，以色列人中有許多寡婦，以利亞並沒顧盼她們那一個。但他往西頓的撒勒法，救了一個異鄉寡婦的全家。先知以利沙的時候也是這樣，那時以色列中有許多長大麻瘋的，但是只有敍利亞國的乃縵得救了，以利沙使他全身潔淨。」

這些話灌進人們的耳朵，會場裏就嚷嚷起來了，他們怒氣沖沖地唾罵他，攆他出城。

拿撒勒城本來高踞在一座山上，人們推推搡搡的，把他帶到山崖上，要把他推下去！耶穌卻從他們中間一直走過去了。

耶穌在自己的家鄉並沒有行什麼奇事異能，不過按手在幾個病人身上，治好他們的病。由於拿撒勒居民不僅不尊敬他，反而要害他，他只好離開那裏，往周圍的鄉村去傳道。

耶穌進了一個屋子，衆人又都向他這裏聚集，忙得連飯也顧不得吃。耶穌的親屬正在找他，一聽見他在這裏，就進來拉他，因爲他們說他顛狂了。

從耶路撒冷來的文士也過來幫腔，他們說：

「這人是叫別西卜（鬼王）附體了。他自己被鬼王附著，驅趕別的鬼，這是靠鬼王趕鬼，那鬼還有不跑的！」

大家正在亂講，耶穌叫他們安靜下來，對他們說：

「什麼鬼王趕鬼！撒但怎麼能驅趕撒但呢？如果撒但自相

攻打分爭，那他就站立不住，必定要滅亡。一國若自相分爭，那國就站立不住。一家要自相分爭，那家就站立不住。沒有人能進壯士的家裏，搶奪他的家具。必須先捆住那個壯士，然後才能搶奪他的家。我實在告訴你們，世人一切罪惡和一切褻瀆之言都可以赦免，唯獨褻瀆聖靈的，卻永遠得不到赦免，而要承擔永遠的罪。」

耶穌說這話，是因爲他們說他是被鬼王附著的。

這時耶穌的母親馬利亞和他的兄弟們趕來了，站在外面，打發人來叫耶穌。

在耶穌周圍坐著許多人，他們告訴他說：

「看哪，你母親和你兄弟來了，在外面找你呢！」

耶穌回答說：

「誰是我的母親，誰是我的兄弟？」說著向四周觀看，指著坐在周圍的人說，「看哪，這就是我的母親，我的兄弟。凡是遵行上帝旨意的人，全是我的兄弟姐妹和母親。」

# 十九　羊入狼羣

耶穌叫齊了十二使徒，給他們權柄和能力，要他們分頭到各地去趕鬼醫病，宏揚福音，傳播上帝之道。

耶穌差遣他的使徒兩個兩個地出去傳道。臨走的時候，耶穌吩咐他們說：

「外邦人的路，你們不要走。撒瑪利亞的城，你們不要

進，寧可往以色列家迷失的羊那裏去。隨走隨傳，說：天國近了！醫治病人，叫死人復活，叫長大痲瘋的潔淨，把鬼從人身上趕出去，你們白白地得來，也要白白地捨去。

「腰袋裏，不要帶金銀銅錢。行路不要帶口袋，不要帶兩件褂子，也不要帶鞋和拐杖，因爲工人得飲食，是應當的。

「你們無論進那一城，那一村，都要打聽那裏誰是好人，就住在他家，直住到走的時候。進他家裏去，要請他的安。那家若配得平安，你們所求的平安，就必臨到那家；若不配得，你們所求的平安，仍歸你們。

「凡不接待你們，不聽你們話的人，你們離開那家或是那城的時候，就把腳上的塵土跺下去。我實在告訴你們，當審判的日子，所多瑪和蛾摩拉所受的，比那城還容易受呢！

「我差你們去，如同羊進入狼羣，所以你們要靈巧像蛇，馴良像鴿子。

「你們要防備人，因爲他們要把你們交給公會，也要在會堂裏鞭打你們。並且你們要爲我的緣故，被送到諸候君王面前，對他們和外邦人作見證。你們被交的時候，不要思慮怎樣說話，或說什麼話。到那時候，必賜給你們當說的話。因爲不是你們自己說的，乃是你們父之靈在你們裏頭說的。

「有人在這城裏迫害你們，你們就逃到那城裏去。我實在告訴你們：以色列的城邑，你們還沒有走遍，人子就到了。

「學生不能超過先生，僕人不能高過主人。學生和先生一樣，僕人和主人一樣，也就罷了。人既罵家主是別西卜（鬼王），何況他的家人呢！

「所以不要怕他們，因爲掩蓋的事，沒有不暴露出來的，

隱藏的事，沒有不被人知道的。我在暗中告訴你們，你們要在明處說出來。你們耳中所聽的，要在房上宣揚出來。

「那殺身體不能殺靈魂的，不要怕他們。唯有能把身體和靈魂都滅在地獄裏的，才要怕他。

「兩個麻雀，不是賣一個銅子麼？若是你們的父不許，一個也不能掉在地上。就是你們的頭髮，也都被數過了。所以不要懼怕，你們比許多麻雀還貴重。

「凡在人面前認我的，我在天父面前，也必認他。凡在人面前不認我的，我在天父面前，也必不認他。

「你們不要想我來，是叫地上太平。我來，並不是叫地上太平，乃是叫地上動刀兵。因爲我來，是叫人與父親生疏，女兒與母親生疏，媳婦與婆婆生疏。

「愛父母過於愛我的，不配作我的門徒。愛兒女過於愛我的，不配作我的門徒。不背著他的十字架跟我的，也不配作我的門徒。

「得著生命的，將要喪失生命，爲我喪失生命的，將要得著生命。

「人接待你們，就是接待我。接待我的，就是接待差我來的。人因爲先知的名接待先知，必得先知所得的賞賜。人因爲義人的名接待義人，必得義人所得的賞賜。無論何人，因爲門徒的名，只把一杯涼水給這小子裏的一個人喝，我實在告訴你們，這人不能不得賞賜。」

耶穌吩咐完了十二使徒，就離開那裏，往各地去傳道教訓人。

# 二〇　五餅二魚

　　使徒們聚集到耶穌那裏，將一切所做的事，所傳的道，全都一一告訴他。耶穌說：

　　「你們來同我暗暗地到曠野裏歇一歇吧！」

　　這是因爲人多，他們連吃飯的工夫都沒有。

　　他們坐上船，暗暗地往曠野地方去。可是他們的行動被人察覺了，有許多認識他們的，從各城步行，預先跑到他們要去的地方。

　　耶穌出來，看見這麼多人追隨他來，就憐憫他們，因爲他們如同羔羊沒有牧人一般。於是耶穌就接待他們，開口教訓他們許多天國的道理，醫治那些需要醫治的人。

　　不覺天色將晚，日頭快要平西。十二使徒來對耶穌說：「請叫衆人散開，他們好往四面鄉村去借宿找吃的，因爲我們這裏是野地。」

　　耶穌舉目看見許多人聽他講道，裏三層外三層地坐在野地裏，都沒有吃飯，便對腓力說：

　　「我們從什麼地方買些餅來，招待這些人吃呢？」他說這話是要試驗腓力，原來要怎樣做，他心裏已經有數了。

　　「上那兒去買呀？」腓力感到很爲難，「就是花上兩百塊銀幣，全都買餅，這麼多人，撕巴撕巴，一人還攤不上一口呢！」

這時彼得的弟弟安得烈説：

「這裏有一個孩童，帶著五個大麥餅，兩條魚。只是這點東西，分到各人的手裏，也不過是一丁點兒呀！」

耶穌説：

「你們叫衆人坐下！」

於是衆人都重新坐在草地上，一排一排的，有五十人一排的，有一百人一排的，人數光男丁就有五千。

耶穌拿著這五個餅兩條魚，望天祝福，剝開餅，遞給門徒，擺在衆人面前，也把那兩條魚分給衆人。

衆人都餓極了，因爲趕了好遠的路來到這裏聽講，一直沒有吃東西。他們接過餅來，大口大口的，往嘴裏不住地填，一手拿餅，一手拿魚，吃得香極了。一個一個的，管接管吃，直到吃得不能再吃了，才住了嘴。打著飽嗝兒，把手裏吃剩的送回來，交給門徒。

門徒們把碎餅碎魚收拾起來，往籃子裏裝，足足裝滿了十二個籃子。

以後在另外的場合，又發生過類似的情形。

許多人聚集在耶穌那裏，又沒有什麼吃的。耶穌叫門徒來説：

「我很憐憫這些人，因爲他們同我在這裏已經三天了，現在沒有吃的了。如果我打發他們餓著肚子回家，肯定會在路上困乏走不動，其中好些人是從遠處跋涉來的。」

門徒們回答説：

「這是野地呀，從什麼地方能弄到餅，給這些人吃飽肚子呢？」

耶穌問他們說：

「你們有多少餅？」

「七個。」門徒回答說。

耶穌吩咐眾人坐在地上，他拿著這七個餅，祝謝了，剝開遞給門徒，叫他們擺開。門徒就擺在眾人面前。又有幾條小魚，耶穌祝了福，吩咐也擺在眾人面前。

眾人都吃了，並且吃飽了。收拾剩下的零碎，足足裝了七筐子。這次吃餅的人數約有四千。

吃完餅以後，耶穌打發眾人走了，他隨即帶著門徒上船，到大瑪努他境內遇上法利賽人的盤問，又坐船往湖那邊去。

門徒忘了帶餅，在船上只剩下一個餅了，沒有別的食物。

耶穌囑咐他們說：

「你們要警惕，防備法利賽人的酵和希律的酵。」

「這是因為我們沒有餅吧？」門徒們互相議論著。

耶穌看出來，就說：

「你們為什麼因為沒有餅就議論呢？你們還不省悟，還不明白嗎？你們的心，還是愚頑麼？你們有眼睛，看不見麼？有耳朵，聽不著麼？也不記得嗎？剝開那五個餅，分給五千人。你收拾的零碎，裝了多少籃子呢？」

「十二個。」他們回答說。

「又剝開那七個餅，分給四千人。你們收拾的零碎，裝滿了多少筐子呢？」

「七個。」他們回答說。

耶穌意味深長地說：

「這你們還不明白嗎？」

# 二一　湖上風波

衆人看見耶穌所行的神蹟，吃過他所賜的餅和魚，都説：
「這真是那要到世間來的先知！」

耶穌知道衆人要來強迫他作王，就獨自退到山上去了。

到了晚上，他的門徒先下湖去，上了船，要過湖往迦百農去。

天已經黑了，耶穌還沒有回到他們那裏。忽然湖上起了風暴，波濤翻滾。門徒們搖櫓約行了五六公里。

約有四更天，門徒們趁著朦朧的月光，看見一個人，遠遠地踏著波濤而來，漸漸近了，看出是耶穌的模樣。這可把門徒們嚇壞了，他們驚叫起來：

「人那能踏水行走呢，履湖如履平地！」

「是個鬼怪吧？」

「我們往那兒跑呢，風這麼大，哎呀呀，鬼怪呀，你可別靠近我們呀！」

其實這踏浪而來的不是別人，正是耶穌基督。

「不要怕，」耶穌連忙對他們喊話，「是我，你們放心吧！」

聽到這熟悉的聲音，彼得説：

「主啊，如果是你，請你叫我從水面上走到你那裏去！」

「你來吧，」耶穌回答説，「下船吧，怕什麼，不會

沈。」

　　彼得從船上下來，在水面上走，要到耶穌那裏去。可是彼得一著水，便昏黑頭暈，心裏一害怕，腳尖便往下沈，他趕忙喊著說：

　　「主啊，救我！」

　　耶穌緊走幾步，伸過手來拉他，對他說：

　　「你這小信的人哪，爲什麼要疑惑呢？」

　　說話之間，他們上了船。船又乘風破浪前進了。

　　剛剛安靜一會兒，突然海上又起了更大的風暴，小船顛簸在忽起忽落的波峯波谷之中，搖櫓的門徒濺了滿臉的水。浪花如同瀑布一般瀉入船內。

　　這時耶穌正在船尾上，枕著枕頭睡覺，門徒們叫醒了他，對他說：

　　「老師，我們都快喪命啦，你也不顧我們嗎？」

　　耶穌醒了，他斥責風：

　　「平了吧！」

　　他斥責浪：

　　「靜了吧！」

　　於是霎時間風平浪靜，清明的月亮把她那齊齊的光束投在湖面上，湖水如同墨綠色的細麻布，微微抖動著，平鋪在瓦藍色的天底下，伸展開去，與沈沈的夜幕交融在一起。

　　耶穌對門徒說：

　　「爲什麼剛才那麼膽怯呢？難道你們至今還沒有信心嗎？」

　　門徒們都異常恐懼，彼此說：

「這到底是誰？他吩咐風和浪，連風和浪也聽從他了！」

第二天，站在海那邊的衆人，知道那裏只有一隻小船，又知道耶穌沒有和門徒一起上船，而是門徒們自己搖櫓走的。

有幾隻小船從提比哩亞來，靠近那祝謝分餅的地方，尋找耶穌。見耶穌不在，他們就回到船上，開往迦百農去找他，在湖這邊找著了。他們對耶穌說：

「拉比（老師），是幾時到這裏來的？」

「我實在告訴你們，」耶穌說，「你們找我，並不是因爲見了神蹟，乃是因爲吃餅得飽！不要爲那必壞的食物勞力，要爲那永存的食物勞力。這就是人子所賜給你們的，因爲人子是上帝所印證的。」

衆人問他說：

「我們應當怎樣做，才算是爲上帝做工呢？」

耶穌回答說：

「信上帝所差來的，就是爲上帝做工。」

他們又問：

「叫我們看見就信你，你到底做什麼事呢？我們的祖宗在曠野裏吃過嗎哪，如經上寫著說：『他從天上賜下糧來給他們吃。』」

「我實在告訴你們，」耶穌說，「那嗎哪不是摩西賜給你們的，乃是我父從天上賜下來的真糧。」

「主啊，」他們說，「願你將這真糧賜給我們。」

「我就是生命的糧，」耶穌說，「到我這裏來，信我的必定不餓，永遠不渴。只是我對你們說過，你們也已看見，還是不信。因爲我從天上降下來，是叫一切見主而信的人得永

生。」

猶太人聽見耶穌的話，就私下議論説：

「這不是約瑟的兒子耶穌麼？他的父母，難道我們還不認識麼？他如今怎麼説，『我是從天上降下來的』呢？」

「我實在地告訴你們，」耶穌説，「我就是從天上降下來的糧，我所賜的糧，就是我的肉，爲世上之生命所賜的。」

因此猶太人又議論説：

「這人怎麼能把他的肉給我們吃呢？」

「我實在告訴你們，」耶穌説，「你們若不吃人子之肉，不喝人子之血，就沒有生命在你們裏面。吃我肉喝我血的人，就得永生。在末日我要叫他復活。」

這些話是耶穌在迦百農會堂裏教訓人説的。他的門徒中有好些人聽見了這話，就議論説：

「此話甚難，誰能聽得進去呢？」

從此他的門徒中，多有退去的，不再和他同行。耶穌對那十二個使徒説：

「你們也要去麼？」

西門彼得回答説：

「主啊，你有永生之道，我們還歸從誰呢？我們已經信了，又知道你是上帝的聖者。」

耶穌説：

「我不是挑選了你們十二個使徒麼，但你們中間有一個是魔鬼。」

這話指的是加略人猶大，他本是十二使徒之一，後來出賣耶穌。

# 二二　說我是誰

當初，施洗約翰爲耶穌施洗，並且在約旦河畔向人作見證說：

「我曾見聖靈，彷彿鴿子從天降下，落在耶穌的身上，這就證明他是上帝的兒子。」又稱耶穌爲「上帝的羔羊。」

約翰被送進監獄以後，耶穌到處行神蹟，在安息日爲人治病，與罪人同食，風聲傳遍猶太地和周圍地區。約翰的門徒把這些事告訴約翰，約翰便動搖了對耶穌的信心，他打發兩個門徒去見耶穌。

那兩個門徒來到耶穌那裏，對他說：

「施洗約翰打發我們來問你，那將要來的是你呢？還是別人呢？」

那時猶太人，從上層的撒都該人和法利賽人，以至普通老百姓，都在根據先知書上的話，時刻盼望著彌賽亞降臨。開始約翰以爲耶穌就是彌賽亞，後來又產生疑惑，所以想從耶穌本人這裏得到明確的答覆。

耶穌回答那兩個門徒說：

「你們去把所看見所聽見的事情告訴約翰，諸如瞎子看見，瘸子行走，長大痲瘋的潔淨，聾子聽見，死人復活，窮人得福音……凡不因爲我跌倒的，就有福了。」

門徒回去把這些話傳給約翰，使他在獄中得到安慰。

他們走後，耶穌對眾人談起約翰說：

「你們出去究竟要看什麼呢？要看先知麼？我告訴你們，是的，他比先知大多了。經上記著說：『我要差遣我的使者在你前面預備道路』。所說的使者就是這個人。我告訴你們，凡婦人所生的，沒有一個大過約翰的。然而上帝國裏最小的，比他還大……我可用什麼比喻這世代的人呢？他們好像孩童坐在街市中，呼叫同伴說：『我向你們吹笛，你們不跳舞，我向你們舉哀，你們不啼哭！』施洗約翰來，不吃餅，不喝酒，你們說他是被鬼附著的。人子來，也吃，也喝，你們說他是貪食好酒之人，是稅吏和罪人的朋友。但智慧之子，總以智慧為是。」

約翰遇難以後，希律王聽見耶穌的名字，就對臣僕說：

「這是施洗約翰從死裏復活，所以有那些異能。」

但是別人說：

「是以利亞。」

又有人說：

「是先知，正像先知中的一位。」

聽了這些議論，希律王更加堅定了自己的看法，他肯定地說：

「是我所斬的約翰復活了！」

法利賽人和撒都該人，都來試探耶穌，請他從天上顯個神蹟給他們看。

耶穌回答說：

「晚上天發紅，你們就說，天必定要晴。早晨天發紅，又發黑，你們就說，必有風雨。你們知道分辨天上的氣色，卻不

能分辨這時候的神蹟。」耶穌不肯向這些握有實權的猶太人行
神蹟，他們絕大多數人都與耶穌爲敵。

耶穌和門徒出去，往該撒利亞腓立比的村莊去。在路上，
他問門徒說：

「人説我是誰？」

他們説：

「有人説你是施洗約翰。有人説你是以利亞。又有人説你
是先知中的一位……」

耶穌又問他們説：

「你們説我是誰？」

彼得回答説：

「你是基督，是永生上帝的兒子。」

耶穌對他説：

「西門，你是有福的。我要把我的教會建在這磐石上，陰
間的權柄不能勝過它。我要把天國的鑰匙交給你，凡你在地上
捆綁的，天上也要捆綁；凡你在地上釋放的，天上也要釋
放。」

當下耶穌吩咐門徒，不可對人説他是基督，並告訴門徒
——他必須上耶路撒冷去，受許多苦，被長老、文士、祭司長
棄絕，並且被殺，第三日復活。

彼得聽見這話，就拉著他，勸他説：

「主啊，萬不可如此！這事必不臨到你身上。」

耶穌轉過身來，責備彼得説：

「撒但，退我後邊去吧！你是絆我腳的，因爲你不體貼上
帝的意思，只體貼人的意思。」於是叫眾人和門徒來，對他們

說，「如果有人要跟從我，那他就應當捨己，揹起他的十字架，來跟從我。我實在告訴你們，站在這裏的，有人在沒嘗到死味以前，必定能夠看見上帝之國，將有大能力臨到。」

過了六天，耶穌帶著彼得、雅各、約翰，悄悄上了高山。耶穌在他們面前，改變了形象，臉面明亮如日頭，衣裳潔白如光。忽然有摩西、以利亞，向他顯現，同耶穌說話。

彼得對耶穌說：

「主啊，我們在這裏真好！你若願意，我就在這裏搭三座棚，一座爲你，一座爲摩西，一座爲以利亞。」

說話之間，忽然有一朵光明的雲彩遮蓋他們，且有聲音從雲彩裏出來說：

「這是我的愛子，我所喜悅的。你們要聽他的。」

聽見這話，門徒們就俯伏在地，極其害怕。耶穌進前來，撫摸他們說：

「起來，不要害怕。」

他們舉目不見一人，只見耶穌站在那裏。

下山的時候，耶穌吩咐他們說：

「人子還沒有從死裏復活，你們不要將所見到的告訴人。」

門徒將這話牢記在心，彼此議論著從死裏復活是什麼意思。他們問耶穌說：

「文士爲什麼說以利亞必須先來？」

耶穌回答說：

「以利亞固然先來，並要復興萬事。只是我告訴你們，以利亞已經來了，人卻不認識他，竟任意待他。人子也將要這樣

受他們的害。」

門徒這才明白，耶穌所說的，是指的施洗約翰。

# 二三　瞽者得見

耶穌從聖殿裏出來，看見一個盲人。門徒問耶穌說：

「老師，這個人生來是瞎眼的，這是誰犯的罪呢？是他自己呢，還是他的父母？」

耶穌回答說：

「也不是他本人犯了罪，也不是他父母犯了罪，而是要在他身上顯出上帝的作爲來。趁著白日，我必須做工，黑夜將到，就沒有人能做工了。我在世上的時候，是世上的光。」

他說了這話，就吐唾沫在地上，用唾沫和泥抹在盲人的眼睛上，對他說：

「你到西羅亞池裏去洗一洗吧！」

那盲人去池子裏一洗，果然靈妙，回頭什麼都看見了，眼前出現了熟悉而陌生的景物，歷歷在目，看得清清楚楚。他看見光明了！

他的鄰居以及那些素常見他討飯的人，看見他眼睛明亮而有神采，就奇怪地說：

「這不是那從前討飯的人麼？」

「是他！」有人說。

「不是，卻是像他。」又有人說。

「是我！」他自己説。

「那你的眼睛是怎麼開的呢？」他們好奇地問。

「有一個人名叫耶穌，」他回答説，「他和泥抹在我的眼睛上，對我説：『你往西羅亞池裏去洗一洗吧！』我去一洗，就得見光明了。」

「那人在那裏？」他們又問。

「我不知道。」他説。

原來耶穌和泥開他眼睛的日子，正是安息日。因此他們把他帶到法利賽人那裏。法利賽人也問他是怎麼看得見的。

得見光明的瞽者對他們説：

「他把泥抹在我的眼睛上，我到池子裏一洗，就什麼都看見了。」

聽了這話，有的法利賽人説：

「這個人不是從上帝那裏來的，因爲他不守安息日！」

又有的説：

「如果是一個罪人，那他怎麼能行這樣的神蹟呢？」

於是法利賽人内部爭論不休，莫衷一是。

他們又對瞽者説：

「既然是他開了你的眼，你説他是什麼人呢？」

「他是先知！」瞽者回答説。

猶太人不相信他從前是瞽者，後來能開眼看見的。因此便打發人叫了他的父母來，盤問他們説：

「你們看看，這是不是你們的兒子？你們説他生來是瞎眼的，如今怎麼能看見了呢？」

「不錯，」他的父母回答説，「這是我們的兒子，生來就

瞎眼，這是我們知道的。至於他如今怎麼能看見，我們也感到莫名其妙。我們不知道是誰治好了他的眼睛。他已經成了人，你們問他吧，他自己會說的。」他父母這樣說，是因爲他們懼怕猶太人。原來猶太人有言在先，誰若把耶穌看成是基督，就把誰趕出會堂。

所以法利賽人第二次叫了那從前瞎眼的人來，對他說：

「你應該將榮耀歸給上帝，我們知道那人是個罪人。」

「他是不是罪人，我不知道。」他緩緩地說，「有一件事，我是清楚的，從前我是瞎眼的，現在我能看見了。」

他們追問道：

「他向你作什麼，怎樣開了你的眼睛？」

「我方才告訴你們，」他回答說，「可你們不聽。爲什麼現在又要聽呢？難道你們也要作他的門徒嗎？」

這話把他們惹火了，他們吼道：

「你是他的門徒，我們是摩西的門徒。上帝對摩西說話，我們是知道的。只是給你治眼睛的這個人，我們不知道他的來處！」

「他開了我的眼睛，」那人爭辯說，「你們竟然不知道他的來處，這可真是咄咄怪事！自從創世以來，未曾聽說有誰能使瞽目得見光明。可見他是從上帝那裏來的，否則，他怎麼能作出這種奇蹟呢？」

那些人聽了這話，更加惱羞成怒，厲聲申斥他說：

「你這個人，全然生在罪孽之中，還有資格來教訓我們嗎？」說著把他趕了出去。

他被趕出來之後，又遇見了耶穌。耶穌問他說：

「你信上帝的兒子嗎？」

「主啊，」他回答說，「叫我信他，可誰是上帝的兒子呢？」

「你已經看見他了，」耶穌說，「現在和你說話的就是他！」

「主啊，」那得見光明的瞽者異常驚喜，連連說道，「我信，我信。」

說著就俯伏在地，向耶穌頂禮膜拜。

## 二四　引經據典

有幾個法利賽人，從耶路撒冷來到耶穌這裏。他們看見耶穌的門徒中有人不洗手就吃飯，便認爲這是大逆不道的行爲，以此質問耶穌說：

「你們爲什麼不遵守古人遺訓，用俗手（沒有洗過的手）吃飯呢？」

原來法利賽人和猶太人都拘守祖先的遺訓，如果不仔細洗手，就不能吃飯。從市上回來，如果不沐浴，也不能吃飯。還有好些別的規矩，他們歷代相傳。法利賽人就常常以這些事情來詰難耶穌。

耶穌回敬他們說：

「先知以賽亞指著僞善者所說的預言，正好應驗在你們身上。經上記載他的話說：『這百姓用嘴唇尊敬我，心卻遠離

我。他們把人的吩咐，當作道理教導人，因此拜我也是枉然！』你們拘守自己的遺訓，廢棄上帝的誠命。摩西説：『當孝敬父母。』又説，『咒罵父母者，當治死罪。』而你們卻説，人若對父母説，我所當奉獻給你的，已經作了供獻。以後你們就不容他再奉養父母。這就是你們承襲遺訓，廢棄了上帝之道。」耶穌又叫眾人來，對他們説，「你們要聽我的話，也要明白。從外面進去的，不能污穢人，唯有從裏面出來的，才能污穢人。」

耶穌離開眾人，走進屋子。門徒問他這話是什麼意思？耶穌對他們説：

「你們也是這樣不明白嗎？豈不知，凡是從外面進入的，不能污穢人，因爲不入他的心，而是入他的肚腹，又落到茅廁裏。這就是説，各樣的食物，都是潔淨的。又説，從人裏面出來的，那才能污穢人，因爲從裏面，就是從人心裏，發出惡念、苟合、偷盜、兇殺、奸淫、貪婪、邪惡、詭詐、淫蕩、嫉妒、謗讟、驕傲、狂妄，這一切的惡，全是從裏面出來，並且能污穢人。」

有一個安息日，耶穌從麥地裏經過。他的門徒掐了麥穗，用手搓著吃。有幾個法利賽人過來質問耶穌説：

「看啊，今天是安息日！不可做事，你的門徒爲什麼還做呢？」

耶穌回敬他們説：

「經上記載著大衛和跟從他的人飢餓之時所做的事。你們連這個也沒有念過嗎？他怎樣進了聖殿，拿陳設餅，又怎樣給跟從他的人吃。這餅除了祭司以外，別人都不可吃。」又對他

們説，「安息日是爲人設立的，人不是爲安息日設立的。所以人子也是安息日之主。」

耶穌來到猶太境界，約旦河外。衆人聚集到那裏，他又照常教訓他們。

有法利賽人來問他説：

「人無論什麼緣故，都可以休妻嗎？」意思要試探他。

耶穌反問他們説：

「摩西怎麼吩咐你們的呀？」

法利賽人説：

「摩西容許人，寫了休書，便可以休妻。」

耶穌説：

「摩西因爲你們心硬，所以才寫這條例給你們。但從起初創造人的時候，上帝造人，是造男造女。因此人要離開父母，與妻子結合在一起，二人成爲一體。既然如此，夫妻不再是兩個人，乃是一體了。所以上帝配合的，人不可分開。」

到了屋裏，門徒就問他這事。耶穌對他們説：

「凡是休妻另娶的，就是犯了奸淫，辜負了他的妻子。妻子要離開丈夫另嫁，也是犯了奸淫。」

門徒對耶穌説：

「人和妻子，既然是這樣，倒不如不娶了。」

「這話不是所有人都能領受得了的，」耶穌説，「唯獨賜給誰，誰才能領受。因爲有生來的閹人，也有被人閹的，還有爲天國的緣故自閹的。這話誰能領受，誰就領受吧。」

撒都該人，常説沒有復活的事。有一天，他們來問耶穌説：

「先生，摩西說，人若死了，沒有留下孩子，他弟弟應當娶他的妻子，為哥哥生子立後。從前在我們這裏，有兄弟七人，第一個娶了妻，死了，沒留下孩子，撇下妻子給他弟弟。第二個，第三個，直到第七個，都是如此。最後婦人也死了。像這種特殊情況，等將來復活的時候，她是七個人中那一個的妻子呢？因為他們都娶過她。」

「你們錯了，」耶穌回答說，「看來你們不明白聖經，也不曉得上帝的大能。當復活的時候，也不娶，也不嫁，就像天上的使者一樣。論到死後復活，上帝在經上向你們所說的，你們沒有念過麼？他說：『我是亞伯拉罕的上帝，以撒的上帝，雅各的上帝。』上帝並非死人的上帝，乃是活人的上帝。」

眾人聽見這話，都很佩服耶穌的教訓。

法利賽人聽見耶穌堵住了撒都該人的口，他們就集合商量對策。其中有一個律法師，想要試探耶穌，便走過來問他說：

「先生，律法上的誡命，那一條是最大的呢？」

耶穌對他說：

「你要盡心、盡性、盡意，愛主你的上帝。這是誡命中第一，並且是最大的。還有一條，也和這差不多，就是要愛人如己。這兩條誡命，是律法和先知一切道理的總綱。」

法利賽人聚集的時候，耶穌問他們說：

「關於基督，你們的意見如何，他是誰的子孫呢？」

他們回答說：

「他是大衛的子孫。」

「照你們這樣說，」耶穌說，「大衛被聖靈感動，怎麼還稱他為主呢？說：『主對我主說，你坐在我的右邊，等我把你

的仇敵，放在你的腳下。』大衛既然稱他爲主，他怎麼又是大衛的子孫呢？」

這話問得法利賽人啞口無言，沒有一個能夠回答上來的。

早晨，耶穌從橄欖山回到聖殿裏，教訓百姓。文士和法利賽人帶著一個婦人進來，叫她站在當中。他們對耶穌説：

「先生，有個婦人正在行淫的時候，被我們捉住了。根據摩西律法，我們得把這樣的婦人用石頭打死。你説吧，該如何處置她呢？」他們説話的意思，是想試探耶穌，看他如何回答，以便抓住把柄控告他。

如果耶穌説應該用石頭把她打死呢，那他們就會控告他違反了羅馬法；如果耶穌説放了她呢，那他們就會控告他違反了摩西律法。

耶穌彎著腰，用手指頭在地上畫字，他們逼上來，不住地催問他。耶穌直起腰來，對他們説：

「你們中間誰是無罪的人，誰就可以先拿石頭打她。」

説完他又彎著腰用手指頭在地上畫字。

他們聽見這話，就從老到少，一個一個地出去了。因爲他們誰也不敢承認自己是無罪的人。

只剩下耶穌一個人，還有那行淫時被捉的婦人，仍然站在當中。耶穌直起腰來，對她説：

「婦人，那些人在那裏呢？沒有人定你的罪嗎？」

「主啊，」那婦人説，「沒有，沒有人定我的罪。」

「我也不定你的罪，」耶穌説，「你回去吧，今後不要再犯罪了。」

有一個法利賽人請耶穌去吃飯，耶穌進去同他們坐席。這

個法利賽人看見耶穌飯前不洗手，便大爲驚訝，顯出十分詫異的樣子。耶穌對他說：

「如今你們法利賽人，洗淨杯盤的外面，你們裏面卻裝滿了勒索和邪惡。無知的人哪，造外面的，不也造裏面嗎？只要把裏面的施捨給人，凡物與你們就都潔淨了。

「你們法利賽人有禍了。因爲你們將薄荷芸香，並各樣菜蔬，獻上十分之一，將那公義和愛上帝的事，反倒拋在一邊了。

「你們法利賽人有禍了。因爲你們喜歡會堂裏的首席，又喜歡人在街市上向你們問安。

「你們法利賽人有禍了。因爲你們如同不顯露的墳墓，走在上面的人，並不知道。」

在座的律法師中有一人回答耶穌說：

「先生，你這樣說，可把我們糟蹋了。」

耶穌說：

「你們律法師也有禍了。因爲你們把重擔子推給人家，自己卻清閒自在，連一個指頭也不肯動。你們有禍了，因爲你們修造先知的墳墓。那先知正是你們祖宗所害的，可見你們祖宗所做的事，你們又證明又喜歡。你們律法師有禍了，因爲你們把知識寶庫的鑰匙奪了去，自己不進去，也不讓別人進去。」

後來文士和祭司長打發幾個法利賽人和幾個希律黨人，作爲奸細去試探耶穌，以便在他的話中抓到把柄，好將他交在總督的政權之下。他們來後，裝作好人，對耶穌說：

「先生，我們曉得你是誠實的，什麼人你都不徇私情。因爲你不看人的外貌，乃是誠誠實實地宣傳上帝的正道。請你告

訴我們，向該撒納稅可以不可以？我們該納還是不該納？」

耶穌看出他們的詭詐，就對他們説：

「拿一個銀錢來給我看！」

他們就拿了來，耶穌問：

「這像和這號是誰的呀？」

「是該撒的！」他們回答説。

「這樣，」耶穌説，「該撒的物，當歸給該撒。上帝的物，當歸給上帝。」

這話無懈可擊。他們當著百姓，沒有撈到什麼，又希奇他的應對，就默不作聲了。

# 二五　寓言數則

有人對耶穌説：

「約翰的門徒屢次禁食祈禱，法利賽人的門徒也是這樣。唯獨你的門徒，又吃又喝。這是爲什麼呢？」

耶穌回答説：

「新郎和陪伴之人同在的時候，怎麼能叫陪伴之人禁食呢？新郎同在，他們不能禁食。但是新郎終要離開他們，那時候，他們就要禁食了。」

耶穌又對他們説——

沒有人把新衣服撕下一塊來，補在舊衣服上。倘若這樣，那就把新衣服撕破了，並且撕下來那塊，和舊的也不相稱。補

上新布，恐怕反弄壞了舊衣服，破的會更大了。

也沒有人把新酒裝在舊皮袋裏，恐怕新酒把舊皮袋撐裂，這樣酒和皮袋子也就都壞了。唯獨把新酒裝在新皮袋子裏，兩樣都能保存好。

沒有人喝了陳酒又想喝新酒的，他總說陳酒好。

有一個律法師，前來試探耶穌，他說：

「先生，我應該怎樣做，才能夠獲得永生呢？」

耶穌對他說：

「律法上寫的是什麼？你能念出來嗎？」

律法師對答如流，他說：

「律法上寫的是：你要盡心，盡性，盡力，盡意，愛主你的上帝，又要愛鄰舍如同自己。」

「你回答的很對，」耶穌說，「你只要照這樣去做，就一定會獲得永生。」

那人爲了顯示自己高明，故意問耶穌說：

「誰是我的鄰舍呢？」

耶穌回答說──

有這麼一個人，他從耶路撒冷往耶利哥去，路上遇見了強盜。強盜把他抓住，剝去他的衣裳，把他打個半死，丟在路邊不管了。他們帶著他的衣裳，分贓去了。

這時有一個祭司，偶爾從這條路上經過，看見路旁倒著一個半死不活的人，連腳步也不停，從他身邊一直走過去了。

又有一個利未人，也從這裏經過，看見他血肉模糊地哼哼著，不屑一顧，照樣從他身邊走過去了。

唯有一個撒瑪利亞人，行路經過此地，看見他快要不行

了，就動了惻隱之心，走上來用油和酒洗淨他的傷口，撕下自己的乾淨衣服，給他包紮好，扶他騎上自己的牲口，護送他住到店裏。

第二天，撒瑪利亞人又拿出兩塊銀幣來，交給店主說：

「你暫且照應他一下，用多少錢，由我負責還你。」

——講完了這麼個故事，耶穌問那個律法師說：

「你想想這三個人，那一個是遇難之人的鄰舍呢？」

「這很清楚，」律法師回答說，「當然是那救死扶傷的人了。」

「你說的好，」耶穌說，「就照這個樣子去做吧。」

耶穌對門徒說——

一個人若有一百隻羊，一隻走迷了路。你們的意思如何？難道牧羊人不會撇下這九十九隻，往山裏去找那一隻迷路的羊麼？若是找著了，就歡歡喜喜扛在肩上，回到家裏，請了朋友鄰舍來，對他們說：「我失去的羊已經找著了，你們和我一同歡樂吧！」我實在告訴你們，他為這一隻羊歡喜，比為那九十九隻歡喜的程度還大呢！

又比如一個婦人，她有十塊銀幣，倘若失落了一塊，豈不點上燈，打掃屋子，細細地尋找，直到把這塊錢找著了，就請朋友鄰舍來，對他們說：「我失落的那塊銀幣，已經找著了，你們和我一同歡喜吧！」我告訴你們，一個罪人悔改，上帝的使者也是這樣為他歡喜。

一個人有兩個兒子，小兒子對父親說：

「爸爸，請你把我應得的家業分給我。」

他父親就把產業分給他了。

　　過不多久，小兒子便攜帶自己分得的全部家當，遠走高飛了。

　　他在外面任意浪費，揮霍無度，把所有的資財全都耗光了。又遇上那地方鬧饑荒，就窮困潦倒了。爲了餬口，只好去給當地人放豬。他腹中飢餓，恨不得抓起豬吃的豆莢充飢。

　　這時他才醒悟過來，沈痛地自言自語：

　　「我父親的僱工甚多，口糧有餘，可我竟要在這裏餓死麼？我要起來，到我父親那裏去，向他說，我得罪了天，也得罪了你。從今以後，我不配作你的兒子，請你把我當作一個僱工吧！」

　　於是他離開異鄉，返回父親那裏。父親遠遠地看見他，就迎上去，抱著他的脖子親吻。小兒子說：

　　「爸爸，我得罪了天，也得罪了你。從今以後，我不配作你的兒子。」

　　父親卻吩咐僕人說：

　　「快把那上好的袍子拿出來，給他穿上，把新鞋給他穿上，把戒指給他帶上。快把那肥牛犢牽來宰了，我要慶賀一番！因爲我的小兒子死而復活，失而復得了。」

　　那時大兒子正在田裏，離家不遠，聽見跳舞作樂的聲音，便叫過一個僕人來，詢問發生了什麼事。僕人回答說：

　　「你弟弟回來了，你父親正在慶賀。」

　　大兒子一聽，就生起氣來，不肯回家。父親出來勸他，他便回答說：

　　「我服侍你這麼多年，從來沒有違背過你的意志。你並沒有給我一隻山羊羔，叫我和朋友一同快樂。可是你的小兒子耗

掉了你的產業，你倒爲他這般慶賀！」

父親聽了這話，對大兒子説：

「兒呀，你常和我在一起，我所有的一切，盡數都是你的。只是你這個小兄弟，死而復活，失而復得，因此我們理當歡喜快樂。」

我實在告訴你們，人進入羊圈，如果不從門進去，而是從別處爬進去，那人必定是賊，必定是強盜。從門進去的，才是羊的牧人。看門的就給他開門，羊也聽他的聲音。羊不跟著陌生人，因爲不認得他的聲音，必定要逃跑。

——穌耶將這個寓言告訴門徒，可是他們不明白是什麼意思。所以耶穌又對他們説——

我實在告訴你們，我就是羊的門。凡在我以前來的，都是賊，都是強盜。羊都不聽他們的話。我就是門，凡從我進來的，必定會得救，並且出出進進得到草吃。盜賊來，無非要偷竊、殺害、毀壞。我來了，是要叫羊得生命，並且長得更加興旺。我是好牧人，好牧人爲羊捨命。倘若是僱工，不是牧人，羊也不跟從他。他一看見狼來了，就撇下羊逃跑了。狼抓住羊，趕散了羊羣。僱工逃走，因爲他是僱工，並不顧念羊。我是好牧人，我認識我的羊，我的羊也認識我。正如父認識我，我也認識父一樣，並且我還要爲羊捨命。我另外還有羊，不是這圈裏的，我必須領他們來，他們也要聽我的聲音，並且要合成一羣，歸一個牧人。

耶穌在路上，有一個少年人跑來，跪在他面前，問他説：

「先生，我應當做什麼事，才能得到永生呢？」

耶穌對他説：

「你若想進入永生，就應當遵守誡命。」

「什麼是誡命呀？」少年人問。

耶穌回答說：

「就是不可殺人，不可姦淫，不可偷盜，不可欺負人，不可作假見證。應當孝敬父母，又當愛人如己。」

那少年人說：

「先生，這一切，我從小都遵守了，還缺少什麼呢？」

耶穌看著他，覺得他可愛，便對他說：

「你還缺少一樣，去變賣你所有的，分給窮人。這樣你就會有財寶在天上，並且你還得來隨從我。」

那少年人聽了這話，臉就變了色，憂憂鬱鬱地走了。因為他的財產很多。

耶穌向周圍一看，對門徒說：

「有錢財之人，要想進上帝之國，可真是難哪！」

門徒們不理解這話的意思，耶穌又對他們說：

「我實在告訴你們：富人進天國，比駱駝鑽針孔還難！」門徒聽了這話，都很希奇，對他說：

「這樣難，那誰還能得救呢？」

耶穌望著他們說：

「在人是不能，在上帝卻不然，因為上帝凡事都能。」

彼得對耶穌說：

「看哪，我已經撇下所有的，跟從你了，將來我們要得著什麼呢？」

「我實在告訴你們，」耶穌說，「你們跟從我的人，到復興的時候，人子坐在他榮耀的寶座上，你們也要坐在十二個寶

座上，審判以色列十二個支派。凡爲我的名，撇下房屋、田產，或是兄弟、姐妹、父母、兒女的，必將得著百倍，並且承受永生。然而有許多在前的，將要在後；在後的，將要在前。」

耶穌在聖殿裏教訓百姓，講福音的時候，祭司長和文士以及長老們上來盤問他，他便對他們説——

一個人有兩個兒子。他對大兒子説：

「我兒，你今天到葡萄園裏去做工吧。」

大兒子回答説：

「我不去。」以後自己懊悔，又去了。

父親又對小兒子這樣説，得到的答覆卻是：

「父啊，我去！」實際上他卻沒有去。

你們看看這兩個兒子，那一個算是遵行父命呢？

「大兒子。」他們回答説。

「我實在告訴你們，」耶穌説，「就連稅吏和娼妓，都要比你們先進上帝之國。因爲約翰遵著義路到你們這裏來，你們卻不信他。稅吏和娼妓倒信他。你們看見了，後來還不懊悔去信他。」

耶穌又對百姓説寓言——

有個園主，栽了一個葡萄園，周圍圈上籬笆，裏面挖了一個壓酒池，蓋了一座樓，租給園戶，然後就到國外去住了很久。

後來快到收果子的時候了，家主打發人到園戶那裏去，叫園戶把園中當納的果子交給他。園戶不但不給，反而打了他，叫他空手回去。家主又打發一個僕人去，結果也挨了打，並且

還受了凌辱，叫他空手回去。又打發第三個人去，這回他們打傷了他，把他趕了出去。

園主說：

「怎麼辦呢？我打發我的愛子去，或許他們尊敬他。」

沒有料到，園戶看見他兒子，就彼此商議說：

「這是承受產業的，來吧，我們殺了他，霸佔他的產業！」

於是他們拿住他，推出園外，把他殺了。

你們想想看，園主回來的時候，會怎樣處置這些園戶呢？

「要動手除滅那些惡人，」百姓回答說，「將葡萄園另租給那些按時交納果子的園戶。」

耶穌看著他們說：

「經上記載著：『匠人所棄的石頭，已作了房角的頭塊石頭。』這是什麼意思呢？凡掉在那石頭上的，必定要跌碎，那石頭掉在誰的身上，就要把誰砸個稀巴爛！」

文士和祭司長，聽出這個隱喻，明白是說他們的，當時就想下手拿他，只是懼怕百姓，因為百姓以他為先知。

有一個人對耶穌說：

「先生，請你吩咐我的長兄，叫他和我分家吧！」

「我管得著這事麼？」耶穌說，「你這個人哪，誰立我做官，專管斷案，給你們分家呢？」接著又對眾人說，「你們應該謹慎持重，拋卻所有的貪心。因為人的福分，並不在於家境是否富裕。」

然後耶穌給他們講了一則寓言——

有一個財主，擁有好些田地和財寶，自己心裏琢磨：

「我的產品沒有地方收藏，這可怎麼辦呢？」想了一會兒又說，「我就這麼辦吧，把我原有的倉庫拆了，重新蓋個大的，好把我的糧食和財寶收藏在裏面。」他對自己的靈魂說，「靈魂哪，我積下了好些錢糧財寶，足夠你多年受用，你只管安安逸逸地吃喝玩樂吧！」

上帝卻對他說：

「無知的人哪，今天夜裏注定要你的靈魂！你所苦心經營的財產，將要落在誰的手裏呢？」

凡是為自己積攢財寶的人，他在上帝面前，是並不富裕的。

安息日，耶穌到一個法利賽首領家去吃飯，看見所請的客人選擇首位，他就用比喻對大家說——

當你被人請去，喝結婚喜酒的時候，最好不要坐在首位上。如果你坐在首位上，恐怕還有比你更尊貴的客人應邀赴宴，那時主人只好過來對你說：

「請吧，給這位客人讓個座位，讓他坐在首位。」

這時你就在眾目睽睽之下，不得不臉上無光地退到末位。不如你一進來就揀個末位坐下，好叫主人禮讓你說：

「朋友，請上坐！」

那時你在其他客人面前，臉上就有光彩了。

這是因為：凡是自高的，必然降為卑賤；凡是自卑的，必然升為高貴。

耶穌又對請他的人說：

「你擺設午飯或晚飯，不要請你的朋友、兄弟、親屬和富裕的鄰舍，恐怕他們也要請你，你便得到了報答。你擺設筵

席，倒不如請那些貧窮的、殘廢的、瘸腿的，那樣你就有福了。因為你當時得不到他們的報答，待到義人復活的時候，你將得到豐厚的報答。」

同席之中有一人聽見這話，就對耶穌說：

「這樣說來，在上帝之國裏，吃飯的有福了。」

耶穌對他說——

有一個人大擺筵席，預先邀請了許多貴客。在開筵之前，便打發人去催請，對人說：

「請來吧，筵席已經擺好了，樣樣都齊備了，只等你光臨了。」

那些人個個推辭，一個說：

「我買了一塊地，必須去看看，請你准我辭謝吧！」

又有一個說：

「我剛娶了妻子，因此不能去。」

又有一個說：

「我買了十頭牛，要去試一試，請你准我辭了吧！」

那僕人只好悻悻地回來，向主人報告說：

「人家不來，說沒有工夫！」

主人惱羞成怒，對僕人說：

「你出去，到大街小巷裏，把那些貧困的、殘廢的、瞎眼的、瘸腿的，統統請來！」

僕人不敢怠慢，照此辦理，一會兒，請來一些飢渴之人，可是由於時間倉卒，來的人並不很多，還剩好些空位。

主人又吩咐僕說：

「你出去，到籬笆那裏，勉強過路人進來，務必坐滿席

位！」

等開筵的時候，主人對臨時邀集的客人說：

「我告訴你們，先前所請的人，沒有一個嘗到我的筵席。」

耶穌又對門徒說——

有一個財主的管家，別人向主人告發他浪費財物。主人把他叫來，對他說：

「你把所經管的交代明白吧，我不用你了，你不能再作我的管家。」

那管家心裏作難：

「主人辭掉我，我不當管家，以什麼爲生呢？鋤地吧，我沒有力氣，討飯吧，我還怕羞……」

想來想去，他想出一個巧妙的辦法來。

這管家把主人的債戶一個一個地叫來，清理帳目。他問頭一個說：

「你欠我家主人多少？」

回答說：

「一百桶油。」

管家說：

「快把你的帳目拿來，給你減掉五十。」

又問下一個說：

「你欠我家主人多少？」

回答說：

「一千袋麥子。」

管家說：

「快把你的帳目拿來，就寫八百吧。」

這事傳到主人的耳朵裏，主人就誇讚這位不義的管家，說他做事聰明。

因爲今世之子，在這些事務上，較比光明之子，更加聰明。

我又告訴你們，要藉著那不義的錢財，結交朋友。到了錢財無用的時候，他們可以接你們到永生的帳幕裏去。人在最小的事上忠心，在大事上也忠心。在最小的事上不義，在大事上也不義。倘若你們在不義的錢財上不忠心，誰還把那真實的錢財託付你們呢？倘若你們在別人的東西上不忠心，誰還把自己的東西給你們呢？

有一個財主，穿著紫色的袍子和細麻布衣服，天天奢侈揮霍，豪飲宴樂。

又有一個乞丐，名叫拉撒路，渾身生著膿瘡，被人放在財主的門口，要得一些財主餐桌上掉下來的零碎充飢，並且狗還過來舐他的瘡。

後來那乞丐死了，被天使接去，放在亞伯拉罕的懷裏。那財主也死了，死後埋葬了。他在陰間受苦，舉目遠遠地望見亞伯拉罕，又望見拉撒路在他懷裏。

財主喊著說：

「我祖亞伯拉罕哪，可憐我吧！求你打發拉撒路來，用指頭尖蘸點水，涼涼我的舌頭。因爲我在這火焰裏，極其痛苦。」

亞伯拉罕回答說：

「兒啊，你應該回想一下，你生前富貴榮華，享過大福，

那時拉撒路受過多麼大的苦！如今翻過來，他在這裏享福，你在那裏受苦。不僅如此，在你我之間，還有一條不可逾越的鴻溝，以致我這邊過不到你那邊去，你那邊也來不了這裏。」

聽了這話，財主哀求說：

「我祖啊，既然如此，那就求你打發拉撒路到我父家去，因為我還有五個兄弟，他可以對他們作見證，免得他們也來這裏受苦。」

「用不著，」亞伯拉罕說，「他們只要遵循摩西和先知的話就行了。」

「我祖亞伯拉罕哪，」他說，「不是的，要有一個從死裏復活的，到他們那裏去就好了，他們必定能夠悔改。」

亞伯拉罕說：

「如果不聽從摩西和先知的話，就算有一個從死裏復活的，也不管用，因為他們不會聽勸。」

眾人正在聽他說話的時候，耶穌對他們設個比喻說——

有一個貴冑要出發到遠方去，想從那裏取得一個國家回來。在臨行之前，他把十個僕人叫到面前，交給他們每人一塊金幣，吩咐他們說：

「你們去做生意，直到我回來的時候，再來見我。」

這貴冑安排停當，便出國了。

事情也真湊巧，那個國家果然給他得來了。事成之後，他凱旋而歸，歸來以後，他便打發人把那十個領金幣的僕人叫來，要知道他們做生意賺了多少錢？

頭一個回來說：

「主啊，你交給我的一塊金幣，已經賺了十塊。」

「好哇，良善的僕人，」主人讚賞他說，「你既然在最小的事情上忠心，那我就給你權柄，叫你管理十座城邑。」

第二個來說：

「主啊，你交給我的一塊金幣，我已經賺了五塊。」

「也不錯，」主人說，「你可以管理五座城邑。」

又有一個來說：

「主啊，看哪，你的一塊金幣在這裏，原封未動！我把它一直包在手巾裏存著，沒敢拿出來。我本來怕你，因為你是最厲害的人，沒有放下的還要去拿，沒有種下的還要去收……」

主人聽見這話，便沈下臉來申斥他說：

「你這個惡僕，我要憑你的口，定你的罪！你既然知道我是最厲害的人，沒有放下的還要去拿，沒有種下的還要去收，那你為什麼不把我的金幣交給銀行，等我回來的時候連本帶利都可以要回來呢？」說著轉身對旁邊站著的人說，「奪去他這一塊金幣，交給那得十塊金幣的僕人。」

「主啊，」旁邊站著的人說，「他已經賺了十塊了。」

「我告訴你們，」主人說，「凡是沒賺的，就連他所有的，也要奪過來。凡是賺的，我還要加給他，叫他多多益善。」

# 二六　天國奧秘

有人帶著小孩子來見耶穌，要耶穌摸他們，門徒從中阻攔

著，不讓小孩子過來。耶穌對他說：

「讓小孩子到我這裏來，不要阻攔他們！因爲進上帝之國的，正是這樣的人。我實在告訴你們，凡要進上帝之國的，若不像小孩子，斷不能進去。」

於是耶穌抱起小孩子，按手在他們頭上，爲他們祝福！

耶穌又在湖邊教誨人，聚集的人愈來愈多，他只好上船坐下。船在湖裏，衆人都站在岸上聽。耶穌教誨他們許多道理，又給他們講了這麼一個比喻——

你們聽啊，有一個撒種的，出去撒種。撒的時候，有落在路旁的，飛鳥來吃掉了。有落在土淺石頭地上的，土層不深，發苗最快，日頭出來一曬，由於沒有扎下根，就枯萎了。有落在荊棘裏的，荊棘長起來，把它擠住了，使它不能結實。又有落在沃土裏的，種子就生根、發芽、出土、放葉、開花、結實。結實有三十倍的、有六十倍的、有一百倍的。

無人的時候，跟隨耶穌的人和十二個使徒，問他這比喻是什麼意思：

「對衆人講話，爲什麼用比喻呢？」

耶穌對他們說——

因爲天國的奧祕，只能叫你們知道，若對外人講，凡事就用比喻。叫他們看是看見，卻不曉得，聽是聽見，卻不明白。恐怕他們回轉過來，就得赦免。你們不明白這比喻嗎？那怎麼能明白所有的比喻呢？

撒種之人所撒的，就是道。那撒在路旁的，就是人聽了道，撒但立刻來，把撒在他心裏的道奪了去。那撒在土淺石頭地上的，就是人聽了道，立刻歡喜領受。但在他心裏沒有生

根，不過是暫時的，及至為道遭了患難，或是受了迫害，立刻就跌倒了。還有那撒在荊棘裏的，就是人聽了道，後來有世上的思慮，錢財的迷惑，以及其它私慾，進來把道擠住了，就不能結實。那撒在沃土裏的，就是人聽了道，持守在誠實善良的心裏，並且忍耐著結實。結實有三十倍的、有六十倍的、有一百倍的。

天國好像人撒好種在田裏，及至人睡覺的時候，有仇敵來，將稗子撒在麥田裏。等到長苗吐穗的時候，稗子也顯出來。

田主的僕人來告訴他說：

「主啊，你不是撒好種在田裏麼，從哪裏來的稗子呢？」

主人說：

「這是仇敵搞的。」

僕人說：

「你要我們去薅掉嗎？」

主人說：

「不必，恐怕薅稗子，連麥子也拔出來。不如容這兩種一起生長，等到收割。當收割的時候，我要對收割的人說，先將稗子薅出來，捆成捆，留著燒。唯有麥子，要收在倉裏。」

天國好像一粒芥菜種，有人拿去種在田裏。這原是百種裏最小的，等到長起來，卻比各種菜都大，簡直成了樹，天上的鳥兒飛來，宿在它的枝上。

天國好像麵酵，有婦人拿來，揉搓在四十升白麵裏，直等全糰都發起來。

——這都是耶穌用比喻對羣衆說的話，若不用比喻，就不

對他們說什麼。這是要應驗先知的話：

「我要開口用比喻，把創世以來所隱藏的事，發表出來。」

當下耶穌離開眾人，進了屋子。他的門徒進前來說：

「請把田間稗子的比喻，講給我們聽。」

耶穌回答說——

那撒好種的，就是人子。田地就是世界。好種就是天國之子。稗子，就是那惡者之子。撒稗子的仇敵，就是魔鬼。收割的時候，就是世界的末日。收割的人，就是天使。將稗子芟出來，用火焚燒。世界的末日，也要如此。人子要差遣天使，把一切叫人跌倒的、作惡的，從中挑出來，丟在火爐裏。在那裏必要哀哭切齒了。那時義人在他們父親的國裏，要發出光來，像太陽一樣。有耳可聽的，就應當聽。

天國好像寶貝，藏在地裏。人遇見了，就把它藏起來。歡歡喜喜地去變賣一切所有的，買這塊地。

天國又好像珠寶商尋找好珠子。遇見一顆貴重的珠子，就去變賣他所有的一切，買這顆珠子。

天國又好像網，撒在海裏，聚攏各樣水族，網既滿了，人就把它拉上來，坐下來挑選，揀好的收在器具裏，將不好的丟棄了。世界的末日，也要這樣。天使要出來，從義人中，把惡人分別出來，丟在火爐裏。

——耶穌說：

「講了這許多話，你們都聽明白了嗎？」

「聽明白了！」他們異口同聲地回答。

耶穌說：

「大凡文士，受教育，作天國的門徒，就像一個家主，從他的倉庫裏拿出新舊的東西來。」

那天晚上，耶穌對門徒説：

「我們渡到那邊去吧！」

門徒離開眾人，同上耶穌所在的那條船。這船在沈沈的夜幕裏，航行在萬頃波濤之中。

天國好像一個王，要和他僕人算帳。剛算的時候，有人帶了一個欠幾百萬塊錢的來。因爲他沒有什麼償還之物，主人吩咐：

「把他和他妻子兒女，以及一切所有的，全都賣了償還！」

那僕人就俯伏在地，拜他説：

「主啊，寬容我，將來我都要還清。」

那主人就動了惻隱之心，把他釋放了，並且免了他的債。

他一身輕鬆地出來，遇見他的一個同伴，欠他幾塊錢。他便揪住他，掐住他的喉嚨説：

「你把所欠的還我！」

他的同伴就俯伏在地，央求他説：

「寬容我吧，將來我一定如數還清。」

可是他不肯寬容，把他的同伴送到監獄裏，要他還清所欠的債。

這事被許多同伴看在眼裏，他們感到氣憤不平，就去告訴了他的主人。於是主人打發人把他叫來，對他説：

「你這惡奴才，你當初央求我，我把你所欠的債都免了。你不應當憐恤你的同伴，像我憐恤你嗎？」

主人勃然大怒，把他交給掌刑的，要他還清所欠的債。

天國好像園主，清早出去僱人，進他的葡萄園做工。他和工人講定，一天一塊銀幣，隨即打發他們進葡萄園去。

到了日出東南，他又出去了，看見市上還有閒站的人，就對他們説：

「你們也進我的葡萄園做工吧，應該給你們多少報酬，我一定一個不少地給你們。」

就這樣，第二批人被僱進去了。

因爲葡萄園用人多，所以家主連續幾次出去僱人。在中午出去一趟。在日頭偏西又出去一趟，每次都僱進一些人來。

大約在日頭快落山的時候，主人又迎著晚霞出去了，看見還有人站在那裏，就問他們説：

「你們爲什麼整天在這裏閒站著呢？」

「因爲沒有人僱我。」他們無精打采地回答。

「那就跟我來吧，」他説，「你們也進葡萄園去。」

這最後一批人走進葡萄園，幹了不大工夫，天就黑了。

園主對管事的説：

「叫工人都來領工錢，從後來的起，到先來的止。」

黃昏進來的那最後一批人先來領工錢，每人各得一塊銀幣，歡歡喜喜地走了。

及至那先僱的來了，他們本以爲要比後來的多得，誰知也是得一塊銀幣。他們手裏掂著這一塊銀幣，嘴裏埋怨著園主説：

「我們勞苦了一整天，又熱又累，那後來的只做了一個小時，你竟叫他們和我們得的一樣多麼？」

「朋友，」園主對其中一人説，「我沒有虧待你，不是原先講定的一塊銀幣麼？我一個也沒有少給，你拿著走吧。至於我給後來的和你一樣多，這是我願意的，你管得著麼？難道我自己的東西，願意給誰，還不能由我自己做主嗎？因爲我做好人，你就眼紅麼？既然這樣，那在後的，將要在前，在前的，將要在後了。」

在十二使徒當中，有兩個是迦百農漁夫西庇太的兒子，哥哥叫雅各，弟弟叫約翰。這哥兒倆原來也是打魚的，跟隨耶穌之後，成爲耶穌最喜悅的人。

當耶穌行將離開人世前不久，他們的母親同他們一起，來拜見耶穌，求他一件事。

「有什麼事，你就説吧！」耶穌對雅各和約翰的母親説。

「是這麼回事，」她開口説，「願你叫我這兩個兒子在你的國裏，一個坐在你右邊，一個坐在你左邊。」

耶穌回答説：

「你們不知道所求的是什麼呀！我這樣跟你們説吧，我將要喝的杯，你們能喝嗎？」

「我們能。」母子三人回答説。

耶穌説：

「我所喝的杯，你們肯定能喝。不過，坐在我的左右，這可不是我能賜給的。這要看我父爲誰預備的。爲誰預備的，才能賜給誰。」

那十個使徒聽見這事，就對他們兄弟二人非常不滿。

耶穌叫了他們來説：

「你們中間誰願爲大，就必作你們的傭人，誰願爲首，就

必作你們的僕人。正如人子來，不是要受人服侍，乃是要服侍人。」

　　天國好比一個王，爲他兒子擺設娶親的筵席。王打發僕人去，請那些被召的人來赴席。他們卻不肯來，王又打發別的僕人說：

　　「你們去告訴那些被召的人，我的筵席已經預備好了，相當豐盛，牛和肥羊已經宰了，各樣都已齊備，請你們來赴席。」

　　那些人把這話當做耳旁風，根本不理會。有到自己田裏去的，有出去做生意的，還有的拿住國王的僕人，凌辱他們，把他們殺了。

　　國王聽見這事，異常震怒，發兵剿滅那些兇手，焚毀他們的城邑。

　　然後對僕人說：

　　「喜宴已經齊備，只是所召的人不配。因此你們要往岔路口上去，不管遇見什麼人，一律召來赴宴。」

　　那些僕人謹守王命，出去到大路上，凡是遇見的，不論善惡，統統召來赴宴。筵席上坐滿了賓客。國王親自進來，與賓客見面。在那些賓客之中，有一個沒穿禮服的，被他看見了。

　　「朋友，」國王對那沒穿禮服的客人說，「你到這裏來，怎麼不穿禮服呢？」

　　那人滿臉羞愧，無言可答。

　　「把他的手腳捆起來！」國王命令說，「把他押解出去，推到外面的黑暗裏。」

　　他在那裏必要切齒哀哭了。因爲被召的人多，選上的人

少。

　　天國好比十個童女，手裏拿著燈，出去迎接新郎。其中有五個是愚拙的，有五個是聰明的。愚拙的拿著燈，卻不預備油；聰明的拿著燈，並且預備燈油在器皿裏。

　　新郎遲延未到的時候，這些童女個個打盹困倦，昏昏睡著了。

　　「新郎來了！」半夜裏，突然有人喊著說，「你們快出來迎接！」

　　聲音驚醒了童女，她們趕緊起來收拾燈。愚拙的發現自己沒有燈油了，便對聰明的說：

　　「請分點油給我們吧，因爲我們的燈快滅了。」

　　聰明的回答說：

　　「恐怕不夠你我用的，不如你們自己到油店裏去買吧。」

　　她們去買油的時候，新郎就到了。那預備好了的五個童女，歡歡喜喜，陪他同去坐席，並且關上了門。

　　其餘的童女，隨後也來了，敲著門說：

　　「主啊，主啊，給我們開開門！」

　　「我實在告訴你們，」新郎回答說，「我根本不認識你們！」

　　所以你們要儆醒，說不上何年何月何日何時，人子就要來，因爲那確切時間，你們不知道。

　　當人子同著衆位天使降臨的時候，要坐在他榮耀的寶座上。萬民都要聚集在他面前。他要把他們分別出來，如同牧人分別綿羊山羊一樣，把綿羊安置在右邊，把山羊安置在左邊。

　　兩邊分別站好之後，主要對那右邊的說：

「蒙我父賜福，你們可來承受那創世以來爲你們所預備的國。因爲我餓了，你們給我吃；渴了，你們給我喝；我作客旅，你們留我住；我赤身裸體，你們給我穿；我病了，你們護理我；我在監裏，你們來探視我。」

義人聽了這話，就回答說：

「主啊，我們什麼時候，見你餓了給你吃，渴了給你喝？什麼時候，見你作客旅留你住，或是赤身裸體給你穿？又是什麼時候，見你病了，或是在監裏，前來看顧過你呢？」

「我實在告訴你們，」主回答說，「這些事你們既然作在我兄弟中最小的一個身上，也就是作在我身上了。」

主又對著那左邊的說：

「你們這些該受詛咒的人哪，快快離開我，進入那爲魔鬼及其使者所預備的永刑裏去吧！因爲我餓了，你們不給我吃；渴了，你們不給我喝；我作客旅，你們不留我住；我赤身裸體，你們不給我穿；我病了，你們不來護理；我在監裏，你們不來探視我。」

他們聽了這話，也要回答說：

「主啊，我們什麼時候，見你餓了，或渴了，或作客旅，或赤身裸體，或病了，或在監裏，不來伺候你呢？」

「我實在告訴你們，」主回答說，「這些事你們既然不作在我兄弟中最小的一個身上，也就是不作在我身上了。」主指著左邊的說，「你們這些惡人要往永刑裏去。」又指著右邊的說，「你們這些義人要往永生裏去。」

# 二七　伯大尼村

耶穌和門徒走路的時候，進了一個村莊，這個村莊的名字叫伯大尼。在伯大尼村裏住著一個女人，這個女人名字叫馬大，馬大有一個妹妹，這個妹妹名字叫馬利亞。

姐姐馬大把耶穌迎到自己家裏。耶穌一到她家裏，她就手腳不停地忙亂起來，又是端水，又是做飯，忙忙叨叨地伺候耶穌。

可是她妹妹馬利亞則剛好與此相反，她穩穩當當地坐在耶穌的腳前，全神貫注地聽他講道。

馬大進前來對耶穌說：

「看我忙成這個樣子，我的妹妹馬利亞倒還清閒自在，也不過來幫幫忙。她這樣，你不在意吧？請你吩咐她，別自管坐著沒事兒幹，快過來幫幫忙。」

「馬大呀，馬大，」耶穌回答說，「你忙著許多事，操勞過度，憂煩思慮。但是你忽視最重要的一樣。這一樣，被馬利亞選上了，她選擇了那上好的福分。這福分是不能被奪去的呀！」

耶穌又來到約旦河外，約翰起初施洗的地方，就住在那裏。這時有人從伯大尼來請他，對他說：

「主啊，你所愛的人病了！」

「不要緊，」耶穌說，「這病不至於死。」

　　原來這病人是馬大和馬利亞的兄弟，名叫拉撒路，他們全都住在伯大尼村。耶穌素來喜愛馬大姊妹及其兄弟拉撒路。這回聽見拉撒路病了，就在所居之地仍住了兩天，然後對門徒說：

　　「我們再往猶太去吧！」

　　「老師，」門徒說，「猶太人近來要拿石頭打你，你怎會還往那裏去呢？」

　　耶穌回答說：

　　「白天不是有十二小時麼，人在白天走路，就不致跌倒，因爲看得見這世上的光。若在夜裏走路，就難免跌倒，因爲看不見光。」

　　說了這話之後，耶穌又對門徒說：

　　「我們的朋友拉撒路睡了，我得去叫醒他。」

　　「主阿，」門徒說，「他若睡得著覺，那病就好了。」他們以爲他是通常說的睡著了，其實耶穌這話的意思是說拉撒路已經死了。

　　既然他們聽不明白，耶穌就直截了當地告訴他們說：

　　「拉撒路死了！」

　　耶穌和門徒從約旦河外趕到伯大尼村口，還沒有進村，就聽說拉撒路死了，埋在墳墓裏，已經四天了。

　　伯大尼離耶路撒冷不遠，約有三公里。有好些猶太人從那裏來看馬大和馬利亞，因爲她們的兄弟死了，他們來安慰她們。

　　馬大聽見耶穌來了，就出村來迎接他。馬利亞卻仍然坐在家裏。馬大對耶穌說：

「主啊，你若早點來就好了，你早來，我兄弟肯定死不了。即使現在，我也知道，你無論向上帝求什麼，上帝也必然會賜給你。」

耶穌對她說：

「你兄弟必然會復活。」

「這我知道，」馬大說，「我知道在末日復活的時候，他必定復活。」

「復活在我，」耶穌向她解釋說，「生命也在我。凡是信我的人，儘管死了，也必定能夠復活。凡是活著信我的人，必定永遠不死。你信這話嗎？」

「主啊，」馬大說，「是的，我信你是基督，是上帝的兒子。」馬大說了這話，就乘耶穌和別人說話的時候，悄悄回去叫她妹妹馬利亞，「先生來了，叫你！」

聽見姐姐的話，馬利亞急忙起身，出來迎接耶穌。這時耶穌還在剛才和馬大說話的地方站著。

那些在馬利亞家裏安慰她的猶太人，見她急忙起來出去，也一起跟著她，還以為她要往墳墓那裏去哭呢。

馬利亞到了耶穌那裏，就俯伏在他的腳前，悲泣著說：

「主啊，你若早來這裏就好了，你早點來，我兄弟就死不了啦！」

看見馬利亞哭得淚人一般，看見隨她同來的猶太人也在哭，耶穌也陷在悲愴與憂鬱之中，嘆口氣說：

「唉，你們把他安葬在那裏了？」

「請主來看，」他們回答說，「他的墳墓就在那裏！」

耶穌聽了這話，不覺潸然淚下。

猶太人見他哭了，就說：

「看哪，他愛這剛死去的人，是何等懇切呀！」

其中有人說：

「他即然能使盲人重見光明，難道就不能叫這人不死嗎？」

耶穌懷著悲愴而愁苦的心情，隨著衆人來到墓前。那墳墓是個洞穴，洞口上擋著一塊石頭。

「你們把石頭挪開！」耶穌說。

那死人的姐姐馬大對他說：

「主啊，他現在必是臭了，因爲他死了已經四天了。」

「我不是對你說過麼，」耶穌說，「只要你信，就肯定能看見上帝的榮耀麼。」

於是他們就七手八腳地把石頭挪開了。

「父啊，」耶穌舉目望天說，「我感謝你，因爲你已經聽我，我也知道你常聽我。但我說這話，是爲給周圍站著的人聽，叫他們相信我是由你差遣下來的。」說了這話，耶穌又大聲呼叫說，「拉撒路出來吧！」

聲音剛落，那死人就從墳墓裏出來了，手上腳上裹著布，臉上包著毛巾。

「把這些解開，」耶穌對他們說，「好叫他走路。」

那些來看馬利亞的猶太人，看見耶穌所做的奇事，就多有信他的。但其中也有去見法利賽人的，將耶穌的行動告訴他們。

祭司長和法利賽人聚集公會，他們議論說：

「這人行了好些神蹟，這回又叫拉撒路起死回生。若是由

著他這樣幹下去，人人都要信他呀！如果他在我們這裏稱王稱霸，對抗羅馬人，那麼羅馬人就會大舉討伐我們，蹂躪這方的土地和黎民百姓。」

內中有一個人，名叫該亞法，是本年度的大祭司，他對他們說：

「你們知道麼，怎麼就沒有想到這一層，寧可叫他一人替百姓死，不可叫全國因他一人亡。他一死，你們就算消災解厄了。」

他這話不是出於自己，因為他是本年度的大祭司，所以預言耶穌將要替這一國死。他不但替這一國死，而且要將上帝四散的子民，都聚集歸一。

從那一那天開始，他們就商議謀殺耶穌。

因此耶穌就不輕易在猶太人中間露面了。他離開那裏，往靠近曠野的地方去，到了一座城，名叫以法蓮，他就和門徒一同住在那裏。

猶太人的逾越節近了，許多人從鄉下上耶路撒冷去，要在節前潔淨自己。他們在京城尋找耶穌，站在聖殿裏說：

「你們的意思如何，他不來過節麼？」

那時，祭司長和法利賽人早已吩咐下來說：

「無論什麼人，只要看見耶穌，必須馬上來報告，以便好派人去拿他。」

逾越節前六日，耶穌又來到伯大尼，就是他叫拉撒路從死裏復活的地方，拉撒路是馬大和馬利亞的兄弟。

伯大尼村還住著一位長大麻瘋的西門。西門在家裏擺設筵席，請耶穌去吃飯。馬大前來伺候，拉撒路也坐在陪同耶穌坐

席的人們之中。

在酒席筵前，馬利亞手捧著一個玉瓶，王瓶裏盛著極其珍貴的真哪噠香膏，來到耶穌面前，打破玉瓶，把香膏澆在耶穌的頭上。她又用香膏抹耶穌的腳，用自己的頭髮去擦乾淨。屋裏頓時充滿了濃郁的香氣。

有幾個人看見這樣，心中很不高興，生那女人的氣。

有一個門徒，就是將要出賣耶穌的加略人猶大，煩厭地說：

「何必枉費這香膏呢？這香膏可以賣三百多塊銀幣，賙濟窮人多好！」

他說這話，並不是掛念窮人，乃是因爲他是個賊，身上帶著錢囊，常取其中所存的。

耶穌向在座的說：

「由她這樣做吧，爲什麼要難爲她呢？她在我身上所做的，是一件美事。因爲常有窮人和你們同在，要向他們行善，隨時都可以。只是你們不常有我。她所做的，本是盡她所能的。她是爲我安葬之日存留的，預先把香膏澆在我身上。我實在告訴你們，普天之下，無論在什麼地方傳這福音，也要述說這女人所做的，以爲紀念！」


## 二八　騎驢進京


耶穌和門徒將近耶路撒冷，到了橄欖山那裏的伯法其。耶

穌打發兩個門徒，對他們說：

「你們往對面的村子裏去，一進去的時候，必然看見一頭驢駒拴在那裏，是從來沒有人騎過的。你們解開，牽到我這裏來，如果有人對你們說什麼，就回答說，主人要用它，那人必定立時讓你們牽來。」

這事的成就，是要應驗先知的話：「要對錫安的居民說，看哪！你的王來到你這裏，是溫柔的，又騎著驢，就是騎著驢駒子。」

門徒照著耶穌的吩咐去了，果然看見一頭驢駒，拴在門外街道上。他們上去把牠解開。

站在那裏的人看見了，有幾個說：

「你們解驢駒做什麼呀？」

門徒照著耶穌所吩咐的回答，那些人就任憑他們牽來了。

他們把驢駒牽到耶穌面前，把自己的衣服搭在驢背上，耶穌就騎上，眾人多半把衣服鋪在路上，還有人把田野裏的樹枝砍下來，也鋪在路上。

前行後隨的人，都喊著說：

「和散那（萬歲），奉主之名而來的，是應當稱頌的！」

「那即將來臨的大衛之國，是應當稱頌的！」

「高高在上，和散那！」

將近耶路撒冷，正下橄欖山的時候，門徒們想起經歷的異能奇事，就大聲讚美說：

「在天上有和平，

在至高之處有榮光！」

眾人中夾雜著幾個法利賽人，他們對耶穌說：

「先生，責備你的門徒吧，聽他們說了些什麼！」

「我告訴你們，」耶穌說，「若是他們閉口不言，這些石頭也會呼叫起來！」

耶穌望見京城，就面對它嘆息，說道：

「巴不得你在此日，知道關係你平安之事。無奈這事現在隱藏著，叫你的眼睛看不出來。因為日子將到，你的仇敵必築起土壘，四面環繞圍困你……」

耶穌騎驢，進了京城耶路撒冷。他走入聖殿，看了周圍的各樣景物。

天色已晚，耶穌和十二個門徒出城，往伯大尼去住宿。

早晨回城的時候，耶穌餓了，遠遠地看見路旁有一株無花果樹，樹上有葉子。他們奔往那株樹去，或許可以在樹上找著什麼吃的。及至到了樹下，竟什麼也找不到，唯有葉子迎風擺動著，沙沙作響。原來這不是收無花果的時候。

耶穌對樹說：

「從今以後，你永遠不結果子！」那株無花果樹就立刻枯乾了。

門徒們看見，覺得奇怪，便說：

「無花果樹怎麼這樣快就枯乾了呢？」

「我實在告訴你們，」耶穌回答說，「你們若有信心，不疑惑，不但能行這樣的事，就是對這座山說，你挪開此地，投在海裏，上帝也必為你們成就了。當你禱告與祈求之時，相信你已得到了所求之事。那就無論祈求何事，你都會如願以償。」

耶穌天天在聖殿裏教誨人，祭司長和文士以及民間的長老，都想要殺他，只是一時想不出法子來。

那時上京過節的人們中，有幾個希利尼人。他們來見加利利伯賽大的腓力，求他說：

「先生，我們想見見耶穌！」

腓力去告訴安得烈。安得烈同腓力去告訴耶穌。耶穌說：

「人子得榮耀的時候到了，我實在告訴你們，一粒麥子不落在土裏死了，仍然是一粒。若是死了，就結出許多子粒來。愛惜自己生命的，就喪失生命。在這世上恨惡自己生命的，就要保守生命到永生。我現在心裏憂愁，說什麼才好呢？如果人子從地上被舉起來，就要吸引萬人來歸我。」

耶穌這話原是指著自己將要怎樣死去而說的，衆人不明白，回答地說：

「基督是永存的，你怎麼說人子必須被舉起來呢？這人子是誰呢？」

耶穌對他們說：

「光在你們中間，還有不多的時候，應當趁著光亮行走，免得黑暗降臨在你們頭上。那在黑暗裏行走的，不知道往何處去。你們應該信從這光，成爲光明之子。」

耶穌說完這話，就離開他們，隱藏起來。


# 二九　人子再來


耶穌從聖殿裏出來時，有一個門徒對他說：

「老師，請看，這是何等的石頭，何等的殿宇！」

耶穌對他說：

「你看見這宏大的殿宇麼，將來在這裏，沒有一塊石頭原封不動地存在了。」

耶穌登上橄欖山，坐下來，面對著聖殿。彼得、雅各、約翰和安得烈，悄悄地問他說：

「請告訴我們，這事將在何時發生呢？事情來到之前，有沒有什麼預兆呢？」

耶穌對他們說道──

你們要謹慎，免得有人迷惑你們。將來有好些人冒充我的名來說：「我是基督！」並且要迷惑許多人。

你們聽見打仗的風聲，不要驚慌，這些事是必須有的。民要攻打民，國要攻打國，多處必有地震、饑荒……這都是災難的起頭，那時在房上的，不要下來，也不要進去拿家裏的東西。在田裏的，也不要回去取衣裳。當那些日子，懷孕的和奶孩子的有禍了。你們應當祈求，叫那些事不在冬天臨到。因為在那些日子必有災難，自從上帝創造萬物直到如今，還沒有過這樣的災難，若不是主減少那災難的日子，凡有血氣的，恐怕沒有一個能得救。只是主為選民，將那日子縮短了。

那時要有人對你們說：

「看哪，基督在這裏！」

或者說：

「看哪，基督在那裏！」

你們不要相信，因為假基督假先知將要起來，顯示神蹟和奇事。倘若得逞，就把選民迷惑了。你們要謹慎，凡事我都預先告訴你們了。

在那災難的日子過後，日頭變黑了，月亮也不放光，衆星要從天上墜落，天勢都要震動。那時，人子的兆頭顯在天上，地上的萬族都要哀哭。他們要看見人子，有大能，有大榮耀，駕著雲彩，從天而降。他要差遣天使，大聲吹號筒，將他的選民，從四面八方，從地極到天邊，全都召集了來。

你們可以從無花果學個比方，當樹枝發芽長葉的時候，你們就知道，夏天近了。這樣，你們幾時看見這些，就該知道人子近了，正在門口。我實在告訴你們，這世代還沒有過去，這些事都要實現。天地要廢去，我的話卻不能廢去。但那日子，那時辰，沒有人知道，連天上的使者也不知道，子也不知道，惟獨父知道。

挪亞的日子怎樣，人子降臨也要怎樣。當洪水以前的日子，人們照常吃喝嫁娶，直到挪亞進方舟的那天。不知不覺洪水來了，把他們全都沖去。人子降臨也要這樣。那時，兩個人在田裏，取去一個，撇下一個。兩個女人推磨，取去一個，撇下一個。

你們要謹慎，儆醒祈禱，因爲你們不知道那日子幾時來到。這事正如一個人離開本家，寄居外邦，把權交給僕人，分派各人當做的工，又吩咐看門的儆醒。所以你們要儆醒，因爲不知道你們的主幾時來到。僕人要知道幾更天有賊人，就必須儆醒，不容人挖透房屋，這是你們所知道的。所以你們也要有所準備，因爲你們想不到的時候，人子就來了。誰是忠心有見識的僕人，爲主所派，管理家裏的人，按時分糧給他們呢？主人來到，看見他這樣做，那僕人就有福了。我實在告訴你們，主人要派他管理一切所有的。倘若那惡僕心裏說：「我的主必

定來得很晚！」就動手打他的同伴，又和醉漢一同吃喝。在想不到的日子，想不到的時辰，那僕人的主人就來了，重重地處置他，定他和僞善者同罪。

你們不知道主人什麼時候來，或晚上，或半夜，或雞叫，或早晨。恐怕他忽然來到，看見你們睡著了。我對你們所說的話，也是對衆人說的：要儆醒！

# 三〇　最後晚餐

一年一度的逾越節又到了。這天耶穌把彼得和約翰叫到面前來，吩咐他們說：

「你們去爲我們預備逾越節的筵席，好叫我們吃。」

他們問耶穌說：

「要我們往那裏去預備呀？」

「你們要這樣，」耶穌對他們說，「往城裏去，你們進了城，必定看見一個人，手裏拿著一瓶水，迎面向你們走來。你們就跟著這個人走，他進那家去，你們就對那家的主人說：先生，客房在那裏？我和門徒好在這裏吃逾越節的筵席。他必定會指給你們一間擺設整齊的大廳，你們就在那裏，爲我們預備吧。」

彼得和約翰出去，進了城，遇見的情況，果然和耶穌所吩咐的一模一樣。他們就在那裏預備好了逾越節筵席。

吃晚飯的時候，耶穌和十二個門徒都來赴席。耶穌離開座

位，站起來，脫了衣服，拿一條毛巾束腰，隨後把水倒在盆裏，開始給門徒洗腳，洗完腳又用腰上所束的毛巾擦乾。就這樣，一個一個地給門徒洗腳。輪到給西門彼得洗腳的時候，彼得對他說：

「主啊，你幹嘛給我洗腳呢？」

「讓我替你洗吧，」耶穌回答說，「我所做的，你現在還不知道，日後就明白了。」

「主啊，」彼得說，「你永遠不可給我洗腳！」

「是麼？」耶穌說，「如果我不給你洗腳，你可就與我無分了。」

「主啊，」彼得說，「既然如此，不僅我的腳，連手和頭也要洗！」

「凡是洗過澡的人，」耶穌說，「只要把腳一洗，全身就都乾淨了。你們是乾淨的，然而不都是乾淨的。」

耶穌給門徒一一洗過了腳，然後穿上衣服，又坐下，對他們說：

「我爲你們所做的，你們明白麼？你們稱呼我老師，稱呼我主。你們說的不錯，我本來就是。我是你們的主，你們的老師，尚且洗你們的腳，你們也當彼此洗腳。我給你們作了榜樣，你們應當學著這樣做。」

吃飯的時候，耶穌說：

「我實在告訴你們，你們中間有一個人要出賣我了。看哪，那叛徒之手，與我同在一張桌子上！人子固然要照所預定的去世，但出賣人子的人有禍了！」

門徒們彼此對看，猜不透所說的是誰？約翰側身挨近耶穌

的懷裏，彼得向約翰點頭說：

「你告訴我們，主是指著誰說的？」

約翰趁勢依偎在耶穌的胸脯上，問他說：

「主啊，是誰呢？」

耶穌對他說：

「我蘸一點餅，給誰，就是誰。」說著耶穌蘸了一點餅，遞給加略人猶大。

猶大吃了那一點餅，立刻出去了。

在酒席筵前，耶穌又對他們說：

「我很願意在受害以前，和你們一同吃這逾越節的晚餐。我告訴你們，我不再吃這筵席，直到成就在上帝之國裏。」

耶穌拿起餅來，祝謝了，用手剝開，遞給門徒，說：

「你們拿著吃，這是我的身體，爲你們捨的。你們也當如此行，爲的是紀念我。」

耶穌又拿起杯來，祝謝了，遞給他們，說：

「你們喝這個，這是我立新約的血，爲多人流出來，使罪得赦。但我告訴你們，從今以後，我不再喝這葡萄汁，直到我在我父的國裏，同你們喝新的那日子。」

這時門徒中間起了爭論，他們那一個可算爲大？

耶穌對他們說：

「外邦人有君王治理他們。但你們不可這樣，你們裏頭爲大的，倒要像年幼的，爲首領的，倒要像服侍人的。我在你們中間，如同服侍人的。」耶穌又對彼得說，「西門彼得，撒但想要得著你們，好篩你們，像篩麥子一樣。你以後要堅固你的兄弟。」

「主啊，」彼得説，「我就是同你坐監牢，同你受死，也心甘情願！」

「彼得，」耶穌説，「我告訴你，在今夜雞叫以前，你要三次説不認得我。」

耶穌繼續對門徒説：

「你們心裏不要憂愁，我在那裏，叫你們也在那裏，我去的道路，你們是知道的。」

「主阿，」多馬對他説，「我們不知道你往那裏去，怎麼知道那條路呢？」

耶穌説：

「我就是道路、真理和生命，若不藉著我，沒有人能到父那裏去。」

「主啊，」腓力説，「求你將父顯給我們看，我們就知道了。」

「腓力，」耶穌對他説，「我與你同在這樣久，你還不認識我嗎？我在父裏面，父在我裏面，我要求父，父就另外賜給你們一位保惠師，叫他永遠和你們同在，這就是真理的聖靈。」

耶穌又對他們説：

「我以前差你們出去的時候，沒有錢囊，沒有口袋，也沒有鞋，你們缺少什麼嗎？」

他們回答説：

「沒有。」

耶穌繼續説：

「但如今有錢囊的可以帶著，有口袋的也可以帶著，沒有刀的要賣衣服買刀。我告訴你們，經上寫著説：『他被列在罪

犯之中。』這話必然應驗在我的身上。」

「主阿，」他們說，「請看，這裏有兩把刀。」

「夠了，」耶穌說。

他們唱了詩，走出來，往橄欖山去，過了汲淪溪，來到客西馬尼園。耶穌對門徒說：

「你們坐在這裏，等我禱告。」

於是帶著彼得、雅各、約翰同去，對他們三人說：

「我心裏難過得要命，你們在這裏，等候儆醒。」

耶穌稍往前走，俯伏在地上禱告說：

「我父啊，倘若可行，求你將這杯撤去，然而不要從我的意思，只要從你的意思。」

耶穌回來，看見他們睡著了，就對彼得說：

「怎麼樣，你們不能同我儆醒片刻麼？你們心靈固然願意，肉體卻軟弱了。」

耶穌第二次又去禱告說：

「我父啊，這杯若不能離開我，必要我喝，就願你的旨意成全。」

他又回來，看見他們仍然睡著，因爲他們的眼睛非常困倦。

耶穌又離開他們去了。第三次禱告，說的和先前一樣。然後回到門徒那裏，對他們說：

「現在你們仍然睡覺安歇吧。時候到了，人子被賣在罪人手裏了。起來，我們走吧。看哪，賣我的人近了！」

# 三一　叛徒賣主

早在逾越節晚餐之前，十二使徒之一的加略人猶大，就已經和敵人勾結上了。他偷偷摸摸去見祭司長和守殿官，對他們說：

「我把耶穌交給你們，你們願意給我多少銀子呢？」

「三十塊銀幣！」他們慨然允諾，答應給他三十塊銀幣。

從那時候開始，猶大就千方百計尋找機會，如何得便，趁人不在眼前的時候，把耶穌交給他們。

在逾越節的晚餐上，耶穌公開指出他是賣主之人，他便提前離席溜走了。他去給敵人引路，來捉拿耶穌。因為他熟悉耶穌和門徒的活動地點，所以便在逾越節這天晚上，向耶穌所在的地方趕來了。

猶大領了一隊兵，還有祭司長和法利賽人的差役，手裏舉著燈籠、火把、兵器，衝進客西馬尼園。猶大走在前頭，直奔耶穌，要與他親吻。耶穌對他說：

「猶大，你用親吻的暗號，出賣人子嗎？」

左右的人見這光景不好，就說：

「主啊，我們拿刀砍，可以不可以？」

話音未落，彼得縱身跳上身去，抽刀便砍，大祭司的僕人馬勒古挨了一刀，右耳朵削掉了。

「彼得，」耶穌喝道，「收刀回鞘吧！我父所給我的那

杯，我豈可不喝呢！」又說，「到了這個地步，由他們吧。」

說著就摸馬勒古的耳朵，把他治好了。耶穌對那些來捉他的祭司長以及守殿官和長老們說：

「你們帶著刀棒，出來捉我，如同捉強盜麼？我天天同你們在殿裏，你們不下手拿我。現在卻是你們的時候，黑暗掌權了。」

當下，門徒都離開他逃走了。

那隊兵和千夫長以及猶太人的差役，不容分說，一擁而上，拿住耶穌，將他捆綁起來。他們把他押解到大祭司該亞法的院子裏，眾祭司長、長老和文士，全都聚集到該亞法這裏來了。

彼得遠遠地跟著。還有一個門徒跟著，這就是約翰，他認識大祭司，便暢行無阻地跟耶穌一同進了院子。然後約翰出來，和守門的使女說了一聲，就把站在大門外的彼得往院子裏領。

那看門的使女定睛看著彼得，指著他說：

「你不是那人的門徒麼，素常你也是一夥的。」

「女子，」彼得說道，「我不認識他。」

僕人和差役，因為天冷，就生了炭火。有的站著，有的坐著，在院子裏烤火，彼得也湊上去，同他們站在一起烤火。

過了一會兒，又有人看見彼得烤火，就對他說：

「你也是他們一黨的！」

「你這個人，」彼得再次否認說，「我不是。」

過了大約一小時的光景，大祭司的一個僕人走過來，被彼得削掉耳朵的那個馬勒古，就是這個人的親屬。他指著彼得，

一口咬定說他同耶穌是一夥的，因為他也是加利利人。這個人還說：

「我不是看見你同他在園子裏麼？你真是同他們一黨的！」

「我不曉得你說的是什麼，」彼得發咒起誓地說，「我不認得你們說的這個人！」

正說話之間，雞就叫了。

耶穌轉過身來看看彼得。彼得便想起主對他說過的話：「今夜雞叫以前，你要三次不認我。」思想起來，他就出去痛哭。

那個出賣耶穌的猶大，後來看見耶穌已經被定了罪，他就後悔了，把那三十塊銀幣拿回來，對祭司長和長老說：

「我賣了無辜者的血，我有罪呀！」

「那關我們什麼事，」他們冷冷地說，「你自己承當吧！」

猶大把那銀錢往殿裏一丟，跟跟蹌蹌地跑了出去，在一棵樹上吊死了。

祭司長拾起猶大丟下的銀錢說：

「這是血價，不可放在庫裏。」

他們商議，就用那三十塊銀幣買了窯戶的一塊田，作為埋葬外鄉人的墳地。因為是用血價買的，所以那塊田就叫血田，一直流傳下來。

# 三二　基督受難

由於叛徒的出賣，當權者們抓到了耶穌。他們把他押解到大祭司該亞法的院子裏。衆祭司長、長老和文士，全都聚集到該亞法這裏來了。

祭司長和全公會尋找見證，控告耶穌，要把他置於死地。儘管有不少人作假見證告他，可是他們的見證，各不相合，總得不著真憑實據。末後有兩個人站起來，控告他說：

「我們聽見他説，要拆毀這人手所造的聖殿，三日內就重建一座不是人手所造的。」

大祭司該亞法起來，站在中間，問耶穌說：

「你什麼都不回答麼？這些作見證告你的是什麼呢？」

耶穌緊閉著嘴唇，一言不發。

大祭司又以耶穌及其門徒的教訓盤問他，耶穌這才開口説：

「我一向是光明正大地對世人説話，我常常在猶太人聚集的地方，就是聖殿和會堂裏，教誨人，你爲什麼問我呢，可以問問聽衆嘛！」

旁邊站著的一個差役，聽見這些，就用手掌打他，厲聲斥責説：

「你在大祭司面前，就這樣説話嗎？」

「如果我説的不對，」耶穌説，「你可以指出來，那些地

方不對呀？如果我說的對，你爲什麼打我呀？」

大祭司指著耶穌，問他說：

「你實話告訴我，你是不是上帝的兒子基督？」

「對了，」耶穌回答說，「你這句話說對了。然而我要告訴你們，將來你們必定會看見，人子坐在那權能者的右邊，駕著天上的雲彩降臨。」

聽見這話，大祭司怒不可遏，他撕裂衣服，氣咻咻地說：

「他說了僭妄的話，我們何必再用見證人呢？你們不是已經聽見了麼，他親口說了這僭妄的話！你們看，應該怎麼辦？」

那些人應聲回答說：

「死罪，死罪！」

於是他們就向他臉上吐唾沫，又蒙上他的臉，用拳頭打他，問他說：

「基督啊，你是先知，那請你告訴我們，打你的是誰？」

差役把他接過來，又用手掌打他。

到了早晨，衆祭司長、長老、文士，以及全公會的人，一起商議如何治死耶穌。他們把他捆綁著押解去，交給總督彼拉多，對他說：

「我們發現這個人誘惑國民，禁止國民向該撒納稅，還說自己是基督，是猶太人的王。」

耶穌站在總督面前，總督問他說：

「你是猶太人的王嗎？」

「是的，」耶穌說，「你說得是。」

彼拉多對祭司長和衆人說：

「我查不出這個人有什麼罪過。」

他們回答說：

「這個人若不是作惡的，我們就不把他交給你了。」

彼拉多說：

「你們自己把他帶去，按著你們自己的律法審問他吧。」

「我們沒有殺人的權柄。」他們硬是羅織罪狀，七嘴八舌地亂嚷嚷：

「他怎麼沒罪呢？他謠言惑眾！」

「他在猶太遍地傳道，不守安息日！」

「他是從加利利來的……」

彼拉多一聽見這話，就問他們：

「他是加利利人麼？」

「是的，」他們回答說，「他是加利利人。」

原來加利利歸希律王管，剛好那時希律王正在耶路撒冷逗留。猶太總督彼拉多就趁勢把耶穌交給希律王。希律王與彼拉多向來不睦，這回看見彼拉多這樣尊重他，就很高興。他早已聽說過耶穌的事情，並想親眼看看耶穌所行的神蹟。這次看見耶穌，他便滔滔不絕地問了耶穌許多話，耶穌卻一言不答。

祭司長和文士，都站在希律王面前，極力說耶穌的壞話。希律王和兵丁也開始藐視耶穌，把他嘲笑了一陣，又押送回彼拉多那裏。從前希律王和彼拉多有仇，這一天就和解了，並且成了朋友。

總督彼拉多傳齊了祭司長、官府和民間長老，對他們說：

「你們把這個人押解到我這裏來，說他蠱惑人心。我已經根據你們的控告審問過他了，並沒有審出什麼罪來。我把他送給希律王，希律王不也是如此嗎？所以把他送回來，可見他實

在沒有什麼該死的罪。這樣吧，我把他責打一頓，然後釋放了吧！」彼拉多心裏明白，祭司長由於嫉妒耶穌，才把他押解了來。

正在總督彼拉多坐堂的時候，他的夫人打發人來說：

「我今天做了一個夢，夢見這人是個義人。這義人的事，你千萬不要管，趕快把他釋放了吧！」

原來按照慣例，每逢節期，總督可以隨眾人所願，釋放一個囚犯給他們。當時有一個作亂殺人的囚犯，名叫巴拉巴，也綁在那裏。祭司長和長老就教唆眾人，寧可釋放巴拉巴，也要除掉耶穌。

總督對眾人說：

「這兩個人，可以隨你們的意願，釋放一個。你們說吧，釋放那一個？」

「巴拉巴！」眾人回答說，「釋放巴拉巴！」

「這樣，」彼拉多說，「那稱為基督的耶穌呢？我怎麼辦他呢？」

「把他釘十字架，」他們狂呼亂叫，「把他釘十字架！」

「這是為什麼呢？」彼拉多說，「他做了什麼惡事呢？我實在查不出他有什麼罪來。」

猶太人回答說：

「我們自己有律法，按那律法，他是該死的。因為他自稱為上帝的兒子。」

彼拉多聽見這話，就愈發害怕。他回轉身對耶穌說：

「你是從那裏來的？」

耶穌閉口不答。

「你爲什麼不回答我呢，」彼拉多說，「難道你不知道，我有權釋放你，也有權釘你十字架嗎？」

「你的權力還不是上頭賜給的麼？」耶穌回答說，「如果不是上頭賜給你權力，你就拿我沒辦法。你知道我是誰，那麼可想而知，把我交給你的那些人，罪惡是何等之大！」

聽了這話，彼拉多就更想釋放耶穌。無奈那些猶太人喊著說：

「如果你把他釋放了，那你就不是羅馬皇帝該撒的忠臣。你知道，凡是自稱爲王的，都是對羅馬皇帝的背叛！」

總督反問猶太人說：

「我可以把你們的王釘十字架嗎？」

祭司長回答說：

「除了該撒，我們沒有王！」

彼拉多聽見這話，知道說也無濟於事，反會鬧出亂子，恐怕羅馬人和猶太人都要與他爲難。在這種情況下，他便在眾人面前拿水洗手，對大家說：

「流義人血之罪，不在我身上，你們自己承當吧！」

眾人回答說：

「他的血歸到我們以及我們的子孫身上。」

於是總督彼拉多便釋放了巴拉巴，把耶穌鞭打了，交給兵丁釘十字架。

總督的兵丁們把耶穌帶進衙門，全營的兵丁都圍攏過來。他們扒掉了他的衣服，給他換上一件紫色的袍子，用荊棘編成一個冠冕，戴在他的頭上，拿一根葦子放在他右手裏，把他裝扮成一個國王。

他們跪在他面前，裝成朝拜國王的樣子，戲弄他説：

「我王萬歲！恭喜猶太人的王啊！」

説著又往他的臉上吐唾沫，拿葦子抽打他的頭。戲弄完了，就給他脫下紫袍，仍舊穿上他自己的衣服，押他出去釘十字架。

他們帶耶穌出去的時候，正好碰上一個從鄉下來的古利奈人西門。他們就捉住他，把十字架放在他身上，叫他背著跟隨耶穌。

有許多百姓，含著眼淚，默默地跟隨耶穌。其中有好些婦女，爲他號啕痛哭。

耶穌轉身對他們説：

「耶路撒冷的女子，不要爲我哭泣。應該爲你們自己和兒女哭泣。因爲日子將到，人們會説，未曾生育的、未曾懷胎的、未曾乳養的，有福了！」

他們把耶穌帶到一個地方，這地方名叫髑髏地。兵丁用苦膽調和酒，給耶穌喝，他呷了一口，就閉嘴不肯喝了。

他們在髑髏地把耶穌釘在十字架上。同時又釘了兩個犯人，一個在左邊，一個在右邊，耶穌在中間。

當時耶穌説：

「父啊，赦免他們吧！因爲他們所做的，他們不曉得。」

彼拉多寫了一個牌子，安在十字架上，寫的是：

「猶太人的王，拿撒勒人耶穌。」

這些字是用希伯來、羅馬和希利尼三種文字寫的。猶太人的祭司長聽見人們念這名號，就對彼拉多説：

「不要寫猶太人的王，要寫他自己説：『我是猶太人的

王』。」

「這是我寫的，」彼拉多說，「我已經寫上了，就這樣吧。」

兵丁把耶穌釘在十字架上以後，就把他的外衣分成四份，每人各得一份。又拿起他的裏衣，這裏衣原來沒有縫兒，是上下一片織成的。他們看見這樣，就互相議論說：

「我們不要撕開，抓鬮兒算了。誰抓著，這裏衣就整個兒給誰吧。」

他們抓鬮兒瓜分了耶穌的衣服以後，就坐在那裏看守他。

從那裏經過的人辱罵他，搖著頭說：

「咳，你這拆毀聖殿，三日又再造起來的人哪，救自己從十字架上下來吧！」

祭司長和文士以及長老，也這樣戲弄他說：

「他救了別人，不能救自己。以色列王基督，現在從十字架上下來吧，叫我們看見，好相信你呀！」

那同釘十字架的兩個犯人，其中一個譏誚他說：

「你不是基督麼，可以救救自己和我們吧？」

其中另一個應聲責備他說：

「同是架上受刑人，你何必奚落人家呢？你我二人，本是罪有應得。可是這個人卻是無罪的，他沒有做過一點壞事。」他又扭頭望著耶穌說，「耶穌啊，當你得國降臨的時候，求你紀念我。」

「我實在告訴你，」耶穌對他說，「今日你要同我在樂園裏了。」

站在十字架旁邊的，有他母親馬利亞和他母親的妹妹，還

有革羅罷之妻馬利亞和抹大拉的馬利亞，以及西庇太兩個兒子的母親。

耶穌看見母親和門徒約翰站在旁邊。他對著母親向約翰示意說：

「母親，看你的兒子！」

他又對著約翰向母親示意說：

「看你的母親！」

他們聽見這話，使徒約翰就把耶穌的母親馬利亞作爲自己的母親，領到自己家裏去了。

耶穌看見諸事都已安排停當，便大聲喊著說：

「我的上帝，我的上帝，爲什麼離棄我！」

站在那裏的人，有的聽見這話就說：

「看哪，這個人呼叫以利亞呢！」

内中有一個人聽見耶穌說「我渴了」，就趕緊跑過去，拿海絨蘸滿了醋，綁在牛膝草上，送給他喝。耶穌嘗了那醋，就說：

「成功了！」

其餘的人就說：

「我們在這裏等著，看看以利亞是不是來救他？」

耶穌又大聲喊著說：

「父啊，我將我的靈魂交在你手裏！」

說完這話，氣就斷了。

這時聖殿裏的幔子，忽然從上到下裂成兩半，大地震動，磐石崩裂。墳墓也張開了！已睡聖徒的身體，多有起來的。

百夫長和一同看守耶穌的兵丁，看見這種景象，都極其害

怕，説：

「榮耀歸於上帝，這真是個義人！」

還有好些婦女，有的是從加利利來服侍耶穌的，有的是同耶穌上耶路撒冷的，她們遠遠地觀看。那些與耶穌素常熟識的人，也一直站在那裏。他們目睹這一切，都捶著胸，悲泣著回去了。

耶穌是日出東南的時候被釘上十字架的，中午時候，天地開始昏暗下來，直到日頭偏西的時候，他就死了。這時太陽變得一團漆黑。

猶太人因這天是個預備日，就求彼拉多派人活活打斷他們的腿，催他們快死，以便把他們卸下來拿走，免得屍首在安息日留在十字架上。於是兵丁奉命把旁邊那兩個人的腿都打斷了。當他們來打耶穌的時候，發現他已經死了，便不必打斷他的腿了。惟有一個兵，拿著槍，扎他的肋旁，隨即有血與水流出來。

# 三三　救主復活

到了晚上，有一個從亞利馬太來的財主，名叫約瑟，是個尊貴的議員，他素常盼望進入上帝之國，已經暗暗作了耶穌的門徒，只是因爲懼怕猶太人，才沒敢公開活動。這回他大著膽子去見總督彼拉多，求葬耶穌的遺體。

彼拉多對耶穌死得這麼快感到詫異，便叫了百夫長來，問

他耶穌死了多長時間？從百夫長那裏獲悉耶穌確已死去的實情後，彼拉多便將他的遺體賜給了約瑟。

於是約瑟就把耶穌的遺體領去了。時有生前夜訪耶穌的法利賽官員尼哥底母，帶著大約三萬克的沒藥和沉香來。他們按照猶太人的殯葬規矩，把耶穌的身體用細麻布加上香料裹好了，放進一座墳墓裏。這是一座新墓，位於耶穌釘十字架那地方的園子裏，是財主約瑟在磐石裏鑿出來的，從來沒有葬過人。他們把大石頭滾到墓門口，就放心地走了。

那日是預備日，安息日也快到了，那些從加利利隨耶穌同來的婦人跟在後面，她們看見了安放耶穌的墳墓，就回去預備香料香膏。抹大拉的馬利亞和那個馬利亞在那裏，對著墳墓，默默地坐著。

翌日，祭司長和法利賽人聚集，來見彼拉多，對他說：

「大人，我們記得，那誘惑人的還活著的時候，曾經說過『三日後我要復活』的話。因此請吩咐將墳墓把守妥當，直到第三日，以免他的門徒盜去屍體，向百姓造出死裏復活的謠言來，如果得逞，那謠言的迷惑就將超過死者生前的活動。」

「你們不是有看守的兵丁麼，」彼拉多說，「那就去看守好了，盡你們最大的能力，把墳墓看守妥當吧。」

於是他們就帶領著看守的兵丁，一同去到那裏，封嚴了石頭，將墳墓把守住了。

安息日將過，星期天早晨，天快亮的時候，抹大拉的馬利亞和那個馬利亞來到墓前，看見石頭從墓門挪開了。她們趕緊跑去見彼得和約翰，對他們說：

「大概有人把主從墳墓裏運走了，那墓門口的石頭挪開

了！」

彼得和約翰一聽這話，立刻往墳墓那裏跑，約翰先一步趕到，低頭向裏張望，看見細麻布還放在那裏。約翰還沒有進去，彼得就趕到了，他第一個走進墳墓，看見細麻布還放在那裏，又看見細麻布旁邊的裹頭巾，原封未動地捲著。這時約翰也隨後進來，兩個人親眼目睹了這裏的情況，不知屍體現在何方，只得回去。

馬利亞站在耶穌的墳前哭，哭的時候，低頭往裏面看，看見兩個天使，穿著白衣，在安放耶穌屍體的地方坐著，一個在頭，一個在腳。

天使對她説：

「婦人，你爲什麼哭呢？」

「因爲有人將我主挪開了，」她説，「我不知道挪到什麼地方去了？」

她説了這話，就轉過身來，看見耶穌站在那裏，卻又不認得。

「婦人，」耶穌問她，「你爲什麼哭呢，你找誰呀？」

「先生，」馬利亞以爲是看園的，就對他説，「如果是你把他遷走了，請告訴我，你把他放在何處了，我好去取他。」

「馬利亞！」耶穌對她説。

馬利亞聞聲轉過來，用希伯來語對他説：

「先生！」

「不要摸我，」耶穌説，「因爲我還沒有升上去見我的父。你往我兄弟那裏去，告訴他們説，我要升上去，見我的父，也是你們的父。見我的上帝，也是你們的上帝。」

抹大拉的馬利亞急忙離開墳墓，又害怕，又歡喜，跑去告訴門徒說：

「我已經看見了我主！」

她又將主對她說的話告訴了他們，可是他們並不相信，以爲那是胡言。

原來那天早晨，地動山搖，主的使者，從天上下來，把石頭滾開，坐在上面。他的相貌如同閃電，衣服潔白如雪。看守的兵丁，早已嚇得魂不附體，骨軟筋麻了。他們有幾個進城去，把發生的情況報告給祭司長。祭司長和長老聚集商議，就拿出許多銀錢來給兵丁說：

「你們要這樣出去散佈，夜間我們睡覺的時候，他的門徒來把他盜走了！倘若這話被總督聽見，有我們勸他，保你們無事。」

兵丁受了銀錢，就按照他們的囑咐去散佈。於是這些話就在猶太人中間傳播開了，一直流傳下來。

在這天，有兩個門徒往一個村子裏去，這個村子名叫以馬忤斯，離耶路撒冷大約十一公里。他們互相談論著所見所聞的事情。正在談論的時候，耶穌就接近他們，與他們同行。可是他們的眼睛迷糊了，不認識他。耶穌對他們說：

「你們談論些什麼呢？」

聽見這話，兩個人停了下來，臉上帶著愁容。其中有一個名叫革流巴的回答說：

「你在耶路撒冷作客，還不知道這幾天發生的事情嗎？」

「什麼事情呢？」耶穌問。

他們回答說：

「就是關於拿撒勒人耶穌的事呀，他是個先知，說話行事，都很能幹。祭司長和官府，竟把他抓去釘了十字架。我們素來所盼望的就是他。他已經死了三天了。說也奇怪，我們清早聽見幾個探望墳墓的婦女回來說，他的身體不見了！還說看見了天使，說他活了。」

「無知的人哪，」耶穌對他們說，「先知所說的一切話，你們的心，信得太遲了。基督這樣受害，又進入他的榮耀，難道還不應該嗎？」於是從摩西和衆先知起，凡是經上所指出的，都給他們講解明白了。

邊說話邊走路，不覺來到以馬忤斯村，耶穌好像還要繼續趕路，他們卻强留他說：

「日頭已經平西了，請你同我們住下吧。」

這樣耶穌就隨他們進了村子，準備同他們住下。

到了坐席的時候，耶穌拿起餅來，祝謝了，剝開，遞給他們。他們吃了餅，眼睛就明亮了。這才認出他來。忽然耶穌不見了。他們非常驚訝，互相回味著路上的經過，說：

「在路上他和我們說話，給我們講解聖經，那時候我們的心裏難道不是熱呼呼的嗎？」

他們立刻起來，回耶路撒冷去。正遇見十一個使徒和他們的同人聚首談論，說：

「主果然復活，已經顯現給西門看了。」

兩個人也把路遇耶穌以及吃餅認主的事述說了一遍。

這天晚上，門徒們驚魂未定，因爲怕猶太人搜查他們，所以早早關上了門，在屋裏聚集談話。

耶穌站在他們當中，對他們說：

「願你們平安！」

說了這話，就把手和肋旁指給他們看。門徒們看見了主，又驚又喜。

「願你們平安，」耶穌又對他們說，「父怎樣差遣我，我也要照樣差遣你們。」說了這話，就向他們吹一口氣，說，「你們受聖靈！」

那十一個使徒中，有稱爲低土馬的多馬，耶穌來的時候，他沒有在場。在場的使徒對他說：

「我們已經看見主了。」

多馬卻說：

「我非看見他手上的釘痕，用指頭探入那釘痕，又用手探入他的肋旁，我總不信。」

過了八天，門徒們全都聚集在屋子裏，多馬也在場，門都關上了。

耶穌來站在他們當中說：

「願你們平安！」又對多馬說，「伸過你的手指來，摸我的手吧，噯，往這摸……再伸過你的手來，探入我的肋旁。用不著疑惑，你應該相信。」

「我的主，」多馬說，「我的上帝！」

耶穌對他說：

「你因爲看見了我才相信，那沒有看見就相信的，有福了！」

此後，耶穌在提比哩亞湖邊，又向門徒們顯現。

西門彼得邀集多馬、拿但業，以及西庇太的兩個兒子雅各

和約翰，還有另外兩個門徒，一起到湖上打魚。他們出去上了船，那一夜沒有打著什麼魚。

天快亮的時候，耶穌站在湖岸上，門徒們都不知道是他。耶穌對他們説：

「小子們，你們有沒有吃的呀？」

「沒有哇！」他們在船上回答説。

「你們把網撒在船右邊，就必然能打著魚。」耶穌説。

他們便應聲撒下網去，呀，這麼多魚，竟拉不上來了！

約翰對彼得説：

「是主！」

那時西門彼得正赤著身子，一聽説是主，便急忙披上一件外衣，站在船上一躍，跳下湖裏。其餘的門徒，費了好大的勁，才把網拖上來，同時把船划向岸邊。他們全都上了岸，看見耶穌那裏有炭火，炭火上有魚又有餅。

耶穌對他們説：

「把剛才打的魚，拿幾條來吧！」

西門彼得去把網拉到岸上，網裏兜滿了活蹦亂跳的大魚，數一數，共一百五十三條，這麼多魚，也沒有把網撐破。

耶穌説：

「你們來吃早飯！」

門徒中沒有一個敢問他「你是誰」，因為明知道是主。耶穌從死裏復活以後，這是第三次向門徒顯現。他拿餅和魚給他們吃。

他們吃完了早飯，耶穌對西門彼得説：

「西門彼得，你愛我嗎？」

「主啊，」彼得說，「是的，你知道我愛你。」

耶穌説：

「你餵養我的小羊。」

耶穌第二次對他説：

「西門彼得，你愛我嗎？」

「主啊，」彼得說，「是的，你知道我愛你。」

耶穌説：

「你牧養我的羊。」

又第三次對他説：

「西門彼得，你愛我嗎？」

彼得因爲耶穌連續三次問他「你愛我嗎」，就感到分外憂愁，他對耶穌説：

「主啊，你是無所不知的，你知道我愛你。」

「你餵養我的羊，」耶穌説，「我實在告訴你，你年輕的時候，自己束上帶子隨意往來，但是到年老的時候，你要伸出手來，別人把你束上，帶你到不願意去的地方。」耶穌説這話，是指彼得怎樣死，榮歸上帝，接著又對他説，「你跟從我吧！」

彼得轉過身來，看見約翰跟著，就問耶穌説：

「這人將來如何？」

耶穌對他説：

「我若要他等我到的時候，與你何干？你跟從我吧！」於是這話傳在兄弟中間，説那門徒不死，其實不然。

後來十一個使徒往加利利去，到了山上，他們見了耶穌，就俯伏在地。然而還有人疑惑。耶穌進前來對他們説：

「天上地下所有的權柄，都賜給我了。你們要往普天之下去，傳福音給萬民聽。信而受洗的必然得救，不信的必被定罪。信的人必有神蹟伴隨著他們。就是奉我的名趕鬼，說新方言，手能拿蛇，若喝了什麼毒物，也必不受害，手按病人，病就必好了。你們要使萬民作我的門徒，奉父子聖靈之名，給他們施洗。」

救主耶穌後來被接到天上，坐在上帝的右邊。門徒出去，在普天之下，傳播福音。

# 三四　乾坤足跡

耶穌降生在猶太伯利恆的一個馬槽裏。他是從聖靈生的，母親名叫馬利亞，父親名叫約瑟，是個木匠。耶穌剛剛出生，就有牧羊人來見，隨後不久又有東方博士來朝拜。

大希律王從博士那裏獲悉耶穌將成爲猶太人的王，便興兵前來抄殺，耶穌由父母帶往埃及避難。一直等到大希律王死了，方才從埃及回國，住在加利利的拿撒勒。因此耶穌又稱拿撒勒人。

他從小跟父親做木工，家境富裕，又勤勞和睦。按照猶太人的習慣，每逢逾越節，都要到耶路撒冷去住幾天。

耶穌十二歲這年，父母又帶他到耶路撒冷去過節。可是回來的時候，父母發現他不見了，便到處尋找，最後在聖殿裏找到了他，原來他坐在教師中間，一面聽，一面發問。他的聰明

智慧使得在座的人大爲驚訝。

　　到成年的時候，他從加利利的拿撒勒來到約旦河畔，遇見了施洗約翰。約翰是耶穌的表親，比他大六個月。他在猶太的曠野裏傳道，穿的是駱駝毛的衣服，腰束皮帶，吃的是蝗蟲野蜜。那時有許多人接受他的施洗，他説：「我是用水給你們施洗，那後來的要用聖靈與火給你們施洗。」耶穌來了，在約旦河裏接受了約翰的施洗。耶穌從水裏上來，就看見天開了，聖靈像鴿子一樣落在耶穌的身上。

　　聖靈將他引到曠野，不吃不喝四十天，接受撒但的試探。撒但是魔鬼，他三試耶穌：能把石頭變成食物嗎？敢從聖殿頂往下跳嗎？願意拜魔鬼換取榮華富貴嗎？對於這些，耶穌全都一一回絕了。撒但無計可施，只好暫時退去。

　　施洗約翰在約旦河外伯大尼作見證，説他看見聖靈落在耶穌的身上，證明他是上帝的兒子。約翰的兩個門徒安得烈和約翰，聽見這話，便認識到耶穌就是猶太人所盼望的彌賽亞，因此便跟從了耶穌。次日他們各自的哥哥西門和雅各，也到了耶穌門下。西門尤其得到主的賜名，稱爲彼得。接著又收了腓力和拿但業。

　　耶穌領這些初收的門徒來到加利利，到了拿但業的家鄉迦拿，並應邀去喝結婚的喜酒。剛喝了一半，酒就光了。在座的有耶穌的母親馬利亞，她啓發耶穌，耶穌便在這裏行了第一個神蹟──變水爲酒。

　　散席後，他們來到迦百農小住幾天，又到耶路撒冷去過逾越節。耶穌走進聖殿，看見這裏作買作賣，成了賊窩，便大發雷霆，把那些人趕了出去，清潔了聖殿。從此便揭開了耶穌傳

道的序幕，他在這裏又行了好些神蹟。

這些神蹟不僅感動了許多老百姓，而且還感動了一個猶太人的官，這便是法利賽人尼哥底母。尼哥底母夜訪耶穌。耶穌向他談論重生，啓發他的心智。

耶穌和門徒在猶太地居住施洗。由於他在這裏收門徒施洗，比約翰還多，從而引起了法利賽人的注意。因此在約翰被關進監獄以後，他便決定到加利利去，宣傳上帝的福音。

途經撒瑪利亞的敍加城，在城外雅各井那裏遇見一個撒瑪利亞婦人打水，耶穌初次見面便道出了她的身世，受到她的崇拜，引起本城居民紛紛歸信耶穌，知道他是救世主。耶穌在敍加住兩天，然後繼續向加利利進發。

舊地重遊，他們又來到了迦拿，在這裏說了一句話，便治癒了遠在迦百農的一位大臣的病子。

在迦百農，耶穌在安息日進會堂教誨人，散會後到彼得家裏，耶穌治癒了他岳母的熱病。此後又往別處去，在加利利傳道教誨人。

由於一個長大麻瘋的人被耶穌治癒後，不守秘密，把這事傳揚開去，當權者爲杜絕大麻瘋病人向城裏聚集，便不叫耶穌公開進城了，耶穌只好到曠野地方去傳道。

他在加利利湖邊行走，看見門徒西門彼得和安得烈在湖裏撒網捕魚，又看見雅各和約翰在船上補魚網，便先後招呼他們跟從自己，對他們說：「我叫你們得人如得魚一樣。」

耶穌在革尼撒勒湖邊傳道，看見兩隻船灣在湖邊，一隻船的漁人洗網去了，另一隻船是西門彼得的。耶穌上了彼得的船，叫他把船撐開，稍微離岸，坐在船上教誨衆人。講完之

後，他叫彼得開船到水深之處撒網捕魚。彼得說：「老師，我們日夜勞力，並沒有打著什麼，但依從你的話，我就下網。」這一網果然圈住許多魚，險些漲裂了網，招呼那一隻船上的同伴，雅各和約翰來幫忙，他們把魚裝滿了兩隻船。他們把兩隻船攏了岸，便一起跟從耶穌走了。

耶穌曾數度在耶路撒冷過節，有一次治癒一個癱瘓三十八年的患者。有一次上殿裏教誨人，猶太人覺得很希奇：「這個人沒有學過，怎麼明白書呢？」耶穌說：「我的教誨不是我自己的，乃是差我來者的。」他在講道時說：「你們的祖先亞伯拉罕仰望我，看見我就快樂。」猶太人說：「你還沒有五十歲，怎麼能見過亞伯拉罕呢？」耶穌說：「還沒有亞伯拉罕，就有了我。」於是他們拿石頭要打他，耶穌躲閃著，從殿裏出來了。

過了些日子，耶穌又到了迦百農，人們又四面八方聚集來，把門口擠得水洩不通。有一個癱瘓病人被人從房頂上挖個洞縋到屋裏，耶穌一句話，他就能拿起褥子走路了。

耶穌又往湖邊去，經過稅關的時候，召稅吏利未跟隨自己，並在他家裏就餐。當時人們把稅吏和娼妓都看成是罪人，公然到罪人家裏去吃飯，這便引起了法利賽文士的非議。耶穌對他們說：「我本來不是召義人，而是召罪人。」此外，諸如耶穌門徒不禁食，任意掐麥穗吃，以及在安息日醫治枯手病人等，都曾引起過法利賽人的不滿與責難。因此他們便和希律黨人商量，如何除掉耶穌。

然而耶穌的名聲傳遍了敘利亞，病人從各地趕來就醫。追隨耶穌的人愈來愈多，耶穌從中選出十二個人來，稱為十二使

徒。在十二使徒中，最受耶穌喜愛的是彼得、雅各和約翰。

由於聽講的人多，耶穌便登上了靠近迦百農的一座山，教誨眾人。這次講道被稱爲「登山寶訓」，耶穌首先講了著名的「八福」，又講了門徒立身行事的準則。

耶穌下了山，進了迦百農，有一個百夫長爲僕人求醫。耶穌聽了他的訴說後，對跟從的人說：「這麼大的信心，就是在以色列中，我也沒有遇見過。」這麼高的評語，就是對自己的門徒，他也不曾說過。

與此成爲對照的是，有一個文士，對耶穌說：「你無論往那裏去，我都要跟從你！」耶穌卻回答說：「狐狸有洞，天空飛鳥有巢，人子卻沒有枕頭的地方。」

在拿因城外，耶穌從送殯的抬槓裏，救活了一個寡婦的獨生子。

當時許多人追隨耶穌，求他醫病趕鬼，可是真正相信他的人，卻並不是很多的。就連親眼看見聖靈落在他身上的約翰，對於耶穌的種種作法也產生了懷疑，他從監獄裏打發兩個門徒去見耶穌，要他回答自己究竟是什麼人？儘管如此，耶穌對施洗約翰的評價還是相當高的，他說：「凡婦人所生的，沒有一個人大過施洗約翰的。然而天國裏最小的，比他還大。」

耶穌在湖邊及其它地方講說寓言故事數則。其實全部聖經都充滿著寓意，從字面上是很難理解的。

耶穌率領門徒渡湖來到格拉森人的地方，治癒了一個白天黑夜在山中和墳塋裏嚎叫的病人。這人病好之後，便將此事在低加波利傳揚開來。

他們又坐船到那邊去，有一個管會堂的人，名叫睚魯，求

耶穌治活了他的剛剛病故的小女兒。有一個患十二年血漏的婦女，悄悄摸耶穌的衣服，便立刻得以痊癒。

可是當耶穌回到家鄉拿撒勒的時候，卻受到了人們的奚落與厭棄，耶穌對他們說：「大凡先知，在本城親屬本家，是不受人尊重的。」他在家鄉沒有發揮什麼異能，只是醫好了幾個病人，就往周圍鄉村去傳道了。

耶穌派遣十二個使徒出去傳道，對他們說：「我差你們去，如同羊進入狼羣，所以你們要靈巧像蛇，馴良像鴿子。」

在耶穌周遊各城各鄉傳道的過程中，治癒了好些病人，其中之一就是抹大拉的馬利亞。

施洗約翰被斬之後，使徒回到耶穌那裏，匯報傳道的情況，然後他們暗暗地坐船來到曠野。

在曠野裏，以五餅二魚飽食五千人之後，耶穌叫門徒先乘船到伯賽大去，隨後自己足踏水面，如行平地，飛快趕去。

他們來到革尼撒勒地方，在革尼撒勒的街市上，病人求耶穌容許他們摸他的衣裳穗子，以治百病。

耶穌從那裏來到推羅、西頓的境內，進了一家，不願意讓人知道，但卻隱藏不住。有一個迦南婦人，是敍利非尼基族的希利尼人，求耶穌治她女兒的病。耶穌對她說：「讓兒女們先吃飽，不可拿兒女的餅丟給狗吃。」婦人回答說：「不錯，但是狗在桌子底下，也吃孩子們的碎渣兒。」耶穌感念她的誠實，便治好了她女兒的病。

離開推羅之後，經過西頓，從低加波利境內來到加利利湖。有一個聾啞病人，被耶穌治好了。

他又坐船來到馬加丹和大瑪努他境內，法利賽人和撒都該

人出來求神蹟，被耶穌拒絕。

　　耶穌隨即上船往湖那邊去，來到伯賽大。有人帶著一個盲人向他求醫，耶穌按手在他身上，問他說：「你看見什麼了？」他抬頭一看，便說：「我看見人了，他們好像樹木，並且行走。」隨後又按手在他眼睛上，他定睛一看，就復了原，樣樣都看得清楚了。耶穌打發他回家，說：「連這村子，你也不要進。」

　　耶穌和他的門徒出去，往該撒利亞腓力比的村莊去，路上耶穌向門徒預言受難，議論死後復活的事。

　　耶穌帶著彼得、雅各和約翰，暗暗地上了高山，就在他們面前變了形象，衣服放光，極其潔白。

　　下山之後，輾轉來到迦百農。有收丁稅的人，來見彼得說：「你們的先生不納丁稅嗎？」彼得說：「納。」彼得走進屋裏，耶穌對他說：「世上的君王向誰徵收關稅丁稅？是向自己的兒子，還是向外人呢？」彼得說：「是向外人。」耶穌說：「既然如此，兒子就可以免稅了。但恐怕觸犯他們，你且往湖裏去釣魚，把先釣上來的開了口，必能得到一塊錢，可以拿去給他們，做爲我的稅銀。」

　　耶穌離開加利利，來到猶太的境界，有一個人向耶穌求問永生之道，耶穌要他變賣家財，跟他出走。那人卻顧念自己的產業，不肯追隨耶穌，耶穌對門徒說：「富人進天國，比駱駝鑽針孔還難！」門徒說：「這樣誰還能得救呢？」耶穌回答說：「在人是不能，在上帝凡事都能。」

　　途經耶利哥，有一個矮個子稅吏長，名叫撒該，是個財主。他在人羣中擠來擠去看不見耶穌，便跑到前面，爬上一棵

桑樹觀看。耶穌路過那裏，抬頭一看，對他說：「撒該，快下來，今天我將在你家裏吃飯。」撒該喜出望外，他把耶穌接到家裏住宿說：「主啊，我把所有的一半給窮人，我若訛詐了誰，就還他四倍。」

耶穌同門徒以及許多人離開耶利哥的時候，有一個名叫巴底買的盲人坐在路旁，他聽見拿撒勒的耶穌，就喊著說：「大衛的子孫耶穌啊，可憐我吧！」耶穌對他說：「你的信仰救了你了。」巴底買便立刻能看見了。他就在路上跟隨了耶穌。

逾越節前六日，耶穌來到伯大尼村，在一個人家裏坐席。馬大的妹妹馬利亞手捧玉瓶香膏爲耶穌澆頭抹腳。

耶穌和門徒將近耶路撒冷，到了伯法其，在橄欖山那裏，開始騎驢進京，大受民眾的歡迎。人們傳頌著：「這是加利利拿撒勒的先知耶穌！」

耶穌第二次清潔聖殿，趕出那些作買作賣的人。從此，他的傳道工作就接近尾聲了。

耶穌面對銀庫坐著，看人們怎樣投錢入庫，有好些財主，往裏投了好些錢。有一個寡婦，往裏投了兩個小錢。耶穌對門徒說：「這寡婦投入庫裏的，比眾人投的都多，因爲他們都是把餘錢投進去，而寡婦卻是把養生之錢都投進去了。」

他在聖殿裏演說天國的奧妙，在橄欖山上預言聖殿被毀與世界末日。講完道以後，他便隱藏起來了，從而結束了他的傳道工作。

因爲大祭司該亞法聽說耶穌從墳墓裏救活伯大尼的拉撒路以後，便決定殺害耶穌，所以耶穌便不在猶太人中間公開露面了。他離開那裏，往靠近曠野的地方走去。

他和門徒來到一座城，名叫以法蓮，就在那裏住下來。

逾越節晚上，耶穌和十二個使徒坐席的時候，公開指出加略人猶大要出賣他。猶大吃了一點餅，就溜走了。

耶穌拿起餅來，祝謝了，擘開來，遞給門徒說：「你們拿著吃，這是我的身體。」又拿起杯來，祝謝了，遞給他們說：「你們喝這個，這是我立新約的血，爲多人流出來，使罪得赦。」

他們唱了詩，就走出來，往橄欖山去，過了汲淪溪，到了客西馬尼園，在那裏禱告。

這時叛徒猶大領著祭司長和長老以及兵丁來捉耶穌。他們把耶穌捆綁起來，押到大祭司該亞法的院子裏，作假見證控告他。天亮以後，將他移交總督彼拉多。

彼拉多在厄巴大坐堂，審問耶穌。他夫人打發人去見他，說耶穌是個義人，叫他挽救耶穌的生命。

總督本不想處死耶穌，無奈衆祭司長和長老挑唆百姓催逼不止，彼拉多恐怕釀成大亂，屈服於他們的壓力，最後不得不將耶穌交付兵丁釘上十字架。

耶穌被打罵戲弄後，押到髑髏地，被釘在十字架上。死後被亞利馬太人約瑟和法利賽人尼哥底母葬在磐石鑿成的墳墓裏。

死後三天，耶穌復活，最先見到他復活的是抹大拉的馬利亞。復活以後的耶穌，在門徒中間多次顯現。他對門徒說：「天上地下所有的權柄都賜給我了。你們要奉父子聖靈之名，給萬民施洗。」

說完話以後不久，耶穌就乘著雲彩升到天上去了。留下他

的門徒在世上傳播福音。

# 三五　門徒聚會

耶穌乘著一朵雲彩升天去了，留下他的門徒在人間傳道。其中稱爲使徒的有：彼得、約翰、雅各、安得烈、腓力、多馬、巴多羅買、馬太、雅各（亞勒腓之子）、西門（奮銳黨人）、猶大（雅各之子）。

他們從橄欖山出發，走進耶路撒冷，上了一間的樓房。在這裏聚會的大約有一百二十名，耶穌的母親和兄弟也都在場。耶穌的母親馬利亞和其他門徒一起，同心合意的懇切禱告。

彼得站起來説：

「弟兄們，領人捉拿耶穌的猶大，本來列在我們之中，並且得了使徒的職分。這個人作惡以後，身子仆倒在地，肚腹崩裂，腸子流出來，絕氣身亡了。凡住在耶路撒冷的人，都知道這件事。所以按著他們那裏的話，就把用賣主血價所置買的那塊田地叫做血田。正如詩篇上所説：『願他的住處，變爲荒場，無人在內居住。』又説，『願別人得他的職分。』因此，我們要從常與我們作伴的人中，補選一位使徒，同我們一起作耶穌復活的見證。」

於是大家提出兩名候選人，一名是被稱爲猶士都的約瑟，另一名是馬提亞。衆人禱告説：

「主啊，你知道萬人的心，求你從這兩個人中，指明你所

揀選的人，叫他得這使徒的位分。這位分猶大已經丟失，往他自己應去的地方去了。」

禱告完了，經過搖籤，搖出馬提亞來。從此，馬提亞就和那十一個使徒列在一起，補足了十二使徒之數。

五旬節到了，門徒又都聚集一處。忽然有聲音從天上下來，好像一陣大風吹過，瀰漫了整個屋宇。又有舌頭，宛如火焰一般，呈現在眾人的眼前。霎時間，分開來，飄落在各人的頭上。在座之人全被聖靈充滿，按照聖靈的口才，說起外國話來。

那時耶路撒冷居住著來自天下各國的猶太人，他們各自通曉本處的方言。這些人應聲而來，聽見門徒們嘰哩呱啦地說著天涯海角的方言，他們感到非常奇怪，議論著說：

「看呀，這說話的分明是加利利人，他們怎麼在一夜之間通曉各國的語言呢？聽他們說的那麼流利，就像從我們家鄉來的人一樣。」

他們的家鄉分別是：美索不達米亞、猶太、加帕多蒙、本都、亞細亞、弗呂家、旁非利亞、埃及、以及靠近古利奈的呂彼亞，他們之中有帕提亞人、瑪代人、以攔人，從羅馬來的客旅中，有猶太人，也有進猶太教的人，另外，還有革哩底和亞拉伯人，他們個個都從耶穌門徒的口裏聽到自己家鄉的方言，他們人人都驚訝著猜疑著，實在摸不透，這是意味著什麼呢？

還有人譏誚說：

「他們無非是用新酒灌滿了！」

「醉了嗎？」彼得和十一個門徒站起來，用各國方言高聲說：

「猶太人和一切旅居耶路撒冷的人哪，你們當側耳傾聽！你們以為我們這些人醉了，其實不然，因為現在剛剛日出東南，正如先知約珥所說：『上帝有言在先——我要將我之靈，澆灌我的僕人和使女，使他們說出預言。有血，有火，有煙霧，日頭變黑，月亮變血，到時候，凡信靠主名的，就必得救。』以色列人哪，你們當側耳傾聽！上帝藉著拿撒勒人耶穌，在你們中間行使神蹟奇事，你們卻藉著不法之人的手，將他釘死在十字架上。他的靈魂，不下陰間，他的肉身，也不見朽壞。這耶穌，上帝已經叫他復活了，我們都為這事作見證。他從父領受了聖靈，就把你們所看見所聽見的，澆灌下來。你們釘在十字架上的這位耶穌，上帝已經立他為主為基督了。」

眾人聽見這話，全都痛心疾首。他們對彼得和其他使徒說：

「既然如此，我們該怎麼辦呢？」

「你們應當悔改，」彼得說，「奉耶穌基督之名受洗，好叫你們的罪得赦免，以便領受所賜的聖靈。」彼得還用許多話作見證，勸勉他們說，「你們當救自己脫離這扭曲的世代。」

於是有領受這話的人，便受了洗。那一天，門徒約添了三千人，全都恆心遵守使徒的教訓，彼此交接、擘餅、祈禱。信的人都在一處，凡物公用。他們天天同心合意，在殿裏和在家中，剝餅用飯，歡喜而且誠實。

# 三六 彼得話靈

太陽偏西的時候，彼得和約翰上聖殿去。在聖殿的美門門口，他們看見一個瘸腿的人，向他們乞求賙濟。

彼得對他說：

「你看我們。」

那人就留意看他們，指望得著什麼。

「金的銀的，我沒有，」彼得說，「只把我所有的給你吧。我奉耶穌基督之名，叫你起來行走。」

於是拉著他的右手，攙他起來。他的腳和踝子骨，立刻健壯起來，一縱身，跳起來，站穩了，開步走。同他們一起進了殿，走著，跳著，讚美上帝。

百姓看見他行走，認出他是那平時坐在美門門口乞求賙濟的瘸腿人，而現在竟這樣歡蹦跳躍，使他們大為驚訝。衆百姓一起圍過來觀看，只見那瘸腿人拉著彼得和約翰，走得很穩，步履矯健，遠非昔日的畏縮困頓可比，令人讚嘆不止。

彼得對百姓說：

「以色列人哪，為什麼把這事當作希奇呢？我們是奉耶穌基督之名，叫他健壯，他就健壯了，叫他行走，他就行走了。耶穌從死裏復活……」

使徒對百姓說話的時候，祭司長、守殿官和撒都該人，忽然來了，聽見他們講說耶穌死而復活，就很氣惱，於是當場把

他們拿住。這時已經日落黃昏，不便審問，只好先把他們關押起來。可是聽道之人，卻有許多相信的，光男丁數目，大約就有五千。

第二天，官府、長老和文士在耶路撒冷集會，大祭司亞那，還有該亞法、約翰、亞歷山大，以及大祭司的親族，全都到場了。有人把使徒押進來，叫他們站在當中，開始審問：

「你們憑什麼能力，奉何人之名，做這樣的事？」

「治民的官府和長老啊，」彼得說，「倘若因爲殘疾人得痊癒，就查問我們爲何行善，那你們諸位和以色列百姓，全都應該明白，站在你們面前的這個人之所以能夠痊癒，全憑著拿撒勒人耶穌基督之名。他是你們匠人所棄的石頭，已成爲房角的頭塊石頭。」

他們看出彼得和約翰原是沒有學問的小民，如今這樣理直氣壯，就感到非常奇怪，認明這是跟過耶穌的人，又見那治好了的殘疾人，和他們一同站著，弄得他們無話可駁。於是他們從公會裏出去商量對策，互相議論著：

「他們誠然行了一件神蹟，住在耶路撒冷的人已親眼看見，我們也不能說沒有。只是這事傳揚開去，對我們不利，所以我們必須恐嚇他們，叫他們今後不得再如此這般地說話。」

於是祭司等把使徒們叫來，禁止他們再奉耶穌之名教誨人。

彼得和約翰說：

「聽從你們，不聽從上帝，這樣合理不合理？你們自己酌量吧！我們耳聞目睹的，不能不說！」

官長礙著百姓的緣故，一時想不出法子處罰他們，又恐嚇

了一番，就把他們釋放了。

二人被釋放後，到會友那裏去，把祭司長和長老所說的話，向他們轉述了一遍。他們聽見了，都同心合意地應聲禱告：

「主啊，你造了天、地、海和萬物。他們恐嚇我們，現在求主鑒察，一面叫你的僕人們放心大膽宣講你的道，一面伸出你的手來，醫治疾病，並且使神蹟奇事，因著你聖僕耶穌之名，行將出來。」

原來藉著神蹟醫好的那人，有四十多歲了，生來就瘸腿，天天被人抬來，放在聖殿門口，靠人施捨過活。現在身強體健，宛如重生之人，他為這件神蹟，作了恰當的見證。

使徒見證耶穌復活，凡是相信的人都受了洗，並且變賣了田產家業，把所賣的銀錢拿來，交給使徒，大家公用。那許多會友們，都一心一意。沒有一個人說他的東西有一樣是屬於自己的，也沒有一個人感到自己缺乏什麼，因為日常生活用品，全都按照各人所需的分給各人。

有一個利未人，生在居比路，名叫約瑟，使徒稱他為巴拿巴。他本來廣有田產，全都變賣了，把價銀拿來，放在使徒腳前。

還有一個人，名叫亞拿尼亞，他的妻子名叫撒非喇。他們也把田產賣了，但是卻不肯全部交公，把價銀私自留下幾分。丈夫做這事的時候，妻子完全心領神會。

亞拿尼亞留下幾分價銀之後，把其餘的幾分拿出來交公，放在使徒腳前。

彼得洞察這一切，他對亞拿尼亞說：

「亞拿尼亞，爲什麼撒但充滿了你的心，叫你欺哄聖靈，把田產的價銀私留幾分呢？你不是欺哄人，你是欺哄上帝了！」

亞拿尼亞聽見這話，登時仆倒在地，立刻就斷了氣。

他這樣死了，看見的人全都膽戰心驚。有幾個青年人過來，動手把他包上，抬出去，埋葬了。

大約過了三個小時，他的妻子撒非喇走了進來，對於剛才發生的事，她一無所知。

彼得對她說：

「你告訴我吧，你們變賣田地的價銀，就是你丈夫交來的這麼多嗎？」

「是的，」撒非喇回答說，「一個不多，一個不少，剛好就是這些。」

「貪心之人哪，」彼得嘆息著說，「你們爲什麼同心合謀，試探主之靈呢？你丈夫已經死了，埋葬你丈夫的人的腳，快到門口了，他們也要把你抬出去。」

那婦人當時就仆倒在彼得的腳前，和她丈夫一樣地斷了氣。

那幾個青年人剛好回來，看見她已經死了，也把她包裹了，抬出去，埋在她丈夫的旁邊。

全教會以及聽見這事的人，都很害怕。信而歸主的人，有男有女，齊集在所羅門的廊下。那些不信的人，則對他們敬而遠之。

然而那些患有各種疾病的人，卻都希望得到使徒的恩惠。

# 三七　挨打則喜

　　敬畏使徒的人益發增多，甚至有人將病人抬到街上，等候彼得經過，盼望他的影兒照在患者身上。人們紛紛從耶路撒冷周圍的城邑趕來，求醫治病。

　　大祭司及其同夥，撒都該教門的人，看到使徒的所作所為，非常忌恨。他們動手捉拿使徒，捉住以後，就關在外監裏。

　　夜深人靜的時候，天使來開了監門，把使徒領出來，對他們說：

　　「你們去站在聖殿裏講道，把生命的道理講給百姓聽。」

　　天快亮的時候，使徒就按照天使的吩咐，走進聖殿去教誨人。

　　大祭司及其同夥，早晨起來，叫齊了公會的人和以色列的長老們，同時差人到監裏去，要把使徒提出來審問。

　　差役奉命來到監裏，可是走進一看，空的！奇怪呀，趕緊掉轉頭，回來稟報：

　　「那監牢關得緊緊的，蜜蜂兒也飛不進去，看守的人也都守在門外，及至開門一看，裏面空空蕩蕩，一個人影兒也不見了！」

　　聽見這話，守殿官和祭司長心裏突突直跳，不知如何是好。

這時又跑進一個人來，稟報說：

「你們關在監裏的人，現時正在聖殿裏教訓人呢！」

於是守殿官和差役去聖殿裏逮捕使徒。這回他們沒有用暴力，因為怕百姓用石頭打他們。

使徒被帶來了，站在公會前。大祭司審問他們說：

「我們不是嚴厲禁止你們，不可奉耶穌之名教訓人嗎？你們倒越發肆無忌憚了，把你們的道充斥了耶路撒冷，想叫耶穌之血歸到我們身上！」

彼得和眾使徒異口同聲地說：

「順從上帝，不順從人，理當如此！你們掛在木頭上的耶穌，已經復活了。上帝叫他作君王，作救主，將悔改的心和赦罪的恩，賜給以色列人。我們為這事作見證。」

公會的人聽見這話，怒不可遏，想要殺害他們。

但是有一位法利賽人教法師，名叫迦瑪列，向來受到眾人的尊敬。這時他站起來，先吩咐人把使徒暫且帶到外面去，然後他對眾人說：

「我說以色列人哪，對於這些人，你們可要格外小心！記得從前丟大鬧事，自稱為大，追隨者約有四百人。可是等他一被殺，那些追隨者全都四散奔逃，無影無蹤了。此後報名上冊的時候，又有加利利的猶大鬧事，引誘一些百姓跟他跑，可是他也滅亡了，附和他的那些人，也都立時煙消雲散了。現在我奉勸諸位，不要管這些人，隨便他們吧。如果他們的所作所為，是出於人意，那就必然自行敗壞。如果是出於上帝，那你們想要敗壞他們，也是敗壞不了的。」

公會的人被迦瑪列說服了，又叫人把使徒帶進來。把他們

打了一頓，吩咐他們不可再奉耶穌之名講道，隨後就把他們釋
放了。

使徒離開公會，滿心喜悅。因爲這是爲主受辱，所以臉上
顯得分外榮耀。他們天天在聖殿裏，在家裏，不住地教誨人，
宣傳耶穌是基督。

# 三八　殉道者說

耶穌的門徒逐漸增多，有説希利尼語的猶太人，向希伯來
人發牢騷，説是在日常供給上，忽略了他們的寡婦。

十二使徒召集衆門徒來，對他們説：

「我們因爲管理伙食而耽誤傳道，這是不合宜的，使徒還
是以專心傳道爲己任。所以弟兄們，應當從你們之中選出七個
人來，要有聰明智慧的，信心足、名聲好的人，派他們來管理
日常事務。」

大家都很贊成。於是首先推舉出司提反，接著又推舉出腓
利、伯羅哥羅、尼迦挪、提門、巴米拿，還有進猶太教的安提
阿人尼哥拉，一共是七個人。叫他們站在使徒面前，使徒禱告
了，按手在他們頭上。

司提反是一個大有信心充滿靈性的人，他在民間行神蹟奇
事，名傳遐邇，同時也引起一些人的忌恨。開始有利百地拿會
堂裏的幾個人，隨後又有古利奈、亞歷山大、基利家、亞細亞
各處會堂裏的一些人，來圍攻司提反，總找他辯論。司提反以

智慧和聖靈說話，口若懸河，論戰來者，來者全都張口結舌，應對不上來。

那些人在理屈詞窮之餘，卻又不甘心失敗，於是便花些銀子買出幾個人來，誣陷司提反說：

「我們聽見他誹謗摩西和上帝了！」

他們又慫恿百姓、長老和文士，促使這些人突然襲擊司提反，把他捉起來，押到公會。他們在公會裏作假見證，指控司提反說：

「這個人說話，不住地糟蹋聖所和律法。我們親耳聽見他說：拿撒勒人耶穌要毀壞此地，還要改變摩西的條例。」

在公會裏坐著的人，全都盯著司提反，只見他的面貌，如同天使一般。

大祭司聽了那些人的誣告，問司提反：

「果然有這些事嗎？」

司提反陳述道：

「諸位父兄請聽，當日我們祖先亞伯拉罕住在美索不達米亞，後來離開迦勒底人，移居哈蘭。他父親死後，他又從哈蘭遷到迦南地。可是在這裏他既沒有產業也沒有兒子，一直到老年，才生下以撒，以撒生雅各，雅各生十二列祖。列祖嫉妒約瑟，把他賣往埃及。約瑟在埃及王法老面前蒙恩，作了宰相，兼管法老全家。後來埃及與迦南地遭遇饑荒，雅各打發我們列祖去埃及糴糧，一次糴回來吃光了，再去第二次。第二次糴糧時兄弟相認，法老亦獲悉此事。法老同意約瑟打發兄弟迎接父親全家來埃及居住。於是雅各便率領全家離開迦南地來到埃及。寄居外邦四百年，我們的祖先雅各和十二列祖全都死在那

裏。雅各又名以色列，以色列人在埃及生養衆多，直到不曉得約瑟的新王興起，苦待我們宗族，叫他們丟棄男嬰，不得存活。那時摩西出生，俊美非凡，可是滿三個月後，不得不棄置河邊，幸虧得蒙公主垂青，將他收爲義子。摩西四十歲去看望以色列人，發現一個兄弟受一個埃及人的欺壓，便將那埃及人打死埋掉。第二天又遇見兩個以色列人爭鬥，他上前勸解，那欺負自家兄弟的人反以惡語相譏，揭露摩西殺死埃及人一案。摩西因此逃亡米甸四十載，並且娶妻生子。一日，摩西在西奈山上見異象，蒙上帝差遣，回埃及領出百姓，過紅海，宿曠野，吃嗎哪，長途跋涉四十個寒暑，又在西奈山上領受活潑的聖言傳給我們。摩西遵照上帝旨意製造法櫃和帳幕，約書亞接續摩西，把帳幕搬進承受爲業之地。直到大衛王預備帳幕的居所，所羅門王建造聖殿。其實至高者並不住人所造的殿宇，正如先知所言：『主說，天是我的座位，地是我的腳凳，你們爲我造的殿宇，那裏是我安息的地方呢？這一切不都是我手所造的麼？』你們這些硬著頸項的人哪，時常抗拒聖靈，那一位先知，不受你們祖宗的迫害呢？如今你們又把那義者殺了。你們受了天使所傳的律法，竟不遵守！」

公會裏的人聽見司提反的陳述，極其惱怒，個個咬牙切齒。

然而司提反被聖靈充滿，昂首望天，看見上帝的榮耀，又看見耶穌站在上帝的右邊，他朗聲說道：

「我看見天開了，人子站在上帝的右邊！」

衆人大聲喊叫，搗著耳朵，一擁上前，把司提反推到城外，用石頭打他。

　　這時有一個青年人，名叫掃羅，站在旁邊拍手叫好，幸災樂禍。那些作假見證的打手們，把衣服放在掃羅的腳前，要他看守著，以便騰出手來，拿石頭猛打司提反。

　　司提反呼籲主說：

　　「求主耶穌，接受我的靈魂！」又跪下大聲喊著說，「主啊，不要將這罪歸於他們！」說完這話，就閉目長眠了。

　　對於司提反的被害，青年人掃羅感到心裏痛快。

# 三九　宣講福音

　　司提反死後，耶路撒冷教會橫遭迫害。使徒們暫時留下，其他門徒陸續分散到外地去。

　　腓利分散到撒瑪利亞去傳道。他是七個執事之一，在那裏宣講福音，驅鬼醫病，大受歡迎。

　　原來那城裏有一個人，名叫西門。這西門慣行邪術，妄自尊大，在民眾之中頗有影響，無論老幼尊卑，都把他看成大能者。及至他們信了腓利所傳的上帝福音和耶穌基督，連男帶女都受了洗。西門自己也信了，並且同本城人一起受了洗。受洗之後，他就常和腓利在一塊兒，對於腓利所行的神蹟奇事，他是又驚奇又佩服又羨慕。

　　撒瑪利亞人領受上帝之道的消息傳到耶路撒冷。住在耶路撒冷的使徒們便派彼得和約翰前去看望。

　　撒瑪利亞那些信主的人，只是奉主之名受了洗，尚未領受

聖靈。兩個使徒到了那裏，便爲那些人禱告，把手按在他們頭上，使他們受聖靈。

西門看見使徒按手，便有聖靈賜下，就非常眼紅，他掏出銀錢往使徒腳前一放，對使徒說：

「這事太美了，你把這權柄賣給我吧，好叫我的手按著誰，誰就領受聖靈。」

「你這人哪，」彼得說，「留著那銀子和你同歸於盡吧！因爲你企圖用銀錢買上帝的恩賜。你與這道無緣無分！因爲你在上帝面前，心術不正。我看出你在苦膽之中，被罪惡捆綁著。你應當懺悔你的罪惡，祈求主，或許可得赦免。」

「願你爲我祈求主，」西門說，「叫你所說的這一切，沒有一樣臨在我的身上。」

使徒走後，有一個主的使者對腓利說：

「起來，向南走，往那條從耶路撒冷通往迦薩的路上去，那條路經過曠野。」

腓利按照天使的吩咐，動身向南走，來到那條曠野的路上。路上遠遠過來一輛車，車上坐著一位盛裝打扮的太監。原來這太監是埃提阿伯人，埃提阿伯有個女王，名叫干大基，這位太監就在干大基女王手下總管銀庫，是一個大有權勢的人。

這位太監上耶路撒冷作禮拜剛剛回來，正坐在車上細聲細氣地朗誦著一本書。

腓利迎上前去，貼近車走，聽見那太監口裏念著先知以賽亞書，便湊過去，問那念書的太監說：

「你念的這些，你明白麼？」

「不大明白，」那太監回答說，「沒有人指教我，我怎麼

能明白呢？」

說了幾句話之後，那位太監就請腓利上車，與他同坐。

原來那太監所念的那段經上說：

「他像羔羊被牽到宰殺之地，又像羔羊在剪毛人的手下無聲，他也是這樣不開口。他卑微的時候，人不按公義審判他。誰能述說他的世代？因爲他的生命從地上被奪去。」

太監指著這段話對腓利說：

「請問，先知說這話，是指著誰呢？是指著自己呢，還是指著別人？」

「這是預言耶穌受難。」腓利開口從這經上講起，向他傳講耶穌。太監心領神會，連連稱是，當時在車上便信了耶穌。

二人坐在車上，車往前邊走，到了有水的地方。

「看哪，」太監說，「這裏有水！我可以在這裏受洗嗎？」

「這看你了，」腓利說，「你若是一心相信就可以。」

「信，」太監爽快地說，「我信耶穌基督是上帝的兒子。」

於是吩咐車停住，腓利和太監下了車，一同走到水裏去。在水裏，腓利給太監施洗。

從水裏一上來，腓利就不見了，是主的靈把他提了上去。太監心裏明白，一個人上了車，歡歡喜喜地走路。

後來有人在亞鎖都遇見腓利。他走遍那地方，在各個城邑裏宣傳福音，一直走到該撒利亞。

# 四〇　棄暗投明

　　在殉道者面前幸災樂禍的青年掃羅，很快成爲迫害教會的急先鋒。他衝進信衆的家裏，把男女信徒抓出來關進監獄。他向門徒們口吐狂言，説要把他們趕盡殺絕。

　　掃羅去見大祭司，請求發文書給大馬色的各個會堂，查找信主之人，凡是查到的，不論男女，都准他捆綁起來，押回耶路撒冷。

　　得到大祭司批准以後，掃羅率領著一批人，殺氣騰騰地出發了。他們在路上走得很快，快到大馬色的時候，忽然天上射下强烈的光芒，將掃羅團團罩住。他登時仆倒在地，聽見上面有聲音對他説：

　　「掃羅啊，掃羅，你爲何欺我太甚？」

　　「主啊，」掃羅説，「你是誰呀？」

　　「我是耶穌，」主説，「我就是你所迫害的耶穌。起來吧，進城去，到那裏你應該如何行動，必定會有人指教你。」

　　同行者站在旁邊，嚇得嘴裏説不出話來。聽得見聲音，卻看不見人。

　　掃羅從地上爬起來，睜開睛眼，一片昏黑，什麼也看不見，他成了盲人了。有人過去拉著他的手，把他領進了大馬色。足足有三天，掃羅什麼也不吃，什麼也不喝。

　　當時在大馬色有一個門徒，名叫亞拿尼亞。主在異象中呼

喚他説：

「亞拿尼亞！」

「主啊，」亞拿尼亞應聲説，「我在這裏。」

「起來，」主對他説，「往直街去，在猶大的家裏，訪問一個大數人，名叫掃羅。」

「主啊，」亞拿尼亞回答説，「我聽見許多人傳説，這個人在耶路撒冷無惡不作，迫害你的門徒。並且他這次到大馬色來，握有祭司長賦予他的權柄，捆綁一切信從你的人。」

「不要緊，」主對亞拿尼亞説，「你只管去吧。他是我選擇的器皿，將要在外邦人和君王並以色列人面前，宣揚我的名。我也要指示他，為我揚名必受許多苦難。」

遵照主的吩咐，亞拿尼亞走進了那家。掃羅正在禱告，亞拿尼亞貼近他的身旁，把手按在他的身上，對他説：

「掃羅兄弟，在你來的路上，向你顯現的主，就是耶穌。他打發我來，叫你能看見，並且被聖靈充滿。」

説話之間，掃羅只覺得眼睛上好像有一層細鱗片，紛紛散落下來，立刻重見光明了！

掃羅歡快地跳起來，受了亞拿尼亞的施洗。這回也能吃了，也能喝了，身體也健壯了。

棄暗投明的掃羅和大馬色的門徒們同住了些日子，便開始在各會堂裏宣講耶穌。

聽見掃羅一反常態，居然説出耶穌是上帝的兒子，衆人全都莫名其妙，互相議論著説：

「這個人在耶路撒冷，不是積極地迫害信主的人嗎？」

「是呀，他到這裏來，聽説是奉了大祭司的使命。」

「他本來是要捆綁這些人，押到祭司長那裏去的呀！」

不管衆人怎麼議論，掃羅的行動卻是益發强而有力了，他證明耶穌是基督。

住在大馬色的猶太人，被掃羅駁倒了。但是他們並不甘心自己的失敗。過了些日子，猶太人密謀，要殺害掃羅。然而他們的計謀被掃羅識破了。於是猶太人撒下羅網，他們日夜在城門守候著，企圖等掃羅通過時將他捕獲。

他的門徒就在夜間用筐子把他從城上縋了下去。

掃羅逃出大馬色，回到耶路撒冷，想與這裏的門徒取得聯繫。可是由於他過去的名聲太壞，門徒們都很懼怕他，全不相信他如今也是門徒。惟有巴拿巴肯接待他。

巴拿巴領著掃羅去見使徒。使徒問他爲什麼變了過來？掃羅便在使徒面前，述說了事情的經過——他在路上怎麼樣遇見主，主怎麼樣向他說話，他的眼睛怎麼樣盲而復明，他在大馬色怎麼樣奉耶穌之名放膽傳道。源源本本，一一述說出來。使徒聽了這般敍述，感念耶穌的大能，承認掃羅是自己的兄弟。

從此，掃羅便在耶路撒冷和門徒往來，又開始奉主之名，放膽傳道，同時和講希利尼語的猶太人展開辯論。猶太人辯駁不過他，便想方設法要殺害他。

弟兄們獲悉了猶太人的陰謀，便護送他到該撒利亞，從那裏打發他往大數去。

# 四一　恩賜外邦

那時候在耶路撒冷之外，猶太、加利利和撒瑪利亞等地的教會，陸續建立起來，人數逐漸加多。

使徒彼得周遊四方。他來到呂大，遇見一個人，名叫以尼雅，全身癱瘓，在褥子上躺了八年。彼得對他說：

「以尼雅，耶穌基督醫好你了，收拾你的褥子，起來吧！」

聽了這話，以尼雅果然起來了，身體康復如初。住在呂大和沙崙的人們，看見了他，就信了耶穌基督。

呂大與約帕相近。在約帕，有一個女徒，名叫大比大，用希利尼話說，就是多加。她生前廣行善事，多施賙濟。病故後，有人給她洗乾淨了，停在樓上。這裏的人聽見彼得在別處行神蹟，就打發兩個人去見他，央求他說：

「快到我們那裏去吧，可別耽擱！」

彼得便隨他們一起，從呂大來到約帕。人們直接把他領到女徒停屍的樓上。

幾個寡婦站在彼得旁邊哭泣，並且拿出多加生前所做的裏衣和外衣，抖給彼得看。物在人亡，多麼善良的女徒啊，寡婦們回憶起她的音容笑貌，止不住眼淚滴落在亡人的外衣上……大比大安詳地躺在那裏，她僵直了，她死去了，她聽不見同伴的聲音了。

彼得叫他們都出去。他們出去以後，他就跪下來禱告，又轉身對死者説：

「大比大，起來吧！」

大比大應聲睜開眼睛，宛如長眠初醒，看見彼得，便坐了起來。彼得伸手扶她，同時叫衆聖徒和寡婦們進來，把多加活潑潑地交給他們。

這事傳遍了約帕，這裏的許多人便信了主。此後彼得在約帕的一個硝皮匠西門的家裏，住了好些日子。

在該撒利亞有一個人，名叫哥尼流，是意大利營的百夫長。他是一個虔誠的人，全家都敬畏上帝，總是盡自己所有賙濟百姓，並常常禱告上帝。

有一天，日頭快落山以前，他在異象中，清清楚楚看見上帝的使者到他家裏來了，對他説：

「哥尼流！」

哥尼流定睛看他，非常恐懼，他顫抖著説：

「主啊，叫我有什麼事呢？」

天使對他説：

「你的禱告和你的賙濟，達到上帝面前，已蒙紀念了。現在你應當打發人往約帕去，請那位稱爲彼得的西門來。他住在一個名叫西門的硝皮匠家裏，房子在海邊上。」

天使走後，哥尼流立刻叫了兩個家人和一個常侍候他的虔誠士兵來，把方才所見的異象講給他們聽，打發他們往約帕去請彼得。

第二天清晨，這三個人遵照主人的吩咐，起程上路。他們在路上走了兩天，快到晌午時趕到約帕城下。

就在這天中午，硝皮匠家人忙著預備午飯，彼得感到腹中飢餓，便在飯前上房頂去禱告。在禱告中，彼得魂遊象外，看見天開了，從天上賜下一物，狀如一塊方巾，繫著四角，縋到地上。裏面有各種各樣的飛禽走獸和昆蟲，全是凡間之物。同時有聲音向他說：

「彼得，起來，宰了吃吧！」

「主啊，」彼得說，「這可吃不得呀！因爲這是不潔的俗物，我從來沒有吃過。」

第二次有聲音向他說：

「上帝所潔淨的，你不可當作俗物！」

這樣一連三次，彼得均不敢動，那物隨即收回天上去了。

這異象是什麼意思呢？彼得正在猜疑之際，忽聽門外喊著問：

「有一位被稱爲彼得的西門，是住在這裏嗎？」原來是哥尼流派來的三個人到了。

彼得聽見有人叫他，便趕緊從房頂上下來，與來人相見，對他們說：

「我就是，你們找我有什麼事呀？」

「百夫長派我們來，」他們風塵僕僕地說，「我們的主人百夫長哥尼流，你知道吧，他爲猶太通國所稱頌。是這樣，他蒙一位聖天使的指示，要請你到他家裏去，聆聽你的教誨。」

「好吧，」彼得說，「我一定去。你們快進來吧，把腳洗一洗，洗完腳吃飯，吃完飯休息，明天我和你們早一點動身。」

他們在硝皮匠家裏住了一宿。次日早晨天剛矇矇亮，就一

同起程上路了。同行者除了彼得和那三個來人外，還有六位家住約帕的弟兄。起程的第二天，他們到達該撒利亞。

該撒利亞的哥尼流已經請好了親戚朋友，聚在一處，恭候他們。彼得一進去，哥尼流就迎上來，俯伏在他腳前，向他頂禮膜拜。

彼得趕緊一把拉起他說：

「快起來，我也是人，這樣使不得！」

哥尼流起來，彼得和他說著話，走進屋子，看見好些人聚集在這裏，便對他們說：

「你們全都知道吧，按照慣例，猶太人和外邦人是不能親近來往的。但是現在不同了，上帝已經指示我，無論什麼人，都不可看作俗而不潔的，所以你們一請我，我就欣然來了。現在請問諸位，你們請我來，有什麼事情呢？」

「四天前的這個時候，」哥尼流說，「我在家中做黃昏前的禱告，忽然有一個人，衣裳閃閃發光，站在我的面前，對我說：『哥尼流，你的禱告已蒙垂聽。你當打發人去約帕請那位稱呼爲彼得的西門來，他住在海邊一個硝皮匠的家裏。』因此我趕忙打發人去請你。你來了很好，我們現在要聽主所吩咐的一切。」

彼得接著開口說：

「我真看出，上帝不偏待任何人。原來在各國中，凡是那些敬主行義之人，都是主所悅納的。上帝藉著耶穌基督傳播和平的福音，凡信他的人，必因耶穌之名而蒙赦罪。」

彼得還在說話的時候，聖靈就降在一切聽道人的身上。那幾個跟彼得同來的奉割禮的信徒，見聖靈的恩賜也澆在外邦人

身上，就感到特別希奇。彼得説：

「這些人既然受了聖靈，就與我們一樣了，誰還能阻止得了用水給他們施洗呢？」

説著便吩咐，奉耶穌基督之名，給他們施洗。

該撒利亞的未受割禮的外邦人領受了施洗。彼得在這裏又住了幾天，然後回到耶路撒冷。

使徒和猶太弟兄們聽説外邦人也領受了上帝之道，便和彼得爭辯説：

「你進入未受割禮人之家，同他們一起吃飯了！」

彼得聽見這話，便將此事的始末講給他們聽，他説：

「我在約帕城裏禱告的時候，魂遊象外，看見一物從天而降，狀如一塊方巾，內有飛禽走獸和昆蟲，皆爲凡間之物。同時有聲音向我説：『彼得，起來，宰了吃吧！』我説：『主啊，這可不能吃呀！凡是不潔的俗物，我從來沒有吃過。』第二次有聲音從天上説：『上帝所潔淨的，你不可當作俗物。』這樣一連三次，就收回天上去了。正在這時，有三個該撒利亞人來請我，我便和六位兄弟隨他們一起去了。到了該撒利亞的哥尼流家裏，我一開講，便有聖靈降在他們身上。這時我就想起了主的話：『約翰是用水施洗，但你們要受聖靈的洗。』上帝既然恩賜他們，誰還能阻攔得住呢？」

衆人聽見這話，就不再和他爭辯了，他們説：

「上帝也恩賜給外邦人，叫他們悔改得生命了。」

# 四二 保羅講道

那些因司提反事件，受株連，遭迫害，四散奔逃的門徒，有一些來到腓尼基、居比路和安提阿。起初這些門徒不向外邦人講道，只向猶太人講道。可是在來到安提阿的門徒中，有居比路和古利奈人，他們也向希利尼人宣傳耶穌，因此那裏信主的人相當多。

風聲傳到耶路撒冷教會人的耳朵裏，他們便打發巴拿巴到安提阿去。巴拿巴到達那裏，親眼目睹外邦人歸服耶穌，滿心歡喜。他又往大數去找掃羅，把他帶到安提阿。

巴拿巴和掃羅在安提阿住了足有一年的時間，和教會一同作息，教誨了許多人。

門徒稱爲基督徒，就是從安提阿教會開始。

那時候，有幾位先知從耶路撒冷來到安提阿。其中有一位，名叫亞迦布，站起來，指明天下將有大饑荒。這事到革老丟年間，果然應驗了。於是安提阿的基督徒捐款救濟住在猶太的弟兄。他們委託巴拿巴和掃羅，把捐款送到衆位長老那裏。

巴拿巴和掃羅去耶路撒冷辦完了救濟的事，就帶著馬可一同回到安提阿。

在安提阿的教會中，有幾位先知和教師，這便是巴拿巴、尼結、路求和掃羅。

巴拿巴和掃羅蒙聖靈差遣，帶著助手馬可，從安提阿來到

西流基，從那裏坐船往居比路去。到了撒拉米，就在猶太人各會堂裏講道，經過全島，直到帕弗。

在帕佛那裏，有一位行法術的假先知，是個猶太人，名叫巴耶穌。此人與方伯士求保羅過往甚密。然而方伯士求保羅卻是一個通情達理的人，他請巴拿巴和掃羅來給他講道。只是那行法術的人從中作梗，阻擋使徒，同時叫方伯不信真道。

掃羅又名保羅。

保羅被聖靈充滿，定睛看著那假先知，對他說：

「你這魔鬼的兒子，衆善的仇敵，胸懷詭詐奸險之人，難道你混亂正道，永無止息嗎？現在你要瞎眼，看不見日光了！」

那假先知立刻眼睛迷濛，一片昏黑，什麼也看不見了。他跌跌撞撞，四下裏求人拉著他的手。

方伯看見如此這般的奇事，驚訝讚嘆不止，從此便歸服了主。

保羅他們從帕弗登船，來到旁非利亞的別加。馬可在這裏與同人分手，自回耶路撒冷去了。保羅等人離開別加往前行，來到彼西底的安提阿，在安息日進會堂坐下。讀完了律法和先知書以後，管會堂的叫人過去，對他們說：

「二位兄台，如果有什麼勸勉衆人的話，請說吧！」

保羅站起來，舉手說：

「以色列人和一切敬畏上帝之人，請聽啊！我們的祖宗依靠上帝之大能，出埃及，經歷曠野四十年，至迦南，消滅七族人，獵取那地爲業。此後設立士師，應百姓所求，膏掃羅作王四十年。有大衛王出世，遵行上帝的旨意。在此人的後裔中，

以色列人出了一位救主，這就是耶穌。耶穌傳救世之道，無奈耶路撒冷之人不認識基督，將他釘死在十字架上。耶穌被葬入墳墓之後，從死裏復活。所以弟兄們，你們應當曉得，赦罪之道是由這人傳給你們的。」

散會以後，猶太人和進猶太教的人，多有跟從保羅和巴拿巴的。衆人請他們到下個安息日再來繼續講道。

到了下個安息日，全城的人，幾乎都來了，要聽他們講道。猶太人看見來人這樣多，就滿心嫉妒，硬駁保羅所説的話，並且加以誹謗。

保羅和巴拿巴放膽説：

「上帝之道先講給你們，原是應當的。只因你們棄絕這道，斷定自己不配得永生，我們就轉向外邦人。主曾這樣吩咐我們説：『我已經立你作外邦人的光，叫你施行救恩，直到地極。』」

外邦人聽見這話，皆大歡喜。於是主的道，便傳遍了那一帶地方。

但是猶太人不肯罷休，他們挑唆貴婦人和城内名流，催逼保羅和巴拿巴，將他們趕出境外。二人對著衆人跺下腳上的塵土，往以哥念去了。

他們在以哥念同進猶太人的會堂講道。這裏的猶太人和希利尼人，多有相信的。然而不信從的猶太人，卻在千方百計地慫惥外邦人，叫他們恨怨二位弟兄。於是城裏的衆人便分了兩黨，有隨從猶太人的，有隨從使徒的。那些隨從猶太人的外邦人及其官長，一起擁上前來，要用石頭砸他們。

使徒被迫逃往呂高尼的兩座城，路司得和特庇，以及周圍

的地方。

在路司得城裏，有一個人，生來就瘸腿，兩腳無力，從來沒有走過路。他聽保羅講道，保羅定睛看他，見他有信心，可得痊癒，便大聲對他説：

「你起來，兩腿站直！」

那人應聲跳起來，立時就能走路了。

衆人親眼看見這等奇事，就用呂高尼語呼喊著：

「神藉人形，降臨在我們中間了！」

於是他們稱巴拿巴爲丟斯，稱保羅爲希爾米，就是當地首領之神的意思。

這事轟動開來，城外丟斯廟裏的祭司，牽著羊，擎著花圈，來到門前，要同衆人向使徒獻祭。

巴拿巴和保羅二位使徒聽見這事，就撕開衣服，跳進衆人中間，高聲喊道：

「諸君，此事行不得！我們也是人，性情和你們一樣。我們傳福音給你們，原是叫你們離棄這些虛妄之事，歸向那創造天地萬物之永生上帝。上帝施恩惠，降雨露，賞賜太平和豐年，叫你們衣食溫飽，安居樂業。」

二人説完這話，堅決攔住衆人，不叫他們獻祭。

但是有些猶太人，從安提阿和以哥念來，挑唆衆人，用石頭打保羅。直打到他們認爲他死了，便動手把他拖到城外。在城外，門徒們正圍著看他，只見他忽然從地上站起來，理了一下破爛的衣衫，走進城去。

第二天，保羅同巴拿巴離開路司得往特庇去，在那城裏傳講福音，使好些人作了門徒。

　　然後他們回路司得、以哥念和安提阿去，重新堅固門徒的信心，勸他們恆守所信之道，在各教會中選立了長老。安排完畢，二人經過彼西底來到旁非利亞，從別加往亞大利去。從亞大利坐船，回到安提阿。

# 四三　越獄潛蹤

　　希律王殘酷鎮壓教會，他活活殺死了約翰的哥哥雅各。爲了進一步博得猶太人的歡心，他又四處緝捕彼得。

　　在除酵節的日子裏，希律抓到了彼得，把他牢牢地關進監獄，交給四班兵丁看守，每班四個人，意思要在逾越節過後，把他提出來當衆審判。

　　彼得被囚在監獄裏，身上鎖著兩條鐵鏈子，睡覺的時候，有兩個兵丁躺在他的一左一右，門外還有人嚴密看守。

　　就在希律將要提審他的前一夜，天使忽然光臨囚室，站在彼得的身旁，用手輕輕拍打他的肋骨。彼得被拍醒了，聽見天使對他説：

　　「快快起來！」

　　彼得翻身爬起來，那鐵鏈子已經從手上脱落了。

　　「收拾一下，」天使對他説，「束上帶子，穿上鞋。」

　　天使怎樣吩咐，彼得就怎樣做。束上帶子穿上鞋以後，天使又説：

　　「披上外衣，跟我來吧！」

　　彼得恍恍惚惚，跟著天使走。他只當是見了異象，並不認爲身經其事。暢行無阻地穿過第一層監牢、第二層監牢，最後來到臨街的鐵門，那鐵門自動開了。他們從監獄裏出來，走過一條街，天使便倏忽不見了。

　　涼風一吹，彼得方才醒悟過來，原來是天使救他出監，脫離希律王和猶太人的毒手。彼得完全清醒了，他想了一想，便往馬可的母親馬利亞家裏去。在馬利亞家裏，聚集著好些人，正在禱告。

　　彼得從外面敲門，有一個名叫羅大的使女，出來探聽，一聽是彼得的聲音，便顧不得開門，驚喜地轉身往回跑，忙不迭地對衆人說：

　　「你們猜是什麼人敲門，是彼得，他站在門外！」

　　「你瘋了！」衆人不信，反怪她胡說。

　　「真的，」使女辯駁道，「真是他。」

　　「那除非是他的天使！」有人回敬她，並不在意。

　　彼得在外面等急了，砰砰砰，不住地敲門。及至開了門，看見真是彼得，他們簡直不敢相信自己的眼睛了，驚奇得不住地摸他。彼得連連擺手，叫大家安靜，不要作聲。他簡略地把出監的經過告訴大家，要他們轉告衆位會友。然後就匆匆忙忙走出去，消失在漫漫的夜幕之中。

　　天光放亮，兵丁們發現彼得不在了，慌得如同熱鍋上的螞蟻，磕頭碰腦的，連個影兒也撲不著。

　　時間一到，希律王派人去監裏提取彼得，看守的人不得不如實報告說：

　　「彼得又越獄逃走了！」

　　這可把希律王氣炸了，他問了看守人幾句話，便吩咐把他們拉出去殺了。但是彼得畢竟是抓不著了，他逃得無影無蹤。

　　後來希律王離開猶太，搬到該撒利亞去住。希律王對於推羅西頓的人很是惱怒，因爲他們那一帶地方不生產糧食，得從王的土地上得糧食吃。推羅西頓的居民託人說情，一心一意地向希律王求和。在說和的那天，希律王穿上朝服，坐在王位上，對他們講論一番。

　　百姓喊著說：

　　「這是神的聲音，不是人的聲音！」

　　希律王不歸榮耀給上帝，所以主的使者立刻懲罰他。一羣蟲子飛落在他身上，密密麻麻，刮刀一樣的利齒，沒頭沒臉地咬他，希律王痛楚不堪，慘叫一聲，氣絕身亡。

　　惡貫滿盈的希律王暴死之後，教會日見興旺，傳播廣遠。

# 四四　因地制宜

　　有幾個人，從猶太來到安提阿，教訓弟兄們說：

　　「如果你們不按摩西的條規受割禮，就不能得救！」

　　保羅和巴拿巴不同意這種說法，與他們展開了激烈的辯論。衆門徒商量決定，叫保羅和巴拿巴以及本會中的幾個人，爲這場辯論的事，上耶路撒冷去見使徒和長老。

　　於是教會送他們起行，他們經過腓尼基、撒瑪利亞，隨處傳說外邦人歸主之事，到了耶路撒冷，受到教會和使徒以及長

老們的接待。

他們述說了在外邦人中傳道的情況，談到了那場辯論，講明有幾個信徒，是法利賽教門的人，到安提阿說，必須給外邦人行割禮，吩咐他們遵守摩西的律法。

聽了述說之後，使徒和長老聚會商議此事。辯論了好長時間，彼得站起來說：

「眾位弟兄，你們知道，上帝早已在你們中間揀選了我，叫我向外邦人傳播福音。上帝賜聖靈給他們，正如給我們一樣。又藉著信，潔淨了他們的心，並不分他們我們。現在爲什麼要把我們祖宗和我們所不能負的軛，放在門徒的頸項上呢？我們得救，乃是憑救主耶穌之恩，和他們一樣，這是我們所相信的呀。」

眾人都默默無聲，靜聽巴拿巴和保羅在外邦人中間所行的神蹟奇事。他們講完之後，雅各說道：

「諸位弟兄，請聽我來說幾句。方才西門彼得述說上帝當初怎樣眷顧外邦人，從他們中間選取百姓歸於自己名下。眾先知的話，也與這意思相合。正如經上所寫的：『此後我要回來，重新建造大衛倒塌的帳幕，把那破壞的，重新修造建立起來，叫剩餘的人，亦即凡稱我名下的外邦人，都尋求主。』這話是從創世以來，顯明此事之主所說的。所以我認爲，不可難爲那些歸服上帝的外邦人。但是要寫信，吩咐他們禁戒偶像與姦淫，並且不得接近勒死的牲畜和污血。因爲從古以來，摩西的書，在各城有人傳講，每逢安息日，在會堂裏誦讀。」

經過認真細緻的討論之後，使徒和長老以及全體教會，作出決議，選出幾個人，差他們和保羅、巴拿巴同往安提阿去。

結果巴撒巴和西拉兩人當選。同時寫信交付他們帶去，信中說：

「使徒和長老們問候安提阿、敍利亞、基利家外邦衆弟兄的安！我們聽說有幾個人，從我們這裏出去，用言語攪擾你們，惑亂你們的心。其實我們並沒有吩咐他們這樣做。因此我們同心合意，選出幾個人，差他們同我們所親愛的巴拿巴和保羅，往你們那裏去。我們所差的巴撒巴和西拉，也要向你們親口述說此事。因爲聖靈和我們，定意不將別的重擔放在你們的身上，惟有幾件事是必不可少的，就是禁戒祭偶像之物之血，不得姦淫，棄絕勒死的牲畜。只要這幾樣你們能禁戒不犯，那就好了。願你們平安！」

他們攜帶著這封信，來到安提阿，聚集衆人。衆人念了信，聽見信上所寫的安慰話語，皆大歡喜。巴撒巴和西拉也是先知，他們又用許多話勸勉弟兄，堅定衆人的信心。住了些日子，巴撒巴就回去了，西拉留下，同著保羅和巴拿巴，仍住在安提阿。

後來保羅對巴拿巴說：

「我們是不是可以回到各城裏看看，以前在那裏傳過道，看看弟兄們的景況如何？」

巴拿巴的意思，是要帶馬可同去。但是保羅不同意，因爲馬可過去曾經一度離開過他們，覺得還是不帶他去爲好。由此二人產生了爭論，甚至彼此分開。巴拿巴帶著馬可，坐船往居比路去。保羅挑選了西拉，也出去，走遍敍利亞和基利家，鞏固各處的教會。

# 四五　牢房唱詩

　　保羅經過特庇，來到路司得。在這裏有一個門徒，名叫提摩太，他母親是猶太人，父親是希利尼人。保羅想帶提摩太同去，考慮到那些地方的人都知道他父親是希利尼人，因此給他行了割禮。他們同遊各地，把耶路撒冷使徒和長老所定的條規交給門徒遵守。於是各處教會益發穩固，人數天天增加。他們經過弗呂家和加拉太一帶地方，穿越每西亞，到達特羅亞。

　　在夜間，有異象向保羅顯現。有一個馬其頓人，站在他的身旁，央求他說：

　　「請你到馬其頓來幫助我們！」

　　見過異象之後，保羅領著同人，從特羅亞開船，一直行到撒摩特喇，第二天抵達尼亞波利，從那裏來到馬其頓的境地，頭一座城便是腓立比，這也是羅馬的駐防城。

　　我們在馬其頓的腓立比城住下來。安息日那天，他們出城，步履河邊，在河邊上有一個專供禱告的地方，婦女們正在那裏集會，他們剛好坐下來，開始講道。

　　在聽講的人中，有一個名叫呂底亞的婦女，本是推雅推喇城的人，來這裏販賣紫色布。她全神貫注地傾聽著保羅的話語。呂底亞向來敬拜上帝，她和全家人在此之前已經受了洗。她聽講完畢的時候，央求保羅說：

　　「如果你們認爲我是忠心事主的，就請你們到我家裏來住

吧！」說著強留他們去住。

後來，他們又往那禱告的地方去。有一個使女向他們迎面走來，衝著保羅大聲喊叫：

「你們這些人，是至高上帝的僕人，對信眾傳說救人之道！」

這個使女與眾不同，因爲她能使巫鬼附上自己的身體，演說預言，以此來爲她的主人招財進寶。

那被巫鬼附體的婦女，身不由己地一連幾天這樣喊叫，鬧得保羅心裏煩厭，便轉身對巫鬼說：

「我奉耶穌基督之名，吩咐你，從她身上出來！」

那巫鬼當時就出來了，使女恢復常態，完好如初。可是使女的主人生氣了，他見得利的指望沒有了，便猛撲上來，揪住保羅和西拉，強拉他們到市上去見首領，又扭送至官長面前，控告他們說：

「這些猶太人，竟來擾亂我們羅馬人的城邑。他們所傳的道，所行的規矩，是我們羅馬人不可接受的！」

聽這人這麼一說，眾人就一起上來，攻擊他們。

官長喝令一聲：

「把他們的衣裳剝了，用棍子打！」

噼噼啪啪，打了許多棍子。打完之後，不由分説，就把他們關進了監獄，禁閉起來。囑咐獄卒嚴密看守。

獄卒依照官長的命令，把他們押進內監，兩腳上了木狗刑具。

夜靜更深，保羅和西拉，禱告唱詩，讚美上帝。眾囚犯側耳傾聽。

忽然間，大地震動，牢房搖晃起來，如同置於萬頃波濤的船上。嘩啦一聲，監牢的門閃電似的敞開了，眾囚犯身上的鎖鏈，也都簌簌脫落下來⋯⋯

獄卒驚醒了，迷迷糊糊，看見監門洞開，誤以為囚犯已經逃光了，嚇得慌作一團，恐怕官長怪罪下來，不僅皮肉受苦，還怕性命難保。自刎吧！他抖抖索索，拔出刀來。

這時保羅大聲呼叫道：

「不要傷害自己，我們全在這裏！」

這一聲喊，把獄卒驚呆了，他慢慢放下刀，在茫茫的夜幕裏什麼也看不見。他叫人掌燈來，親自跳進牢房，查看一番，果然一個不少，那些囚犯全都文風未動。與此同時，各個牢門又都重新關鎖好了。獄卒來到保羅和西拉面前，戰戰兢兢，倒身下拜，又領他們出來。

獄卒驚魂稍定，誠懇地向保羅和西拉說：

「二位先生，你們說我應該怎麼辦，才可以得救呢？」

「要想得救，」他們回答說，「只有相信耶穌基督。」

說著話，有人打過水來，獄卒小心翼翼地給他們二位洗淨了傷口，包紮好了。然後，獄卒和手下人全都受了洗。

緊接著，獄卒領他們來到自己家裏。保羅和西拉就將主的道，講給他們全家聽。獄卒和全家人，因為信了上帝，心裏充滿了喜悅。家人擺上夜筵，款待保羅和西拉。吃完飯後，獄卒又把他們送回監獄。

到了天亮，官長打發差役來說：

「釋放那兩個人吧！」

獄卒把這話轉告保羅：

「官長打發人來，叫我釋放你們。如今可以出監，平平安安地去吧！」

「不行，」保羅回答說，「我們是羅馬人，還沒有定罪，他們就先在衆人面前打了我們，又把我們關進監獄。現在要私下攆我們出去，沒那麼容易！要出去，叫他親自來領我們！」

差役把這話回稟官長，官長聽見他們是羅馬人，心裏就有些虛慌，只得親自來勸他們，領他們出監，請他們離開那城。

二人出了監獄，就往賣紫色布的婦人呂底亞家裏去。在那裏見了衆位弟兄，勸慰他們一番，然後就登程上路了。

# 四六　雅典偶像

保羅和西拉經過暗妃波里和亞波羅尼亞，抵達帖撒羅尼迦。那裏有猶太人的會堂。保羅按照素常習慣，一連三個安息日，進會堂教誨人。他引經據典地給他們講解耶穌受難與復活，並且說：

「我所講的這位耶穌，就是基督。」

他們中間有些人相信了，其中大部分是希利尼人，還有不少貴婦人。然而那些不相信的猶太人，卻心懷嫉妒，他們召集了一幫流氓惡棍，成羣結夥，煽動城裏的人，闖進耶孫的家裏，搜查保羅和西拉，沒有找到，他們便將耶孫和幾位弟兄扭送到地方官那裏，喊叫說：

「那惟恐天下不亂的人，也到我們這裏來了，耶孫收留他

們住宿。還有這些人，全都違背該撒的命令，說耶穌也是王。」

衆人和地方官聽見這話，就驚恐慌亂起來。於是取了耶孫和其餘人的保狀，就把他們釋放了。

弟兄們隨即在夜間，悄悄打發保羅和西拉往庇哩亞去了。

庇哩亞人與帖撒羅尼迦人不同，他們聽講之後，又經常查考聖經，研究這道對與不對。這樣一來，他們相信的人就比較多，主要是希利尼貴婦人，男子也不少。

但是不久，帖撒羅尼迦的猶太人跟蹤而來，他們又煽動庇哩亞的衆人與保羅作對。

這樣弟兄們只好護送保羅往海邊去，一直把他送到雅典。

雅典偶像特別多，幾乎佈滿全城。保羅看見這麼多偶像，就很著急，他在會堂和街市上，逢人就辯論。其中與他爭論最激烈的便是伊比鳩魯學派和斯多噶學派的人。

他們有的說：

「他說的這些胡言亂語，算什麼呀？」

有的說：

「他是在傳說外邦鬼神吧？」

這些流言蜚語全都針對著保羅傳講耶穌與復活之道。

他們把他帶到亞略巴古，對他說：

「我們願意聽聽你的新道，你把那希奇古怪的事兒，講給我們聽聽吧，也好叫我們長長見識。」

住在雅典的人，對於別的事，興趣不大，他們只想聽聽新聞，然後議論一番了事。

保羅站在亞略巴古當中，對他們說：

「雅典人哪，我看你們處處敬畏鬼神。我走路的時候，看見一座壇，上面寫著『未識之神』，你們不認識，而又向其頂禮膜拜。這『未識之神』是誰呢？我現在告訴你們吧，創造宇宙及其萬物的上帝，也就是天地的主宰。他既不居住人手所造的殿宇，也不用人手服侍。上帝並無所取，但卻將生命、氣息、萬物，統統賜給世人。他從一本造出萬族之人，遍佈在大地之上，並且預先確定了他們各自的年限與居住疆界。其實他離我們不遠，我們生活，行為，存留，全都在於他。就如你們作詩的，有人說：『我也是他所生的。』我們既然是上帝所生的，就不應當把上帝的神性，看成是人間能工巧匠所雕刻的金銀石料。世人愚昧無知。上帝並不鑒察，如今卻吩咐各處之人都要悔改。他要藉著所立之人，按著公義，審判天下。」

接著保羅講到上帝所立之人便是耶穌，耶穌便是基督，基督從死裏復活。眾人聽見這話，愈覺新奇，就借題發揮地譏誚他。

還有人說：

「這話怪有趣的，我們再聽你講講這個吧！」

保羅見眾人拿他打趣，便從他們中間走出來了。

雅典也有少數人，與保羅接近，相信了他的話，並且歸服了耶穌基督。其中有亞略巴古的官員丟尼修，還有一位婦人，名叫大馬哩，以及其他幾個人，一同信從。

這事過後，保羅便離開了雅典。

# 四七　撞出公堂

　　保羅離開雅典，來到哥林多。在哥林多，保羅遇見一家來自意大利的猶太人，丈夫名叫亞居拉，妻子名叫百基拉。他們本是製造帳篷的，保羅看他們與自己同業，便與他們同住做工。

　　每逢安息日，保羅照例進會堂辯論，勸化猶太人和希利尼人，向他們證明耶穌是基督。但是遭到拒絕和誹謗，保羅抖著衣裳説：

　　「你們的罪孽歸到你們自己的頭上，與我無干！從今以後，我要往外邦人那裏去。」

　　於是離開會堂，來到附近的提多猶士都家裏。夜間，主在異象中向保羅顯現，對他説：

　　「不要怕，只管講，不要閉口，有我與你同在，誰也害不了你，因爲這城裏有我的許多百姓。」

　　聽了這話，保羅便繼續住下來，達一年半之久，在哥林多傳播上帝之道。

　　直到迦流做亞該亞方伯的時候，猶太人又聚衆合夥攻擊保羅。他們把他扭送到公堂，對方伯説：

　　「你看這個人，他勸人不按律法敬拜上帝！」

　　還沒等保羅開口説話，迦流便對猶太人説：

　　「你們這些猶太人，又來吵鬧什麼？如果是爲冤枉或奸惡

之事，我理當受理，耐心聽訟。但是如果你們所爭論的，牽涉到你們的律法以及語言和名目，這些事情我不管，由你們自己去辦吧！」

說著便把他們攆出公堂。衆人見控告保羅不成，便拿著管會堂的所提尼煞氣，在公堂前面打他。方伯迦流明明知道是打給自己看的，但是不管。

保羅在哥林多又住了多日，就辭別了弟兄，坐船往敍利亞去，製造帳篷的亞居拉和百基拉夫婦，與他同去。路過堅革哩，保羅剪了頭髮。來到以弗所，保羅把他們留在那裏，自己進會堂和猶太人辯論。衆人請他多住些日子，保羅留下話說：「以後我再來！」便離開以弗所，開船抵達凱撒利亞，從這裏經旱路去耶路撒冷，向教會問安。隨後又去安提阿，旋即離開那裏，以次經過加拉太和弗呂家地方，堅定衆門徒的信心。

保羅走後，有一個猶太人來到以弗所，他名叫亞波羅，最能講解聖經，是個大有學問的人，不過他只曉得約翰的洗禮，便在會堂裏放膽地講道。百基拉和亞居拉在這裏接待了他，將上帝之道詳細講給他聽。他想要往亞該亞去，弟兄們就勉勵他，並寫信通知那裏的門徒接待他。他在哥林多駁倒猶太人，援引聖經，證明耶穌是基督。

亞波羅在哥林多的時候，保羅遊歷過上邊一帶地方，又回到以弗所。在以弗所，他遇見幾個門徒，便問他們說：

「你們信的時候，受過聖靈沒有？」

「沒有，」他們回答說，「也未曾聽見有聖靈賜下來。」

「這樣，」保羅說，「那你們受的是什麼洗呢？」

「是約翰的洗。」他們回答說。

「約翰所施的不過是悔改的洗，」保羅説，「告訴百姓，當信那以後來的，這就是耶穌。」

他們聽見這話，就奉耶穌之名受洗。保羅按手在他們頭上，聖靈便降在他們身上。他們受了聖靈，便能説方言，又説預言，一共約有十二個人。

保羅進會堂講道，一連三個月，辯論天國之事。然而有些人硬是不信，且在衆人面前大加誹謗。於是保羅便離開會堂，進入推喇奴的學房，天天辯論，達兩年之久。

# 四八　戲園騷亂

保羅在亞細亞的以弗所勸化衆人，大行神蹟，聲聞遐邇。甚至有人拿下保羅身上的手巾或圍裙，放在病人身上，那病便立刻得痊癒。

那時有一些猶太人，遊行各地，念咒趕鬼，擅自稱耶穌之名，説道：

「我奉保羅所傳的耶穌之名，敕令你們這些惡鬼出來！」

在那些冒牌趕鬼的人們中，有猶太祭司長士基瓦的七個兒子。他們裝模作樣地口中念念有詞，沒有料到，被惡鬼識破了。惡鬼回答他們説：

「耶穌我認識，保羅我也知道，請問你們是何許人呢？」

惡鬼不僅不從病人身上出來，反而附著人體，往他們肩膀上猛跳，騎在其中兩個人的脖子上，挾制他們，叫他們赤身裸

體，亂跑亂撞，撞傷了身體。最後他們只好從那病人的房子裏出來，灰溜溜地逃走了。

這事傳開來，凡是住在以弗所的，無論是猶太人，還是希利尼人，全都知道了，使他們望而生畏。從此，耶穌之名，便益發受人尊敬了。

那些向來行邪術的，也有許多人把自己的書拿來，堆積在眾人面前，點火焚燒。這些書的價值，計算起來，共合五萬塊銀幣。

上帝之道在以弗所大大興旺發展起來，同時也引起一些人的激烈反對。

以弗所有一個銀匠，名叫底米丟，擅長製造亞底米神之銀龕，並且手藝精湛，生意興隆，他邀集同業工人，對他們說：

「眾位，我們都是依靠製造銀龕養家餬口的，並且以此發財致富。不想出了個保羅，他在以弗所，乃至亞細亞全地，誘惑許多人，公開揚言：人手所做的不是神！這是你們所聽見所看見的。這事非同小可，不僅使得我們的生意大受影響，而且亞底米大女神之廟，也要被人輕視，就連普天之下所敬仰的大女神之威榮，也要毀滅了！」

眾人聽他這麼一煽動，全都怒氣填膺，呼喊著：

「大哉，以弗所人的亞底米啊！」

一時間，全城轟動起來，眾人捉住保羅的同行者馬其頓人該猶和亞里達古，推推搡搡的，把他們擁進戲園裏。保羅也想衝進戲園，跟眾人講話。可是門徒們卻阻攔他，還有保羅的幾位朋友，亞細亞首領，也打發人來勸他，不要冒險到戲園裏去。

戲園裏的人，亂吵亂叫，有的喊叫這個，有的喊叫那個，大半不知道爲何而來。有人把亞歷山大從衆人中帶出來，猶太人推他往前，亞歷山大向百姓擺手，想要分訴。只因他們認出他是猶太人，便同聲呼喊：

「大哉，以弗所人的亞底米啊！」

如此烘鬧，約有兩個小時。直到那城裏的書記出來，安撫衆人。他說：

「以弗所人哪，請安靜下來吧！誰不知道，以弗所人之城，是看守亞底米神之廟和從丟斯那裏落下來的像呢？這事既然是駁不倒的，你們就應該安靜，不可造次。你們把這些人揪來，可他們並沒有偷竊廟中之物，也沒有誹謗我們的女神呀！倘若是底米丟及其同行有訴訟之事，自有開庭的日子，也有負責訴訟的官員，可以彼此對告。如果要問別的什麼事，那可以按照常例集會論斷，犯不著這樣吵鬧。今日在戲園裏的騷亂，本屬無緣無故，我們也難免被查問。論到這樣的聚衆，我們也說不出所以然來。」

書記說完這些話，便叫衆人散開。


# 四九　凡事謙卑


戲園騷亂過後，保羅離開以弗所往馬其頓去，隨後至希臘住了三個月，從腓立比坐船，行五天抵特羅亞。

在特羅亞，保羅與同行者住在樓上，點著好些燈燭，談論

到半夜。內中有一個青年人，名叫猶推古，坐在窗台上，睏倦瞌睡了，一不小心，從三層樓上掉了下去！人們趕緊下去，扶他起來，見他已經人事不知，呼吸也停止了，分明是死了。

保羅下去抱著他說：

「你們不要驚慌，他的靈魂還未出竅。」

說完保羅又上樓，剝餅，吃了，繼續談論。直到天亮，有人把那青年人活活潑潑地領來，眾人見他未受半點傷損，還和過去一樣。

這天出發往亞朔去，分兩路，同行者們乘船，保羅獨自步行，至亞朔匯合一處上船，經過米推利尼、基阿的對面；以及撒摩，來到米利都。保羅從米利都派人請來以弗所教會的長老。

長老們來了，保羅囑託他們說：

「自從我到亞細亞的日子以來，你們知道，我在你們中間為人如何。我服侍主，凡事謙卑，眼中流淚，累遭猶太人的謀害，歷經試煉……你們也知道，凡對你們有益的，我沒有一樣避諱不說的，或在眾人面前，或在各人家中，我都喜歡教導你們。現在我往耶路撒冷去，心緒痛楚，說不定在那裏將要遇上什麼事。已有聖靈在各城裏向我指證，說有捆綁與枷鎖在等待著我。然而我不以性命為念，也不視為寶貴，只要行完我的途程，成就我從主所領受的天職，證明上帝恩惠的福音。我過去在你們中間奔波，傳講上帝國之道。如今我心裏明白，你們以後再也見不到我了。因此我今天向你們指明，你們中間，無論何人死亡，罪不在我身上，因為上帝的旨意，我都盡數傳給你們了。聖靈立你們做全羣的監督，你們應當謹言慎行，牧養上

帝的教會。在我行將離去之後，必有兇惡殘暴的豺狼，進入你們中間，擾害羊羣。就是你們自己，也必定會有人起來，說出悖謬之言，引誘門徒走入歧途。所以你們應該保持警惕，紀念我三年之久，晝夜流淚，勸戒你們各人。現在我把你們交託上帝及其恩惠之道，使你們和一切成聖之人，同得基業。你們還知道，我未曾貪圖一個人的金銀衣物。我這兩隻手，常供給我與同人的需用，凡事給你們作榜樣。你們也當如此，扶弱濟貧，又當時刻紀念耶穌的教導。耶穌說：『施捨比受用更爲有福。』以上是我對你們的囑託，望你們蒙恩！」

保羅說完這些話，就同衆人一起跪下祈禱。衆人痛哭流淚，抱著保羅的頸項，和他親吻。最令他們傷心的，就是保羅的那句話：「你們以後再也見不到我了。」他們含著永別的悲痛，送保羅上船。

# 五○　知難而進

保羅從米利都上船，經過哥士、羅底，至帕大喇換乘貨船，駛過居比路，抵達推羅。在推羅找到門徒，門徒明知前邊有難，不叫保羅上耶路撒冷，可是他不聽，只住七天，便繼續乘船。衆人同妻子兒女，直送到城外，跪在岸上禱告，望著保羅的航船漸漸遠去。

航船從推羅行盡了水路，駛抵多利買。保羅一行從多利買走旱路，來到該撒利亞，進了在這裏傳播福音的腓利之家。腓

利是七個執事之一，他有四個女兒，都是能說預言的處女。保
羅在該撒利亞的腓利家裏住了幾天。

　　這時從猶太來了一位先知，名叫亞迦布。他拿起保羅的腰
帶，捆上自己的手腳，對保羅說：

　　「猶太人在耶路撒冷，要這樣捆綁這條腰帶的主人，把他
交在外邦人的手裏！」

　　門徒和當地人聽見這話，痛哭流涕，都竭力勸保羅不要上
耶路撒冷去。保羅對他們說：

　　「你們爲什麼這樣痛哭，使我心碎呢？我爲耶穌之名，別
說被人捆綁，就是死在耶路撒冷，也是心甘情願的。」

　　保羅不聽勸告，門徒勉強不過，只得這樣說：

　　「願主的旨意成全吧！」

　　過了幾天，保羅一行從該撒利亞來到耶路撒冷，住在一個
門徒的家裏。這門徒名叫拿孫，是居比路人。

　　到耶路撒冷的第二天，保羅去見雅各，長老們也都在那
裏。保羅向他們問了安，便將在外邦人中間傳道之事，一一述
說給他們聽。他們聽完之後，對保羅說：

　　「兄台，這裏的猶太人傳說，你教外邦猶太人離開摩西的
律法，不叫給孩子行割禮，也不要遵行條規。你這一回來，恐
怕有人要就此生事呀！因此我們建議：你這麼辦：我們這裏正
好有四個人要行潔身禮，你可同他們一起去，替他們拿出規
費，叫他們得以剃頭。這樣，衆人看見，就會知道，以往的傳
言，全是虛的。同時還會認爲你這個人，循規蹈矩，遵行律
法。」

　　於是保羅帶著那四個人，第二天和他們一同行了潔身禮，

進了聖殿，報明潔淨的日期已滿足，只等祭司爲他們獻祭。

那七日將完的時候，有從亞細亞來的猶太人，看見保羅在聖殿裏，就慫恿衆人捉拿他。他們喊著說：

「以色列人哪，快來幫忙捉他！這就是在各處教訓百姓踐踏律法的，如今他又帶著希利尼人進殿，污穢聖地！」因爲他們曾看見以弗所人特羅非摩同保羅在城裏，以爲保羅也把他帶進了聖殿，所以才這麼說話。

聽見他們這樣喊叫，百姓們一起跑來，拿住保羅，把他拉出聖殿。有人報信給千夫長說：

「耶路撒冷全城都亂了！」

千夫長立刻帶著幾個百夫長和兵丁趕來了。千夫長上前拿住保羅，吩咐人用兩條鐵鏈把他捆鎖起來。又問他是什麼人，做什麼事？衆人有喊這個的，有喊那個的，亂作一團。千夫長得不著實情，就吩咐人把保羅帶進營樓去。到了台階上，衆人猛往前擁，兵丁只得將保羅抬起來。衆人跟在後面，喊著說：

「除掉他！」

在進營樓之前，保羅對千夫長說：

「我對你說句話，可以不可以？」

「你懂希利尼語麼？」千夫長問，「你莫非是從前作亂，帶領四千暴徒，往曠野去的那埃及人麼？」

「我是猶太人，」保羅說，「我生在基利家的大數，並不是無名小城的人，求你准許我對百姓說話。」

「行啊，」千夫長說，「你講吧！」

保羅站在台階上，向百姓擺手，要大家安靜下來，然後用希伯來語對他們說：

「諸位父老兄弟們，我現在向你們分訴。」眾人聽他講的是希伯來語，就都靜默無聲了。保羅說，「我原是猶太人，生在基利家的大數，長在這城裏，在迦瑪列門下，按照我們祖宗的律法受教。在過去，我也曾迫害過耶穌的門徒，置他們於死地，把他們男女抓來關進監獄。這是大祭司和眾位長老都可以給我作見證的。我又領了大祭司的書信，往大馬色去捉拿他們歸案受刑。途中遇見光明異象，我因那光的榮耀，眼睛什麼也看不見了，同行者把我領進大馬色。大馬色有個虔誠人，名叫亞拿尼亞，他來對我說：『掃羅兄弟，你可以看見！』我的眼睛登時明亮，看見了他。他又說：『上帝叫你明白他的旨意，你要將所看見所聽見的，向萬人作見證。你趕快在他的名下受洗吧，洗去你的罪。』後來我回到耶路撒冷，在殿裏禱告的時候，魂遊象外，看見主向我說：『你趕快離開耶路撒冷吧，因為你為我所作的見證，在這裏無人領受。』我就說：『主啊，他們知道我從前把信你的人關進監獄，又在各會堂裏鞭打他們。特別是在你的見證人司提反被害流血的時候，我站在旁邊幸災樂禍，又幫助看守兇手的衣裳。』主向我說：『你去吧，我要差你遠遠地往外邦人那裏去。』於是我便到外邦人那裏去傳道。」

眾人聽他說到這句話，就高聲喊叫：

「這樣的人，該死呀，從世上除掉他吧！」

那些人喧嚷著，甩掉衣裳，抓起塵土，向空中亂揚。

千夫長叫人把保羅帶進營樓去，吩咐用鞭子拷問他，想知道眾人向他這麼喧嚷到底是什麼緣故。剛用皮條捆上，保羅便對站在旁邊的百夫長說：

「人是羅馬人，又沒有定罪，你們就鞭打他，有這個先例嗎？」

百夫長聽見這話，就去對千夫長説：

「你要把他怎麼樣？這人是羅馬人！」

千夫長過來問保羅説：

「你告訴我，你是羅馬人麼？」

「是，」保羅説，「我是羅馬人。」

千夫長説：

「我用了好些銀子，才入了羅馬的民籍。」

「我生來就是。」保羅説。

聽見這話，那些要拷問他的人，就悻悻然散去了。千夫長知道捆綁的是羅馬人，也很害怕。


# 五一　有無鬼魂


千夫長第二天把保羅交給公會受審。保羅定睛看著全公會的人，對大家説：

「弟兄們，我在上帝面前行事爲人，全是憑著良心，直到今日。」

聽見這樣的話，人們認爲他大言不慚，大祭司亞拿尼亞就叫旁邊站著的人打他的嘴巴子。

保羅對他説：

「你這粉飾的牆垣，你坐堂爲的是按律法審問我，可是你

竟公然違背律法，叫人打我麼？」

「住嘴，」旁邊站著的人說，「你敢辱罵大祭司嗎？」

「弟兄們，」保羅說，「我不曉得他是大祭司！」保羅看出在座的人，一半是撒都該人，一半是法利賽人，便乘機在公會中大聲說，「弟兄們，我是法利賽人，也是法利賽人的子孫。我現在之所以受審問，就因為我盼望死人復活。」

這一極為敏感的問題立刻引起了法利賽人和撒都該人的爭論，會場分為兩黨。

撒都該人說：

「沒有死人復活，也沒有天使和鬼魂！」

法利賽人卻說：

「兩樣都有！」

雙方勢均力敵，唇槍舌劍，喧鬧起來。有幾個法利賽黨的文士，站起來爭辯說：

「有天使，有鬼魂，也有死人復活！至於這個人，我們看不出他有什麼壞處，倘若有鬼魂或者天使，對他說過什麼話，又怎麼樣呢？」

於是兩派各不相讓，大吵起來。千夫長惟恐保羅被他們撕碎了，趕緊吩咐兵丁過去，把他從混亂當中搶出來，重新關進營樓。

那天夜裏，主站在保羅身旁說：

「放心吧，你怎樣在耶路撒冷為我作見證，也一定會怎樣在羅馬為我作見證。」

到了天亮，猶太人密謀起誓說：

「如果不先殺掉保羅，我們就不吃不喝！」

　　這樣同心起誓的，有四十多人。他們來見祭司長和長老
說：

　　「我們已經起了大誓，如果不先殺掉保羅，我們就不吃不
喝！現在你們和全公會，要敦促千夫長，叫他把保羅帶到你們
這裏來，假裝要詳細察考他的案子。我們已經預先準備好，埋
伏在半路截殺他！」

　　這話被保羅的外甥聽見了，他就悄悄來到營樓，把猶太人
設下埋伏的事告訴了保羅。保羅請百夫長領他去見千夫長。千
夫長把這少年人拉到一旁，私下問他說：

　　「你有什麼事要對我說呢？」

　　這少年人在千夫長面前說道：

　　「猶太人已經設下圈套，要求你明天把保羅帶到公會裏
去，假裝要詳細審理他的案子，你可千萬別聽他們那一套。因
爲他們有四十多人，已經設下埋伏，單等在半路上截殺保羅。
他們起誓說，如果不先殺掉保羅，就不吃不喝。現在預備好
了，只等你應允。」

　　千夫長聽完這番話，囑咐少年人說：

　　「你來給我報信的事，不能叫任何人知道。」

　　「嗯，」保羅的外甥答應著，「我明白。」說完就離開千
夫長，回家去了。

　　千夫長叫過兩個百夫長來，對他們說：

　　「你們去預備步兵二百、馬兵七十、長槍手二百，今夜二
更，護送保羅去該撒利亞，交給總督腓力斯。」

　　千夫長又寫了一封文書，大意說：

　　「呂西亞請總督腓力斯大人安，此人被猶太人拿去，將要

殺害。我得知他是羅馬人,就派兵丁救他出來。後來帶他到公會面前審問,查知他們告他,是因爲律法上的辯論,並無什麼該死該綁的罪過。無奈猶太人仍然計謀殺害他,因此將他解往你處,並通知原告隨後去你處聽審。」

於是那天夜裏兵丁將保羅帶到安提帕底,第二天由馬兵護送,來到該撒利亞。他們把文書呈給總督,並叫保羅站在他的面前。

總督看了文書,問保羅是那省的人?保羅說是基利家人。總督便對他說:

「等原告來到之後,我要詳細審問你的事。」

隨即吩咐人,把保羅看守在希律的衙門裏。

# 五二　上告皇帝

五天以後,大祭司亞拿尼亞和幾個長老帶著一個辯士,從耶路撒冷來到該撒利亞。他們向總督腓力斯控告保羅。保羅被提出來受審。辯士貼土羅控訴道:

「腓力斯大人,我們在你的治下得享太平,本國弊病在你的明察之下得以掃除,我們無時無刻不在感激你的大恩!惟恐說的太多,使你感到絮煩,請大人寬容海涵,聽我們說幾句話。」他轉臉指著保羅說,「我們看這個人,如同瘟疫一般!他鼓動天下各處的猶太人作亂鬧事,且又是拿撒勒教黨裏的一個頭目。他想污穢聖殿,被我們捉住了。無奈千夫長呂西亞甚

是強橫，硬從我們手中將他奪去，並吩咐原告到你這裏來。你自己究問他，便可清楚我們告他的一切了。」

那些猶太人也附和著他說：

「說得對，事情就是這麼回事！」

「確是如此，請大人審問他吧！」

總督微微點頭，叫保羅說話。保羅從容說道：

「你在這國斷事多年，所以我樂意向你分訴。你查問一下，便可知道，從我上耶路撒冷作禮拜，直到今日，前後不過十二天。他們並沒有看見我在殿裏，或在會堂裏，或在城裏與什麼人辯論，慫恿眾人鬧事。他們所告之事，純係捏造，毫無根據，因此也是無法證實的。不過有一件事，我向你承認，就是他們所講的異端之道，我正是在遵行著此道。因為此道本乎律法，應驗先知書上的記載，侍奉上帝。我因此勉勵自己，對上帝，對人，常存無愧的良心。這樣過了幾年，我帶著賙濟本國的捐項和供物，到聖殿裏奉獻。這時他們看見我，其實我已經潔淨了，沒有聚眾，也沒有鬧事。如果說來自亞細亞的猶太人想告我，那也應當到你面前來告我。即或不然，如果是他們這些人看見我在公會面前膽大妄為，他們也可以說在明處嘛！縱然有吧，也不過是一句話，就是我在他們中間大聲說：『我今日在你們面前受審，乃是因為死人復活之事。』」

對於保羅所謂的道，總督腓力斯本人是相當清楚的，於是便支吾他們說：

「孰是孰非，等千夫長呂西亞來時再說吧，那時我再審斷此案。」

這次聽審到此結束，總督吩咐百夫長把保羅關進監獄。但

是相當寬待他，並不阻攔他的親友來送吃送穿。

過了幾天，總督腓力斯和他夫人土西拉，一同來叫保羅給他們講論耶穌基督之道。保羅講論公義、節制和末日審判。腓力斯聽了，異常恐懼。他對保羅說：

「你暫且退下去吧，等我得便再叫你來。」

腓力斯又指望保羅送他銀錢，因此屢次叫他來談論。這樣過了兩年，腓力斯期滿卸任。他為了討好猶太人，便仍然把保羅留在監獄裏。

波求非斯都接任腓力斯的總督職務。到任三天，便從該撒利亞上耶路撒冷去。祭司長和猶太首領又向他控告保羅，並且向他求情，希望將保羅解到耶路撒冷來，以便他們在半路埋伏殺害他。非斯都卻回答說：

「保羅押在該撒利亞，我本人也要很快到那裏去，你們如果想要告他，可以和我一同去嘛！」

新總督在耶路撒冷住了不過十天八天，就回到了該撒利亞。那些猶太人也都跟著他一起來了。

第二天總督坐堂，猶太人站在周圍，非斯都吩咐將保羅帶上來。保羅到來之後，那些猶太人便無中生有地控告他，但那些事都是不能證實的。

保羅當場分訴說：

「無論是猶太人的律法，或是聖殿，或是羅馬皇帝該撒，我都沒有冒犯。」

但是非斯都要向猶太人討好，便問保羅說：

「你願意上耶路撒冷受審嗎？」

保羅鎮定地回答說：

「我站在該撒的堂前，這就是我應該受審的地方。我並沒有向猶太人行過什麼不義之事，這你是知道的，倘若我犯了什麼死罪，就是死，我也在所不辭。結果他們的控告不能證實，那就沒有人可以把我交給他們。我要上告皇帝！」

非斯都和議會商量了一會兒，便對保羅說：

「你既然要上告於羅馬皇帝，那也可以，因爲你是羅馬人嘛。」

就這樣不明不白，審問又宣告結束了。

# 五三　慷慨陳詞

過了些日子，亞基帕王和百尼基氏來到該撒利亞，向非斯都問安，在那裏逗留多日。非斯都向王談起保羅的事，告訴他說：

「這裏有一個人，是腓力斯留在監獄裏的。我在耶路撒冷的時候，祭司長和猶太長老求我定他的罪。我對他們說，無論什麼人，被告還沒有和原告對質，就先定他的罪，這不符合羅馬人的條例。及至他們都來到這裏，我就不耽擱，第二天便坐堂，吩咐把那人帶上來。原告站在面前指控他，所告的，並沒有我所逆料的那等惡事。不過有幾樣辯論，是關於他們敬鬼神的事，又爲一個人，名叫耶穌，已經死了，保羅卻說他還活著。這些事應當怎樣判斷，我心裏作難，所以問他說，你願意上耶路撒冷受審嗎？保羅不願意去，他說要聽皇上的審斷。於

是我就吩咐人把他留下，等我解他到該撒皇帝那裏去。」

「這很有意思，」亞基帕對非斯都説，「我也想聽聽這個人的辯論。」

「好的，」非斯都回答説，「明天你就可以聽。」

第二天，亞基帕王和百尼基氏，大張威勢而來，同著諸位千夫長和城裏的權貴們，衆星捧月一般，大搖大擺，走進公堂。

非斯都一聲令下：

「帶保羅！」

保羅被帶進來了，站在堂前。

非斯都發話説：

「亞基帕王，以及在座的諸位，你們看這人，這就是猶太人向我懇求，呼叫説，『不可容他活著』的人。可是經我查明，他沒有犯什麼死罪，並且他自己要上告於皇帝。所以我決定把他解到羅馬去。關於這人，我沒有什麼確實的事，可以奏明主上。因此我帶他到你們面前，特意帶他到你尊貴的亞基帕王面前，爲的是在查問之後，有所陳奏。依我看來，解送罪犯，不指明他的罪狀，是不合理的。」

亞基帕王對保羅説：

「准許你爲自己申辯！」

於是保羅舉手申辯道：

「亞基帕王啊，猶太人所控告我的一切情由，今日得在你面前陳訴，實爲萬幸！尤其值得慶幸的，是你熟悉猶太人的條規和他們的辯論。所以請你耐心聽我從頭説來。我起初在本國乃至耶路撒冷，自幼爲人如何，猶太人洞若觀火。如果他們作

見證，就會曉得我當初如何按照我們教中最嚴格的教門，作了法利賽人。王啊，我被猶太人控告，我站在這裏受審，就是因爲我指望得著上帝的應許，這應許也是我們以色列人十二支派所日夜盼望的。上帝叫死人復活，你們爲什麼看作不可信呢？從前我自己也曾多方攻擊拿撒勒人耶穌，我把許多聖徒囚在監裏，甚至他們被殺，我也出名定案。在各會堂裏，我屢次用刑，强迫他們説出褻瀆之言。我分外惱恨他們，追逼他們直到外邦的城邑。我曾奉祭司長之命，帶著文書往大馬色去捕捉他們。王啊，我在路上看見天光大亮，四面將我照定，我與我的同人當時仆倒在地。我聽見有聲音，用希伯來語向我説：『掃羅，掃羅，爲什麼這樣迫害我？』我説：『主啊，你是誰？』主説：『我就是你所迫害的耶穌。你起來站著，我要派你作執事作見證，我也要救你脱離百姓和外邦人之手。我差你到他們那裏去，叫他們從黑暗歸向光明，從撒但權下歸向上帝。又因信我，得蒙赦罪，和一切成聖的人們同得基業』。王啊，我故此沒有違背那從天上來的異象，先在大馬色，隨後在耶路撒冷和猶太全地，以及外邦，勸勉衆人悔改，歸向上帝，行事與悔改之心相稱。因此，猶太人在聖殿裏拿住我，想要殺我。然而我對著老幼尊卑作見證，要把光明之道，傳給百姓和外邦人……」

保羅慷慨陳詞，表情異常激動。非斯都打斷他的話説：

「保羅，你癲狂了吧！你的學問太大，反叫你癲狂了。」

「非斯都大人，」保羅説，「我不是癲狂，我説的乃是至理名言。王也曉得這些事，所以我放膽直言。亞基帕王啊，你信先知麼？我想你是信的……」

亞基帕王對保羅説：

「你想這樣稍微一勸，就叫我作基督徒麼？」

「無論少勸還是多勸，」保羅説，「我向上帝所求的，不單你一個人，就是今天一切聽講的，都要像我一樣，只是不要像我披枷帶鎖。」

保羅當堂申辯完了，王和總督，以及百尼基和同坐之人，站了起來，退到裏面，互相議論説：

「看來這個人並沒有犯什麼該死該綁的罪過。」

亞基帕又對非斯都説：

「如果這人沒有上告皇帝，就可以釋放了。」

# 五四　圈圄歷險

由於保羅提出要上告於羅馬皇帝，總督非斯都便決定叫保羅坐船到意大利去。非斯都將保羅及其隨行人員和別的囚犯一起，交給御營裏一個名叫猶流的百夫長，帶他們上了一艘亞大米田的船。

這艘船沿著亞細亞的海邊行駛。第二天開到西頓。百夫長猶流優待保羅，准許他訪問朋友，接受他們的照應。從西頓開船後，因爲風不順，只得貼著居比路背風岸行駛，過了基利家和旁非利亞的海岸，就到了呂家的每拉，在每拉換乘亞歷山大的船。一連多日，船行得遲緩，僅僅來到革尼土的對面，遇上逆風，船貼著革哩底的背風岸，從撒摩尼對面駛過，來到一個

地方，名叫佳澳，離拉西亞城不遠。在海上旅行多日，已經過了禁食的節期，行船又危險。保羅對衆人說：

「衆位，我看這次行船，凶多吉少，不僅貨物和船要受損傷，恐怕連我們的性命也難保」

可是百夫長不信從保羅，他相信舵手和船主。又因爲這個海口過冬不便，船上的人多半說：

「不如開船離開這地方，或者可到非尼基過冬。」

非尼基是革哩底的一個海口，一面朝東北，一面朝東南。這時南風微起，他們以爲得意，便起了錨，貼近革哩底行去。

行不多時，狂風從島上猛吹過來，吹得航船亂搖亂擺，離開了航道，任風刮去。直到高大島，才勉強把舢板拉上來綁在船底，可是又怕在賽耳底沙灘上擱淺，只得降下篷帆，讓船在海上任意飄流。風急浪湧，航船禁不起顛簸，第二天，衆人把貨物紛紛抛入海裏。第三天，他們又親手把船上的器具抛棄了。連日來，陰霾的天空中，看不見太陽，也看不見星星和月亮，狂風激浪不住地擊打著船舷，得救的希望，看來是越發渺茫了。船上的人已經好幾天不吃不喝了。

保羅出來，站在他們中間說：

「衆位，你們本該聽我的話，不離開革哩底，免得遭受這樣的損失。不過現在我要勸你們放心，這船是保不住了，但是衆位的性命，一個也不會喪失，只是我們要撞在一個島上。」

到了第十四天夜裏，船在亞得里亞海上飄來飄去，將近半夜，水手們以爲快到旱地，便去探水深淺，探得有四十米深，稍往前行，又探深淺，探得有三十米，恐怕再往前撞在石頭上，就從船尾抛下四個錨，盼望天亮。水手想要乘機逃走，他

們把舢板放在海裏，假裝要從船頭拋錨的樣子。

保羅對百夫長和兵丁説：

「這些水手要是逃出這艘船，船上的人就全毀了！」

於是兵丁砍斷了繫舢板的繩子，任其隨風飄去，水手便無法逃走了。

天快亮的時候，保羅勸大家吃飯，對他們説：

「你們這樣焦慮懸望，多日不吃東西，怎麼受得了呢？我勸你們吃飯，吃飯就能活。我告訴你們，肯定得救，連一根頭髮也掉不了。大家放心吃飯吧！」

説完這話，保羅就拿起餅，在衆人面前祝謝了，剝開吃。大家也就放下心，跟著一起吃了。在這條船上，一共有二百七十六人，都吃飽了。然後把船上的麥子，拋在海裏，爲的是減輕船的重量。

天大亮了，船上的人們望見一個海灣，有岸可登，但卻不認識這是什麼地方，大家互相議論説：

「能不能從這裏把船開進去呢？」

「試試看吧，萬一能行……」

説著便砍斷纜索，把錨丟在海裏不要，同時鬆開舵繩，拉起頭帆，順著風，向岸邊駛去。不料遇上兩水夾流，船頭膠住不動，船尾卻被海浪猛烈衝擊，前後不協調，劇烈摔轉扭動，船毀了，水灌進來。

在這緊急時刻，兵丁的意思，要把囚犯殺了，免得有人在混亂中洑水潛逃。然而百夫長不准他們任意胡來，同時吩咐會洑水的先上岸，不會洑水的可以用板子或船上的可飄之物，隨後上岸。這樣，衆人都紛紛上了岸，得救了。

眾人上岸之後，聽說那島名叫米利大。住在米利大島上的土人非常好客，過來接待他們。當時正下著連綿細雨，天氣陰濕而寒冷，土人忙著給他們生火。

保羅拾起一捆柴禾，往火上放，柴裏突然串出一條毒蛇，一口咬住他的手！土人看見那毒蛇懸在保羅的手上，便議論說：

「這囚犯必定是個凶手，雖然從海上脫險了，可是天理卻不容他活著！」

只見保羅把手臂一揮，那蛇便落在火裏了。土人知道這種蛇的厲害，料想這被咬過的人，準得腫脹起來，甚至要仆倒死掉。他們直盯盯地看著保羅，見他一點傷也沒有，還是那樣談笑著，安然無恙。於是他們就轉念說：

「他是個神！」

米利大的島長部百流，熱情地款待保羅一行，一連請他們吃了三天飯。部百流的父親患熱病和痢疾，躺著多日起不來。保羅進去，爲他禱告，按手在他頭上，把他治好了。這事傳揚開來，島上其餘的病人，也都前來求醫治病。保羅都一一把他們治好了。土人對他們愈加尊敬，臨到啓程的時候，把許多用品給他們送到船上。

這是一艘在海島上過冬的亞歷山大船，船上塗著丟斯雙子的記號。保羅在島上度過了三個月，便由百夫長押送著，上了丟斯雙子號，告別了島上的土人，繼續前進在一望無垠的海面上。

船至敍拉古，停泊三天，然後繞行，來到利基翁，一天後起了南風，第二天抵達部丟利。在那裏遇上弟兄們，請他們同

住了七天。然後向羅馬進發。

羅馬的弟兄們得到信息，出來到亞比烏市場和三館地方迎接保羅。保羅在衆人的簇擁下，披枷帶鎖，放心壯膽。走進羅馬城。

# 五五　羅馬傳教

進羅馬城以後，百夫長把衆囚犯交給御營的統領，惟有保羅獲得恩准，和一個看守兵丁，另住一處。

過了三天，保羅把猶太人的首領請來，對他們説：

「弟兄們，我雖然沒有做什麼干犯本國百姓和祖宗條規的事，但卻被鎖綁著，從耶路撒冷解到羅馬人手裏。他們審問了我，願意釋放我，因爲我並沒有什麼該死的罪過。無奈猶太人不服，我不得已，只好上告皇帝。我來這裏，並非蓄意控告本國的百姓，因此我才找你們來説話。你們看，我被這鏈子捆鎖著，這正稱了以色列人的心願。」

「我們事先不知道，」他們説，「我們並沒有接到猶太人談論你的信件，也沒有弟兄們到這裏來説起這事，因此我們不知道你有什麼過錯。我們只知道，你所信奉的這個教門，是到處受到誹謗的，所以我們想聽聽你的意見如何？」

於是他們和保羅約定了日期。有許多人按著約定的日子來到保羅的寓所，聽保羅説教。

保羅從早到晚向他們傳教，談論上帝國之道、摩西律法和

先知書，用耶穌的事蹟來勸勉他們。他們有信的，有不信的，意見不合，不歡而散。

在衆人未散之前，保羅看他們無可挽留，便說了這樣的話：

「先知以賽亞的話完全說對了，他說：『你們聽是要聽見，卻不明白，看是要看見，卻不曉得。因爲這些百姓，油蒙了心，耳朵發沈，眼睛閉上了。倘若他們回轉過來，眼睛看清，耳朵聽真，心裏明白，我還要醫治他們。』」

聽了這話，他們仍然無動於衷，紛紛議論著，走散了。

保羅在自己所租的房子裏，足足住了兩年。凡是來見他的人，無論賢愚，他全都接待，向他們放膽傳教。保羅用耶穌基督的事蹟教導羅馬人，並沒有什麼人來禁止他。保羅在羅馬傳教，獲得豐碩的成果。

使徒保羅在來羅馬以前，曾經給羅馬人寫過信，其中寫道

——

「耶穌基督的僕人保羅，奉召爲使徒，特派傳播上帝的福音。我寫信給你們在羅馬爲上帝所愛、奉召作聖徒的衆人。因爲我熱切地思念你們，要把些屬靈的恩賜分給你們，使你們的信心更加堅強。正如經上所說：『義人必因信得生。』」

「我們既然因信稱義，就藉著耶穌基督，與上帝同在。所以，賜給我們聖靈，就將上帝之愛澆灌在我們的心裏。

「因亞當一人的過犯，衆人都被定罪，同樣，因耶穌一人的義行，衆人也都被稱義得生命了。因一人悖逆，衆人成爲罪人，同樣，因一人順從，衆人也就成爲義人了。

「上帝要憐憫誰，就憐憫誰，要叫誰剛硬，就叫誰剛硬

……受造之物豈能對造他的說；『你爲什麼這樣造我呢？』窯匠難道沒有權柄，從一團泥裏拿出一塊做成貴重的器皿，又拿出一塊做成卑賤的器皿麼？這器皿就是我們被上帝所召之人，不但從猶太人中，也從外邦人中，這有什麼不可呢？

「在上有權柄的人，人人當順服他，因爲沒有權柄不是出於上帝的。凡掌權的都是上帝所命的，所以抗拒掌權的，就是抗拒上帝之命，抗拒者必自取其罰。作官的原不是叫行善的懼怕，而是叫作惡的懼怕。你願意不懼怕掌權的嗎？你只要行善，就可得他的稱讚。因爲他是上帝的傭人，是與你們有益的。你若作惡，當然懼怕。因爲他不是空空的佩劍，他是上帝的傭人，是伸冤的，是懲罰那作惡的。所以你們必須順服，不但是因爲刑罰，也是因爲良心。

「願榮耀因耶穌基督歸於獨一全智的上帝，直到永遠！」

# 歷 史 背 景

　　早在公元前兩千年，古希伯來人就出現在亞洲西部的美索不達米亞平原上。他們支搭帳篷，放養羊羣，過著野營式的遊牧生活。大約在公元前 1900 年，這些人離開美索不達米亞平原，輾轉遷徙到迦南地（巴勒斯坦）定居。迦南地多山，缺少水源，遇上天旱無雨，人們往往要到尼羅河三角洲去度荒。大約在公元前 1700 年，這些希伯來人又逃荒到埃及，一住四百餘年。開始時還受歡迎，後來就淪爲奴隸，被迫做苦工。大約在公元前 1250 年，希伯來人逃出埃及，跨紅海，越西奈沙漠，長途跋涉數十年，終於抵達約旦河畔，重返迦南地。進入士師秉政時代，希伯來人與迦南人展開了連年不斷的爭戰。公元前 1030 元，以色列建國，掃羅王、大衛王，不管本身有什麼缺點錯誤甚至罪行，都以對外用兵而名垂史册。這種戰亂局面直至所羅門時代方才平息。智慧之王所羅門化干戈爲玉帛，把以色列國推向前所未有的太平盛世。所羅門死後國家分裂成南北二國，南邊的叫猶大國，北邊的叫以色列國。後來以色列國被亞述王所滅，猶大國被巴比倫人所滅。公元前 587 年，耶路撒冷淪陷，猶大國人被擄到巴比倫去。他們在流放地過著屈辱的生活，但是多數人仍然保持著自己的宗教信仰和生活習慣，時時刻刻懷念著故都耶路撒冷。巴比倫被波斯推翻以後，猶大人遇到特赦，得以重返家園。大約在公元前 333 年，波斯

被希臘征服，亞歷山大大帝把希臘政權擴展到巴勒斯坦地區。亞歷山大死後，他的四個將軍各霸一方，其中多利梅將軍建立的埃及馬其頓王朝和西流古將軍建立的敍利亞王朝，先後成爲巴勒斯坦地區的統治者。這些希臘統治者的共同特點便是倡導「希臘文明」，推行「希臘化運動」，甚至公開拍賣大祭司職位，不斷激起猶太人的反抗，終於釀成了波瀾壯闊的馬加比起義。時值公元前二世紀，起義者們不僅在猶太地區贏得了獨立，而且繼續向北推進，先後攻下撒瑪利亞和北加利利。公元前一世紀中葉，其版圖擴展到幾乎與大衛時期相等。

在動蕩的年代裏，法利賽人黨、艾賽尼教團、撒都該人黨，紛紛登上歷史的舞台。在馬加比起義支持者的後裔們中間，逐漸形成兩股主張與異教徒隔離的虔誠者派別。一派稱爲法利賽人，積極干預世俗生活，爲著確保傳統法的純潔性，他們又強調一種繁瑣的口頭法，使人無所措手足，以至於成爲謙小慎微的君子。另一派稱爲艾賽尼教團，他們隱居在死海岸邊的關蘭修道院裏，地處荒野，幾乎與世隔絕。他們在全國各地還有一批同情者，也都不問世事，潔身自好。這兩派都想進天國，所不同的是，前者積極進取，後者則準備坐享其成。法利賽人頗有一些新思想，其中之一便是相信死人復活，這是與撒都該人絕然不同的。撒都該人身居耶路撒冷，乃是一夥祭司貴族集團。作爲祭司，他們討厭法利賽人那種作法——自作聰明地解釋律法，越俎代庖干預祭司職務。然而撒都該人本身對於宗教問題又毫無興趣，這些人只承認摩西五經爲權威著作，保守的神學觀念與靈活的生活方式融爲一體，終使他們成爲「希臘化運動」的積極擁護者。

　　公元前 63 年，羅馬人乘機攫取了巴勒斯坦，把它劃規敍
利亞省，成爲羅馬帝國的屬地。公元前 37 年，以土買族的希
律登上了巴勒斯坦的寶座，他就是大希律王。大希律王對上逢
迎羅馬皇帝，對下討好猶太人。儘管如此，猶太人仍然憎惡
他，因爲他畢竟是個外國人。公元前 4 年，耶穌降生。就在耶
穌降生的這一年，大希律王死了。

　　除了他，〈新約〉裏還提到另外三個希律。一個是大希律王
的兒子，名叫希律・安提帕斯，他從父親手裏接過加利利和比
利亞的治理權，當了四十二年國王。接下來便是希律・亞基帕
一世，他是大希律王的孫子，在公元 37 年登上王位，殺害約
翰兄弟雅各的便是此人。他死於公元 44 年。繼承希律・亞基
帕一世作王的是他的兒子希律・亞基帕二世。使徒保羅就是在
亞基帕二世面前慷慨陳詞之後，囹圄歷險，航海去羅馬的。

　　公元 66 年，猶太人反抗羅馬人，遭到殘酷鎮壓，直至公
元 70 年，耶路撒冷再度淪陷。猶太戰俘被拍賣到地中海沿岸
各地。

　　猶太人、以色列人和希伯來人，大體上指的是同一個民
族。這裏既包含著不同歷史時期的不同叫法，也存在著彼此間
的細微差異。關於希伯來人，有幾種説法：一種説法認爲指的
是亞伯拉罕的祖宗希伯；另一種説法認爲指的是「來自河那邊
的人」（河指幼發拉底河）；還有一種説法認爲指的是「流浪
漢和出賣苦力的人」。至於以色列人，那是在希伯來人征服迦
南地的過程中開始出現的稱謂，時間大約在公元前 1200 年至
1020 年之際。希伯來人的第三祖先雅各又名以色列，後來便
以此爲民族的名稱。〈舊約〉中與以色列人對應相稱的猶大人，

先是指猶大支派的人，後來則專指猶大國人。猶太人的稱謂出現最晚。公元前 587 年，耶路撒冷淪陷，猶大國民成爲巴比倫之囚。在流放的過程中，他們的民族意識和宗教感情因爲受壓迫而愈益強烈，生活習慣與當地人迥然有別，開始被稱爲猶太人。直到公元 70 年耶路撒冷再度淪陷以後，猶太人的稱謂才普遍流行起來。

　　希伯來人說希伯來語，那麼，希伯來語又是怎麼來的呢？這個問題令人撲朔迷離達數百年之久。在中世紀，西方普遍認爲希伯來語是全人類的母語，開天闢地時就已存在。上帝説：「要有光！」用的就是希伯來語。猶太學者們甚至斷定，阿拉伯語和亞蘭語就是從希伯來語演變來的。反對者也不乏其人，他們説，希伯來語是從阿拉伯語或者亞蘭語演變而來的。直到現在，比較語言學家們方才得出大體一致的看法：希伯來語乃是古代閃米特人的一種方言，流行於迦南地，被那些遷居此地的希伯來人採用了。希伯來語在歷史上分成三個時期：一、聖經希伯來語，流行於公元三世紀以前，〈舊約〉中的大部分篇章都是用這種希伯來語寫成的；二、教法希伯來語，這是在公元 200 年編成的猶太教法集裏所使用的書面語言，從未在口頭上使用過；三、現代希伯來語，在十九至二十世紀，希伯來語在猶太人中間復活，成爲以色列的國語。

# 聖 經 版 本

## △希伯來文本

大約在公元 90 年後，巴勒斯坦的猶太當局在亞美尼亞會議上宣布，以傳統的三十九卷書爲希伯來正典。這就是猶太教的《聖經》，其目錄與後來基督教新教的〈舊約〉目錄相同。

## △希臘文譯本（又稱七十子譯本）

相傳在公元前二世紀中葉，馬其頓王朝爲了滿足操希臘語的猶太人的需要，召集七十二名猶太學者在亞歷山大城翻譯《聖經》，直至接近公元前 100 年方才告竣。這些猶太學者翻譯的希臘譯本比希伯來正典多出一部分作品，這些作品後來被稱爲〈後典〉。

## △拉丁文通俗譯本

這是著名聖經學者耶柔米在公元五世紀根據希伯來文和希臘文本並參照已有的拉丁文譯本翻譯和校定的拉丁文通俗譯本。此本包括〈舊約〉、〈新約〉以及由別人補譯的〈後典〉。這個拉丁文通俗譯本在公元 1546 年的特蘭托會議上被定爲天主教的權威《聖經》。

### △英文譯本

一、欽定本及其修訂版　英王詹姆斯一世應清教徒之請於1604年在漢普頓宮召集會議，成立了一個五十四人的譯經機構，經過七年的努力，終於1611年正式出版。此譯本產生於英國文學的黃金時代，語匯豐富，優美而典雅，具有相當高的文學價值，對後世影響較大。後來英國教會人士對欽定本進行修訂，稱爲欽定本修訂版。

二、標準本及其修訂版　美國經學家們在英國欽定本修訂版的基礎上進行校訂，以適應美國讀者的需要。1901年初版，1952年出標準本修訂版。

三、新英語本　英國教會人士採用現代英語重譯《聖經》，並以新發現的「死海古卷」爲依據糾正了過去的某些誤譯，同時將〈後典〉包括進去，1970年出齊，成爲各派都能接受的版本。

四、新美國本　由美國天主教聖經會主持翻譯的新美國本，1980年在美國出版。此譯本包括〈後典〉，幾乎每頁上都附有相當詳細的注釋。

五、《福音聖經》　由聯合聖經公會主持翻譯，有新教和天主教兩種版本，分別於1976年和1979年出齊。兩種版本的正典譯文基本相同，頁下加兩種腳注，一種譯義（兩種版本的譯義稍有差異），一種串珠（即將內容相關的章節號碼串聯在一起）。所不同的是，後者比前者多出一部〈後典〉。《福音聖經》採用現代英語，譯文通俗易懂，並且附有插圖，成爲目前最流行的版本。

### △中文譯本

一、景教本　景教是公元七世紀（唐代）傳入中國的基督教。他們曾將《新約全書》譯成中文，此譯本現已失傳，部分散見於敦煌文獻。

二、明清本　明清之際（公元十七世紀前後），天主教來華教士爲了傳教的需要，先後將拉丁文通俗譯本《聖經》譯成古漢語，其一傳抄本現存英國不列顛博物館。

三、馬禮遜本　公元十九世紀初期，英國基督教傳教士馬禮遜來華傳教。他參照不列顛所藏明清傳抄本，重新譯完〈新約〉，旋又與人合作譯完〈舊約〉，於 1823 年出齊。

四、和合本　由教會主持翻譯的《新舊約全書》於 1919 年初版，因其版面像蝶翅像合頁，故稱蝴蝶本或和合本。和合本是從「欽定本修訂版」翻譯過來的，當初有古文和官話兩種，目前通行的是官話本。官話本又有「神版」和「上帝版」之分，1980 年上海出「神版」影印本，香港出「上帝版」串珠本。

五、思高本　由思高聖經學會主持翻譯的天主教聖經，於 1976 年 12 月出版。此書包括〈後典〉，其篇目散見於〈舊約〉裏，書後有六種附表，對於閱讀聖經，大有幫助。

六、聯合本　由聯合聖經公會主持翻譯的現代中文譯本系由僑居海外的中國學者根據希伯來文和希臘文直接譯出，於 1979 年在香港正式出版，通稱聯合本。聯合本採用現代中文，糾正了和合本的某些誤譯，附有插圖，裝幀精美。

# 西洋文學史／理論叢書

| | |
|---|---|
| 呂健忠・李奭學編譯<br>**新編西洋文學概論<br>：上古迄文藝復興**<br>25 開　296 頁・220 元 | 介紹西洋文學梗概，溯自上古聖經文學，下迄中古，止於文藝復興時期。提要鉤玄又面面俱到，是研習西洋文學極好的入門書。 |
| 呂健忠・李奭學編譯<br>**近代西洋文學：<br>新古典主義迄現代**<br>25 開　335 頁・200 元 | 範圍包括文藝復興以後的新古典主義、浪漫時期，以及十九世紀以降的寫實主義、自然主義與現代西洋各國名家的作品綜論。 |
| 歐茵西著<br>**新編俄國文學史**<br>25 開　347 頁・220 元 | 介紹俄國文學的發展過程，詳析俄國各階段的文學特質、作家思想與作品內容。透過文學的反映，讀者更能深切認識俄國人民的宗教、文化、社會、歷史及其特有精神。 |
| Ifor Evans 著・呂健忠譯<br>**英 國 文 學 史 略**<br>25 開　500 頁・350 元 | 按詩、戲劇、小說及散文等文類，精要介紹英國文學的流變。評述範圍極廣，始於諾曼征服以前，迄於一九七〇年代。文筆典雅，敍述精簡，尤不忘將文學落實於社會。 |
| 顏元叔著<br>**英 國 文 學 ：<br>中　古　時　期**<br>25 開　770 頁・450 元 | 提供中古時期豐富的歷史背景，包括思想史與文化史資料；包羅此一時期重要作品的全文摘要，並引錄原文重要片段，論述與作品欣賞相互引證配合，使讀者一窺中古文學全豹。 |
| 顏元叔著<br>**莎 士 比 亞 通 論 ：<br>歷　　史　　劇**<br>25 開　844 頁・550 元 | 評述莎士比亞的十個歷史劇，著重政治、歷史背景介紹，並引錄原作的精采段落加以賞析。歷史佐證文本，引導讀者掌握歷史劇的脈絡，欣賞歷史劇的精華。 |

| | |
|---|---|
| 顏元叔著<br>**莎士比亞通論：**<br>悲　　　　　劇<br>25 開　964 頁・600 元 | 莎士比亞一生寫了十個悲劇，作者就王權研究與道德是非、悲劇英雄、人本主義、新秩序之建立等觀點做討論，並引領讀者從不同角度欣賞這十個悲劇。 |
| 何欣著<br>**現代歐美文學概述**<br>——象徵主義至二次大戰<br>——二次大戰至六○年代<br>上冊：25 開 724 頁 450 元<br>下冊：25 開 722 頁 450 元 | 十九世紀中葉至二十世紀豐富的主義、流派及文學作家、作品，述來不易。作者以主義為經，以作家為緯，數十萬言的心血之作，詳述各主義之背景、特色，並精析每位作家之風格、理想。 |
| T. Eagleton 著・吳新發譯<br>**文學理論導讀**<br>25 開　296 頁・200 元 | 從「何謂文學」談起，剖析英文對近代文學理論的影響，介紹現象學、詮釋學、結構主義、解構理論、新歷史主義、符號學及女性主義等。全書夾議夾敘，不僅剖析論述明確，且批評立場鮮明，是文學理論極佳入門書。 |
| 伍蠡甫・林驤華編著<br>**現代西方文論選**<br>25 開　408 頁・250 元 | 選錄十九世紀至二十世紀六○年代中，西方文學理論重要流派代表性文章，提供讀者現代西方文學和文學創作、文學批評之研究參考。 |
| 蔡源煌著<br>**當代文學論集**<br>25 開 340 頁・150 元 | 結集作者七○、八○年代發表之論文。各篇以異於傳統之理論評介與批評例證，深度詮釋二十世紀初期的文學作品。書中並有數篇文章探討本世紀文學創作走向及文學理論批評之相關課題。 |
| D. Fokkema & E. Ibsch 著<br>袁鶴翔等合譯<br>**二十世紀文學理論**<br>25 開／212 頁・180 元 | 以文學理論主要流派為對象，對其重要觀點作深入淺出的闡釋，涵蓋面極廣，包括俄國形式主義、捷克結構主義、法國結構主義敘事學、俄國讀者反應美學、新舊馬克思主義文論、俄國符號學等。 |

| | |
|---|---|
| M. Krieger 著・單德興編譯<br>**近代美國理論：**<br>**建制・壓抑・抗拒**<br>25 開　184 頁・150 元 | 本書探索意識型態對晚近理論史之影響，共分四章：美國文化理論的建制化、西方理論中的反意識型態傾向、美國批評中歷史主義與形構主義之爭、批評與理論學院的寓言史。 |
| J. H. Miller 著・單德興譯<br>**跨 越 邊 界 ：**<br>**翻譯・文學・批評**<br>**附 〈米樂訪談錄〉**<br>25 開 222 頁・180 元 | 探究文學傳遞的相關議題：當理論作品被傳遞到另一個文化並產生效應時，會發生什麼事？文學或理論如何能在讀者的文化中產生作用，而非只是反映該文化？ |
| M. Payne 著・李奭學譯<br>**閱 讀 理 論 ：**<br>**拉 康、德 希 達 與**<br>**克 麗 斯 蒂 娃 導 讀**<br>25 開 368 頁・300 元 | 精神分析、解構主義與符號學早已成為當代西方文化語言的一部份，本書細味這些語言的推動者——拉康、德希達與克麗斯蒂娃——他們理論的主要本文，使讀者對當代理論文化有更深一層的體會。 |